证史启今三千年

四十年史论文选

葛承雍 著

中西書局

本书获得

陕西师范大学人文科学高等研究院

资助出版

谨以此书

奉献给四十年来帮助支持过我的先生、老师、同仁

作 者 简 介

　　葛承雍，中国文化遗产研究院教授，中华炎黄文化研究会副会长。中央美术学院丝绸之路艺术研究协同创新中心特聘研究员，敦煌研究院丝绸之路与敦煌研究中心兼职研究员。西北大学中国文化研究中心特聘教授，西北大学文化遗产学院博士生导师。1993年起为国务院特殊津贴专家，1998年入选国家"百千万人才工程"。自1981年以来在国内外发表学术论文250余篇，出版有《大唐之国》《胡汉中国与外来文明》等20种著作，多次获得国家社科学术优秀成果奖。

　　现为陕西师范大学人文科学高等研究院学术委员会主任、特聘教授。

2012 年 57 岁于黄金海岸

目
MU LU
录

证史启今三千年：卷首语

人类很健忘，或是容易遗忘。因为活在当下更重要，顾不上记住过去。但是，遗忘教训就不能很好地活在当下，为了防止遗忘，我们需要历史，需要证史启今。

有思想的人都想看清社会现实。不同思想运行在自由与平等的社会里，才会保持社会的活力与稳定。史学有着穿越时空、经久不衰的魅力，就在于史学只有"接近真实"的阐释，没有"唯一正确"的答案。

中国自古以来就是一个重视历史的国家,中国人也是最具历史观的人群,中国人做什么事都讲究要有历史感。这自然有回顾总结经验教训的好处,但也有沉湎过去思维陈旧的弊端。所以在中国,历史常常被用来为新学说提供依据,也因与过去接轨得过分紧密而难免守旧。

我赞成历史与现实接轨,有针对现实的意义,既为当今所用,又为后世续航,否则耗费那么多人的才华去钻故纸堆又能解决什么问题呢?这就是本书定名为"证史启今"的缘故。有同行建议应该将书名改为"寻着历史书香散步去"或"闻着史书清香去呼吸",岂不更显从容悠闲,风平浪静?但我们常常被一种历史与现实交错的氛围笼罩,历史命运的坎坷与遗憾大都弥漫在现实的惆怅中。历史评论不仅是一个文明符号或文化标志,还印证文献的真实性和历史的承续性,可以称之为"证古",而滋养当代社会并启迪惠泽现在的公众,则是"启今"。

历史是每一个人都会遭遇的问题。每个人都会通过回忆历史反思时代与命运,思考的痕迹,评论的推敲,历史、现实、未来,留下一部启示录。

史论文章不是旁征博引的专业考证或历史知识的普及文章,史论主要是对历史学及相关史学领域的论述,既有评述也有争论,属于正统史学的"外史"。有人将史论划入理论范围,我觉得不甚合适,因为它不是纯粹的带哲学"学理"味道的理论,也不属于抽象的思想史、哲学史,其"核心"是反思,如果说对过去和现实的追问属于一般性反思,那么对史学领域里种种研究的求索和自由反思,其中包含的同一理念就是科学性反思,有助于史学研究更正常地健康发展,这就是史论。

每个人终其一生,都会遇到史论问题。历史研究就是一面锃光发亮的镜子,不研究就会布满漫漶不清的铜锈。波谲云诡的史实往往像一团迷雾笼罩在历史人物的周围,形成暧昧不明的阻隔,让后世研究者对古人所思所行难以揣摩,如果穿越历史时代去改造历史人物,那他们就是化了妆的陌生人,小说文学可以用想象的虚构缝合历史的阙隙,但是历史研究无法虚实结合去随意编造。史论就是提供更多元的视角看世界,在阅读历史著作时增强思辨能力,在潜移默化中向世界、历史和自己提问。

在欧美校园绿地,史论被视作培养年轻学人思辨能力和延伸思考的重要学科,在正统史学教育中拥有悠久的历史。而在我国并没有"史论"这门课程,不讲究质疑"真理"的探索性,不愿讲思辨性的历史反思。史论与史学脱不了干系,史论不是束之高阁的理论,而是解释历史的反思。历史学者只相信结果,不愿讨论如果,但历史能帮助我们产生四大功能:记忆、敬畏、谦卑和宽容。具有历史感的人,都会客观理性地认识到历史会给广大群众带来启示,我们可以从更大、更深的层次理解史学研究的初衷。

毕竟史论更容易涉及人的灵魂,触及时代的病灶,只有对自己严厉审视,才能重拾史学的分量,历史运动不是在一切设计精当后才开始的,历史研究也不是怀念逝去的年华。

我踌躇思考了好多年,还是觉得尽管历史研究是向后看的学问,但是,历史研究者是站在当下回望过去的历史,因此,历史研究从来都不缺少"当代性"的意义,说到底就是不能在曾经犯过低级错误的歧路上再重复走过,历史应当是研究者"主观"思考反映出的"客观"历史。所以二十世纪八十年代初,我以初生牛犊不怕虎的激情写下了一系列文章,尽管回头看不免稚嫩,思考太过仓促,论证也不够严谨规范,但是,有一股想创新的冲劲,有一股大胆提出问题的勇气,那时没有写申请、报课题、要经费的限定预设,更没有编造、硬挤"创新点",写出来的文章却恰恰反映了当时对中国战略决策发展方向和特点及动力的看法,论述对象具有明显的现实意义。

二十世纪八十年代初,中国宣布改革开放,犹如一股"创造历史、走向未来"的电流击中了我们这些考上大学的"新三届"年轻人,但实际上,科学破冰与僵化制约仍很激烈,各方高论远非自由的论述。在我学术生涯刚刚开始起航时,有位负责理论宣传的高层领导就对我说,宣传是已有的政治结论,学术是没有定论的、要研究解决的学问,两者有联系但有很大差别。学术是有事实根据的历史科学,没有真相就没有真理,没有真实就会虚无历史,没有历史事实就没有力量爆发,我们是历史力量的记载者、见证者与参与者。但敏感的现代史与古代史研究又有着天壤之别,理论问题容易被搅和成政治问题,学术影响绝不相同。

现实的需要往往是学术研究的基石,社会主流思潮的重大变化自然会影响到学者的转变,波澜壮阔的世界格局变化更会折射人的判断与观点。现在有些人凭借几天安逸的生活就说什么不要为潮流所裹挟,不要为一时情绪所左右,似乎平静心态就能独立学术,满足于表面性的传承,而忘了大潮涌来时所有人都无法躲闪,大雨倾盆而降没有人能全身躲避。

不同学术背景的学人所传递的情感温度是不一样的。我自从于1981年发表第一篇学术文章踏上学术轨道后,总希望为中国的命运改变而摇旗呐喊,底色当然是二十世纪八十年代以来改革开放风潮的留痕。那个时代曾有过高光时刻,各个学科都想做前进的号角,都想深度介入思想解放的大潮,经过史无前例运动的敏感者,并不都是怨气满腹、顾影自怜的,而是面对一堆时代变迁的碎片,寻觅找到历史悲喜荣辱的成因,在厚重达观的共同性格中恢复民族的正气、刚气、大气。所以我对新史学、社会史、外交史、艺术史等特别留心,写出来一些思路纷纭的史论,现在看来,真是"门门涉猎,样样稀松",也算是一个年轻学人走向中年、老年时在历史洪流中的反思,放在今天也许并不过时,其价值或许能为新的研究者作出有益的补充。

二十世纪八十年代是一个开放包容、思想奔放的时期,那时很多单纯真诚的年轻人都有着指点江山的勇气,社会长期封闭后形成的文化饥渴,致使全社会都充溢着反思过去、展望未来的氛围。1985年我在《光明日报》史学版上发表了短文《史学未来的展望》,现在回想那是海阔天空的学科畅想,当时却引发了理论界的热议,有人呼应有人质疑。校园里称为大侠的年轻人比比皆是,这与后来浮躁喧嚣、光怪陆离的时代绝不相同,激扬文字的学术背景与物质化的追求相距甚远。

每到重大历史关头和时代变局激荡时,从文化中都能感知到国运的变化,历史学者并不想只做忠实的记录者和见证者,而是更想发挥出独有的使命与担当。但实际上,历史中的行动者不见得能洞悉自己每一个行动的历史后果。走出动荡年代的人们最想争取免于恐惧的自由,总想把怀疑的眼光变成批判的思维,这是几代人的共情和共鸣,既是我们难得的际遇,也是一个难以复制的激动人心的年代。

学术的宗旨是求真，让历史说话，用史实陈述，追真实史迹。我们愿做历史与现实之间的摆渡人，愿在百花盛开的季节里不负春光。

学术发轫期的思想和方法，对学者的学识和格局的形成有着奠基作用。众多亲朋好友都建议我把八十年代以来散落的学术史论文章串联起来，作为"学术思想史"编辑成册，专精考证与史论评议并行不悖，"实"的研究与"虚"的思辨是揭示历史真相的路径，不仅体现一个人思维发展的过程，也反映中国学术逐步成熟的脉络。长期积累偶然得之，我不期望超越大限说些偏激的话吸引眼球，也不愿意故作深沉以示久经老练，更不愿意用讨好奉承的文字弄脏我纯净的纸笔，只是历史的印迹不容删除，这也是我把四十多年来的史论文章选择后汇集出版的目的。

书中收集汇聚而成的篇篇文章，各自成章，归位分类，与严谨的考证史学论文不同，也与学术视野的判断甄别不完全一样，当年脑海中的一些思考倾泻到纸上，期望都能保持原状，不愿裁剪，不愿装模作样扮成熟，更不想植入后来才明白的道德拷问和精神批判。

历史终究会消逝，转瞬即逝的人生经历和学术生涯，往往是起了个大早却赶了个晚集，而文字中笔到神驰的生命却可以是一种永恒。

史论就是让人更深入地思考。

2020 年 12 月 18 日于北京城南

第一章

思想史论的火花

思想是时代的折光，文化是时代的标识。思想信仰不是一堆奉为真理的教条，或是遵循某些洗脑规矩，而是一种你生活在其中的氛围，这种氛围改变你对世界的感受和对历史的体验，塑造出你的思想、道德和善良，用做人信仰的现代胸怀去拥抱历史。

思想史本是人文遗产提炼后升华的精粹，但它不限于过去文本的记载，不能拘泥于一本正经的政治伦理和等级序列，而应是摒弃标签化和简单化的高调叙述。

这组文章既诉诸感性的语言，更诉诸理性的思考。虽没有挑战理论权威，也发现不了放之四海而皆准的真理，但说思想必须讲真话。不真实损害了思想史的信誉，被遮蔽的记忆毁坏了史学的公信。以史为鉴，瞻前顾后，欲言又罢，可能是我们这个时代写不出冲破束缚文章的原因。

个人尊严、国家尊严、民族尊严与华人文化交流

民族尊严、国家尊严和个人尊严是当代华人文化中最有震撼力的声音之一，这三者是辩证结合的有机整体，没有无数个人的尊严就没有国家的尊严，没有国家尊严就没有整个民族的尊严。就如中国丧失颜面，全体华人就没有尊严，在世界各地被人歧视、受人欺辱。要让国人与华人一道共享有荣耀的尊严，是学术界应纳入的视野与理论界应重视的议题。

尊严依据主体可以区分为个人尊严、国家尊严和民族尊严三大类。

个人尊严是一个人做人的内在价值、人格和精神等的综合体现，经常以自尊自爱、尊重他人和被他人尊敬的形式表现出来。

国家尊严既是无数国民个人尊严的集体性凝结，又是国家保护公民基本生存的义务。

民族尊严则既是民族成员全体的形象集中，又是这个民族伦理精神、道德品质和整体素质的生动再现。

一

让人民生活得更有尊严，这是我们这个时代颇具人文意义的话语。2010 年 2 月 12 日温家宝总理公开提出："要让人民生活得更加幸福、更有尊严。"他进一步阐释，"尊严"就是给人的自由和发展创造有利条件，让他们的才智竞相迸发。[1] 他随即在政府工作报告中再次重申尊严的含义，第一次将尊严写入国家发

展最终目的,从而引起海内外高度评价。

尊严不是一种恩赐和施舍,而是人民理所当然的权利与追求。每一个人的生活都和尊严密切相关,国家要保障民众的尊严,保护人民享有宪法和法律给予的自由与享有尊严的权利。人人在法律面前完全平等,尊重他们的人格,使他们能够有尊严地生活。

尊严是与一个人的品质、人格和价值观密切相连的,人之所以成为人就是基本道德、价值观念、人格品质和主体意识的总和。它意味着人是不能被任意处置和被当作工具器物随意对待的,不是一个螺丝钉被拧来拧去,不是一块砖被搬来搬去。人具有自己的内在价值和值得尊重的目的性意义,必须得到来自人自身和他人、社会的尊重与善待。尊严如同阳光空气,为每一个人所需要,是不可或缺的东西,同时又具体表现在每一个人身上,体现在个人与他人、个人与社会、个人与国家的关系之中。

尊严不是历史积淀下来的符号,而是当代普通人生活方式中皆须知道的常识。尊严要从小学生时代就开始教育、培养和建立,要使所有的学生都知道“自尊”是最具有魅力的品质。如果人们在成长中以不体面甚至有失尊严的方式获得一种生存空间,失信人际、失其人格,就必然失去尊严的基础,就会进一步恶化整个社会的发展生态,没有任何个人能够逾越这一铁律。

我们要让每个人都知道个人要有尊严,首先要做到自尊、自重和自爱,然后才能受到他人的尊重和后人的尊敬。尊重自己是尊重别人的前提,一个连自己都不尊重的人,很难有对他人的真正尊重。自尊就是在任何时候都不能出卖自己的灵魂,无论如何都不能丧失自己的气节、品质和骨气。历史上许多志士先烈、爱国英雄以及一切值得歌颂的标志性人物都是将尊严、尊重、尊敬作为气度和品质的象征。

个人尊严是个人的精神生命和道德生命的集中体现,是个人道德人格、品格和人生价值的彰显。富贵不能淫,贫贱不能移,威武不能屈。但是,现实的残酷和生存的困境,往往使很多人在尊严受到侵犯的时候,不敢坚决挺身而出,奋力维护自己的尊严。[2]面对专制强权,习惯性隐忍是常见的社会心态,平等与人格尊严不受侵犯的意识并没有生根，苟活的心理酿成了许多软弱愚昧的悲剧。

人活着，尊严为重，如果人连尊严都不顾的话，与行尸走肉又有何区别？人的尊严更是社会的良心，人格、尊严决不能丧失。人的尊严是人性、人道、人权的集中表征，也是人格、人文精神和人之气节操守的凝结和证明，它意味着人是不能被任意处置和被当作工具器物对待的，必须使人的尊严成为现代文明的标志。[3] 只有每个人活得有尊严，国家才有体面、正面的形象。

国家公布的法律全社会都必须遵守，但国家的尊严、国家权力的尊严，都不能超越人的尊严，也不能建立在牺牲人的尊严之上。没有人的尊严，只有权力的尊严，只有统治者的尊严，这样的社会必定是黑暗专制和非人道的。没有社会的公平与公正，也就同样没有尊严的基础与权利。宪法将人的尊严放在优先保护的地位，放在了国家尊严、集体尊严之上，这是人权历史上的一次重大进步。人人都享有高于权力的尊严是我们始终不渝追求的目标。[4]

尊严教育必须渗透到国民教育中。我们要教育每一个学生知道仅仅依靠金钱买不来幸福，买不来快乐，更买不来人的尊严，有自律意识的生活才有尊严。

尊严是社会成员互动的产物，很难通过自上而下的力量来施加于社会。但是我们的教育要有意识地增加这方面的教育，让我们的孩子从小就知道尊严，得到真实的人性教育。要尊重个性、至情至性、有血有肉，一个没有个性的社会就不会有独立思考精神，也不会带来整个社会的生命力与创造力。从文化逻辑上可以说，尊严与尊重是全体国民理念敬畏、价值坚守和精神秉承的有机结合体，一个没有尊严的人，不可能是一个真正意义上的人。

二

国家作为道德的群体主体同样拥有自己的尊严，代表着一个国家的立国精神和建国之旨。特别是国家的公信是全社会诚信的基础与关键，政府如果言而无信就会带来一系列恶果，引发整个社会的信任危机，就会使得国家的尊严受到损害。

　　国家对人的尊严要有明确的承认，坚持"以人为本"，对人的正当性、合理性有一种评价尺度。[4] 2012 年 6 月中国政府发布的《国家人权行动计划（2012—2015）》明确指出"促进社会更加公正、和谐，努力使每一个社会成员生活得更有尊严、更加幸福"[5]。这样的举措，就会让国民对自己的国家带着感恩、感动和敬畏的心态去尊敬它。

　　没有国家的尊严，国民自然也没有尊严，国家强大了，个人才会得到应有的尊严，才会保障起码的人格尊严。我们国家从改革开放以来注入了新的活力，从贫穷落后走向社会小康，从封闭愚昧走向自信开放，从备受欺凌走向独立自主，不仅重返世界舞台的中心，而且赢得了国家的尊严。特别是我们国家认识到快速发展是为了保证人民的生活更美好，是为了提高国民在全球的尊严，要让国家的荣誉和发展的成果与人民共享。这是一个了不起的认识，中国不仅站起来了，也富裕起来了，不仅独立了，也强大了。这是我们国家尊严的奠基。

　　历史反复证明，如果哪个国家安于现存的文化传统，不思变革和创新，最终都会导致自己的文化传统失守瓦解，因为固守只会导致僵化与停滞。文明古国都遇到过如此困境。我们需要对外来文化持基本的宽容，既对其他民族尊重，也可吸收一切积极文明成果，随着国家和民族之间的交流传播，树立起我们自己的尊严。一个国家要树立自己的尊严，既要排除数典忘祖的思维方式和自惭形秽的自卑心理，也不能有唯我独尊和夜郎自大的自负态度，尊严既是对自己高度认同的坚定，也是对别人高度包容的从容，尊严需要理性、科学的态度。

　　中国近年来经济表现不俗，但一些企业采取不正当的手段获取利益，一些官员贪污腐败的行为令国家蒙羞，不仅给中国经济带来了危害，而且严重伤害了中国的信誉和尊严。中国的地位已不需要自我夸大，外国人对中国人的尊重，归根结底，取决于中国人自己是否具备尊严的素质。中国人改善国际形象的关键，终归要靠自己国家政治清明、经济繁荣、法制健全、社会民主、学术自由……这才能赢得世界性的尊严。

　　一个国家是否强大，不仅体现在经济领域，也体现在意识形态的文化层次上，西方国家精英多把中国当作竞争对手，而不是合作伙伴，所以处处打压或贬低中国的崛起,甚至在国家尊严上泼脏水。尤其是西方一些大国一贯持有傲慢偏见的思维,不时对中国发出形形色色的非难,误报、误读、误判,对中国不仅歧视而且屡屡发出威胁。对这种社会制度上的敌视和东西方文明冲突中的争执,需要我们不断地努力与奋斗,逐步在国际上赢得值得被尊重和有尊严的历史地位。

如果说经济腾飞、科技发达成就了国家强盛,那么人文科学也能为国家尊严增光添彩。我们希望中国是一个广受景仰的国家,因为国家受尊敬,人民才会有尊严。一种文明的存在价值就在于它的国家文化地位,一个国家被世界尊敬的最高价值就在于它的文化被广泛国际化。

三

民族尊严表现为一个民族的价值追求和道德认同,每个爱惜自己民族尊严的成员,都有共同的价值观,中华民族的尊严首先基于我们拥有绵延不断的悠久历史和灿烂辉煌的文化传统,因为人类都生活在一定的历史境遇之中,所以我们民族能借助于民族历史和文化传统创造性地面向未来,这也是我们民族对自己文化长期保持的自信心、自豪感、自尊心。

鸦片战争以后,为了民族尊严,无数仁人志士进行了不屈不挠的探索与奋斗,从戊戌变法到辛亥革命,都反映了中华民族不甘沉沦的自信、自尊,不愿陷入故步自封和落后挨打的境地。

民族的自尊有时易变为一种狭隘的"爱国主义",去维护一些极端的、落后的固定习俗,这是需要注意的。中华民族一直提倡积极、善良、阳光的心态,人类的天性不是斗争、欺骗和伤害,我们更选择爱心、责任和善良。中华民族依靠自己特有的魅力向世界证明,匡扶诚信、知恩图报、道德至上,都是我们自尊的美德基础。我们中华民族拥有几千年文明的历史积淀,有着自己不绝如缕、独具特色的文化传统,这是我们民族振兴和文化发展的基石与起点,也是我们民族尊严的历史财富与资本。

向世界展示的是什么？我想首先就是尊严，我们对外国维护尊严的事情了解较多，外国对我们维护尊严的情况了解较少，他们对我们的历史和今天的社会变化了解很少，我们对他们的历史基因和思维观念也了解很少。所以文化交流不仅要走出去，更要走进去。至于中国文化能否走出去、走进去，最关键的取决于中国文化能否为世界提供一种普适性的中国价值。没有民族尊严和道德目标的价值理念，文化就是一堆没有灵魂与精神感染力的产品，就不可能赢得世界的尊重。

但从经济发展看，一个严峻的事实是，中国民间经贸活动中低劣、假冒的产品严重损坏了中华民族的形象，一些商户摒弃诚信和质量，靠行骗暴富，导致许多国家将低劣商品与中国制造挂钩。一些中国企业不注意在海外的形象，成了不正当竞争的代名词。[6]有些中国留学生申请留学材料造假被驱逐出境。这些现象都使中国形象大打折扣，使我们民族尊严受到挫伤。有些在国外场合不讲文明礼貌的小事则显示着某些国民的素质有待提高。如何遏制道德滑坡倾向，提高整个中华民族的良心守望与诚信信仰，将尊严作为民族精神坚持，仍是一个长期而凝重的课题。

从文化上观察，我们的文化作品还没有系统性地向世界展示出中华民族的良好形象，除了中国功夫、中国菜、中医药等符号性特点外，综合中华道德、宗教、历史等因素合成的文化没有完全体现，与"美流""日流""韩流"等相比，"华流"之势远未到来，中华文化远远没有讲述出"春天的故事"，中华民族也没有达到让世界普遍尊敬的地步。

要使民族尊严真正成为社会经济的稳定器、加速器，除了依靠教育引导、制度完善、文化浸润外，还要营造一种社会环境，坚守主流价值，让丧失自我尊严的人付出昂贵的代价、声名狼藉，以此迫使个人约束自己的行为。一个国家一个民族，如果没有国民素质的提高和道德良心的力量，绝不可能成为一个真正强大的国家、一个受人尊敬的民族。

中华民族要赢得尊严，首先民族每个成员要自尊，一旦民族尊严受到侵犯，有尊严意识的每个民族成员都要挺身而出，捍卫民族的尊严。我们的民族是一个伟大的民族,有着自信、自强、自立的悠久的优秀传统,但是五千年来也积淀了许多弊端与包袱,一些人自卑自弃、自残自贱,为金钱折腰媚俗,丧失操守,导致西方国家对华人形成傲慢的、带偏见的、淡漠的片面看法。东西方文化差异造成的文明冲突将是长期的。

在国际舞台上,西方是捷足先登者,中国是匆匆追赶的后来者,尽管中国海外移民从十八世纪就有了规模,但中华文化只是零散存在于唐人街及某些方面,根本没有提升到民族尊严上的认识。易"受伤"的中国人要学习西方维护自己尊严的优点,树立中国在世界上受人尊重的地位。2012 年 6 月 18 日美国众议院全票通过《排华法案》道歉案,[7]这是美国以国家法律程序正式就曾排斥和歧视华人的做法进行国家道歉,尽管 130 年后的道歉姗姗来迟,也不可能抹去历史上的罪孽与错误,但是宣示性道歉是对全世界华人地位的尊敬,是对华人历史功绩的肯定,美国 400 万华人最终赢得了曾被损害的尊严。华人需要继续积极地与西方主流社会对话,争取有尊严地参与国际文化交流,从整体上将中华文化中的优秀成分转化为人类文化共有的价值。

目前民族、宗教、种族的歧视在全球并没有消失,超越族群的博爱包容也不是处处皆有,相互理解和相互尊重也不完全畅通,尊重他人信仰和尊敬人类友谊也不尽然,欧洲许多国家出现极端排外主义、偏激民粹主义和反对文化多元化等一系列倾向,打着反对有色人种移民和民族主义的旗号,对华人和其他民族造成一些融入当地生活的阻碍。他们利用本国国民的优先权和反移民情绪,在某些方面屡屡"妖魔化"华人,特别是利用东西方观念差异丑化华人,严重损害了华人的民族尊严,中国的影视作品无法进入外国主流社会阵地,很多人对中国的变化与文化一无所知,这些都是值得我们深思的。我们也要经得起偏见误会的考验,听得起刺耳但正确的批评,这是中华民族赢得尊严必须经历的国际洗礼。

尊严不是一个泛指名词,而是一个表征人类的动词。面对世界各国的经济竞争、民族文化竞争,代表国家、民族的尊严之争也必然伴随着政治经济文化一起涌现,我们必须以高度的文化自觉和民族自信,着眼于提高民族素质和塑造高尚人格,培养中华民族的"精神贵族",体现我们民族整体的尊严。如果说尊严是一个民族的黏合剂,那么文化交流就是中华民族尊严展现的润滑剂、催化剂。

尊严是一个人、一个国家和一个民族的标志,更能凝聚民族的自信心与价值观,没有尊严的国家和民族无法形成强大持久的感召力,也无法赢得全世界的理解与尊重,更不会真正地崛起。

注释:

[1]《新华通讯》2010 年 2 月 27 日转发温家宝接受中国政府网、中新网联合专访。

[2]王泽应《谈谈尊严》,《光明日报》2011 年 8 月 2 日。

[3]王泽应《人的尊严的五重内涵及其关联》,《哲学动态》2012 年第 3 期。

[4]马岭《人的尊严高于权力的尊严》,《河北法学》2012 年第 1 期。

[5]《国家人权行动计划(2012—2015)》,《光明日报》2012 年 6 月 12 日。

[6]李飞《中国企业要注重海外形象》,《法制周末》2012 年 10 月 18 日。摘要见《文摘报》2012 年 10 月 25 日。

[7]《光明日报》2012 年 6 月 20 日,《美众议院就排华法案正式道歉》。

2012 年 12 月 24 日在澳大利亚墨尔本 21 世纪中华文化世界论坛上的发言演讲

《深圳特区报》2013 年 3 月 19 日理论周刊

中华优秀传统文化独特性对现实的意义

文化是一个民族的灵魂和血脉，是无法切断的文明之根。文化对一个国家发展进程的影响，比经济和政治的影响更深刻、更久远，经济发展改变的是一个国家的面貌，文化繁荣则可以化育一个民族的风骨。而传统文化则是一种依靠民族记忆和丰富的象征符号体系，维系社会积淀下的共同经验，成为生生不息、凝魂聚气的精神纽带。

一、用新的视角理解中华优秀传统文化

文化是一种最能够投射一个民族心灵精神的力量，文化最能够拉近人类的心灵，文化也最能够弥补由历史或是政治造成的创伤。文化高于一切而不是政治高于一切，尽管传统文化对实用型社会没有直接作用，但优秀传统文化的情感教育和知识教化正是人类区别野蛮与文明的标志。

从世界发展历史来看，文化是民族独特性的精神载体，不仅是国家的根脉，是兴国之魂，而且支撑着经济转型，引领经济发展。有着五千年文明发展的中华民族，其丰富的文化遗产是我们取之不尽的宝贵精神财富，既有着深厚的文化底蕴，也有着我们民族赖以生存和繁衍发展的精神沃土。

中华优秀文化的独特性究竟有哪些？对独特性的提炼和阐释至今仍然是见仁见智，对其本质内涵也是众说纷纭，抛弃那些"博大精深""人杰地灵"的虚话空话，我认为至少应有以下几个标准。

第一是中华优秀传统文化自古至今对全人类发展的独特贡献。从四大发明到科举制度，从公元前五世纪开始的草原丝绸之路到十世纪的海上丝绸之路，既是中华民族的独特创造，又能够代表东西方文明共同的核心精神。

第二是具有世界坐标的普遍价值。中华民族"仁义礼智信"对民族品格的重塑与再造，中庸平和秉性对各民族和平的大同意愿，山水乡愁对人文家园的生态文明营造，既有中国的文化特色，又有世界认可的相交特性。

第三是中华传统美德的当代转化。我们不仅历史底蕴深厚而且发展向上，"刚健有为、自强不息""厚德载物、润物无声""天人合一、和合为贵""吃苦耐劳、诚实守信""仁民爱物、忠恕崇正"等等，都与世界文明追求相融通。

第四是有着独特的民族文化形式。从扭秧歌到舞龙灯，从家居礼仪到乡土节庆，从独有的生命观、审美观到东方价值观，每一个精神图谱都蕴含着中华文化的符号，滋养着全民特有的积极生活心灵。

第五是东方宗教的平和特色。佛教、道教慈悲为怀、多元和谐，从未发生过宗教征服战争，而且中国在历史上吸纳过景教、祆教、摩尼教等外来宗教文化。

只有达到这些内涵，才能真正代表中华传统文化的软实力，凝结中华民族的智慧，展示出中华文化的独特魅力。我认为，一定要甄别凝练出优秀的传统文化，"优秀"就是超越时代、普遍适用、利于当代、造福人民，符合世界文明发展的需要。笼统地将经史典籍、文物遗产、民间技艺、节日民俗等归于传统文化是可以的，但一些知恩感恩与愚忠观念要区分，尊重女性与性别歧视要厘清，君臣贵贱与阶层高低要理清，等级特权与公平正义要清楚，民间娱乐与愚昧陋习要分辨，专制威权与法制平等要区别，传统的文化必须去粗留精、去伪存真，这是我们当前对优秀传统文化留据存根、弘扬创新的前提。

我们要用新的视角来看待中华优秀传统文化，既包含大家公认的价值，又承接悠久的历史，不能因为近百年来的政治原因而丢掉几千年的文化精华，但是也不能将"死去了""过去式"的传统文化全部复活，一定要科学地扬弃选择，有鉴别地继承升华。

二、用新的理念传承中华优秀传统文化

几十年来我们一直说要坚持古为今用的理念传承中华优秀传统文化的精华，但实际上常常是不分良莠，鱼龙混杂，既没有去粗取精、推陈出新，也没有去伪存真、废弃糟粕。不分青红皂白的复古主义盛行，打着民族民俗的旗号，热衷于推动古人迷信的祭祀方式，参与简单复制的庸俗低下仿古活动，甚至全盘肯定儒家复古理念，提出"重振儒学、再铸国魂""弘扬孔孟、儒化中国"的目标，将儒家一门之学推向中国文化的最高点和全部。

细察当下的"国学热"，很少提炼先人的智慧和前贤的精髓，而是将经典阅读搞成僵化表演，将迂腐死板的思维定式重新包装成附庸风雅的做作，在一定程度上更多的是商业炒作、形象工程、电视作秀，浅薄低下、凭空杜撰，更没有形成聚集民智的知行合一、正心诚意的普世接受、生动鲜活的普遍参与等新文化局面。学术高度政治化与文化极端商业化，有时不仅伤害了无法对接的经典根脉，而且破坏了优秀传统文化的实质和形象。

目前社会上流行的一些传统文化理念，偏执认识和历史偏见不时出现，仍是过去陈风陋习的延续，黄赌毒以及迷信等旧糟粕沉渣泛起，文物造假屡出，古建拆真仿假，编造虚假故事，放大传统文化污点，恶搞抹黑民族英雄，肆意宣扬奢靡享乐、升官发财、骄奢淫逸的价值理念……使得我们民族好像失魂落魄，唯钱是利、唯官是好。如何通过文化这种救赎力量重新找回我们民族的灵魂，一直是有识之士焦虑的所在。

最有争议的是将传统文化"开发"成产业，以营利为首要目标，以赢利为考核指标。文化应该是"魂"与"体"相辅相成，是传承历史的选择而不是一条挣钱的歧途。世界上很少有国家"开发"传统文化或原生地遗产，联合国提倡"利用"，可是在文化"大发展、大繁荣"的幌子下，违背历史常识、丧失道德底线、误导公理行为的事情泛滥，使公众搞不清是激情燃烧的时代还是疯狂敛钱的末路，是文化创意还是娱乐至上，是文化天使还是愚昧傻瓜。如果说以文化论输赢，以文明比高

低,以精神定成败,那么我们还达不到文化创意勃发、学术睿智泉涌、文明浪潮壮阔、文化产业争流、城市无限生机的程度。

中国目前处在一个文化浮躁的时代,美国人在南北战争之后,有过40多年的文化浮躁,而我们从新时期开始已经有30多年的文化浮躁时期,还要延续多久不好推测。在一些理念上,我们还没有成熟的文化观,还没有认识到文化是一个民族的精神和灵魂,是一个民族真正有力量的决定性因素,更没有认识到中华民族的宽广情怀和仁爱精神应该是世界性的,不是局限在传统的炎黄子孙范围内的。

例如"民族的就是世界的"这一命题被高调提倡,实际上非常容易被误读。清代我们民族中男人留辫子、女人裹小脚这种习俗,能说是世界的吗? 不加分析地笼统地说民族的就是世界的,容易变成空洞肤浅的说教,造成无鉴别、无区分的误读。

又例如在重塑文明大国形象方面,我们不能再满足于摆脱"东亚病夫""辱国丧权""弱国被欺凌"等旧理念,而应转换为山河秀美、承担使命、负责任大国等新理念,"主旋律"也要与时俱进。

再例如陕西道教圣地楼观台近年修缮重建成为道文化景区后,突然冒出一个所谓招财进宝的"赵公元帅财神故里"园区,给人以赤裸裸拜金主义的倾向,打着文化项目招牌,理念却是功利化的,而全国各地类似的对传统文化施以歪曲、捏造和践踏的例子还有很多。

至于许多地方打着草根文化的旗号推广实际上是低俗文化的泛滥,包括将功夫武打"暴力片"定位渲染成为中华符号,对我国未来文化发展都将是一个极大伤害,导致年轻一代没有审美趣味,丧失文化品格。

中华优秀传统文化的魅力和底蕴,必然要有文化理念上的觉醒与警悟,只有文化意识而没有文化觉醒,还不能说是一个民族文化的真正自强。

要将优秀传统文化的美育纳入国民教育之中,动员组织社会科学研究者将跨越时空、超越国度、富有永恒魅力、具有积极人生意义与当代价值的文化精神结合起来弘扬,要以人们喜闻乐见、具有广泛参与性的方式推广中华文化,引导海内外华人成为传播中华文化的主体。

三、用新的实践探索中华优秀传统文化

优秀传统文化是我们继承的最可宝贵的遗产之一，又是需要我们不断发扬光大，与时俱进注入新的实践探索、新的鲜活内容的精神财富。对中华优秀传统文化在当代实践的"活化"就是要形成全民族的价值认同，提升国民与传统文化素养的共生互动。优秀文化只有介入现代日常生活，以健康心态纳入当代实践，才能真正"存活"延长，才能让全体国民都认识到文化是民族凝聚力和创造力的重要源泉，是综合国力竞争的重要因素，是经济社会发展的重要支撑。

英国前首相撒切尔夫人说，"一个只能出口电视机而不是思想观念的国家，成不了世界大国"。这从另一个角度提醒刺痛我们，增强国家实力必须开掘思想的活源，在文化走向文明的实践中，奉献令世界起敬、令人类受益的价值观新成果。

新加坡前总理李光耀说："中国的国内生产总值的绝对额将不可避免地赶上美国，但其创新能力可能永远无法与美国匹敌，因为它的文化不鼓励进行思想的自由交流和碰撞。不然如何解释一个人口 4 倍于美国的国家（可能中国人才的数量也是美国的 4 倍）却少有技术突破呢？"（《李光耀论中国与世界》，中信出版社，2013 年）李光耀指出中华民族复兴的挑战在于文化，在于能不能摆脱传统官僚制度催生的文化束缚。他的说法应该说是有一定道理的，如何使新的理念唤起我们的使命感确实值得深思。

在五千多年文明发展进程中，中华民族创造了博大精深的灿烂文化，但是目前最基本的文化基因未能很好地被继承传播，特别是与当代文化相适应、与现代社会相协调的不多，亟需重新设计规划。

目前有两个极端倾向。一是经院式、象牙塔式研究较多，书斋玄谈气浓厚，以理服人、以文服人、以物服人的较少。二是胡编乱凑的通俗版戏说演义过多，真正令群众喜闻乐见的丰富精神世界的作品较少。尤其是缺少正确的历史观指

导,缺少用人类公认的世界观来叙述我们当代的思想价值。

针对中华传统文化被扭曲、被割裂、被异化的现实危机,我们要系统地整理、梳理、调理国家文化遗产资源,让收藏在博物馆的文物被活化、陈列在考古遗址上的遗产被激活,以及让出土文献古籍都复活起来,从不同方面不同领域展示中华文化的独特性,不断提高中华优秀文化传播话语权,讲好中国独特故事,传播中国独特声音,阐释中国地域特色。反思历史一定要反思自我,纠偏正谬,还原公道。在国内外价值观较量中,树立正确的中国人历史观、民族观、文化观、国家观。

国情实践提醒我们,在补齐历史欠账的同时,要注意中华传统文化中缺乏公众意识、实证意识和法制意识的局限,教育不等于教养,文化不等于文明,要不断创新人文交流方式,改"送出去"为"走出去",将"走出去"变为"走进去",结合中国文化各类布局点,综合运用大众传媒、群体传播、人际讲述、学术研讨、文物展览、艺术鉴赏、图书收藏、影视作品等多种载体与方式,爬坡升级,超越过往,行稳致远,积极回应,注入时代活力,既牵动历史记忆和文化传承的血脉,又适时展示中华文化的菁华。

在现实世界的激烈竞争和文化推广实践中,我们要有"国际视野、中国表达""国家立场、文化展示"的意识,加强对中华优秀传统文化正能量的释放,在国际交流中时时处处、潜移默化地贯穿中华文化独特的价值观,既有传统优秀文化辉煌灿烂的感染力与感动力,又有当代中华文化特征的穿透力与渲染力,真正在世界文化交流中树立起自己的核心价值与民族品格。

2014 年 3 月 26 日再修订

2014 年陕西省政府清明黄帝文化研讨会会议论文集,陕西人民出版社

新境界：全球记忆下中国主流文化的充分认同

文化塑造民族精神和国家形象，用世界讲述方式传播"中华主流文化"，无疑具有更广泛和细腻的说服力，能使中华文化在海内外都具有民族风貌、国家形象、社会气质，这需要一个长远而有高度的考量，不是简单"走出去"的劣质巡演和低水平说教。从全球范围看，文化是国际关系中最柔韧又最有穿透力的成分，它是跨越时空、春风化雨的情缘，为民族之间带来心灵的交流和契合。

一、中国主流文化的内涵与定义

主流文化就是优秀的传统文化和当代文明的民族文化相结合，符合现代社会文明发展的潮流与趋势。主流文化不仅是优秀的、民族的，而且是适合全人类的、有时代活力的。古代先贤留下的居安思危、仁者爱人、以民为本、诚实守信、和而不同、尊师重道、厚德载物、自强不息、天下大同，每一种文化理念都包含着我们民族对世界的贡献。中国当代价值观包含的民主、自由、爱国、敬业、诚信、友善等原则，无不有着传统道德"仁义礼智信"的深厚渊源，从而与改革开放的当代精神结合，一起成为我们新的主流文化。

主流文化的标准就是民族与国家的核心软实力，有着自身文明价值的自信力，有着无可替代的亲和力，有着凝聚各民族的向心力。从商周文明之初的创造精神到春秋战国穷本探源的辩证精神，从秦汉天人关系的探索精神到魏晋人格养成的道德精神，从隋唐博采众长的文化会通精神到宋明以天下为己任的责任精神，无不浓缩着中华民族生生不息的智慧源流,积淀着每一代仁人志士深沉的精神追求和知识分子的丰富智慧。所以,主流文化是由一个民族的自身特性和发展规律决定的,它不仅具有教化民众、引导社会的意识形态属性,引领社会进步,提高民族文明程度,同样也有创造经济效益的生产力属性,文化产品直接参与经济价值的创造。

主流文化无疑是人类文明经过长期生存形态实践后的结晶,成为一个地区一个民族内在的、普遍的、基本的要求,是人生幸福快乐容易接受的重要标志。文化如水,润物无声,不仅启迪心灵、陶冶情操,而且增进知识、提升素养,最终全面满足人的精神发展需求。正因为它是民族凝聚力的重要源泉,作为一个民族的集体记忆,它是民族文化身份和独特个性的象征,是培育民族精神的土壤和人们赖以生存栖息的精神家园,帮助人类社会应对众多挑战。

各民族多姿多彩的文明是互相吸纳的,每一个民族的主流文化都是自己国家和民族的名片,是民族文明程度综合实力和国家发展水平综合国力的重要标志。各国历史表明,没有文化风尚的积极引领,没有人民精神世界的丰富多彩,没有整个民族精神力量的充分发挥,一个国家一个民族就不可能屹立于世界民族之林,在全球互动中立于不败之地。离开了文化支撑,即使商贸经济发达昌盛,民族文化的主流地位也难以被认可、被确立,仍然是二等、三等国际公民。我们不需要刻意去宣扬文明优劣论,也不鼓吹文明冲突论,以西方文明观为标尺裁量、打压其他文明也是不可取的。文化是精神的产物,每个民族在自我身份认同遭遇迷茫与困惑时,追溯过去的历史传统与伟大文明就成为一种近乎本能的行为,会更看重民族精神理念,唤醒我们灵魂中丢失的东西,唤醒隐没在人们心灵深处的文化记忆。

文化是最需要不断创新的领域,创新是文化的本质,只有不断创新,文化才能迸发出活力,充满创造力就是形成竞争力,主流文化一定是强国的创新,是人类智慧的思考。

一个国家一个民族要对世界产生影响,不仅要靠政治、经济、军事和外交力量,更要靠文化的力量。中华文化作为一种主流文化目前在世界上还远远不够,面对西方文化扩张和强势竞争,我们的文化影响还进入不了西方主流视野,西方流行文化与中国传统文化就像初榨橄榄油和陈年老醋一样不相配。我们需要通过华人家教家风这样的小切口,使中华文化在华人中互动传播、同频共振,将宏大凝练的核心价值阐释得更加具象、丰满、生动,契合国际上当代社会思想的传播。

主流文化是一个民族生存方式、生活方式的体现,是这个民族历史长期积淀的结果,比如博物馆收藏展出的文物就是千百年来历史时期物质生活在精神领域的反映。古今中外学者从历史学、考古学、人类学、民族学等不同学科视角考察解释文物,目的就是认识从物质文明到精神文明的升华。每个民族都希望将自己的主流文化纳入世界秩序中去,但这个融入的过程是漫长的甚至是艰难的,如果我们无力洞察当代人的生存境遇和心灵困惑,就无法确立中华主流文化在世界各地的情感慰藉、思想启迪和价值尊严的作用。

二、中华主流文化是全球华人的精神命脉

中国作为文明古国,中华文明在东方具有自己独特的优势。首先它是开放的,从秦汉到隋唐奠定的中国主流文化来看,它一直以包容的文明心态吸收外来文明营养丰富自己,因此中国主流文化经过了上千年的构建,经过了多代人的努力,才形成一以贯之的传统。虽然中国历史上改朝换代屡见不鲜,但是主流文化没有大的变动。中华文化主流经过几千年的锤炼和积淀,凝聚着华人的性格、精神和智慧,是全世界华人相互认同的标志和纽带,展现着自己独特的、先进的风采,对世界文化多样性作出了自己的贡献。

中华文明对人类文明的贡献是巨大的,从远古开始到汉唐盛世,它无疑是东亚的主导力量,也是影响周边地区的主流文化。除了我们常说的国家统一、国力强盛、社会富足、生活殷实外,最重要的是中华民族曾有着高度的文明,吸引与融聚着周边民族,影响着周边国家。从丝绸、瓷器、玉器到造纸、指南针、火药、印刷术,从文字、书法、绘画到服饰、中医、科技,从草原毛皮之路到陆上丝绸之路,从西域玉石之路到海上贸易之路,从张骞通西域到郑和下南洋,中国主流文化随着政治影响、文化教育、经济利益、科技利用等方式扩展至世界各地。

但是在人类近现代史上，中华民族在十八世纪至近代落后了，主流文化也随之贫瘠瘫软，今天人类所享受的现代物质文明的各种成果，大多数是西方文明的贡献。当然西方文明的进步也不是凭空实现的，或只是对古代希腊罗马的传承，而是经过中世纪黑暗之后文艺复兴的启蒙，吸收了东方文明的精华，包括中国文明的一系列成果才取得的，没有东方和中国文化的贡献，人类也不可能发展到现今这种文明程度。

中国的崛起不仅包含着物质层面，还包含着精神层面，因为一个国家社会属性中经济不是唯一的衡量标准，一味谋取钱财不是一个正常国家所追求的价值观，还需要有以主流文化为代表的社会文明。文化不是一个对象，文化是由人体现出来的，文化的终极目标就是高度文明，所有的文化事业，其最终目标都是为了造福人类、影响社会。

截至2014年，中国自改革开放以来已经有500多万人移居国外，移民人数稳居世界第一，是世界上最大的移民迁出国家。特别是近十年来，有7.6万中国富豪移民他国，"出口"人数全球居首（《参考消息》2015年3月6日）。但是，不管是老华人还是新华人，都遇到中华文化是我们命脉的问题，传承还是割裂，继承还是抛弃，主流文化能否融入所在国家的社会，能否改变外国人对我们民族的看法，都是面临的重大问题。

目前，孔子学院只是向西方开的一个小口，因为它并不能代表整体中华文化；中国民族歌舞外出展演只是向西方演的一场小戏，因为西方人信服大型交响乐曲；中餐馆也许是向西方输出的一味成功品牌，但现在华人后代很多不愿选择餐饮行业，中餐即使口味迎合西方，价格趋于平民消费，仍无法像法国菜、日本菜一样进军高端饮食市场，麻婆豆腐从没有在曼哈顿高档餐厅出现过。在西方世界里，华人受传统"逆来顺受""破财消灾"观念影响，对自己的文化萎缩放任自流，不仅受人歧视、被人欺负，而且文化变形，渐趋松垮，传达中国价值观的力量还很不足，距离世界主流文化互助互动较远。

有充分证据表明，民族竞争会加深民族隔阂，甚至出现民族冲突，其主流文化也不会固化静止。针对全球华人近几十年越来越多出现的语言环境与文化环境的急剧变化,华人移民二代、三代已经不是交往、交流、交融的问题,而是日常生活认同已经西化,很多观念与中华主流文化格格不入,特别是宗教信仰的差异,使得多元化成为一个看上去很美的空洞建议,融合和谐与相互猜忌成为一个普遍的社会盲点。

尤其是,西方对中华文化的认知飘忽不定,西方国家时不时地仍在丑化中国人,一些西方政客污蔑中国文化时往往失去理智,将一盆成本很低的脏水泼向中国,他们或出于意识形态偏见,或出于种族歧视,对华人抱有怀疑和敌意。CNN将中国皮蛋评选为"最恶心食物",将上海南京路步行街评为"最差景点"。中国商品成为发达国家和第三世界"便宜货"的代名词,正如人们说到科技就想到硅谷,说到玩具就想到中国。中国政府正在全球提升中国形象,努力将"中国制造"变为"中国创造",将"中国发明"变为"中国贡献"。

近年来,遍布在世界各地的华人与中国 13 亿百姓一起共度春节,影响越来越大,共有 119 个国家和地区开展春节庆祝活动,数十位国家元首致以祝贺。春节走向世界并非偶然,它与中华主流文化吸引力的提升、中国国家实力的强盛和海外华人经济社会地位的提高密不可分。延绵数千年、有着悠久传统的中国春节,是中华年俗文化里最具有人伦情义的资源,今年羊年甚至在欧美民众和国家政要间引起了纠结,绵羊(sheep)、山羊(goat)、公羊(ram)、羚羊(gazelle)各持己见,不仅成为全球网络上热议的话题,而且成为传递华人形象的软名片,是中国文化元素全球化、国际化的成功典范。

文化是民族的血脉和灵魂,是一个国家最深厚的软实力。文化有着高远开阔的历史支点和前进方向,在不同民族的文化中,神化与物化所造成的不同人性理解、信仰的世俗教化与商品拜物教造成的不同生活方式,都会使得主流文化呈现出新的精神命脉。

三、中华主流文化的价值传播和共享价值

众所周知,文化是一个民族的灵魂,也是价值观的源泉。在中国崛起的新时

代中,我们曾梦想让世界共享中华文化的魅力,这也是中华民族伟大复兴的题中之义,因此越来越多的国家开始关注中国的主流文化走向。文化的承担者首先应该是优秀的知识分子,他们不仅要有比普通人更多的感知时代文化前沿的自觉,还要作为中华文化传承者,为民族复兴创作出无愧于时代的作品,发出反映民族文化和时代灵魂的声音。

目前中国文化走出去的推广活动尽管声势浩大,但还没有在世界上产生具有实质性意义的影响。因为所推广的中国文化缺少一套核心价值,也缺少一套可与其他文化相融分享的共享价值。传统已经解释不了当代中国,尽管今天中国有其传统传承的一面,但已经不再是传统文化的中国了。我们创造的新文化不仅要为中国人所接受,也要为处于其他文化圈的国家和地区的人民所接受。现在的文化显然不能达到这样的要求。有人指出文化是不需要推广的,尤其不需要通过政治力量加以推广。这从另一个角度告诉我们,文化必须要有人类共同的良知精神和相通价值,中华主流文化要在世界各地登堂入室,真正走进其他民族的内心,肯定会遇到"门槛""壁垒",如果我们缺乏对民族文化和国家文明的终极追求,缺乏文明准则、文明底线、文明自律,即使搭建"镀金"的海外平台,"走出去"也会如同商业炒作的暴发户,一定会丑态百出、贻笑大方,根本谈不上真正的文化交流。

在全球化浪潮席卷冲击下,历史不是一场短跑的比赛,不是简单的贴标签,我们如果不能保留对历史、民主、科学和文化最基本的敬畏,仅从经济层面去考虑急功近利的成绩,凸显出短视思维和不择手段的非理性行为,最终仍然不能融入世界文明之中。

我始终认为,中华主流文化与人类良知、国际公理、慈善友爱等共有价值是一致的,要注重构建和平共处的世界,偏激的爱国情怀和内心的自豪感是两样不同的情绪,真正的文化交流不是实用的物质之间的交流,而是人与人之间的思想文化交流。

如果说民族性特征只有在相互审视中才能更好感悟,那么主流文化要被其他民族认识也需要很长时间。全世界有73亿人,其中中国有13亿人,其他各国

60亿人，要让其他国家知道中华民族在世界上的地位，了解中华主流文化的延绵久远，首先要推荐的就是文学、史学、考古等，这是最容易沟通的工具。二十世纪五十年代长篇小说每年出现30部左右，现在一年1 500余部，但是能让眼泪延绵几个世纪的文化作品究竟有多少？久演不衰的剧目或是永恒经典的图书有多少？一部令人心碎、灵魂受到洗礼的著作能有多长时间的保鲜期？能否产生像《茶花女》那样的爱情挽歌，撩动上百年读者的心弦？

在中华文化向外传播中，每个人都是文化的携带者、文明的传播者，世界各国就是通过中国人来认识中国文化的，犹如我们也是通过西方人来认识西方文化的一样。所以中国人的行为，要依靠主流文化来规范制约，同时也要适应新的国际规范，但是对中华文化中消极负面的糟粕也要克服摒弃。我们的文化喜欢向古人看齐，很少反思超越前人，"越是民族的就越是世界的"口号本身就缺少创新的另类思维。固守传统文化，只做重复前人的工匠，仅仅满足祖先有过的成就，没有充满生命力的时代特色，永远只能成为世界文化的一部分，不可能在世界民族文化之林中成长与强大。

文化塑造民族精神和国家形象，用世界讲述方式传播"中国主流文化"，无疑具有更广泛和细腻的说服力，能使中国文化在海内外都具有民族风貌、国家形象、社会气质，这需要一个长远而有高度的考量，不是简单"走出去"的劣质巡演和低水平说教。从全球范围看，文化是国际关系中最柔韧又最有穿透力的成分，它是跨越时空、春风化雨的情缘，为民族之间带来心灵的交流和契合。中华民族作为一个多民族大家庭的集合体，"中国世纪"主流文化具有特殊地位和独特身份，其对整个人类文明进程的通达古今的贡献，将会影响几代人或是几百年，需要我们认真审视和通识研究，需要理论认同、情感认同、文化认同，为民族永续复兴打造出历久弥坚的精神纽带。

《深圳特区报》2015年6月9日理论周刊·专论版

收入2015年"文以载道·文以化人"清明黄帝文化学术交流会论文集

2014年10月15日中央国家机关司局级干部人文素养选学专题班讲稿

清明时节：民族感恩与文化遗产

如果说自然节候成为人类民俗，那么文化内涵则蕴含着人文精神。无论是清明节的慎终追远，还是祭拜黄帝陵，都是民族感恩的延续。感恩祖先在这块神奇的土地上哺育了后代的人们，感恩前辈为后人留存下来丰富的文化遗产，感恩两千多年来无数文化先贤英杰留给后人的宝贵精神财富。这种简朴的感谢心情上升为高尚的感恩文化，从而使感恩本身成为具有更高层次内涵的文化遗产传承。

一、感恩文化的本质，是文化遗产传承的核心

全世界各种文化都崇尚感恩，因为感恩作为人类文明是没有国界的，只是表现的方法、对象和时间地点不一样而已。感恩在本质上意味着以德报德，心怀善意，是一种普世文化。人生中有许多被别人援助的时候，有许多对自己人生有价值的帮助，也有天地大自然的恩赐，都需要我们感恩。

"感恩"文化最本质的定义是："从心底里感激人生得到的好处并愿意回馈他人。""感恩"是因为我们生活在这个世界上对别人帮助的感激，是我们心底里的一种认同。我们生活在大自然里，纯净的蓝天、温暖的太阳、广袤的草原、辽阔的海洋、丰饶的土地以及大自然给予我们的恩赐太多，我们不爱护大自然，不讲环境保护，人类生命就延续困难，这是最简单的道理。同样，我们也生活在历史之中，从蜿蜒的长城、人造的运河，到雄伟的寺塔、方正的古城，以及代表我们民族

的文物精华，都是祖先恩赐给我们享用的文化遗产，我们不爱护文物，不讲文保抢救，那历史血脉就会中断，我们将成为一个不知感恩祖国文化遗产传承的文盲。

感恩不仅仅是一种行为或美德，它是一种需要自觉性的现象，人们要能够承认自己受益于祖先的古训，认识到其他人的慷慨帮助，意识到别人帮助自己所付出的代价，理解到善良人对自己的爱心，从而由衷地产生感激之情、感恩之心。感恩即使不说，也会一辈子在心里藏着。

感恩不是出于被迫地求得报答，也不是被动地任人强索回报，更不是以通过牺牲自己的生存环境和永久家园为代价的变相"反哺"模式。感恩包括无数社会关系、环境文化的福佑，所以它不是追索回报的账单，而是一种心态。对帮助、恩赐过我们的人，无论其现在贵贱愚贤，都要感恩，不因时过境迁而轻慢。

感恩与幸福具有紧密的联系，感恩的人具有一定程度的满足感，减少了贪得无厌的心理，减少了贪污腐败的动机，知道劳动果实来之不易。懂得感激的人不仅会感到更加幸福，而且还会加强社会中人和人的谐和关系。虽然感恩的人对幸福感理解水平会有不同，但会有自己衡量幸福的标准，发现幸福的关键是与人为善，与人和谐，能得到众人的乐意帮助。

感恩不是简单的吃喝玩乐的满足，而是更广义的人生公平、机遇平等、环境和谐的主观感受。感恩不仅仅是看一个地域或一个人的经济收入多少，而是取决于许多直接与文化有关的因素，例如历史名城的自豪感、古典建筑的辉煌感、居民生活环境的舒适感等等。感恩与幸福感不可分割，所谓幸福，是有一个健康的身体、一份称心的工作、一位深爱你的爱人、一群诚信的朋友，这些都需要用一颗感恩的心去体悟。感恩为幸福之首，是因为不知道感恩的人，永远不会幸福。西方的"感恩节"，使人们和很多家庭成员相聚在这一天，感谢上苍的仁慈和恩惠。中华民族同样具有优良的"感恩"传统，人人皆知的诗句"谁言寸草心，报得三春晖"，大家皆懂的格言"恩欲报、怨欲忘、报怨短、报恩长"，都集中反映了古人对"感恩"的认同和崇尚。

儒家就强调"知恩图报"，指出知恩图报是做人的起码准则与道德。儒家认为感恩是一种处世哲学,是生活中的大智能。不能知恩图报,或者恩将仇报、以怨报德,那就是小人,甚至禽兽不如。由此而有了"人、禽之辨",有"君子、小人之辨"。对于儒家学者来讲,不仅父母有养育之恩,师友、乡里、社会、国家以至天地都有恩于己,应该"知恩图报"。这是一种报答的感情和心态。在儒家看来,人一生下来,就欠社会许许多多,所以应该报答。报答是一种境界,报答越多,境界越高,其生命就越有意义。

儒入佛法,经常说"报四重恩":一、感念佛陀摄受我以正法之恩;二、感念父母生养我抚育之恩;三、感念师长启迪我从懵懂导入真理之恩;四、感念施主供养滋润我色身之恩。这种"感"是感动,"恩"是众生之恩。信徒感念众生之恩,牵连着佛祖、父母、师长到芸芸众生,仰仗着无数的因缘和资源的支持,对中国民众有着宗教上的影响。

"感恩"是一种回报。母亲用乳汁将孩子哺育,伟大的母亲却从不希望自己得到什么赡养、照顾之恩。可是从不要求回报,并不等于我们不知道"感恩"。"感恩"之心,就是对世间所有人所有事物给予自己的帮助表示感激,铭记在心。无论人们是尊贵或是卑微,无论财富丰饶或是一贫如洗,无论生活在城乡何地何处,或是有着何种特殊的生活经历,只要我们胸中常常怀着一颗感恩的心,就必然会不断地涌动着诸如温暖、自信、坚定、善良这些美好的处世品格。

感恩从古到今都是一种生活处世的方式,一个人如果只感激帮助过自己的人,那仍然只是一对一、事对事的小感恩,只有来自对生活与希望的感恩,方能海阔天空,才会扩展到长久不衰的整体胸怀的大感恩。感恩并非一个人的终极目的,从个人小感恩升华为民族大感恩,这才是一种长期存在的品德和心境。

二、感恩教育的必要,是文化遗产传承的前提

感恩并非与生俱来的人类品质,它需要各方不断教育和环境长期熏陶。感恩教育会影响人的一生。目前中国社会一个较为突出的问题,就是很多人缺少对于自己国家的珍爱之情,缺少对自己家园的责任意识,缺少对文化遗产保护传

承的珍惜责任,没有充分认识到个人私欲的无限膨胀与不法获取正在一步步地摧毁大家共同的精神家园。

在今天,感恩情结似乎离人们越来越远。有人跳水救人,被救者不但不感恩,反而还说救人者是为了得奖金。有些地区贫富差距急剧拉大,弱势群体增多直接刺激了社会某些人的心理,他们不知社会进步的感恩,反而抱怨社会,仇富心理加剧。诸如此类的事例让人们思索,为什么不断出现被救者冷漠绝情的声音?为什么知恩、报恩的声音越来越少?为什么自古以来的感恩传统得不到传承?为什么不能学习借鉴人类共有的感恩文化?

"文革"中,我们的教育对孩子的"感恩"培养很少,甚至在一段时间里连说声"谢谢"都会被批判为虚伪做派,对自己父母养育的感恩、对民族自强的感恩、对国家兴旺的感恩都不再提及,课堂上只讲抽象的、空洞的政治性感谢,不讲具体的、温暖人心的感恩对象。殴打教师,薄情寡恩;师徒反目,划清界限;不认父母,大义灭亲。这些例子恰恰是"恩将仇报"的最典型注脚,使得"感恩"被荒唐地列成了所谓"封资修"的东西,被排斥为旧时代的"残渣余孽"。

现在某些场合的感谢也是敷衍了事,动辄感谢上级领导的指导、上级机关的帮助,对全体员工的努力工作却很少感谢,把一些应该为人民服务的内容也作为感谢的条件,引起人们的不满,自然混淆了自觉感恩与自发感谢,淡化了人们的感恩意识。

没有感恩也就没有良知,更不会有所谓的爱国心。将感恩作为道德主义的思路是行不通的,只有通过教育和制度两方面结合才能具有建设性。问题是要复苏感恩教育、要找到自己的路,这就需要文化传承,一种从孩童时期开始的自觉的灵魂洗礼,一种民族认同的延续。

如果父母教育孩子学会长存感恩之心,就会减少消除一些家庭悲剧;如果学校教育学生懂得感激之情,就会增强他们服务回报社会的意识。由于儿童不是生来就知道感恩,小孩在成长过程中具有一定判断能力之后才会产生感恩之心,所以感恩教育从幼儿或中小学教育时就必须广泛开展,既感激父母的养育之恩,又感谢老师的教诲之恩;既感谢同学的真诚相助,又感谢祖国的培育之恩。

感恩教育的使命是唤醒所有人内心的自觉，让学生从小就形成自己的感恩观，懂得自己的成长离不开各方面的关爱与扶持，确定自己与周围世界的关系。我们不赞成那种权威式的、在对孩子的喝令中强索感恩的做法，不喜欢驱使他们、在大人铸造好的忠孝模式中获取感谢，也不是暂时或一时的冲动。感恩必须是发自内心的，父母言传身教也是平等的，是不经意间自觉的行为意识。

学会感恩就等于架起了做人的支点。我们的思想教育不能只停留在讲大道理上，更不能只停留在传授知识上，还要帮助教育人们懂得做人的道理，特别是在校学生，要使他们从小养成良好的个性和健全的人格，让他们懂得责任意识，感念父母之恩，孝敬父母；感念祖国之恩，报效祖国；感念自然之恩，学会和大自然生灵和谐相处；感念社会之恩，学会和不同性格、不同阶层、不同文化背景的人相处，这是一种更加丰满的教育，这样的教育才是"刻骨铭心"的。

我曾多次在课堂上讲"滴水之恩，涌泉相报""饮水思源，知恩图报"，这是做人的一种浅显道理，是人生的基本道理。这是"感恩"情感之基本。过去"知恩图报"容易和一些江湖义气结合，和下级服从上级、学生服从老师相混淆，使人没有将感恩的本质深入到理性启迪中。如受资助者贷款不还，翻脸不认施助者，甚至不提帮助者名字，很多人忘记了知恩图报的传统美德，甚至对被别人救助都表现出没有人情的冷漠。

在现代社会生存竞争日益激烈的情况下，学生的人生中更容易产生嫉妒之心、不信任之心，所谓进入社会后再体悟感恩已经手足无措了。我们国民中许多人到了老年时才体会到感恩的重要，就是没有从小受到感恩的氛围熏陶，没有接受感恩的启蒙教育，没有认识到感恩是美德，而"忘恩负义"却是违背道德的可耻行为，是对人最重的一种谴责。社会感恩意识的缺失，虽然局限于一部分人和一些势利现象，但也与现代社会功利主义和利己主义盛行有关，其影响不容低估，其危害会导致人的自私、人情的冷漠、社会道德的滑坡。不知感恩最直接的结果，就是使一个人融入社会的过程变得缓慢而曲折。所以，我们必须要为感恩文化的形成提供一个大的背景。

在城市文化遗产保护中，我们往往采取一把推倒、拦腰砍断的做法，消灭胡同、拆毁城墙、废除古城，对自己的文化传统不作慎重考虑，更没有感恩前人创造留下的古城古镇古村。如果说一个不尊重历史的民族是一个没有文化的民族，那么一个不懂得感恩的民族也是没有希望的民族。我们在自己的历史文化名城中盖上西洋的城堡大楼，会受到世界的尊重吗？所以一定要教育年轻人在保护旧的基础上发展新的，这不仅是尊重本民族的文化历史，也是感恩后的自尊自重。

感恩教育不仅仅在于说几句感谢之言，它真正的目的是：要有利于激发人际关系之间的改善，有益于唤起大家慷慨助人之心，有益于建立一个更加和谐的社会。"感恩"是一种对恩惠心存感激的表示，是每一位不忘恩情的人萦绕心间的情感。学会感恩，是为了擦亮蒙尘的心灵而不致其麻木，是为了将无以为报的点滴付出永铭于心。"感恩"亦是一种钦佩，钦佩古人、前辈和其他人给我们创造的历史财富。我们要通过感恩教育，使大家都知道这是民族精神之绝唱，是中华民族的传统美德，是要求每一个人必备的基本道德和人格品质，是做人的最起码原则修养，没有感恩就没有真正的美德。

感恩要形成一种好的习惯，起码要做到有孝心，献爱心，讲良心。一个对一切美好的事物都心存感激的人，必定会热爱生命、关爱他人。学会感恩，才能收获平和、快乐与美感。所以感恩教育，要让每一个人对自己与他人和社会的关系有着正确的认识，认识到感恩是一种价值取向，报恩则是一种责任感。没有民众间的感恩和报恩，很难想象一个社会能够正常发展下去。一个没有感恩情怀，不知道感恩、报恩的民族，是一个没有发展前途的民族。如果说社会发展是一代又一代人前赴后继努力的结果，那么感恩报恩则是一代又一代人需要传承的精神文化遗产。

三、感恩具有的作用，是文化遗产传承的保障

学会感恩受益匪浅，学会感恩知足常乐，学会感恩延年益寿。但是，感恩不纯粹是一种心理安慰，也不是对现实的逃避。感恩更像一面镜子，让我们懂得关

爱与回报。

在现实生活中,我们不得不承认感恩的确是一个难题,感恩有时会好坏不分,有时会界限不清,有的人一味谦卑低下不敢创新,有的人不愿受助无奈中吞下苦药,有的人被迫随着"施恩"的人做了一些不该做的坏事,有的人受师恩、世恩、家恩的束缚局限,违心做了有损别人的事情。所以对感恩需要谨慎地辨别。有些贪官污吏还把行贿受贿作为别人对自己感恩的表现。

感恩的作用处处存在,它可以改变一个人一生的命运,一个乐于感恩的人更容易看到事物的积极层面,并且较少专注于消极层面。当一切顺利时心怀感恩就容易一些,当出现挫折时感恩之心就会消失,甚至出现愤怒、痛苦的自然反映,很难从失败困境中摆脱出来。成功时感恩的理由固然能找到许多,失败时不感恩的借口却只需一个。实际上,失败或不幸时更应该感恩生活。因为,感恩不仅是一种情感,更是一种人生境界的体现,永怀感恩之心,才能从各个方面获得更大的情感回报,在感恩的氛围中走向和谐。

虽然我们的生活还不如意,社会还存在不公平,但我们即使对现状不满,也应对改革开放三十年心存感激。因为我们不能忘记历史的裂痕,不能忘记需要安定的环境,不能对国家命运漠不关心,我们即使想忘记痛苦的历史,也应感谢今天的社会进步。我们大家都在以经济为中心,努力追求富裕的生活,但仓廪实而后知荣辱廉耻,一个不尊重祖先前贤的国家和民族怎会赢得世界的尊敬? 一个不拜祭祖先的民族怎么会教育后代珍惜自己的民族?"慎终追远,民德归厚矣",民族的精髓、民族的气节需要承前启后、继往开来,需要多一点民族的感恩意识。

对生活心存感恩,就容易走出"历史悲情",不会有太多的抱怨去苛求世上的事物十全十美。比抱怨更重要的是自己为改变这一切做了哪些努力。感恩之心足以稀释我们心中的狭隘和蛮横,还可以帮助我们渡过最大的痛苦和灾难,甚至可以逐渐原谅那些曾触及你心灵痛处的人,会使我们已有的人生资源变得更加深厚,使我们的心胸更加宽阔宏远。感恩可以消解内心所有的积怨,感恩可以勇敢地面对、豁达地处理世间一切尘埃。人生在世,不可能一帆风顺,种种失败、无奈都需要我们去理性地克服。

"感恩"是一种处世哲学,不仅是生活中的大智慧,也是一个正直人应具备的起码的美好品德。但感恩更是一种世界观,在人生路上把自己看得很轻,把别人的帮助看得很重,觉得意外,因而难忘,常存报答之心。

"感恩"是一种生活态度,不仅表现在一片肺腑之言背后的一种品德,而且是一个人与生俱来的本性和不可磨灭的良知,如果人与人之间缺乏感恩之心,人际关系过于功利化,必然会导致人情冷漠、亲情冷淡。一个人只知有自己,不知爱别人,不懂得尊重他人,不愿对他人的帮助怀有感激之情,一个连感恩都不知晓的人必定是只知索取、冷酷绝情的人,也就不会具有行善帮助别人的热心。

"感恩"也是文化遗产在现代社会的表现。在人生的道路上,随时都会产生令人动容的感恩之事。除了家庭的温暖,日常生活或工作、学习中所遇到的别人给予的关心与帮助,都值得我们用心去记恩,铭记那无私的人性之美和不图回报的惠助之恩。感恩不仅仅是为了报恩,因为有些恩泽是我们无法回报的,有些恩情更不是等量回报就能一笔还清的,唯有用纯真的心灵去感动、去铭刻、去永记,才能真正对得起给我们恩惠的人。

"感"与"恩"是心理的两个过程。感动,说明一个人对自己与社会其他人的互动有着正确的认识;报恩,则是在这种正确认识之下产生的一种责任感。没有社会成员的感恩和报恩,很难想象一个社会能够正常发展下去。我们国家人口中还有很多是弱势者,在道德价值的坐标体系中,"感恩"首先是对他们的尊重。尊重是以自尊为起点,尊重他人、社会以及在与自然和谐共处中追求生命的意义,弱变成坚,发展自己的独立人格。

感恩是积极向上的思考和谦卑的态度,它是自发性的行为。当一个人懂得感恩时,便会将感恩化作一种充满爱意的行动,实践于生活中。一颗感恩的心,就是一颗和平的种子,因为感恩不是简单的报恩,也不是简单的欠情,如果说感恩就是报答,那么欠情就是负担,两者不一样。感恩的人即使没有机会报答施恩人,他也会帮助其他人,这是"还债"和"感恩"的区别,也是付诸情感与责任境界的区别。

因此，让我们学会感恩做人，成就人生的支点，这是一条人生基本的准则，是一种人生质量的体现，是一切生命美好的基础。感恩作为生活中的大智慧，能使我们感受到天地人和的美好，能使我们保持积极健康的良好心态。怀有感恩之情，对别人、对环境就会少一份挑剔，多一份欣赏和感激。感恩，就是一种美好的情感、道义上的净化剂，是事业上的原动力和内驱力，是人的高贵之所在。感恩将使我们的心和所企盼的事物联系得更紧，将使我们对生活美好的信念坚持不懈，从而一生被美好的事物包围。在一个充满感恩之心的世界，我们的人生世界也会变得更加美好。

感恩——它是全人类的美德，它是一种文化传统，它是做人之基本，它是一种高尚的民族精神。在社会中人们遇到困难的时候，一定要记得那些热心肠的人曾帮助过你，要懂得"感恩"。尽管感恩不一定要感谢大恩大德，但作为一种生活态度，一种善于表达欣赏的道德情操，值得我们铭记。常怀感恩之心，我们便会更加感激和怀念那些有恩于我们却不言回报的每一个人，正是因为他们的存在，人和人之间的帮助才能成为最大的快乐，才能对落难或者绝处求生的人们伸出爱心援助之手。

总之，中华民族感恩的主旋律是中国文化遗产传承的一项重要内容，"关爱、感恩、回报"应该成为我们民族一直传承下去的遗产。感恩是一个民族长年生存下来的经验和记忆，是先祖在历史长河中留给子孙的精神财富。后人可以扬弃传统感恩文化中的一些糟粕，但不可以践踏蹂躏先人留下的文化遗产。因此，感恩让人们再次唤醒沉睡的记忆，作为文化遗产传承，感恩有着独特的价值与"软实力"的冲击力，不管清明感恩是否能被列入中国非物质文化遗产受到保护，它都彰显着我们民族的宽宏胸襟，弘扬着中华民族的奉献精神，也许这就是感恩转变为文化遗产传承的重要意义。

2009 年 3 月 8 日初稿于北京，4 月 5 日清明黄帝陵文化研讨会演讲

收入《清明·感恩与社会和谐论文集》，陕西人民出版社，2010 年

淳风化俗：清明与文明

近年来，社会各界不断发出要将"清明"申请世界非物质文化遗产的呼声，但往往将"清明"作为民俗遗产列入，而不是将"清明"作为人本精神与人文情怀的体现，也不是呼唤人类的文明回归，这无疑是令人遗憾的。"清明"作为一种中华民族文化的特殊印记，是一种良知自觉的淳风化俗，更重要的是要通过精神遗存提升世道人心，呼唤人们对人性中善良与美德境界的追求。

一、在清明中反思申遗的文化作用

学术界也有人倡议将清明节作为传统节日申报文化遗产，但是人们在祭奠故人以寄托怀念之情时，又享受着法定节日的休闲放松、随性开心，往往将清明的"本源"边缘化了。其间有多少人在清明这个节日里能想起那个渴望国家清明甚至以生命呼唤"勤政清明"的介子推呢？清明原本的文化内涵是警示官员勤政清明，从善如流，追求人格尊严的仁政，而不仅仅是一个扫墓祭奠的节日。然而，随着历史演变和多元文化的交融发展，清明被有意无意地淡化成了一种公众消费的符号，从一个追思先贤、纪念先烈的纪念日，演化成一个家庭亲族的扫墓日；从一个祭祖感恩、自信自尊的庄重"节日"变成与国民教育素质无关的边缘化"假日"；从一个知识精英不为当权者所逼迫的阳刚纪念日，变为一个踏春游玩日。

清明文化的精髓究竟是什么？其核心内容和精神价值又是什么？

清明既是季节转换的节气又是追思节日。如果说清明作为一个民族文化彰显的根基之一,那么从根本上说它就是一个深刻的追思反省式的节假日,自古以来就有着淳风化俗的功能。清明对先贤的尊敬就是文明的表现与体现。

人们爱说,失去了节日的民族就是失去了图腾的流浪者,清明现在仅仅恢复成一个法定的传统节日还不够,应有更丰富的文化内涵,我们要继承保持清明文化中那种人性的善良和恻隐之心,那种温柔敦厚、从容不迫、彬彬有礼的传统,并将这种中华传统与现代社会接轨糅合,提高当代公民社会的质量,释放文明的潜力空间,增添人生励志的信念。

我们不能继承了"遗产"却遗弃了"文化",不能将清明这样一个庄重缅怀的节日,转换成一个狂欢式好玩放松的假日,清明节不能被异化成与信仰没有多少关系的新潮聚会。清明思念祖先,通过古老的仪式细节追思先人之德,闭门思过,念旧叙旧,调整与周围亲人邻里以及朋友同事的关系,当然我们也不赞成将清明搞成一个借机说教的日子,而是要在沉思纪念的历史节日里总结人生意义。

越是文明的社会,对传统节日引导公众的作用越是重视。清明要将这一民族文化传承节俗提升为人的全面发展,使人格完善,使精神境界得以升华,使人们在人生的道路上走出健康的步履。清明就是追求道德的圆满,追求成人之道的文明,涵养人格,从而成为文明的节日。

清明的文化内涵就是文明的根基、修养的起点,清明就是要用不为功利和物欲诱惑的文化精神,去教育、培育、养育一代代年轻人。清明是感召人、教育人能在社会中学会合理的角色定位,学会正确地立身处世。要在潜移默化中提高人的文明程度。文明教育的根本目的是塑造人、发展人,使受教育者得到人格和素质的完善。

清明节作为传统文化节日,有着自己的文化底蕴和人文情怀。清明既是一种历史传承,又始终联系着当代的境况,而且是我们关联清明节的源泉与转化的动力。清明要建立新的普世伦理和普遍认同的价值,这不但关乎我们民族的复兴,还关乎人类文明的新图景。

清明是传统文化中一个挥之不去的沉重日子,而不是一个宣泄情绪、释放压力、张扬个性的节日,除了追念先辈、缅怀亲情、团聚友朋外,不反思清明的文化含义,不增添对精神文化的追求,即使申遗,也没有什么意义。我们期望清明的文化内涵亟待加强,既要有充满生气的形式,也要有饱含活力的内容。

二、在清明中体味人格的文明

自从清明被确定为中国法定的节假日后,提升了旅游和休闲的适应度,但是真正的"仁义礼智信""温良恭俭让"却被忘却了,清明的文化精髓被熟视无睹。

几年来清明节假日里产生了许多不文明现象:许多游赏的景区脏乱差,涂鸦刻字,垃圾成堆,随地便溺。不文明的人不顾廉耻,做出一些缺乏公德心的举动,甚至浑然不知文明的基本底线。由于道德滑坡的现象屡屡发生,不仅公民的荣誉感降低,而且公民的素质也在下降。日常生活中动辄争执僵持、恶语相向,暴戾之气充溢;蔑视规则、素养匮乏、弄虚作假、坑蒙拐骗、浪费腐败、占便宜陋习流行,连墓地都卖出天价;尤其是过度商业化使得佛教圣地也充斥着不文明现象,从包治百病的补品到高价熏香,从丧失了慈善功能的捐款到"佛祖爱钱"的质问,有违清明纪念的宗旨和精神。

随着社会进步,应该同步形成更高的文明素养,所以如何在清明中体味人格文明现在成为必须思考的问题。文明是所有人种植幸福的结果,文明不是枷锁,而是让他人幸福也让自己收获幸福的方法,从公益活动、无偿劳动、无偿献血、绿色保护、公交让座等具体事情到互相扶助、文明友爱、真诚相待、包容胸怀、开放氛围等公益事业,都是文明俯拾皆是的鲜亮表征,也是公民文明素质和社会文明程度提高的展现。

我们每一座城市都有自己的文明公约,从城市形象(因读书受人尊敬、因学习奉献爱心)、人文精神(厚德诚信、仁义礼智信、观念创新)到行善助人(名利如浮云、助人为乐)、交通礼让、居家邻里、环境卫生等等。大家都讨厌直闯红灯、堵车加塞、插队添乱等出行不守交通规则的行为,都爱说这是基本的文明准则,却又没有引领人格健康向上的文明方式。

城市文明是社会文明、社会和谐在城市中的投影。民众文明素质的高下,是衡量一座城市文明的重要标志。现在全国有127座城市测评文明城市指数,这是追求文明之城的排名,实际上,真正够得上文明称号的城市并不多见。

有人说由于社会发展过程中财富分配的不平衡、贫富差距拉大、心理压力增大、怨气戾气扩大、理性消沉、理智丧失、理想消失、浮躁等导致了公众的文明程度急剧下降。也有人说当下权力、金钱把社会的文明价值观完全颠覆了,一些官员、富商的糜烂生活,脏染了我们的社会,他们丧失了人格尊严,玷污了整个文明。

文明讲究温文尔雅、文质彬彬的君子文化,可是我们过去在一个充满着斗争哲学的世界里浸淫久了,对文明总是轻视的,最多不过是本能地说说而已,我们没有对文明的起码尊重,反而将儒雅的成分变成粗鄙的行为,将高雅的举动变成流氓式的痞气,一些基本的道德准则底线屡屡被突破,甚至对文明所推崇的儒雅文化作了本质的践踏。教育最大的失败之一,就是表现在国民缺乏对文明的敬畏,缺少对文明的礼赞。文明与经济基础无关,而与国民教育有关。即使经济发达了仍不能保证坚守文明的底线,而从小学教育起步的礼貌教育则与文明息息相关。

文明的国民人格说起来挺虚,但一旦展露却相当深重。中国自古是一个文明古国,讲究文明是我们民族一贯自豪的特点。但是不文明的现象现在却四处蔓延,似乎给人们留下一个没有法治、文明以及理性的国民人格的印象。因而一些人又重提"国民性"改造的问题,甚至有极端的劣根性批判之说。

文明不是作秀式的炫耀,也不是矫情式的显摆,文明是一种人的基本素质,是从野蛮走向礼让的洗礼。文明建设绝非一朝一夕之事,注定是一个长期的过程。所以传统节日是人的伴生物,节日活动围绕人展开,我们要在清明文化中认真思考人格的文明,认识到节日习俗背后必有文化支撑的规律,认识到人格文明的自然流露。

三、在清明文化中培养文明

清明时节草木葱郁,而我们的社会文明也应处在草木葱郁阶段,古今中外的节日都会凸显自己的底蕴，因为文明既有交流、交融，也有交锋、冲突，尽管东西方由于政治体制、民族习俗、行动思维的差别，常常对文明表现理解有所不同，但中西方对文明的价值核心理解应该是一致的，那就是文明的尊严、典雅的风范、礼貌的教养、人格的平等、公德的恪守，不管哪个民族的文化，对文明的吸纳都是共通的。

文明的境界决定民族的境界，时下的真实写照却显示出中西方现代文明的某些差距。

2011年中国出境游客达7 025万人次，居世界第二位，游客境外消费额超过726亿元，仅次于美国、德国。但是部分游客不文明的"粗鲁"行为却令人汗颜。中国游客以"不讲卫生、不遵守公共秩序、踩踏黄线、闯过红灯、高声喧哗、争夺座位、随地吐痰、树丛方便"等原因名列"最差游客榜"第二名。有些中国游客的随意行为玷污了历史文化建筑，破坏了博物馆珍品展览设备，在艺术大厅高声喧哗，顺手牵羊带走小物品，种种不文明行为甚至引起国家和地区之间的文化冲突，被一些发达国家评论为"素质低、文明意识差"，对整体中国国民素质提出意见和非议。

节日是文化的载体，而文化是一个国家的灵魂，当灵魂脱离依附的载体，节日文化味道就会"异化""物化"。中国在经济起飞强大之后，比任何时候都迫切需要文化的源泉支持，需要自己民族的节日传统来保持凝聚力、亲和力和向心力。我们不能让年轻一代生疏清明节本来的意义，更不能疏远对文明的尊重，失去文明的底线。

我认为，清明与其"申遗"，不如注入新的文化内涵，恪守文明的底线，因为我们的文化并不是靠"申遗"才能增强自信，或促进中华民族四海一家的认同感和亲和力。要"申遗"的东西，显然是因为传统渐淡乃至变味，或是地域特色日渐式微，缺乏吸引力。现在毕竟是多元社会，各种文化交融，中国的乞巧节就拼不过西方的情人节，中国的元旦就拼不过西方的圣诞，如果中国传统的节日只对公众起着精神娱乐的作用，其价值就大大缩小了。所以我们借助清明文化的内涵，让经典的清明文化因子渗透到公民基因里，从小事做起，提升我们的公共道德修养,升华我们文明标准的底线。

总之,中华的清明文化既不是节日里的自娱自乐,也不是思想意识形态的僵化说教,而是一种全社会追求文明的精神文化,蕴含着对全人类都有积极意义的元素,我们要让每个个体都能在文明的阶梯上抬高脚步,塑造自己民族优良的品格气质,在民族节日的精神脉络上"润物细无声"。文明不是让人们卑躬屈膝,而是让人们骄傲地挺起胸膛。

2013 年 3 月 12 日于北京

《深圳特区报》2013 年 4 月 2 日理论周刊,全文发表于《长安大学学报》2013年第 3 期

辛亥遗产与思想启蒙

作为一种遗产,辛亥革命对现代的意义尤其重要,它可分为有形的和无形的遗产。有形的遗产,还是回归文本实证和图像资料相互促进的思路,目前随着科技发展,文本史料和图像史料的结合越来越重要,如果说文本史料是记忆工程不可分割的部分,那么图像史料更是文化遗产的一部分,至少辛亥革命的图像有着再现历史的重大意义。而对于辛亥革命的无形的遗产更值得重新梳理,辛亥革命是一幕幕波澜壮阔却又错综复杂的历史场景,许多历史背景和社会秘密若隐若现、迷雾缭绕,特别是受欧洲启蒙思想影响的、有价值的重大难题亟待破解,随着档案史料的陆续公布,我们更应关注的是推翻封建王朝的思想力量。

一、抓紧征集和搜集辛亥革命文物

辛亥革命在我国文化遗产中占有重要地位,它分为有形的遗产和无形的遗产。随着百年来社会历史的变迁和过去对辛亥遗物的忽视,许多散落在民间和城市的文物以及遗址正面临危机,有些已经在城市化快速建设中烟消云散、不复存在。

在清末民初文化遗产保护方面也出现了许多偏差,有人关注清末民初的八大胡同妓院、老浴池澡堂、戏楼剧院、会馆酒店,甚至有人提议将这些作为老字号和非物质文化遗产列入申遗,理由是这些地方是人们放松心情、亲朋好友交流聊天的平台，承载着京城的文化记忆。还有人上演抢夺名人故里的闹剧，寻觅名妓的踪迹，上至"小凤仙""赛金花"下至苏州长三幺二（妓女等级），这些打着保护旗号的做法实则糟蹋文化遗产，对辛亥遗产任意曲解。

最近，首义之区湖北武昌为了纪念辛亥革命一百周年，投入数百万对区域内的 10 处辛亥革命历史遗迹进行修缮翻新，包括三烈士亭、胜利亭、日知会旧址、首义公园、工程营旧址、庚子墓、田桐墓、抱冰堂、张难先故居、石瑛故居等。为了保持文物遗迹完好，拆除了有碍观瞻的设施，整治了周边公共环境。据说还要申报"世界文化遗产"。广州更是投资上亿在黄埔军校所在地建造了一座辛亥革命纪念馆，总面积达 18 000 平方米。目前有文化遗产专家专门研究全国几百处现存的辛亥革命建筑，因此我们建议应该多建设辛亥革命的博物馆和纪念碑，比如陕西至今没有一座纪念辛亥革命的博物馆，辛亥革命爆发后，各地驻防营基本没有抵抗，只有西安"革党会匪"进行了激烈的流血冲杀，其影响震动全国，反映了陕西在朝代覆亡时刻末世贵胄与秘密会党的对抗，所以陕西应该建立几座辛亥革命的纪念馆或博物馆，如同一面镜子可以帮助中国人反思过去。或者在已经消失的辛亥革命历史遗迹位置旁边配备"说明书"，作为标志介绍，在不同地段可采取不同方法保护历史记忆。

回归文本实证和图像资料相互促进的思路，作为一种遗产，目前随着科技发展，文本史料和图像史料的结合越来越重要，如果说文本史料是记忆工程不可分割的部分，那么图像史料更是文化遗产的一部分，至少辛亥革命的图像有着再现历史的重大意义。例如最近香港历史博物馆举办的"辛亥革命百周年展"，就通过历史照片讲述了许多珍藏的故事。辛亥革命爆发第二天，上海商务印书馆摄影记者、美国人施塔福便抵达武昌，拍下了革命军与清军激战、湖北军政府成立、汉口大火、南北和谈以及孙中山就任临时大总统等历史时刻，还有当时人民的生活照，这些都是辛亥革命研究不可多得的珍贵资料。

现在我们应该抓紧征集和搜集辛亥革命文物，既包括已经很少有人能看懂的满文档案和文献，也包括海外很多史料与文物，特别是应特设"大历史见证人"的篇章，利用各类文物从民间角度回顾整个历史，这尤显重要。

二、关注推翻封建王朝的思想力量

近年来学术界由于思想的贫血和精神的苍白,对辛亥革命这样具有深刻思想主题的内容开掘不深,甚至藐视当时社会变迁中思想的启蒙。

由于辛亥前中国传统士大夫处于落魄压抑时期,他们面临的当务之急是富国强兵、救亡图存,强烈的社会责任意识和辅助国家的道德规范,迫使他们不能在思想启蒙上寻找入口与支点,对欧洲启蒙时代的意识变革常常忽视或无暇顾及,因而"舶来品"的启蒙运动没有在整个社会产生有力的催生,没有实现思想文化上量到质的变革。这种启蒙不被重视的边缘化状态,造成当今文化上的许多遗憾,有些甚至是伪造的历史泡沫。

辛亥革命是一幕幕波澜壮阔却又错综复杂的历史场景,许多历史背景和社会秘密若隐若现、迷雾缭绕,特别是受欧洲启蒙思想影响的、有价值的重大难题亟待破解,随着档案史料的陆续公布,我们更应关注的是推翻封建王朝的思想力量。

对有关辛亥革命的历史小说和文学作品,我们要注意对辛亥时期一些人物的区分和评价,像对孙中山的社会形象就要认真研究。他是一个有信仰而非迷信、有思想而非空想、有理想而非"理想化"的思想家,也是一个对社会负责、百折不挠、勇于担当的政治家。政治家与政客的区别就在于:政治家以社会为己任,以社会为家,站在历史的巅峰上考虑问题,这是一种境界;政客是在社会"作秀""做客",以社会为施展权术的平台,沉迷于利害得失和功名利禄,鼓吹"现得利"主义。遗憾的是,我们一些没有历史底蕴的作家分不清这些基本原则,常常将政治家描写成政客,或将政客美化成政治家,以至于辛亥革命中的关键人物被美化或丑化,这是非常不应该的。

又例如,辛亥革命前夕专制独裁造成的社会病态和社会溃败日趋严重,将这一时期清政府新政评价过高或将君主立宪作为历史的选择,恐怕都不是历史的真实。所以我们转换视角还原历史不能不考虑时代的羁绊,不能完全躲避当时的是非纠葛。最受外国人嘲笑讥讽的男子梳辫子、女子裹小脚以及长袍马褂,曾被视为不开化民族的怪异文化符号,革命党人倍受刺激,因而强行推动的剪辫子和放足,在乡村就成效不大。缺少思想的启蒙,零星的西化习染还是不能变革传统的落后风俗,文明的生活离当时的中国人还是很远。然而,如果不抛开泛意识形态化的价值评价,就不能正确吸取历史的经验教训。我们要正视历史遗留的一些糟粕,并对此作出客观评价,犀利透彻的批判对我们民族来说是个巨大挑战。

我们注意到,突如其来的辛亥革命,虽然给中国带来了共和制度,但民主思想并没有深入人心,民主与共和究竟是"国家制度"还是"社会制度"都没有搞清,原来西学东渐带来的启蒙运动也趋于消沉,启蒙不仅被激进的救亡运动所压倒,也被其他很多顽固的东西所缠绕。我们还应认识到,辛亥革命与外部世界也有着某种联系,与西方列强和东洋日本都有着利益往来与冲突,武昌起义时孙中山还在国外,他与世界文明接触,推动海外华侨担负了许多为国捐躯的角色。辛亥革命至少改善了中国在世界的形象,不仅打破了世界强权主义,也将面临亡国灭种之忧的民族主义提升到了一个新的认识高度。

甲午战争失败引起戊戌变法,八国联军入侵迫使慈禧实行新政,而预备立宪拖延政治改革引发辛亥革命,虽然辛亥革命在中国近代史上算是一场社会动荡比较小的革命,但留下了许多值得反思的问题。我们纪念辛亥革命,批判封建制度,就是为了要处理好历史问题,以便面向文明规划未来,特别是思想的启蒙非常有益于社会的进步,为当今中国思想重建带来很大包容性,我们不能同意思想认识的力量被有意屏蔽,更不能允许历史观开倒车式的"退步",否则纪念辛亥革命一百周年也就失去了意义。

本文以"重新梳理辛亥遗产 关注思想启蒙"为题发表于《深圳特区报》2011年8月9日理论周刊。全文收入《黄帝旗帜、辛亥革命与民族复兴学术研讨会论文选集》,陕西人民出版社,2011年。又以"辛亥历史遗产与思想文化启蒙"之名,收入《武昌首义与中华文化》论文集,武汉出版社,2012年。

交流的空间：人类命运与丝路文明

人类不同地区的文明有无高低之分、优劣之分，一直存在不同的争议，但是尊重各国民族文化的特性，则是我们"和而不同、互学互鉴"的基本原则与遵循理念。坚持和平发展道路，通过古代丝绸之路加强现代沿线交流，推动构建人类命运共同体，是近年来学术界与理论界人们关注的热点。

一、"和合世界"亲诚惠容

一个大国所塑造的文明，其文化必然会对周边国家产生强烈的影响，甚至对其他国家有着很大的吸引力。中国汉唐文明就得到了当时周边和邻近国家的尊重与认同，"汉人""唐人"影响遍及欧亚，从经学礼乐到宗教艺术无不卓然，至今流传。孔子曰"近者悦，远者来"，我们历史上产生出来的"和合共生""亲诚惠容""四海一家""胡汉同存"等东方智慧，大大提升了中国"文化强国"的深远影响。

中华五千多年的优秀传统文化和高度智慧文明，是中国作为一个大国的思想标志，也是所有炎黄子孙永久共同建设家园的思想中枢。在中华民族伟大复兴的过程中，我们面临的世界也比以往更加复杂和变化多端，历史的车轮需要平稳前进，构建一个"和合世界"比任何时候都显得迫切。中国提出"一带一路"合作倡议就是旨在促进欧亚共建"一带一路"国家的互联互通，秉持共商共建共享的原则，强调"和合"而不是寻求建立一国主导的"中国色彩"，更不是霸权主义式的"一言堂"或者搞什么"小圈子"。"和合世界"本质是开放包容,与"一带一路"的本质是互利共赢,都是一样的,目的是得到国际社会更广泛的认同。

近年来,世界和平与发展越来越成为时代主题,世界多极化、经济全球化、文化多样化使得各地区相互联系和各国依存日益加深,同时世界贫富分化严重,民族冲突此起彼伏,恐怖主义持续活跃,环境污染等热点问题层出不穷。人类面临以前未有的许多共同挑战,没有一个国家能够单打独斗应付一方,也没有一个国家能自我封闭自守孤岛,各国利益交汇、责任分担,从而使命运共同的综合体成为"和合世界"的基本要素。

"和合"自古以来嵌入中华文化进程,不仅"和合"观念深入治国理政,而且成为深潜中华文明的核心基因。尽管"和合世界"不是一时就能实现的"大同世界",但是"同舟共济"倡导的包容共赢、普惠平衡可以先行天下,尊重世界文明多元化,以文明交流超越地域隔阂,以文明互鉴超越宗教冲突,以文明共存超越种族优越,则是我们持续不断的努力方向。

只有在"和合世界"的语境下,协和万邦,讲信修睦,才能显现出中国对人类的独特贡献,中国美德才能感染世界、中国精神才能不断延续、中国文化才能历久弥新。比如中国人重视家庭和谐的理念,不仅对中国构建和谐社会具有现实意义,对世界各国和睦相处也有启示意义。又比如厚德载物的包容精神以宽厚仁爱承载万物,"修文德消武伐"获得对外求同存异的准则,亲睦四邻、德怀远人。孔子说:"己所不欲,勿施于人。在邦无怨,在家无怨。"和平的丝绸之路的提出,就是源于"和合"内蕴着中华文明的包容性,并在对外来文明的主动接纳中显示出超越历史的生命力。

二、"命运共同"与邻为善

中国倡导建设"人类命运共同体",既传递了中华民族开放包容的价值理念,又体现出当代中国兼济天下的大国担当,"兼收并蓄""博采众长",跨区域、跨领域、跨文化的协同合作,为世界的深度互通和开放开辟了新的路径。

命运共同最重要的一环是"民心相通"。过去中国对外交往始终本着国家不分大小一律平等的原则，并基于饱受殖民主义、帝国主义和文化霸权之苦的共同遭遇，与一些发展中国家形成相同的文明观和经贸交往观。但是现在国际形势变化很大，文化背景差别、社会两极化、政治大分化、国家民粹化、经济大恶化等造成的风险难以遏制，国家博弈更趋复杂，我们再坚持过去的思路恐怕不仅投入成本很大，而且不一定能得到充分的认知和尊重。

现在民心相通的文化交流还没有显现出中华文化的优势，中国的文化软实力还很薄弱，国际社会对中华文化的认识和了解还不够立体与全面。有些西方大国可能因刻板印象对我们存有偏见，尽管我们出国旅游人数创世界新高，但"中国声音"的传播并没有取得广泛的影响，中国文化、中国精神、中国价值没有得到主流国家的了解与认可，中华文化还没有从"馆舍天地"走向"大千世界"。

让世界触摸中国文化脉搏，就要在今天这个全球化时代，注意与全人类共同价值相互动相融合，这是文明大国的远大目标。文明与文化不同，文明关注的是人类社会优劣进步落后，文化关注的则是我们的民族性地域性。坚定文化自信不是为了将我们与其他民族区别，更不是拒绝吸纳西方文明中有益的文化，我们在论述时不能将文明降低到文化的层次，这样的话会大大降低中国文明对世界的贡献。特别是在最重要的核心价值上，比如自由、平等、博爱、公正、和谐等，自由与法治、民主与发展、正义与富强等等同样重要。走出新路作出自己的贡献，用文明的对话取代文明的对抗，摒弃冷战思维和强权政治的回应，在各种文明平等的对话与交流之中获得全球文明的价值共识。

据联合国调查报告，全世界主要冲突中有四分之三与文化因素有关。美国最近退出联合国教科文组织，就是狭隘的"国家主义"表现，将文化作为一场战争开打了，其实就是不负责任的表现。构建人类命运共同体不是一家独享受益，而是在全球治理体系改革和建设中，涵盖众多合作领域，积极参与，互相尊重，化解分歧，增加信任，合力共进。

三、"丝绸之路"促进交流

起源于中华的丝绸之路是人类文明的宝贵遗产,丝绸之路的历史告诉人们,文明在开放中发展,民族在融合中共存。

历史上的丝绸之路,过去被看作是中西方文化交流的开始,但是二十世纪以来的考古研究成果表明,大约从公元前 4000 年起,便存在一条由西亚向中原传入冶炼技术的"青铜之路",小麦、大麦的种植和牛羊的驯养也顺着这条路被引入中国。虽然华夏文明的许多源头有待逐步澄清,一些谜团需要新的佐证,但是目前所谓的"玉石之路""彩陶之路"都是中西方物质交流的前身与渊源,则是没有疑义的。西汉张骞通西域之后,丝绸之路进入官方主导的实质性发展阶段,中原成为多种文化的交融荟萃之地,中国人从此开阔了自己的视野,从而为以后历朝历代开辟了互利共赢的道路。

两千多年来,丝绸之路成为贯通中西方最重要的国际通道,在亚欧文明持续交流中发挥着纽带与桥梁的作用。可惜的是宋元以后战争频发、商道阻隔,十六世纪后欧洲利用大规模航海与移民拉开近代文明帷幕时,清朝的封闭落后使中国陷入泥淖,根本不知历史上的中西方古道曾经的活跃,不知千年变局的困境。百年之后,中国于 2013 年提出"一带一路"的倡议,再次作为贯通半个地球的活力脉络,激活了中国联系世界的宽大纽带,东方智慧也像一幅画卷随之逐步展开,在"一带一路"沿线 65 个国家产生了互补交接的反应。

但是,我们也看到西方舆论对中国"一带一路"不乏偏见、成见乃至恶意的论调,宣称中国政治渗透、地缘扩张和崛起威胁,一些发展中国家的部分"政治精英"也偏听偏信,共克时艰的意识被弱化,先入为主地迎合欧美日韩的嘈杂声调。美国宣布"亚太稳定计划",印度提出对抗性的"季风计划",土耳其提出"中间走廊"项目,蒙古国提出"发展之路",还有种种的纠结在有些国家蔓延,这就提醒我们一定要文化先行,回应质疑,尊重他国的生态敏感区、文化遗产保护区、宗教习俗传播区,体现中国人对当地文化的充分认知和理解适应,创造"民心相通"的中外合作新模式。

目前,中国经济总量逐步接近世界舞台的中心,一些国家再搞孤立主义的围堵都难以改变这一趋势,按道理说随着经济活跃,超越国家和民族的中华优秀文化自然也要走出去,并会因彰显出对人类命运共同体的智慧而被渐渐认可,但实际上,我国文化交流与经贸比较仍相形见绌,中亚国家的互联网基本上是欧美控制的声音,歪曲中国要把中亚变为"经济附庸"的文章纷纷出笼,民心相通的文化沟通与合作共赢的国家关系还有大量工作亟待加强。

我们要吸取过去中国文化在世界传播较少、较弱的教训,以丝绸之路研究为先导,不能技术性大于学术性,要摒弃自娱自乐的局限,不作"世界领先"的片面吹嘘,不作"优势效应"的简单罗列,不作"引领全球"的夸大误导,扎扎实实地推进丝绸之路历史考古和"一带一路"经济发展的研究,切不可一蹴而就、一哄而上,避免出现历史价值观的错误,避免出现自以为站在世界创新前沿的沾沾自喜。

人类命运的互鉴和丝绸之路的重新激活,无论是认真研究还是付诸实践,都不是急功近利的短期行为,不是一家"独奏曲"而是大家的"交响乐",不是单行道而是"双行道",只有消除文明的隔阂和文化的差异,才能为全球治理发展注入新的希望,才能全方位交流交融,达到我们的愿景与目的。

中华五千多年文明与民族伟大复兴学术交流会演讲稿(2018年4月2日)

收入《中华五千多年文明与民族伟大复兴——学术交流会论文集》,西北大学出版社,2018年

五千年的中华文明精神标识

中华民族有着五千年的文明史,但在几千年的流变中,中华民族从来不是一帆风顺的,遇到了无数艰难困苦,甚至屡次面临国破家失、民族危亡的境地,无数的财富和艺术珍品被毁之一炬,多少发明创造也被打断、截流、失传,能留下的文明成果与文物瑰宝并不是俯拾皆是。如何阐释中华文明的起源、中华民族的禀赋、中国文化遗产的特点,特别是中华文明的精神标识,见仁见智,众说纷纭,确实是当代学人的难题。

上　篇

长久以来,很多人迷恋追溯自己炎黄时代的起源,但很少与周边民族和其他人种进行对比,很少放在世界历史视野中和其他文明起源对比。我们一直强调"独特"的文化传统、"独特"的民族命运、"独特"的基本国情,很少论述文化的多样性与交流的广泛性。现在的问题是仅凭自己"独特"的发展能生生不息、发展壮大吗?

笔者通过在上海举办的两次"世界考古论坛"上发布的考古研究获奖成果,[1]作一简单回顾。

在农业起源研究中,粮食作物黍和粟的原产地一直存在争议,原先国际农学界多认为世界上年代最早的黍是在西亚被栽培的。但在过去十年的植物考古中,2003年北京东胡林遗址出土粟和黍,年代距今约10 000年,被认为是迄今世界范围内发现的年代最早的栽培粟和黍。东胡林遗址发现的粟和黍两种栽培作物遗存对证明这两种农作物起源于中国华北地区提供了至关重要的考古实物证据，具有极其重要的学术价值。早在距今七八千年的史前时期新石器时代中期，生活在黄河中下游的先民们就与西域地区的居民发生了交流。黍大约就是在这一交流的背景下被中亚和西亚地区的居民们所栽培的。[2]

最近中、英、美、加、日多国学者合作探讨，通过浮选法发现内蒙古赤峰新石器时代早期兴隆沟遗址的炭化小米距今约 7 000 年，为探讨小米起源于中国提供了实物证据。陕西仰韶文化时期的鱼化寨遗址，也提供了文化堆积年代为 7 000～5 500 年前的粟和黍。不同时期小米尺寸大小不一的形态特征，说明了小米驯化是一个经历了数千年的缓慢进化过程。黍和粟这两种小米起源于中国北部，后向外传播，在史前时期便已到达印度和西亚甚至欧洲。

小麦是原产于西亚地区的农作物，在甘肃青海东部地区距今 5 000 年到 4 500 年的马家窑文化遗址中开始出现。此后在黄河中下游地区距今 4 500 年至 4 000 年的遗址中也有少量发现。到了距今 3 500 年前后的商代前期，小麦传入黄河中游地区，成为北方地区值得关注的农作物之一。近年来令人吃惊的 DNA 分析结果发现，在黄河中游地区出土的部分黄牛和绵羊的骨骼中，发现了原产于西亚地区的黄牛和绵羊的 DNA，说明这些黄牛、绵羊等家畜来自西亚地区。它们可能是与小麦一道，通过中亚、西域到河西走廊，再传到黄河流域的。[3]

又例如冶金术的传入。冶铜术发明于西亚地区，距今已有七八千年的历史。在甘肃东乡林家马家窑文化遗址中，出土了铜刀，其年代为距今约 5 000 年。在山西襄汾陶寺遗址，出土了铜铃、铜环等铜器，其年代为距今 4 300 年至 4 100 年。我国西北地区出土的早期铜器都是小件铜工具、兵器和装饰品，与中亚和西亚的铜器从形制到种类都别无二致。有理由认为，冶铜术是通过中亚西域传入我国的。同样，冶铁术在公元前三千纪已在西亚地区出现，在我国，迄今发现的最早的铁器不早于公元前 1000 年，且是越靠近中亚的地区铁器出现得越早。由此可见，冶铁术也是从西亚经中亚传入我国的。[4]

另一个引起人们思考的是，在陶器表面绘有美观彩绘图案的彩陶。仰韶文化的特点是彩陶。1921 年，瑞典学者安特生在河南渑池仰韶村发掘史前时期遗址文化彩陶时,提出彩陶是接受了来自西亚地区彩陶的影响而产生的,认为这是中国原始文化接受来自西亚文化影响的证据。1949 年之后,我们批判"彩陶文化西来说",通过多处发掘的仰韶文化遗址和墓地,竭力找出证据说明中国彩陶年代可以早至距今 6 000 多年,比西亚地区彩陶的年代要早。又说大约在距今 5 500 年前后,仰韶文化的彩陶达到高峰,并在周围地区产生强烈的影响,向西抵达甘青地区,出现了以繁缛的彩陶为主要特征的马家窑文化。由此有学者认为这是中原文化第一次明显向周围地区包括向西的挺进。[5]至于新疆地区彩陶和西亚地区彩陶有无关系,以目前难以断定为借口不愿深究。

实际上,仅从最近在北京国家博物馆举办的"罗马尼亚珍宝"展览上,就可看到欧洲文明旧石器晚期至新石器和铜石并用时代的精美艺术,公元前 6200 至公元前 4500 年的陶器和彩陶,其中用石墨和金料涂饰的白红黑彩陶,堪称世界范围新石器时代最卓越的范例,有些陶器造型纹饰都与中国彩陶惊人相似。[6]

通过考古我们进一步认识到,距今 4 000 年至 3 500 年,居住在中亚到新疆地区中部及以北地区的安德罗诺沃文化的人们成为连接黄河流域和西亚地区交流的重要媒介。他们的住址和具有特色的石板墓群在这一地区广泛分布。新疆各地发现的这一时期的墓葬中出土的人骨,既有欧罗巴人种,也有相当数量的蒙古人种,而且可以见到一个墓地中既有欧罗巴人种,也有蒙古人种,还有两者之间通婚导致的体质特征和遗传基因出现混合的现象。丹麦哥本哈根大学的学者通过对青铜时代大陆人群基因组的研究,发现距今 5 000 年至 4 800 年欧洲新石器时代的移民与东迁至亚洲的居民文化传播有关,从中亚和阿尔泰地区的安德罗诺沃文化来看,青铜文化时代驯马养马、制造车辆、制作兵器、改造工具等在亚洲的兴起,无疑有着欧亚早期文明文化交流的背景。

虽然牵涉中西方文明交流的新发现不断涌现,但由于远古时代零星的、断续的、小规模的经济交流不可能转变为大规模的、持续的、农牧结合的交流,加之基于过去对"西方文化中心论""西方殖民文化形态"的批判,又受过去亚细亚生产方式以及五种社会形态理论的影响,因而层出不穷的全新发现往往被我们忽视而置之不理。

下　篇

我们要从延续民族文化血脉中开拓前行，"周虽旧邦，其命维新"，关键是阐扬传统文化在中华民族现代化道路上的启迪意义，讲清国家形成后的正负差别，讲清民族传统文化积淀的优劣影响，讲清植根于中华大地的文明与世界的沟通交流，而不是过分沉迷于有五千年之久的早期文明源头，或是编造出让人遐想的原始部落世外桃源。

现在令人忧虑的是，我们不加分析地随意树立自己的民族标识，或是人为造出所谓的原始图腾，这种对自己的精神标识不加慎重地甄别，反而戕害了对早期文明的研究。炎黄是一个历史产物，是源于对远古的想象和追溯而产生的神话传说，非要找证据坐实几乎是不可能的。[7] 一些人将口耳相传、子虚乌有的杂芜传说削足适履，或自说自话，凭想象望文生义，只能引来争议。所以当社会上非要臆造出一个乌托邦式的炎黄时代，将虚构的故事传说坐实为共同的信仰，就会引起人们对历史真实性的怀疑。

目前各地摆擂台式争抢炎黄帝陵、故里，拍拍脑袋找出几条所谓的证据，坚信自己获得了炎黄的踪迹。山西说发现了女娲的头盖骨，高平说确定了古时祭祀炎帝的石碑，迁安说黄帝曾在这里挂职工作，涿鹿说找到了黄帝与蚩尤大战的遗迹，醴陵说发现黄帝与炎帝争夺湘妃的地址，黄帝与嫘祖、嫫祖的爱情故事都被编造得离奇不经……其实，当时的部落聚落、酋邦联盟也是哪里好就往哪里移动、流动，我们不讲移民的生存只讲炎黄争夺地盘，干戈频发，砍砍杀杀，动荡不已，血流成河，并且通过现代媒体广为传播，误导民众，混淆是非，成为反科学的迷信的误读。

现在年轻人对炎黄文化真正感兴趣的有多少？他们关注虚无缥缈的炎黄无非是说明自己有祖先的根，是一种文化宣传入心入脑强输的根，但没有找到炎黄文化的价值在哪里。是认同炎黄对当今社会的"以天下为己任"有多少使命感吗？

所以，对历史而言，真相永远是第一位的，在历史的真相中我们可以更深地认识人类,认识自己,历史实证研究也可更清楚地走在真实的土地上。一旦我们真实地领悟到,炎黄时代的中国与亚洲已经有了文化交流,不是独有的封闭、隔绝、保守的文明,作为一个民族心灵的记忆,可以超越人种肉体和所谓族群分割,我们就可能更准确、更深入地理解五千年前文明历史上的幽暗时代,在读史之时多一份世界眼光来理解和洞察。不仅看见文明的不同侧面,更多地看清与复杂历史有关的人性价值观。

古往今来,历史并不是直线进化的,在真实而复杂的历史面前,简单的进化论史观显得太单薄了,要从对人类恒久价值的肯定和追求,去触摸历史的门槛。历史的真正价值在于真实的记录,并彰显人类对那些永恒价值的追求。我们不能脱离世界文明发展的大道观察中国,绝不能搞成文化上的民粹主义或是狭隘的民族主义。

比如,中国古代家马和马车的来源之谜——3 000多年前突然出现在中国华北地区的马车。在商代晚期都城——殷墟,出土了数十辆马车,是两匹马或四匹马拉的车子,车子的构造相当成熟。然而,令人不解的是,在黄河流域各地商代之前的遗址中,既未发现家马的骨骼,也未发现马车的踪迹。在夏代后期都城二里头遗址的道路路面上,虽然发现了车轮碾压造成的车辙痕迹,但两轮之间的距离是1米,与殷墟的马车两个车轮之间的距离达到2.4米左右迥然不同,显然不是马车。因此,目前在我国境内没有早于商代晚期的马车的踪迹,而在俄罗斯高加索地区至西亚,早在公元前2000年前就已经发明了车子,马车至迟距今3 500年已经被发现。不仅如此,在欧亚草原地区,发现了与商代晚期的马车结构非常相似的马车。[8]因此,商代晚期的马车很有可能是接受了来自欧亚草原的影响而出现的。

又比如,欧亚草原风格青铜器和动物纹饰在中国北方的流行。在我国从内蒙古到甘肃、青海到新疆地区的一些距今3 000年至2 400年之间的墓葬中,出土了为数众多的具有欧亚草原风格的青铜武器、工具,以及具有强烈时代和地域风格的动物纹饰,主题往往是卧鹿、立羊、野兽猛扑或撕咬马等家畜,反映出这一时期欧亚草原文化的一致性。根据我国古代的文献记载,这一时期活跃在西域地区的少数民族有乌孙、月氏等。他们应当就是这些青铜器和墓葬的主人。[9]

现在有人说中国文明的正源在远超商周时代的三星堆,也有人说中国的二十八宿、阴阳概念、农历纪事在西亚早就存在,最近又说河南偃师二里头是"发现的最早中国",又说山西陶寺城址和观象台表明是"尧都",东亚距今 5 500—3 800 年被说成是一个"满天星斗"的时代,形成了松散的交互作用圈。按照城市、文字、金属冶铸技术这样文明形成的标准,阐释多样,莫衷一是,中国早期文明探源工程到现在也未给出一个令人信服的准确答案,也未梳理出一条相对清晰的线索。

日本京都学派史学代表宫崎市定在他写的名著《中国史》里就提出:"中国文明仅凭己力就可能发生吗?"进一步质疑:"完全没有借助外力吗?"[10]"中国的形成是否离不开外来文明的刺激和影响",对此类站在世界文明史角度考虑的问题,究竟是一元论还是多元论,是土生土长的还是纯外来的,我们不能回避,更不能隐瞒不提。

我们总爱强调博大精深的中华文明是独立发展的,总说是植根于中华大地上土生土长的原生文明,但别忘了其周边以及其他地区并不是完全未开化的蒙昧地带,在中华文明起源、形成和发展过程中,不断地吸收了来自其他古代文明的文化因素,并将其融入自身的文明体系之中。中华文明正是在同其他文明的不断交流中,保持活力,蓬勃发展,生生不息。这也是炎黄文化得以连绵不断、延续至今的重要原因之一。

当然,我们对不着边际的揣测瞎想也要给予批评,有人猜想中国三皇五帝是来自埃及的法老,中国上古文明是由埃及传来的,以及美籍华裔廖凯原鼓吹的"轩辕说",等等。我们不否定合理推想,但不鼓励妄测与无知。所有理性的人都应有这样的经历,那便是随着知识与阅历的增长,便越发对知识敬畏,越发不敢对上古的炎黄时代胡编乱说、信口开河。人猿相揖别的虚构神话需要历史学、考古学、人类学、基因学、生态学等共同合作来破解,需要更多的共同认可的理念规矩来解读。

中华文明的精神标识无疑在中华文明发展中有着崇高地位与深远影响,

这种精神标识仅用天地祥和、质朴厚重、庄重肃穆、源远流长等形容词"定性"概括，并不能解读与契合文化的内涵。文明从来都不是一堆抽象的概念，更不是一堆横七竖八的材料汇集，人类的生命一代代在时间中延续、相接而成为历史，正是历史构建了人类的心灵。文明就是一个民族血脉的基因，也即是整个人类心灵的共同记忆，作为一种精神标识它不仅是国家传统身份的确认，更是世界视野下的人类与民族的确认，值得我们从全球各个文明中心之间的交流中作一认真研究。

注释：

［1］第二届世界考古论坛·上海"文化多样性与文化交流的考古学研究"，2015 年 12 月 14 日—16 日，《中国社会科学报》2016 年 2 月 23 日。

［2］赵志军：《中华文明形成时期的农业经济发展特点》，《中国国家博物馆馆刊》2011 年第 1 期；《关于夏商周文明形成时期农业经济特点的一些思考》，《华夏考古》2005 年第 1 期。

［3］袁靖：《中国动物考古学》，文物出版社，2015 年；《论中国新石器时代居民获取肉食资源的方式》，《考古学报》1999 年第 1 期。

［4］陈建立：《中国古代金属冶铸文明新探》，科学出版社，2014 年。

［5］戴向明：《陶器生产、聚落形态与社会变迁：新石器至早期青铜时代的垣曲盆地》，文物出版社，2010 年。

［6］中国国家博物馆国际交流系列丛书《罗马尼亚珍宝》，北京时代华文书局，2016 年。

［7］李伯谦：《考古学视野的三皇五帝时代》，《古代文明研究通讯》总 36 期，2008 年。

［8］由于二十一世纪以来对中国早期文明起源与发展的个案研究文章太多，无法逐一索引，部分成果汇编见《中华文明探源工程文集·技术经济卷》《中华文明探源工程文集·环境卷》等，科学出版社，2009 年。

［9］王巍：《关于中华文明起源研究的几个问题》，《中国考古学与瑞典考古学——第一届中瑞考古学论坛文集》，科学出版社，2006 年，第 18—29 页。

［10］《宫崎市定中国史》，［日］宫崎市定著，焦堃、瞿柘如译并作导言，浙江人民出版社，2015 年。

2016 年 3 月 10 日于北京九三学舍

《黄帝陵是中华文明的精神标识》论文选集，陕西人民出版社，2016 年

炎帝神农的寻根传承与文化精神

在华夏民族文化起源圈里,炎帝神农是《周易·系辞下》《韩非子·五蠹》《白虎通·号》等古典文献记载的古史系统人物,这正是旧石器向新石器过渡的时代,我们的祖先通过口口相传,记载了一个华夏民族对自身生存发展的认识和当时所能达到的理解程度。虽然现在考古学不可能完全破解这类"人之初"的传说,但是它关乎我们民族文化的成熟、传承与民族精神的弘扬、创新。

一、从地域上看,汉代以前对炎帝神农的祭祀主要在黄河流域,司马迁《史记·封禅书》记秦灵公三年(前422)在吴阳"作下畤,祭炎帝"。但是汉代以后炎帝神农不再局限在黄河中下游地区,还扩展到长江中下游地区,传闻炎帝神农死后埋葬在地属荆楚的长沙,北宋赵匡胤乾德五年(967)在茶陵县修建炎帝陵寝祭祀。关于炎帝神农的传说神话到处皆有出现,这不仅说明华夏文化圈在起源核心区囊括了南北方,更重要的是北方族群由北向南的移民迁徙,带来了新的"润泽生民"。

二、从族群上看,炎帝是一个人,神农也可能是另一个人,但他们"合称""连称"不仅表明农业领袖的重要,更重要的是分散部族的融合与联盟,既是一个从事农业的群体符号,也是古老族群的文化符号。后世对农业越重视,对神农的认同就越强烈。炎帝神农作为有感召力的大神人,意味着社稷福祉的所在,意味着从群体部落到族群聚居过渡的牵系。

三、从祭祀上看，炎帝神农作为农业文明的奠基者，《周易》赞颂"神农氏作，斫木为耜，揉木为耒，耒耨之利，以教天下"，号召民众重视农业，祈求风调雨顺、五谷丰登。中国传统文明主要构建在农业基础之上，以农为业、以粮为纲，社会才会安定与繁荣，统治者才能掌控社会。在古代农业圈里，这无疑是对的，但是带来的"重农轻商"负面作用沿袭数千年这也要反思。

四、从医学上看，早期农业自然灾害和部落族群缺医少药，使得先民们对医学非常重视。《世本·作篇》记载"神农和药剂人"，《帝王世纪》记载"炎帝尝味百草，宣医疗疾，救夭伤之命"。人们把医药发明归功于炎帝神农，治病求医成为炎帝神农的莫大功绩。从远古起，中医与西方医学就走上截然不同的医学道路，产生的医学影响直到今天仍令世界瞩目。

五、从寻根上看，炎帝神农与轩辕黄帝都有不同的传说，如果拘泥于一种或几种传说，猜想推测无法扣合史迹，无论是仰韶文化（距今5 000年）还是龙山文化（距今4 000年），考古学的寻根都有局限。夏商周断代工程引起的争论至今余波未消。我们要从文字起源、人种迁徙、宗教信仰等方面，一步步地做好寻根找脉的研究工作，真正为彰显华夏民族文明圈作出贡献。

据观察，从历代祭祀炎帝神农来看，朝廷派出的祭奠官员往往等级不高、官阶不大，远不如祭祀黄帝的规格高、规模大，是因为传说的炎帝被黄帝打败流落南方，还是神农辅佐黄帝得天下的功用不够，似乎文化意义超越不了政治意义。如果说黄帝继炎帝而起，或是炎帝从神农氏发展而来，都是华夏文化圈里逐步对应的特征，如何将幻化的口传变为信史，还需要我们继续探索。

我认为，从文化精神和创新观念上考虑，我们更应密切关注或急需研究炎黄时代中国科技的起源与成就，通过考古学（尤其是科技考古）解决铜器冶铸（冶炼技术）、兵器制造（手工业）、纺织质地（编织方法）、土木建筑（承重构造）、中医原理（经脉针灸）、天文历法（天象观察）、数学物理（运算测量）、化学知识（烧陶技术）等长期未决的问题，包括后来的指南针、地动仪、火药、印刷术等。这些都是国际上文明起源与人类贡献的大问题，是中国由早期荒蛮融入文明辉煌的世界性大问题，我们必须给予足够的重视，"厚今而不薄古，重中而不轻外"，拿出像样的成果说服大家，对炎黄时代的奠基作用作出客观的评价。

收入《炎帝神农文化研究论文集萃》，武汉出版社，2021 年

推动对话：中华文化与世界和平

中华民族延绵上下五千年，各个兄弟民族在发展和交融中共同创造了悠久灿烂的中华文化。虽然"中华民族"一词直至二十世纪初才出现，但却凝聚了我们民族的历史、理想信念和精神家园；虽然我们民族多灾多难曲折复杂，但却一直不屈不挠追求和平崛起的伟业；虽然多元文化影响着我们的价值观、世界观、宇宙观，但却无法改变中华固有传统文化的东方特点。

中华文化是一条文明的血脉，一条凝聚心理的纽带，政治制度可以不同，但是中华文化思想基础是共同的，代表着民族的身份和价值。近代以来，中国的知识界总爱用西方宗教的样式、特征来检视中国传统文化，结论是中国没有宗教信仰，而宗教学者也反复纠结于"神圣与世俗"的关系，似乎中国宗教缺乏神圣性，过于世俗化。事实上，中国儒家和佛、道等宗教讲的是生活化的"人圣"崇拜，刚柔交错，教化天下，我们不应强用"神圣""世俗"二元化划分描述中国宗教，不能用西方宗教特征来比附硬攀东方人文特点。

一切宗教都有民族性。世界三大宗教超越了一族一国，但是其经典教义仍保持着鲜明的地区民族特色。

中华文化一贯强调人文性与宗教性通融，"神人一体，以善为教"。人文与宗教互补而不对立，没有欧洲历史上那样人文与宗教之间激烈的对抗。中华文化又强调民间性与正统性互补，以仁为体，以和为贵，以德为上，以生为本。儒、释、道各家各教在争鸣中走向融合，成为内部有差异的信仰文化轴心。中华主体文化还坚持开放性与包容性并行不悖，中国化或"华化"的外来宗教曾经温和地适应了中国真善美的社会，所以，为改善我们的文化生态环境，防止狭隘的民族主义，推动文明对话还有很多事情要做。

世界和平的前提是要有包容心，不断加大开放气度，建立诚信沟通的共识基础，广纳百川，互尊互让，要有超越政治的文化高度与胸怀。对两岸来说首要的是结束互相猜疑和不信任，彼此尊重与包容。两岸之间有历史的结，历史的结要用时间和理性来化解，只有互动交流，方能促进和平统一。

我认为可以通过共同撰写历史教科书，达到实现民族内部和解与国家和平统一的目标，在相互平等和互谅信任氛围下，列出在同一问题上双方各自的不同看法，依据真实史料，消除歧见，化解宿怨，鼓励双方以批判的眼光看待历史，从而出版共同的历史教科书，有益于促进和平。目前在政治和解还不成熟的情况下，先进行学者之间的合作，即使需要一代人两代人的积累，也是从学术开始逐步引导，正视与正确解读历史事实，共同努力构建统一史观，结束"一国两史"的现状。

文化是长期生活的积累，不管是艺术成就的、宗教信仰的、历史传承的，还是道德规范的，都是人类共同价值的接受，人们之间通过诚信沟通建立共识，建立人的和平与尊严，核心是以人为本，激发整个社会的活力。

刚才几位发言的先生推广儿童学习《易经》，奠定人的智慧种子，从小做人聪明处事，健全人格的培养，这无疑是教化的很好方式，也是华人文化注重的身心教育。《周易》讲"一阴一阳之为道"，阳是自强不息，阴是厚德载物，两者缺一不可，中华的精神就是追求阳刚和阴柔的变奏。《周易》还讲"天下同归而殊途，一致而百虑"，既有一致又有百虑，既有殊途又有同归，两方面结合、协调，"贵和"是中华文化中很重要的"多元通和"的模式与思想。这一模式有助于我们民族抑制极端主义，倡导理性的温和主义。

最后，我要提及的是，文化的感染力与感动力是软实力的核心，文化的穿透力与渲染力则是世界交流的效应。中国文化不管是正统的还是民间的，都是世界范围内最重要的文化之一,虽然中国宗教没有像其他民族那样建立过世界性帝国,但是中国宗教也是兼容并包、海纳百川,而这正是华人促进社会和谐、体谅包容,达到世界和平的自信心之表现。

2014 年 1 月 3 日台湾台中"追根溯源世界和平"两岸高层论坛讲稿

"丝绸之路"与人类命运共同体的文化反思

一、古今"丝绸之路"的区别

"丝绸之路"这个概念，是指人类不同民族间突破地域限制进行遥远串联与跨文化的交往，它不是单边的贸易通道，而是多条路网的选择和多样化交流后的共享廊道。

"丝绸之路"的意义在于，不论一个文明的发展程度如何高，受地理环境、物产资源、生活条件等限制，区域内人们的智慧没有合作必定是有限的，而跨文化的交往不仅带来物质补充，人们也会得到其他文明的启发，从而丰富自己原来的文明，重新发现世界、认知世界。

中国在历史上一直是东亚最发达的地区，也是周边国家长期争相模仿的中心，但是近代以前中国与东亚邻国的交往基本上是单向的，汲取的少，输出的多。反观中亚、西亚几个重要的文明中心，最初的交流都是从贸易开始，中国与中亚的丝绸、毛物，印度与阿拉伯的香料、棉花，西亚与欧洲的黄金、钻石等，一直进行着频繁往来，最终不仅形成早期知识谱系，而且形成文明的交融。由于地理相距遥远，高山峻岭阻隔，在交通不发达的条件下，中国的文明中心地带处于相对比较封闭的地域。但古代中国和西方其他文明中心的人们排除困难、跨越艰险，用非常大的代价换取着跨文化的成果，从而对推动人类文明进程向更高层次发展起了极大作用。

古代丝绸之路与今天"一带一路"有什么区别呢？

第一，中国古代的"丝绸之路"是中原通过与中亚、西亚的商业贸易逐渐形成的，朝廷并没有制定长期贸易计划，不存在官方所谓的"债务"，当时主要是"以货易货"，货币量不是很大，虽然双方贸易频繁，但没有涉及国计民生的巨大市场，而且中国小农自给自足的超级经济体，有着自我消化的回旋空间。而当今的"一带一路"是中国政府主动提出的，并期望那些愿意和中国进行合作的政府、商业企业共同推动，中国积极推行"走出去"，提倡"全天候"的合作倡议，这是一个本质区别。

第二，历史上中国在亚洲是一个举足轻重的国家，在汉唐时期是欧亚大陆上起着主导性作用的"大国"之一。周边游牧民族或其他政权例如匈奴、月氏、突厥、吐蕃等在崛起衰落的起起伏伏过程中，都与中原王朝发生过同盟或争夺的关系，远至西亚的波斯、大食以及东罗马拜占庭都与隋唐王朝进行过"朝贡贸易"的交往。中原王朝与周边族群的"互市""边贸"并没有长久不变的"规则"。而十六世纪之后，以西方"商人基因"为主导的世界贸易规则被制定出来，二十世纪伴随现代民族国家的纷纷独立，这些国家的精英多数延续接受的是西方规则，他们与中国打交道时援引的也是西方的理论，特别是中国加入世贸组织必须按照 WTO 规则行事，这是与古代丝绸之路绝不一样的。

第三，古代贸易不存在公平对等的规则，丝绸之路上的贸易量是随着国家稳定而上升的，遇到战乱动荡、自然灾害随时有可能停止，不存在中国输出丝绸而无法收回本钱的大危机，不存在大规模贸易带来的利益流向中原王朝，相反，"朝贡贸易"往往是中国赐予对方更多的物品，其中的文化道德秩序要高于获取经济利润。这与现代东西方贸易截然不同，当代对中亚或其他国家基础设施的投资贷款，公路交通、港口管理、海船运输等，带来的影响远远大于古代双方简单的小额贸易，而且贸易利益远远高于对国家领导权威的尊重。

第四，古代丝绸之路沿线国家或族群信仰着不同的宗教，来自波斯的祆教、景教、摩尼教即"三夷教"曾经流行于中国，尽管"三夷教"不占主流，无法与佛、道两大宗教相比，但是他国宗教进入中国并融入民间社会，这是前所未有的信仰"万花筒"时代。而当今世界宗教之间的冲突和教派之间的斗争从未停息，极端主义造成的危害,对原本相安无事的丝绸之路沿线地区造成了一定的影响。

第五,文化交流是丝绸之路的重要组成部分,隋唐时期十部乐中有七部都来自域外,胡旋舞、胡腾舞更是风靡朝野,正如王建《凉州行》所说"城头山鸡鸣角角,洛阳家家学胡乐"。乐舞服饰等文化的传入融合,是一个与西方奢侈品的引进、消费、模仿和再创造同步的过程,作为一种潮流艺术,东西方的青铜器、金银器、瓷器、服饰及纺织品等的制作和审美,双方都会取长补短。如今文化艺术的载体虽有电子化、影视化、数字化的普及,却有着民族偏见、表达方式不同和传统文化差异的诸种障碍,文化差异造成了交流的不畅通。

中国提出的"一带一路"倡议,跨越不同地域、不同发展阶段、不同文明阶段、不同宗教信仰,与过去的"丝绸之路"通商贸易背景有几分相似,但是现在的中国比起历史上的辉煌时期更是一个政治、经济、文化和军事的巨大复合体,却不是历史上汉唐盛世的某种程度的重复,国际上对能否开放共容与合作协作一直持有疑问。有的大国认为"一带一路"是中国设计的"债务外交",有的国家认为是中国遭遇经济危机后的"转移突围",甚至有的国家认为是中国设计的经济圈套。我们的初心是将"一带一路"视为参与全球合作开放、共同发展繁荣、推动构建人类命运共同体的中国方案。但是国际上的杂音和非议此伏彼起,既有理论上的讨论,也有实践中的具体问题。

从古代丝绸之路看,夹在大国之间的小国生存和发展常常需要观望与投机,站队变化快。所以我们要在欧亚大陆上播撒种子,在浩瀚海洋中扬帆远航,共建"一带一路"带动世界经济增长。

世界多元文化在丝绸之路上共同创造了本质上是跨文化的交流,从而开启了双方相对平等的新纪元。过去传统上理解的"丝绸之路"文化只知是外来传入的,而中国传出去的似乎踪迹全无。但这实际上不是事实,比如纸张的传播输出与波斯人的生活融为一体,最终到达了罗马或其他地方,只是我们不了解它的真正轨迹,以及它所造成的影响与改变而已。如果说古代贸易的出现离不开社会习俗的形成,甚至依赖于民族的文化,那么文化的力量同样会影响到一件事物的价值。当一个国家的市场经济被卷入世界贸易时,文化的差异必然伴随着文化的冲突,所以我们在没有预案的情况下,文化应对往往显得失措。

丝绸之路有利于加强各国和各民族之间的凝聚力,所以要防止民粹主义色彩的情绪误导人们的思路。但是丝绸之路或"一带一路"不是传统历史文明意义上的重新复活,而是拓展世界眼光、克服现代文明转型过程中的障碍,重获其开放精神面向未来的过程。

二、人类命运共同体的中国位置

与丝绸之路和"一带一路"紧密相连的是中国又提出了"人类命运共同体",期望化剑为犁、化武为文,朋友多了路好走,既不走封闭僵化的老路,又要高度重视中国自身社会活力的问题。

在人类文明发展过程中,中国文明和其他文明中心相比有很大的不同。首先中国是世界人口大国,社会消费庞大,生存竞争比较激烈,为了提高生活水平必须付出更多的努力,贫富差距使得中国自古以来就对经济非常重视,作为世界上最大的发展中国家我们遇到的经济问题还很多。其次是近代中国政治、经济、军事和文化发展均处于世界较低水平,清朝腐朽政权留下的封建残余成为制约我们发展的阻力,运行缓慢的封建官僚制度阻碍正常生产力快速发展,科学发明创造的桎梏不易打破。第三是我们没有经过欧洲文化启蒙那样大规模的启迪,固有的传统文化持续演进,一些负面因素和曲折经历对整个民族文化造成的思想震荡至今未完全消除,想提倡用传统儒学拯救民族文化和信仰危机也有其局限。这些因素综合在一起,造成了中国相对于其他文明中心来说是一个多元复杂体。一些小国船小人少好调头,甚至翻来覆去危机较小,而中国作为一个和平崛起的大国经不起任何失误,亟需明晰战略,应对挑战。

我们要明白中国在世界的位置,打造"人类命运共同体"是一个良好的设想,当今世界各国相互依存的关系远远超过了古代的"华夷一家"乃至近现代的"天下大同",超出了以往的结盟类型,但人类的文明有不同的发展途径,不仅有发展共赢与利益共生的价值要求,还有价值共识、责任共担的发展模式。

二十一世纪经济全球化的推进也带来文明冲突对抗日益加剧,局部的经济贸易战会演变为意识形态的全面争端。中国的位置决定了它的现实处境,如何将中国传统历史文化观念(平衡、和谐、大同)转变为新的核心概念(灵活、妥协、共赢),如何将"中国观"转变为"全球观",追求人类的共同价值则是"人类命运共同体"的基本原则。

三、中国文化走出去面临严峻现实

"丝绸之路"和"人类命运共同体"的提出都与中国文化息息相关,中国学界纷纷追逐学术热点,文章连篇累牍,寻找自己原有学科发展和新时代机遇之间的连接,这是可以理解的,但是它应该有实质内容,一定要找到一个真正的契机,而不是去做一些应景之作。

我曾在《丝绸之路研究永远在路上》一文中对一些浮躁虚热现象作过一点批评:没有长年积累的铺垫和资料累积后的独立思考,东施效颦人云亦云,东拉西拼抄抄贴贴,是不可能做出有价值的研究的。有些学者将过去很好的唐蕃古道研究硬要贴一个新标签,或是将明清的茶马古道变名为"西南丝绸之路",实际上都还是原地打转,没有达到站在跨文化、跨民族的角度来认识文明的不同,启发意义究竟是什么没有目标。历史的真实需要有良知的学者客观求证,我们有些国史常识都是选择性编写,集体沉默不敢讲不愿讲真实的历史,丝绸之路的历史至今还有很多没有探明。

年轻学人不要急于找出学科生长点,切勿囫囵吞枣、大而化之。近年进行"丝绸之路"研究的人,很多还是半截子研究,只知道中国境内的史料和出土文物,对外来或是其他国家的历史不甚熟悉,对国际上的研究错谬不敢批评与回应,视角还是中国本位的,不了解所谓"全球化"下"丝绸之路"的新进展,不知道双方的前沿交锋和新观点,自然也无从寻找新的研究契机,这样就避免不了同质化的学术竞争。

通过研究古代丝绸之路和整理中西方关系资料,我们可以改变过去的一些错误的公共认知，比如认为世界四大文明中只有中华文明未曾中断，其他文明都衰落了的错觉，比如鸦片战争前，中国是领先于世界文明的最发达的国家，这些都是不对的。世界本来就是丰富多彩的，中国文明只是世界诸文明中的一个，过去我们确实辉煌过，但并不是人类历史上最耀眼的北斗星，仅是满天繁星中的一个而已，从埃及、两河流域到希腊、罗马，很多文明都曾经对世界产生过重大影响。世界上主流民族都有自己最优秀的地方，人类需要互相学习，取长补短。大航海时代和工业革命以后，西方国家占据了全球的优势地位，历史上曾经是殖民地的国家仍以西方价值观主导自己，近代以来中国停滞落后了 200 年，因此，重温历史上的"丝绸之路"有助于我们和西方共同思考世界的变化。

我们看国家进步，不能光看经济总量和国家财富的增加，还要看制度的进步、成熟、完善，以及文化影响力的提升。中国这些年在这些方面取得了长足进步，中国经济起飞崛起都与这些分不开。

今年是中国改革开放 40 周年，经过这么多年的持久性对外交往，我们遇到过国际政治的挑战，更遇到过中国文化走出去的困境，不能一听批评意见，不管是负面恶意的还是正面善意的，就火冒三丈呛声反驳，大动干戈口诛笔伐，其中很多弄巧成拙的教训值得总结，很多有失民族威望的文化弊端值得反思。

我举三个文化例子说明为什么要反思。

艺术作品。艺术是各国展示文明与传播文化的重要方式，交流有思想，艺术无国界，艺术作品既能体现国际学界的认可，也有利于思想观念的传播。尽管中国艺术的影响正在逐步扩大，但古典艺术、传统文化作品受到关注，而现代艺术似乎很少有人知道。我们在中亚五国投资规模非常引人注目，但是在文化艺术方面默默无闻。塔吉克斯坦、乌兹别克斯坦的艺术家都说你们怎么没有在丝路沿线城市建造一些中国驼队和人物的雕像呢？中亚人受俄罗斯影响爱在大型公共雕塑下照相，可中国的造型艺术影响还非常滞后，走不出国门。

出版著作。我国目前是世界上出书品类最多的国家，最高时一年达到近 50 万种，图书出版从业人数也是世界上最多的，但每年联合国教科文组织向全世界推荐的 100 种图书中，几乎没有一本中国的图书。中国如此众多的图书产品中有几本能够真正代表中国文化走向世界呢？一个重新崛起的东方大国，进入世界大家庭，离不开文化和学术著作的传播，我们每年推介和资助翻译了大量中国出版物，得到国际学界公认的又有多少？即使丝绸之路方面的图册，在国外书店中也几乎见不到中国的出版物。

学术研究。中国每年都有大量的学术专著问世，虽然这些学术论著中也有滥竽充数之作，但总体上中国学术论著的数量是其他国家比不了的。但是，我们有多少造福人类命运共同体的文化产品呢？仅仅用五千年历史和四大发明就能赢得世界尊重吗？目前中国在学术出版"走出去"方面，不仅无法与世界接轨，而且社会科学的"硬干货"融不进国际学术体系中。

避免文化的冲突是一个成熟大国的明智之选，和平与发展仍是发展中国家的基本国策，二十一世纪的中国不可能再走回头路，时光不会倒流，车轮不容倒退，我们不能忘了惨痛的历史教训。我是学历史做古代中西方交流研究的，深深知道我们国家从秦汉至今两千年来所遭受的苦难、折磨和曲折在人类历史上是少有的，在世界历史中我们民族所遭受的蹂躏、摧残和痛苦也是别的国家没有的。当下中国又走到了一个命运的十字路口，避免重大决策失误是国家大事，在国际残酷竞争的时代推出"一带一路"毕竟不是过去的"丝绸之路"，在全球争夺生存权背景下倡议"人类命运共同体"毕竟不是一件简单事情。我早在前些年接受记者采访时就说过，文化自信不是文化自负，文化自信更不是自命不凡，即使我们真正成了世界强国也不能领导世界，这就是中国的文化自信。

21世纪中华文化世界论坛第十届国际学术研讨会演讲稿，2019 年

第二章

史学发展的瞻望

二十世纪的八十年代曾经激起无数年轻学子的热情，那时的人更容易悲痛流泪或心潮澎湃，他们的文字充满了对未来的合理预测，毫不怀疑世界会向一个更好的未来驶去。

在那个时代涌动的『书生论政』风浪冲击着我的心扉，初生牛犊不怕虎，大历史的思维审视着时代，这组文章就是在渴望改变现实的呼唤中写就的，曾经在百废待兴的时期引起过一系列反响。

超前预测：对历史未来的展望

在当代世界范围新技术革命的冲击下，传统的中国史学面临着自然科学的巨大挑战，但这并不意味着史学将变成"死学"。史学作为人类文明活动的结晶和人类文化的灵魂，对制定中国社会经济发展和改造自然战略的长期决策，有着特殊的意义。展望未来，史学与其他学科分支的联系，将会大大拓展历史科学的研究领域。我认为有十个方面，反映着中国史学的发展动向和未来。

地理史。历史地理学是中国史学中发展较早、应用广泛的分支学科，目前已在寻找地下水源、城市规划、改造生态环境等方面作出了较大贡献。今后由于交通运输的发展和经济中心城市的增加，需要了解古驿道、古河流等历史地理的变迁。如最近秦直道、蜀身毒道的初步探明，丝绸之路与连接欧亚高速公路的设想等。此外，黄淮平原的开发利用、南水北调、罗布泊的考察等问题，都需要历史地理知识的综合。而且它本身也将采用卫星勘测、电脑画图等科学研究方法，所以那时的历史地理学将有一个飞跃的全面发展。

农林史。今后农业系统工程的完善和发挥，以及食品工业的迅速发展，都不可能忽视生产力的历史继承性，故农林史的研究会出现新局面。如中国的框形犁、中国土地利用率等，都曾在世界上处于领先的地位，有助于探索具有我国特点的农业现代化。未来对三边林业的植造、西部沙漠的防治、黄土高原的治理等，都离不开农林史的研究。

文化史。今后由于旅游地区的扩大、第三产业的发达，国内外游客将成倍增加，文化史的研究也将多样化、趣味化、普及化。如最近《中国历代服饰》《中国杂技史《中国舞蹈史》等的出版，即是一个方向。未来的文化史研究将融合民族史、佛教史、风俗史、华侨史等，建立遍及各地的文化电脑咨询公司，并将与博物馆、展览馆等综合形成文化系统工程。

思想史。今后的中国思想史研究将扩展到世界范围的比较，呈现出人类各民族的思想主线与特点。一些科技新成就，如人工智能、遗传工程、宇宙起源等，会使思想史、哲学史的研究分出更多的流派与思潮。自然观与宇宙论的研究可能全面展开，如最近对太极八卦图与现代科学、《墨经》中的数学和物理学概念、《周易》与现代自然科学关系的研究等。那时文理交叉的"思想库"将建立，而且社会思想、法律思想、经济思想等研究，将会采取新的科技知识加以阐述。

政治史。今后干部（人事）系统工程将受到人们的格外重视，政治史作为现代社会管理干部必须具有的专业知识，将变为组织学的一个专门学科。政治史的内容将由现在的人物评价等转向创新精神、系统观念、综合能力等，研究方法也趋向于人才学、心理学、运筹学、社会学、法学等科目的融合，促使干部主动地决策、对策，以解决那时面临的更复杂更突出的社会问题。

科技史。科技史研究目前在国际上方兴未艾，成立了"技术史国际委员会"，我国已相继出版了《中国科技史》《中国建筑史》《中国古代历法》《中国古代火箭技术》《中国本草学》等，西汉中医经典著作《黄帝内经·素问》已成为我国第一部通检"电子书"。今后的科技史不仅会像现在这样系统地研究冶金史、陶瓷史、酿造史、化学史、纺织史、医药史等，而且将产生历史气候学、历史地震学、历史水文学等多种边缘学科。

世界史。今后的国际形势将更趋复杂，世界近现代史将变为重点学科，为国家提供外交、外贸等方面战略性的咨询服务。世界史的专题研究趋向于应用学术、世界经济史、世界文化史、世界军事史、国际关系史等综合研究，将比现在更详细，能为全球战略作出科学的预测。世界古代史将与人类学、社会学、遗传学等结合，重新探讨人类的分布与迁徙等课题，如最近对殷人东渡美洲的研究，将是一个新势头。

经济史。今后中国煤炭、石油仍是能源的主体，因而能源经济史将新兴起来,特别是科技管理人员的知识系统化,至少需要懂得经济史中的某一分科,如财政史、货币史、度量衡史、仓库史等。经济史研究的重点与特色,随着国家经济建设布局的改变,将采用电脑、微电子等技术手段,跨学科地提出借鉴方案。历史物价学、历史贸易学、历史金融学、历史商品学等将逐步兴起。

考古学。考古学今后将大有用途,如 1975 年长江上游的水文考古,直接为葛洲坝设计提供了有价值的远年水文资料,这为考古开辟了新方向。随着填海造地、海洋开发,水文考古、海洋考古等将迅速崛起。壁画考古将从欣赏变为实用,中国传统的艺术将应用到高层建筑设计中去。未来的考古方法将从现已应用的碳-14、同位素测量发展到中子放射、电磁法等科学手段。激光全息摄影技术将普遍运用到简牍、文书的整理上。考古学的变革可能走在中国史学的其他分支前面。

文献学。今后历史文献作为信息的关键资源,需要更多的人从事这项工作。由于新学科、新技术层出不穷,社会科学研究更趋复杂,科研项目的规划与选定,都要掌握历史文献。目前一些技术先进的国家,历史资料的保存与研究正在电脑化,我国最近对《四库全书》和《清实录》的微缩,是图书贮藏保护的一个突破,但这在国外已很普及。未来的历史文献将加工成文摘、索引、目录等二次文献,历史资料的整理、分类、储存、查阅将电脑化,广、快、精、准成为未来文献学的特点。"视像""口述"资料也将成为文献学的一种新体裁。

中国史学要面向未来,这是由现代社会的特点决定的。而预测未来最可靠的方法就是了解现在。上述的十个动向是从当前史学研究已经取得的成就出发,推论今后可能出现的发展情况。对中国史学未来的总趋势,需要各专题学者作出宏观的与微观的分析,以便为制订方针政策、远近期发展规划以及正确地进行决策,提供有价值的科学依据。这也是中国史学所面临的重大课题。

《光明日报》1985 年 1 月 9 日史学版

(《陕西社会科学动态》1985 年 3 月 1 日第 39 期全文转载,《青年社科通讯》1985 年第 3 期介绍)

畅想 2000 年的中国史学

中国向以伟大的文明古国形象吸引着世界,也以伟大的史国著称于世。我们祖先所创造的灿烂的古代文化曾为整个人类进步作出了卓越的贡献。但今天,在全球性的新技术革命的冲击下,传统的中国史学面临着自然科学的强大挑战,这是历史发展的必然结果,是不可抗拒的客观规律。目前的经济体制改革对中国史学的影响可能在八十年代末就充分显示出来,所以,今天的史学工作者迫切地感到,必须严肃认真地对待一个富有挑战性的、千变万化的未来,更关注史学发展的未来,对此,我想就 2000 年的中国史学作一概略的预测。从宏观上来看,2000 年中国史学的纵向研究,可能会有五种大的趋势。

(一)历史科学的应用将直接进入社会。2000 年的中国史学将会出现应用史学与理论史学的区别,应用性的历史研究比重会超过现在,因为科学技术在解决社会经济问题中,少不了需要历史学家的参与和帮助。像黄土高原的治理,黄淮海平原、三江平原等合理开发利用,京津生态系统与污染防治的研究,太湖地区的综合发展,南水北调问题,罗布泊的考察,等等,这不仅需要地质、地理、水利等知识,还需要历史、考古知识的综合。所以,有实用价值的应用历史学科的分支将向各个方向扩展,如历史地理学可能分成历史天象学、历史地震学、历史气候学、历史水文学、历史潮汐学、历史宇宙学等等。把它们作为历史学科范围是采用考证的历史方法,其史书的自然科学记载尽管定量差,但它毕竟是古人的直接观察测试记录。而且应用历史学科目前已有一定的基础,如《中国历史地图集》《中国历史地震年表》《中国近五百年旱涝分布图集》《中国建筑史》《中国科技史《中国农学史》等论著不断出版，得到了国内外学术界的高度评价，这一趋势将更进一步深化。

（二）电脑将逐步进入史学研究领域。当前不仅一些西方国家的历史系学生在学习电子计算机，就是莫斯科大学历史系，也开设了"历史研究中的数学方法"，作为必修课程。当地的一些学者还用现代模拟观点和技术研究伯罗奔尼撒战争等课题。我国和外国一些人运用计算机研究古文字，目前在缀合碎片上已有尝试，虽然它的准确性还有待于完善，但电脑在进行文献检索、文字释读、排列组合、分析研究上仍不失为一种非常有用的工具。据估计，电脑对古文字的识别，将是一次有生命力的突破。又如在考古学中，计算机对史前建筑、地层构成、古丝织品、纸张、药物、农作物籽粒等方面的运算分析，可使鉴定质料、确定年代等迅速完成。在未来的社会里，由于定量化研究的普及与加强，反映社会历史现象的数量关系转向用电子计算机完成。如计算机可排列各个朝代的专题史料，进行定量类比分析，找出内在规律和不同特点。总之，电子计算机将使史学这种高级脑力劳动更快地进入转变的现代社会。

（三）历史研究方法将有一场大的革命。当代史学家注意的焦点集中在重大政治事件、上层集团的活动等，在未来的研究中将会越来越多地研究人民生活史、生产方式史、家庭婚姻史等。史学研究方法也将随之变化。目前一些历史学家已借助经济学、社会学、人类学、政治学等学科来研究本国和其他国家的历史，并大量地采用了历史比较学。在 2000 年以后知识密集的社会里，高度分化、专门化基础上的高度整体化综合性研究将大大增长，现代自然科学的新理论——信息论、系统论、控制论以及其他模式，将被大量引进到历史研究中，各专题研究核心将跨学科、多阶梯地进行大胆的探索，创造性的效益将大大发挥。2000 年左右，个人单独辛勤研究的史学工作者可能将会减少，代之而起的是集体攻关的专题研究团体或学会机构。即使有独立研究的个人，知识与信息的双重纵横，使他不再只懂得一门科学，每种新学科的兴起都将使他付出补偿性的反应，因而他的知识是由多学科交叉构成，每一个人都要接受回归教育，重上知识更新大学。那时史学论著的价值，以及史学这类精神财富的生产劳动效果的衡量，将由特殊的使用价值来确定。并且，由于 2000 年中国史学直接为现代化服务，史学研究经费会由各个实业机构来投资赞助，史学的声望和重要性将与其他热门学科并驾齐驱。

（四）历史教学方法将有重大的改变。2000 年的中国各院校历史系的学科结构、专业结构、学生素质结构将和国家现代化经济建设、社会发展以及科技发展的趋势相适应，出现综合化占主导的趋势：① 自然科学和社会科学互相融合；② 全球角度的相互关系研究日益加强；③ 两门学科以上的多种边缘科学交叉增多；④ 宏观历史研究与微观历史研究紧密结合。因此，未来的大学历史教师将是自然科学和社会科学最新信息结合的传播者，他们只是作基础课的咨询与创造性的指导，单科教师的历史使命将结束，教师的填鸭式满堂灌已不存在。学生三分之一的时间是学习计算机简单应用程序，三分之一是野外综合调查与考察，三分之一是借助电脑迅速地大量地读书，他们的创造力会超过以往任何时候，成为具有远见卓识、富有创业精神、能向变化挑战的人。而且教学手段主要采用电影、电视、图片、录音等方法，各院校历史系具有自己的电化教育中心和电脑检阅图书室。总之，2000 年的历史教学将使被培养者接受直接服务于社会的教学时间大大缩短。

（五）"史学特区"的建立将成为突破性的示范。由于太平洋地区在二十一世纪将成为支配世界经济的地区，并逐渐成为世界事务的重点，因而，为了与我国在世界上的战略地位相适应，在国际史学会议上展示中国史学的辉煌成果和在学术交流上有所建树，增设一些高密度的"史学特区"是很有必要的。这个"特区"是由重点大学和科研中心在短时期内培养出一批达到国际水平的高级史学人才，充分利用国际智力资源和信息流，引进国外先进图书综合设备，在国内创造或"模拟"一个留学的教育环境，承担特殊的科研攻关项目。这些史学人才在未来社会里敏感性高、突破性强，能及时、准确地评估世界学术动态，改变研究与社会实际不衔接的链环，与其他学科汇集形成多层次递进的交叉效应，在研究深度和广度上都能走向世界范围。鉴于这类史学研究主要具有面向全球的特殊性，在不违背马克思主义的指导原则下，采用多途径的史学研究方法，故称"史学特区"。这种新型的开放体,将在带动一般史学研究提高水平的过程中起着新模式的示范作用。

从微观上来看,未来的中国史学会与其他学科分支密切联系,将形成许多别开生面的新兴边缘科学,有十个显著的动向反映着 2000 年中国史学的横向研究。

(一) 地理史

到 2000 年,由于交通运输的发展和经济中心城市的增加,如高速公路的架置桥梁与高速列车的铺设轨道,需要了解古驿道、栈道等历史地理的变迁,特别是各大城市陆续出现地铁、多层地下街道等,迫切需要系统化、综合化的历史地理知识,以便进行规划建设。历史地理研究本身也将采用卫星勘探、电脑画图、飞机测量等科学方法。

(二) 农林史

2000 年粮食仍然是我国急需的战略物资,食品工业的迅速发展和饮食习惯的变化,将使农、林、牧、渔的结构层次发生改变,结合中国国情,不能忽视生产力的历史继承性,故农林史的研究会百花齐放。如中国的栽培植物起源、中国的框形犁、中国的土地利用率等,都曾是世界上最先进的传统农业水平的反映,有助于探索具有我国特点的农业现代化。而且农林史的研究也扩大到其他学科,如中国的长城线大致沿着每年十二英寸的雨量线,正是汉唐农业区与畜牧区在自然上的分界,这就需要历史气候学知识。

(三) 文化史

2000 年由于中国独具特色的旅游城市与地区扩大,第三产业发达,以及国家大量增辟娱乐场所、宗教朝圣、古迹考察等,国内外游客将成倍增长,因而文化史的研究也将更为多样化、趣味化、普及化。民族文化咨询电脑公司布点会普及各地,并将融合民族史、宗教史、地方史、风俗史、华侨史等。未来的文化史将与各类博物馆、艺术中心、展览馆等综合产生文化系统工程，成为物质财富和精神财富的创造性学科。

（四）思想史

2000 年的中国思想史研究将扩展到世界范围的比较，呈现出世界各民族的思想主线与特点，以供未来学者总结与选择。一些科技新成就，如人工智能的发展、遗传工程提出的新问题、宇宙起源的争论、进化论遇到的挑战等，会使思想史、哲学史的研究分出更多的流派和思潮。自然观与宇宙论的研究可能全面展开，特别是文理交叉的智力库、思想库（脑库）的建立，将对自然科学、工程技术、社会科学的合作提供智囊团的作用。

（五）政治史

2000 年的干部（人事）系统工程将受到人们的格外重视，政治史（包括党史）作为干部知识化、专业化的一个重要内容，将会变为组织学的一个专门学科，从政治史中吸取经验教训，主动地决策、对策，以解决未来面临的更复杂更突变的社会问题。政治史的内容将转变为创新精神、系统观念、综合能力等等，这些素质是一个现代社会行政管理干部必须具备的。政治史的研究方法趋向于人才学、心理学、运筹学、社会学、法学等科目的融合，而且分支更多。

（六）考古学

随着填海造地、海洋石油开发的进一步发展，地层考古、海洋考古将迅速新兴。各地高层建筑的兴起，使美术史、建筑史等结合考古，把中国传统的艺术色彩应用到设计方案中，从而使壁画考古从欣赏变为实用。未来考古学的研究方法将从现已应用的碳-14、同位素测量发展到采用电磁法、中子放射、电子探针等更科学的手段。激光全息摄影技术将运用到简牍、出土文书、历代壁画以及种种古籍的版本、目录、校勘、训诂等整理方面，经过光谱信息处理，逐件分割，整片理解，这类比较原始的研究专业，会有一个改革性的突破。

（七）科技史

2000 年的科技史不仅会像现在这样具体地研究冶金史、化学史、纺织史、医药史、陶瓷史、酿造史等，而且在世界范围比较中，提出综合的证据帮助鼓励技术革新。科技史研究的方法、工具也将借助现代科技成果。当前的现代数学对中国古典数学的探索、现代化学对炼丹术的研究都显示了科技史与现代科技成果相结合的无比广阔的前景。

（八）世界史

2000 年的国际外交格局将更趋复杂，国际竞争更加白热化，因而世界近现代史将变为重点学科，成为向国家提供外交、外贸诸方面战略性建议的咨询机构。世界史的研究将会从纯学术变为应用学术，世界经济史、世界文化史、世界军事史、国际关系史等综合研究会比现在强大多样，能为全球战略作出科学的分析。世界古代史将与人类学、遗传学、社会学等结合，探讨人类的分布与迁徙。

（九）经济史

预计 2000 年中国煤炭、石油仍是常规能源的主体，古代物产的分布与矿产开采将同地球卫星勘探相结合，派生出能源经济史。特别是科技管理机构和管理人员的知识系统化，至少需要懂得经济史中的某一分科，如财政史、货币史、金融史、度量衡史、仓库史、价格史等。未来经济史的研究，随着国家现代化的经济建设中心布局的重新改变，研究内容将直接为经济改革提供借鉴，像交通经济史、金属经济史、地理经济史、人口经济史等，并采用电脑、微电子等技术手段研究，跨学科地提出可供选择的有效经济方案。

（十）文献学

2000 年的历史文献作为信息的关键资源，将有比现在更多的人从事这项工作。原始历史文献将加工成文摘、索引、目录等二次文献，历史资料的整理、分类、储存、查阅将电脑化。未来的文献学由于电脑化提供了新手段,广、快、精、准成为特点。加上电视、录音设备的普及应用,使"视像历史""口述历史"等成为文献学的一种新兴体裁。

我认为,中国史学要面向未来,这是由现代社会的特点决定的。任何未来研究都是广义的历史研究,历史学正确地总结过去的经验,是为了面向具有历史连续性的未来,根据历史资料科学地描绘出未来具体的生动的图像。而预测未来最可靠的方法就是了解现在,不是不着边际的奇思幻想。上述纵向的五大趋势与横向的十个动向就是从当前史学研究已取得的成就出发,推论出 2000 年可能出现的发展前景,以便为党中央制订远近期发展规划和正确地决策提供有价值的科学依据,这也是中国史学所面临的重大问题。

史学变革的三次飞跃都是由于自然科学的推动而发展的,铁器的创造促进了古代科技的进步,使史学脱离了巫神的摆布;地理大发现和产业革命形成了近代人文主义史学的兴盛;十九世纪一系列自然科学大发现,为马克思主义史学产生提供了科学前提。可以预测,今天世界科技成果的突破,将会把史学推向第四次飞跃,这是完全符合历史趋势的。

到 2000 年,如果策略、方法、规划、途径都对头,中国史学将走在世界先进行列。这是因为,虽然世界上科学技术发达的国家十分重视对应用史学的研究,但他们有记载的、可靠的古代史料很缺乏,要探讨长周期的变化规律,进行系列观察,就遇到了无法弥补的困难。而中国有着浩如烟海的古代史料和辽阔的古代文明地域,在制定社会经济发展和改造自然的长期战略决策中,得天独厚的优越条件,定会使中国史学重新发出灿烂的光芒。

《未来与展望》1985 年第 2 期

(《文摘报》1986 年 1 月 5 日、郑大《历史文摘》1985 年 9 月 16 日、《中国史研究动态》1986 年第 4 期分别作了摘要介绍。人大复印报刊资料《历史学》1985 年第 7 期全文转载)

再出发：中国史学面临的重大转变

几年来,中国史学研究展示出了前所未有的蓬勃发展的崭新气象,在许多专题研究方面,都进行了有意义的探索与开拓,呈现出姹紫嫣红的繁荣局面。但与当前经济体制改革的社会变化相比,还远远不能够适应形势发展的需要,不同程度地存在着脱离现实、缺乏活力的倾向。像如何面向现代化社会、如何迎接世界新技术革命的挑战、如何跨进二十一世纪等等,这一系列重大的问题,在叩击着史学的大门,促使着中国史学研究必须进行转变。我认为,这种转变要在深度和广度上都有多阶梯的新突破,其结构层次的变化,主要有八个方面。

一、研究目的的转变

以往史学研究的目的是弄清过去,对已发生的事实或有意被掩盖的事实作出科学的判断,寻找各个历史事实之间本质的联系与演变,并总结出客观规律性以供人们借鉴。而转变的史学研究目的则是从已铸成的历史事实出发,根据发展规律,研究和预见未来社会各方面的发展趋势,估量出量变的范围与质变的程度,作出定性的科学判断。特别是改革要多方位地思考研究,在选择最佳方案付诸实施前,要进行科学论证,自然需要利用历史研究成果检验可行性的决策,评估项目和结果。在研究目的转变以后,历史资料只是作为创造和探索未来发展的各种参数的工具,而不是像现在这样把历史资料作为需要进一步研究的对象。当然,史学研究还有特殊的目的,即促使人们摆脱长期封建宗法观念影响而形成的种种因循守旧、不思进取的习气,在培育人们具有民族气魄、崇高境界、实现观念变革方面,史学所起的作用是其他意识形态领域所无法取代的。

二、科研选题的转变

选择和确定科研课题,是创造性成果产生的最佳方向,它在科研中居于纲领性的位置,关系着研究成果的效益,而应用研究项目的确定更是产生大量新兴学科的直接因素。以前确定史学规划项目,大量的是把名家项目列入,"因人设庙",这就造成了几种现象:一是体系陈旧,模式僵化,对丰富和发展马克思主义注意不够,列入项目的相当一部分没有新见解、新方法;二是大批选题与社会需要相距遥遥,社会效益和应用价值小,与社会亟待解决的课题长期脱节;三是许多选题方法单调,过窄过偏,没有文理渗透的结合部或结合点,没有多学科的综合研究;四是缺乏整体布局、整体效益要求,任意选题,国家投资的科研经费不能回收全部价值。因而,转变后史学研究课题的确定,首先要考虑国家和社会的需要,过去那种由下而上、"拼盘式"的选题必须改变;其次,在保证基础性的同时,注重应用性比例的增加,特别是现代化建设急需的社会规划、发展战略、效果评估等问题;再次是加强综合化选题,要重视社会科学之间跨学科和多学科的专题性,社会科学和自然科学之间、交叉学科与边缘学科的整体性。

三、成果评定的转变

长期以来,史学论文、专著的数量成为评定史学研究成果的标志,而不注重质量的高低,不注重经济效益和社会效益。科研规划变成了编著计划,这是很不恰当的。五千字对社会有重要价值的论文比没有新见解的五十万字的专著贡献还大,专著和论文的字数不应成为衡量研究成果质量的标准。鉴别史学研究成果的依据,一是学术价值,二是实际效益。前者指对科学知识宝库的贡献,后者指对国家和社会所发挥的积极作用。从本质上讲,学术价值是间接的较长远的实际效益,它在应用中所产生的实际效益周期长,表现不直接,有时有很多复杂的因素在起作用,但史学研究成果没有应用效益,为现代化服务就是一句空话。此外,评选和奖励优秀论文、专著的质量要看在国内、国际上达到的新水平,要看它能解决多少实际问题,对实践有多大的社会意义,要确实出类拔萃,不能分科目排次序,矮子里面选将军,或是追求表达的深奥难懂。

四、研究重心的转变

在社会发生重大变革的时代,应用研究是贯彻理论联系实际原则的重要一环,是对现实问题进行科学的、历史的思维、论证和概括的过程。史学研究离开了常绿的实际之树,就会减弱甚至失去它存在的意义和价值。因此,史学研究的重心应该向应用方面大转移。传统的上层集团人物评价、农民起义、土地制度等研究固然在特定的时期内起过一些积极作用,但随着国家中心任务的转变,这些研究正在迅速地过时、落伍。由于经济改革和新技术革命的挑战,不仅引起经济生活的重大变化,也引起生活方式和精神状态的重大变化,所以,应该对社会风俗、生产方式、文化生活、地方民族、科学文明、人口迁徙、城镇变迁等加强研究。史学真正加强了应用研究,不仅可使史学在现代社会中富于生机和活力,而且可使各地区各部门得到实际帮助,从而更加重视历史科学。因而在转变中要努力发展史学一切可以直接应用的部分,用来推进现代化建设。

五、科研方法的转变

中国史学研究的方法由于长期以来"左"的干扰和苏联僵化模式的影响,本来活生生的马克思主义史学研究方法变成了单一的封闭型的大框框,使得异彩纷呈的历史进程变得苍白无力。多形态、多角度、多层次、多色彩的研究方法很少。为了适应社会科学改革的需要,史学研究方法要向开放型转变。这种开放型要在与国外的纵向比较和国内的横向比较中,互相衬托,互相兼顾,增强研究方法的广阔性、创造性。像跨学科研究、计量方法、模拟方法等等,应该普遍应用于史学研究。口头史学、视像史学、比较史学等体裁也应迅速发展。又像新兴的控制论、系统论、信息论等方法会为历史研究整体化带来崭新的局面。总之,自然科学与社会科学互相结合的研究方法,已成为当代科学发展的大趋势。史学研究要取得引人注目的成就,必须从方法上突破,必须扫平各门学科之间存在的鸿沟和藩篱。不仅要有定量化研究方法和定性研究方法,还要有驰骋于整个空间的立体型思维模式。

六、科研队伍的转变

史学研究队伍中的学术带头人年龄老化非常普遍。他们固然在考证某些史料上的功夫很深,但知识结构老化,外语水平普遍偏低,情报资料工作相当落后,因而接受新信息的能力较差。加之人才结构层次的培养是非常不合理的"亲近繁衍",许多急需发展的史学专业分支不是青黄不接就是人才短缺的"低谷区"。各行业各部门的改革以及社会科学的发展,对史学研究者提出了新的要求。在思想上,必须具有面向未来需要的战略眼光;在方法上,必须掌握有利于提高研究水平的手段和工具;在行动上,必须努力学习新兴学科知识并具有从事应用研究的能力。要具有这样的劳动素质,学术带头人就要转向重点培养 35 岁以下、思想端正敏锐、业务上已初露头角、有开拓和发展潜力的青年史学工作者,并注重从正在攻读硕士、博士学位的优秀研究生中挑选,争取使他们能在短时期内成为知识广博、信息量大、尊重实践、勇于创新、富于进取的专门学科的骨干。在二十世纪末,这些青年骨干正好进入中年,以更高的水平去总结历史前进浪潮中的得失,成为富于开创精神的"三个面向"的新一代。

七、资料信息的转变

历史研究的学术信息由于出版周期缓慢、印刷技术落后、发行渠道单一等多种原因,过去非常闭塞,少量的史学文摘刊物重复多,也欠全面,信息应用价值小,影响着学术观点的交流和知识的更新。交叉重叠的浪费性劳动和重复性研究在史学研究领域中大量存在,在了解国外史学界的研究动态和成果方面更是落后,特别是史学与自然科学方面结合的新信息几乎没有,造成了研究者胸无全局,盲目摸索。因为信息既是科研的重要资料,又是选择确定研究方向的关键,所以双向型的信息对内不仅要疏通国内学术交流的信息网络,还要逐步转化到对外建立国际学术信息系统,调查研究全球各种学术思潮、流派、观点,开阔眼界,扩大影响,在相互启迪中开创研究的新领域。另外,资料中心要向信息中心转变,利用现代技术处理手段,承担发现、评论、传播新动向、新成果、新问题以及科研知识和咨询服务的任务。

八、科研时间的转变

个体小生产的科研方式使以往科研人员收集文献资料的时间多于分析研究的时间。随着新技术成果在史学研究领域的发展,如计算机、微处理机、视听录像器材、缩微胶卷、复印机等辅助工具的出现,能提供高速度、高效率的服务。其他像信息库、数据库等逐步建立,会使电脑和信息技术手段以及网络结合,可节省科研时间、人力、物力、财力,使史学研究效率发生具有深远意义的变化。而且,过去史学研究要求坐冷板凳,熬时间,这对考证某些问题似乎是必要的,但它只适应停滞化或缓慢化社会的需要。转变中的史学研究成果讲究竞争速度。创造性的有新意的成果缩短了时间,提高了效率,尽早使供需见面,为现代化建设提供有价值的服务,从而在竞争中发挥了优势。

在中国史学研究进行重大转变的时候,也要防止几种倾向。

第一,不能随意指责或否定新思想、新方法。在史学研究转变的过程中,必须开放兼容,必须进一步肃清"左"的影响,从领导上、政策上要切实保证史学研究劳动者享有学术自由和学术民主,不能用行政手段和政治压力来解决学术创新问题。苏联曾经教条主义地对计量史学、控制论、信息论等进行批判,造成学术研究停滞不前的教训,再也不能重演。前不久党中央在作协第四次代表大会上关于创作自由的决定,同样适用于历史学界,只有史学信息的自由创生和流通,史学研究才可能为整个社会源源不断地提供巨大的创造价值。尤其是在自然科学和社会科学结合的交叉部上,应该鼓励、提倡人们依据新方法提出新的研究成果。对新思想新方法有科学根据的、有切实具体论证的批评是受欢迎的,求全责备的、笼统空泛的否定意见是需要反对、批评的。

第二,不能忽视甚至取消理论史学的研究。在改革中加强应用史学的研究,走向社会,与实际部门结合,这无疑是一个正确的趋势,但决不能因此轻视理论史学的研究。因为理论史学研究是应用研究的前提,没有必要的理论准备,就无法进行应用研究,而且有些理论史学不但对历史科学本身的发展是必要的,对现实实践也有重大意义。如果史学研究完全迁就现实的需求,从长远看,就会遏制历史科学的发展。所以,要注意掌握好理论史学和应用研究两者的比重。

第三,不能乱套自然科学中的一些方法。史学研究的转变不能"立竿见影"。急于求成、不顾国情地照搬外国方法,采用耗散结构、模糊数学等一些横断学科乱套一通,把复杂多变的历史现象生硬地塞进一些固定的框架,或是武断地将历史截成"封闭型"或"开放型",况且一些新方法本身还有待于完善,因而要根据需要和可能在史学研究中应用。既要充分利用协同系统方法,又要审慎地、有选择地消化吸收,这样才能向新的方向发展。我们赞同自然科学渗透进社会科学,是基于它的科学性,而不是追求时髦。

总之,新的时代呼唤古老的历史学科进行转变、创新。人们认为,经济变革比科学革新重要,文化和观念的变革又比经济变革重要。史学研究重点的转变,又将会促进意识形态上的变革,而每一次社会大变革,伴随而来的都是学术领域的大飞腾。因此,中国史学研究进行重大转变是极其紧迫的,历史科学劳动者应当义不容辞地担负起这个富有时代特色的重任,以创造性的精神劳动来耕耘整个社会科学的田地。

《社会科学评论》1985 年第 5 期

(《新华文摘》1985 年第 11 期全文转载,《光明日报》1985 年 11 月 13 日、《中国史研究动态》1985 年第 10 期、郑大《历史文摘》1985 年 12 月 1 日均作介绍)

跨越年代：中国传统史学的变革趋势

中国向以伟大的文明古国形象吸引世界,也以伟大的史国著称于世。但在当代世界新技术革命和当代经济改革的影响下,传统的中国史学研究面临着巨大的挑战。今天的史学工作者迫切地感到,必须严肃地对待一个沧桑巨变的未来,认真地探索中国传统史学研究变革的趋向。对此,本文提出一些粗浅的看法。

一、历史研究方法将有一场大的革命

传统的史学研究方法,由于受"左"的思潮和苏联僵化模式的干扰,使丰富和发展的马克思主义史学研究方法,陷入单一的、封闭性的教条化之中,加之长期以来封建传统史学的影响,使史学研究在吸收和应用新的理论思想、新的科学技术、新的研究方法等方面存在着很大的局限。目前西方许多历史学家借助经济学、社会学、人类学、心理学、政治学等学科来研究本国和其他国家的历史,并普遍地采用了"比较历史学""边缘历史学""计量历史学"等方法。国际史学界中出现的这些新现象,是现代科学技术研究方法发展的必然产物,是古老的历史学取得自身繁荣与发展的一种新尝试。因此,史学研究方法的变革,为历史研究提供了创造性的基本原理。在我国,尽管在马克思主义史学理论体系中包括方法论问题,但在日益飞速发展的科学技术时代,丰富和创造新的史学方法论体系,是历史研究不可轻视的一个重要趋向。尤其在知识密集的信息社会里,在高度分化基础上的高度整体化、综合化研究将大大增长；信息论、系统论、控制论和计量方法将大量引进历史研究；各个专题学术中心将是跨学科、多层次的研究；集体攻关将代替个人单独工作；多学科的纵向与横向发展的构成，将促进史学研究方法发生一场大革命，从而推动历史学的发展。

二、历史教学方法将有重大改变

传统的历史教学，基本上是以通史为主，加一些断代史与专题方面的专业课和选修课，这对学生学习和掌握基本史实是必要的基础，但要培养和造就新的史学研究群体，就要求在历史教学中增设现代史学方法论、现代科技概论、现代应用数学和其他与现代科学发展趋势相吻合的课程。为了使各院校历史系的学科结构、专业结构、学生素质结构能和国家现代化经济建设、社会知识更新以及科学技术的发展趋势相适应，历史教学应出现综合化占主导的趋向：自然科学和社会科学互相融合，社会科学中多学科密切合作，两门学科以上的边缘科学交叉增多，全球角度的相互关系研究日益加强，宏观与微观历史研究广泛纵横。这些跨学科性与多学科性的历史教学方法是当代史学变革的鲜明特征。变革中的历史教师将是自然科学和社会科学最新信息互相渗透的传播者，他们只是作为基础课的咨询与创造性成果的指导。单科教师的历史使命将结束，"填鸭式""满堂灌"的教学方式将不存在。同样，变革中的史学学生思维方式将突破传统学科彼此划分的界限，由过去单学科的提出问题转变为不同领域的认识和解决问题。学生的创造力会超过以往任何时期，成为具有远见卓识、能向未来挑战的新型史学人才。而且教学手段将以电化教育为主，使历史教学与被培养者接受直接服务于社会的教学时间大大缩短，效率大大提高。

三、历史科学的应用将直接进入社会

传统的历史研究，常常是以断代史为主，内容主要是上层集团政治变动、农民战争、土地关系制度等,这无疑是不可缺少的。但是随着我国的经济改革,史学研究中必然会有相当一部分课题转向应用,开辟新的广阔的研究领域,直接为现代化社会服务。如经济史、科技史、商业史、手工业史、地理沿革史、人口史、工艺史、陶瓷史、纺织史、农林史、思想史、文化史、民族史、外交史、艺术史等等。特别是自然科学家在解决当代任何重大的经济问题和社会问题时,少不了需要历史科学各个分支专家的帮助。黄土高原的水土保持治理、京津地区生态平衡与污染防治、黄淮海平原的合理开发利用、西北防沙造林与战略开发、南水北调、罗布泊考察等等,这不仅需要地质、地理、水利、农林等知识,还需要历史、考古知识的综合与应用。所以,历史学科中有实用价值的分支将向历史天象学、历史气候学、历史生物学、历史地震学、历史水文学、历史地质学、历史海洋学等各个方面扩展。历史学中的应用分支目前已有一定的基础,史学界《中国历史地图集》《中国地震历史年表》《中国近五百年旱涝分布图集》《中国历史天文》《中国农学史》《中国科技史》《中国建筑史》等论著已先后出版,得到了国内外学术界的高度评价,这一趋势将更进一步发展下去。

四、电脑将逐步进入史学研究领域

传统的历史资料收集、校勘、考证、训诂、辨伪等历史学技术大都依靠手工进行,这种落后的个体整理方式,不仅造成了大量重复性的浪费劳动,而且对资料分析也只能进行一些简单的分类、比较和归纳。由于历史资料是历史科学体系中最基础、最原始的素材,所以当前一些西方国家非常重视用电脑来装备史学研究机构,就是苏联也把数学和电子计算机作为大学历史系学生的必修课程,并运用现代模拟观点和技术研究历史问题。我国和国外一些人也尝试用电子计算机研究中国古文字,在缀合碎片、部首检索、排列分析等方面这将是一次有生命力的突破。如电子计算机最近对藏文经典的存储、复制和研究,使电脑步入了古老的佛教大门。在考古学中,计算机对史前建筑、地层构成、古丝织品、纸张、药物等的分析,可使质料与年代的鉴定研究迅速完成。计算机还可排列各种形式的专题史料，进行定量类比分析，找出内在规律和不同特点。总之，反映社会历史现象的数量关系转向用电子计算机完成，将使史学这种高级脑力劳动更快地进入现代社会，从事精神生产的能力将进一步提高。因而，用电脑改造、完成历史资料中心的建设已成为变革的主要趋向之一。

中国史学变革的趋向，不仅要迎接新技术革命和经济改革对传统学科的挑战，而且要适应当代人类知识体系和结构的不断改变，走在世界历史科学研究的最前列。因此，建立"史学特区"的设想应该提到变革的议事日程上来。

这个"特区"应是由重点大学和科研中心组成，充分利用国际智力资源和史学研究信息流，在国内创造一个新的教育环境，并承担特殊的科研攻关项目，例如中意"丝绸之路"讨论会、中日文化交流讨论会、中墨玛雅文化源流讨论会、世界史研究执行局年会等，在短时间内培养出一批达到国际先进水平的高级史学人才。这些史学人才在未来社会中思想敏锐、知识广博、信息力大、突破性强，能及时评估世界学术研究动态，进行中国历史发展和世界整体的比较研究，为现代化战略决策作出咨询和预测，改变史学研究与社会实际不衔接的状况。这类史学研究主要是面向全球的特殊性，在不违背马克思主义的指导原则下，采用多途径的史学研究方法，故称"史学特区"。这种"特区"在带动一般史学研究方面将起到新模式的示范作用。

我们可以乐观地估计，到二十世纪末，中国史学的变革趋势将使它走在世界历史研究前列。这是因为中国有着可靠的、系统的、浩如烟海的古代史料，古代文明地域也非常广大，这种得天独厚的优越条件，是世界上科学技术发达国家所无法比拟的。只要我们坚持变革，一定会使中国史学重新发出灿烂的光芒。

《社会科学评论》1985 年第 8 期

(《中国史研究动态》1985 年第 12 期摘要评论)

时代之问：历史科学在战略决策中的作用

中华民族的腾飞，与我们伟大祖国几千年高度繁荣的科学文明是分不开的，作为记录这一发展过程的中国史学，成了一门让我们审视过去坎坷、确认今天成就、展望未来希望的有价值的学科。特别是当前一系列深刻的变革，要求对以往的历史作出深沉总结，对现今的改革和未来的道路作出抉择，这就强烈地突出了战略决策中的历史特质，决定了发展的史学能在决策科学化时发挥出独特的作用。

一

决策科学是当代各门科学综合性研究的课题，它作为新兴而未定型的学科，目前还没有一个公认的决策科学定义和统一的理论体系。本文所说的决策，是指国家部门在现代化建设中作出的战略决策，它层次高、范围大、洞察深、影响广，对实现我国现代化建设的战略目标具有重大意义。

决策活动的历史已久。过去对一些具有远见卓识的杰出人物，人们常用"胜败系于一策""胸中自有雄兵百万"或"运筹帷幄之中，决胜千里之外"来形容其决策的英明。而现在决策已不是个人的领导艺术，而是由一个才能、智力、素质合理的专家核心圈来完成。为了保证作出的决策能符合长时期内潜在的历史发展规律，决策活动要求体制配套化、程序制度化、理论科学化，其中至关紧要的是战略决策的方法。

没有科学的方法也就没有正确的预见,忽视方法,决策失误就势在难免。随着现代社会活动规模的扩大,决策方法也出现了飞跃,那种单凭决策者个人经验和习惯来作决策的传统办法,已经远远不能满足日益复杂的决策需要,但科学决策也不是万能的,以往的经验决策也不全都是失误,问题在于分清小生产的经验决策与现代社会的经验决策。完全不用历史经验决策的许多功能,决策显然不会科学,这是因为整个决策科学本身就是软科学的。

从当代决策方法的发展看,是决策硬方法和软方法互相促进。决策硬方法指数学化、模型化和计算机化,以及运筹学和系统分析等,它对提高决策的准确性、最优性、时效性固然重要,而且由于它符合具体的科学规律,从局部和暂时考察来看是可行的,但由于各种矛盾流向往往尚未展开,决策活动的长远后果尚未显露,若把它放到较大的历史范围和一定的历史时期去考察,从后果追溯渊源,站在历史的高度上进行鸟瞰论证,就暴露出它的局限性,因为战略决策是不能精确预测的,决策者的洞察力和创造力是无法用硬模型取代的,这就必须应用具体科学不能代替的软方法,即指包括历史学在内的一切社会科学。决策的软方法弥补了硬方法对于人的心理因素、历史传统的因素、社会制约的因素等难以估量的隔膜。特别是战略决策解决的主要是社会问题,采用的历史方法愈多,决策选择的自由范围愈大,决策实践后果的判断愈准确。软、硬辅助的综合,是战略决策方法上改进的一次飞跃。

从我国决策状况看,采用软方法更为可行。根据我国当前现状,硬方法深奥难懂,不易普及,适当应用历史科学决策也许会失误更少,收效更大。因为今天的中国是历史的中国的一个发展,我们面临的是解决历史遗留下的许多纷繁复杂的问题,不了解历史,就不能提出解决现实任务的战略决策。对解决历史长河中遗存的问题,历史经验还是十分有效的。

历史科学在现代化战略中分挑决策的重担,主要原因是什么呢?

(一) 这是科学社会化的发展所决定的

社会科学化和科学社会化是现代社会的重要特征。回顾世界历史发展,可以发现,社会越来越需要科学成果的推动,科学成果反过来也紧密依赖社会历史条件的发展,这种自然科学和社会科学的一体化趋势决定了战略决策不仅牵涉到有关的自然科学问题,而且大量的是社会经济等综合交叉问题。何况现代科学学科相互渗透、融合,不能离开历史环境去思辨,因而在进行战略决策时,人们必须认识到限制自己活动范围、方向和形式的历史条件,才能深入认识现实。许多复杂的社会问题,如环境、人口、城镇、民族等,也是历史范畴转变的问题,单靠自然科学是无法解决的。所以,史学作为各门社会科学最基础的部分,无疑会使决策者清醒地认识现实处境,提高决策者的思维素质,辅助决策能力的延伸、扩展、丰富和强化,使许多重大决策价值显著,效益丰硕。

(二) 这是我国国情所决定的

我国是社会主义国家,整个国民经济的巨大有机体经不起疏忽失误。同时,我国又是一个历史包袱沉重的国家,战略决策中迫切需要了解历史发展的实际,因此,历史研究主动在前,科学决策输入在后,这是决策依赖的必然顺序,否则,不仅不能使决策科学化,而且无法纠正决策的偏失。一些西方国家,情报部门的首脑都由学术造诣高深的历史学家担任,以帮助国家领导者作出正确的战略决策。在我国,不但学者们应具有推动专业研究前进的历史感,作为战略决策者更应具备敏锐的造功于本国和人类发展的历史感,尤其在观察人类还未认识的较长周期的事物方面、进行大战略开发的决策方面,史学是探索我国所特有的历史发展道路及其有连续性规律的主要手段和可靠途径。决策专家们只有理解史学的社会价值,才能在考察社会历史演变的过程中,为战略决策提供丰富的依据。

(三) 这是技术决策缺陷所决定的

目前流行的所谓"科学决策",很大程度上是片面地模仿外国的技术决策。在企业管理、国民经济管理以及推动较低级的社会运动形态上,技术决策应该占有较大比重,这有利于决策者克服主观随意性。但在长远意义的战略决策中,至少目前还无法用计算机来解决,即便是外国的战略决策,也是多学科智囊机构的综合承担。况且技术决策只能近似地、有条件地反映现实,要求决策稳定不变,往往会贻误或丧失决策的价值。而历史科学是按时序用史实思维的学科,与逻辑推理一样,具有预言未来的作用,能从历史宏观角度对社会发展的原因和趋势进行全局的整体考察，总结成功或失败经验，摒弃决策中的某些偏见，概括出共同规律与特殊规律，提高战略决策的综合性。

（四）这是由史学特殊功能所决定的

现实经济的单纯调查，往往脱离经济发展的历史材料，不作规律性的研究，造成了决策的失误。而史学恰恰是以阐明过程、研究社会现象及其规律性为对象的科学，能使决策者具有广阔的视野和整体综合性的思维，带着历史感或历史观念去对事物的发展变化进行长期的观察，提炼出事物发展运动的规律，作出科学的决策。人们总是为满足现实才去研究历史，所谓"鉴往知来""通古启今"就是这个意思。特别是在帮助高层决策者摆脱沉重的常规决策负担，而创造性承担起战略性的随机非程序决策上，史学的特殊功能是其他学科所不具备的。当然，史学在战略决策中发挥作用，不是从历史上去寻找现实问题的具体答案，而是正确裁取历史运动中的矛盾，总结出决策的经验与教训。

总之，一项重大的决策，其因素之繁多、功能之综合、年代之长久、变化之巨大，远不是自然科学单独所能完成的，这就是史学分挑决策重担的必然条件。

二

在我国革命和建设的历史进程中，历史科学要积极参与决策，是因为现实的一切活动都要受到历史上承继下来的条件限制。毛泽东同志在《中国共产党在民族战争中的地位》中指出："指导一个伟大的革命运动的政党，如果没有革命理论，没有历史知识，没有对于实际运动的深刻了解，要取得胜利是不可能的。""我们这个民族有数千年的历史，有它的特点，有它的许多珍贵品。""我们应当给以总结，承继这一份珍贵的遗产。"历史科学的社会价值和独特作用被提得如此之高，不仅在我党历史上是第一次，而且成为毛泽东思想的一个重要内容。的确，在我们国家这片古老的土地上进行现代化建设，面临的历史遗存问题非常多，因而在制定战略决策时，综合考察历史的联系，充分发挥史学的社会功能，是保证决策科学化的重要前提。

　　为避免铺陈罗列，我们着重从决策方案的类型上，具体选例分析史学的作用。

　　政治决策，是诸类决策中最为复杂的一项社会工程，因为政治活动不仅是人类社会发展史的重要部分，也是实现人民经济文化需要的重要手段。从现实实践上重温我党发展的艰辛历程，比较历史的异同现象，人们不难看出，政治决策的正确与失误，关系着事业的兴衰存亡，并影响着其他决策。例如，我国的政治体系存在着几种弱点，从历史根源分析，就是小农经济和封建宗法思想的影响，像领导干部制度中存在的官僚作风、家长权力等，都带着封建专制制度的痕迹，这类历史的产物，与"四化"建设事业进程发生着激烈的冲突，是政治决策中历史到现实的直接镜鉴。又例如，在当前社会发展战略发生重大转变时，需要透过对历史现象的本质认识，制定相适应的政治决策，像管理体制、民主政体形式、所有制结构、人民代表选举制度、社会组织结构等方面的改革，使社会主义制度更加完善，建立具有我国特点的、符合"四化"建设要求的政治体制。当然，在政治决策时，要斟酌历史内在的、自然延伸的"度"，保持政治局面安定团结，妥善处理好历史遗留问题。如我国人民反封建历史过程中的特点、我国民主改革历史的得失、党史上"左"倾错误表现的形式与根源等等，所有这些历史问题对现实决策显然是重大的因素。尤其是寻求适合我国国情的模式和总体决策方案时，如果没有历史的眼光审时度势，趋利避害，最后将会付出沉重的代价，这类教训在历史上一再得到了证明。

　　经济决策，是一项面临世界挑战、实现经济发展目标的重要战略决策。要制定战略目标和途径，就必须深知历史形成的条件，科学地说明一定时期一定地区生产力发展的实际状况，研究其具体形态的历史，减少盲目性，驾驭科学决策的自由。比如，历史上我国闭关自守，坐失良机，终使自己落后于世界先进行列，现在进行经济战略转变决策时，首先要清楚中国小农经济发展的历史道路和历史作用、商品经济在中国经历的特殊过程、中国传统心理对经济发展的影响、近代经济对现代经济造成的失调格局等等，找出继承和改革的途径，对决策时认识我国国情的重要意义就不会误入歧途。又比如，对中国西部地区的战略开发，必须综合考虑历史上造成的不平衡经济、地理变迁和生态不同等问题,选好开发的关键地区,为经济战略转移创造条件和打好基础,并定出连接沿海与内陆的枢纽、东西部合作的桥梁,才能对生产布局发展方向作出可行的决策。特别是在决策全国能源、耕地、交通、资源与战略发展时,必须明确各地区的历史差异,像京津地区的国土规划、长江流域经济区的合理布局、珠江金三角的总体规划、黄土高原的生态治理、淮海平原的综合利用等工程,都有历史造成的因素和历史形成的种种问题,没有多种多样的历史研究,没有历史科学参与决策,就会造成实际建设起落波动过大,对后代造成不可估量的损失。

外交决策对一个国家经济、社会发展影响极大。有的世界史学者研究认为,目前国际环境处于扩军备战的大战前夕,工业发展战略易偏于战备型;也有人认为资本主义处在危机总爆发之中,还有人认为资本主义经济处在走走停停低速增长的时期,也有人认为资本主义世界处于暂时的繁荣发达,将进行"第四次工业革命"或"第三次浪潮"等。因而,世界史的研究非常重要,对国际环境历史趋势判断的正确与否,直接影响发展战略的决策。对一个制定外交战略决策的智囊群体来说,把中国置于世界整体之中,史学的独特作用更为明显,如新技术革命对世界各国发展史的影响,历史上社会主义建设各种模式的形成,战后国际共产主义运动和工人运动新思潮、新派别的发展,第三世界争取独立和经济发展的不同道路,国际贸易组织活动的历史过程,世界战争危险与和平事业所经历的变迁与经验等,这些多层次、多角度、多中心的史学研究问题,全是我国在国际事务中发挥积极作用的问题,更是我们党和国家制定战略决策的重大问题,都是决策者必须经常反思和应用的。又比如香港问题是一个历史遗留问题,经过中英两国政府的谈判,香港将重新回到祖国怀抱。我们党和政府作出"一国两制"这一极具远见卓识的重大决策时,就是照顾历史,尊重现实,充分应用了历史的观念。中英双方达成的这个具有世界影响的历史性协议,史学所起的作用是不言而喻的。

此外,像教育决策、军事决策、社会决策等影响深远的总体方案中,史学都发挥了特殊作用。总之,史学在战略决策中的作用是普遍的,它贯穿于决策全过程的始终。由于决策种类的多样性和决策过程的发展变化,又决定了史学作用的形式是多样的。如对社会状况、社会冲突、社会价值演变的分析,对国家干预经济行动的后果进行预测,对政治家的活动加以咨询,对未来规划作出可靠的宏观论证,以及工业、农业、科技发展战略指导思想,等等。因此,必须区别不同对象的决策,区别每项决策不同的竞争阶段,使历史科学在战略决策中发挥更大的作用。

三

历史学是一门包罗万象、万古永新的综合科学,因为各种科学都有自己产生和发展的历史连续性,所有的社会现象都不是永恒的而是历史的。因此,任何科学不仅都可成为历史研究的客观对象,而且其本身也成为历史科学最新的有机组成部分。可以说,所有社会科学研究中的依据都是历史资料,只是由于研究任务与方法不同,才分成了不同的学科。在战略决策中,史学作为一种决策的方法,突破了传统的狭隘的研究框架,表现的内容是一个时代科学研究总体水平的反映,故在决策程序中的作用,大体分三个基本层次表现出来。

第一,决策人选。

尽管不同领域的决策在具体内容上有着质的差别,但就其共性来说,都是一个从思维到制定出行动方案的过程,而且这个过程与决策者驾驭历史有着密切关系。一个有才华的史学家不一定是一个一流的、有战略眼光的决策者,但卓越的决策者必须是具有深邃眼力的史学家。合格决策者的个人素质,包括具有全面的科学素养,在决策过程中,必须具有较高的历史洞察力,不仅要比史学家更懂得调动各种社会势力,而且必须更精于控制社会的变迁,准确地找到历史活动兴衰得失的具体途径、历史环境变化的突破口、历史与现实的区别界限等,既能避免历史偏见的影响,又能从历史的沃土中汲取营养,并能从历史角度提出各种可行性方案。同时,对决策者行为素养的要求也有,在采取决策行动前能重温历史过程,在决策后善于用历史观点审核总结,能把局部的决策置于对历史全过程的通盘决策之中来进行。决策者如果对决策持一种机械的而不是历史的态度，只注重眼前利益，急功近利，不重视过去与未来的连续性，显然不是具有历史眼光的科学决策者。

第二，决策选择。

社会活动和自然活动的信息反映到决策者头脑中是各式各样、千变万化的，但要严格区分战略决策的概念，需要决策者正确评估常规型决策和非常规决策的历史效果，洞悉历史因素的利弊，在对比、归纳、筛选的基础上，进行一系列最优方案选择。决策中所涉及的历史问题，如与战略布局直接有关的森林、草原、沙漠变迁史，商品生产和交通运输史以及历史上的自然灾害、城镇变化、民族风俗等社会历史问题，自然地成为战略决策的出发点。中央领导同志对陕西的战略决策分析，就是用历史研究的途径来作新的探索："从历史上看，五代以前，也就是周、秦、汉、隋直到唐末，陕西在政治、经济上都曾经是比较发达的地方。当时的陕西，东南西北都是相通的，西边有丝绸之路，直到欧洲"，"唐末开始衰落。千百年来，特别是近百年来，这个区域落后了，沿海各地发展较快。陕西由比较发达变为很不发达，长期处于封建的宗法式的自然经济的状态"，"我们对这个问题要做点历史分析"，"要从自然环境、历史遗留下来的问题等诸方面因素去研究"。所以，在决策中必须注意历史的渊源、地方与中央的历史关系、中国和外国的历史联系；必须把握历史概念的转化与发展，不能抹杀具体历史条件的差别，用后来的标准非历史地评论以往的历史。没有对历史整体的认识，决策选择就找不到方向，切断了历史发展的继承性，决策的选择就错了，最后必然导致战略决策的失误。

第三，决策审定。

决策方案一经选择之后，就要审定付诸实施，这类审定是从战略到战术、全局到局部、经济价值到社会效益、目前利益到历史意义等方面进行周密的论证。决策者有时不可能绝对地摆脱时代的局限，因此审定要有历史的透彻性和思辨性，这样才有助于决策者更深刻地考察全部历史活动，认识复杂的现实世界。对决策方案应用后果的评价与鉴别，更是史学的一项重要工作。因为战略决策常常触动复杂的社会问题,有些决策的社会意义不像自然科学研究成果那样通过计算、试验立即就能表现出来,推动或延滞社会发展,而是往往要在相当长的历史时期中进行各种层次的考察,有时甚至可能通过其他社会问题间接地显现出来。因此,这样的决策价值论定,只能把它放在特定的历史条件下评估,以决定战略方案的修订、转变或追踪决策。

决策过程中的这三个层次,相互制约、相互反馈、相互配合,集中地反映了史学促使着决策沿着科学轨道步步深化,这种在决策中的重要作用,是其他学科不能越俎代庖的。

需要指出的是,在战略决策中,还应当注意史学专业化和普及化相结合的方式。所谓专业化,就是使史学工作者直接参加决策机构,提供咨询与论证,组成战略"思想库"或"智囊团",能给决策者以深刻的历史启迪,起到辅佐决策的功能。所谓普及化,就是使各级干部具有广泛的历史素养,在决策中善于运用多形式的历史意识,并使广大人民关心国家战略性的决策问题,为现代化建设献计献策。

提倡运用史学决策,是因为战略决策非定型因素大,但绝不是把史学作为唯一的蹊径,去代替其他决策的科学方法。历史的回顾是为观察今天生动活泼的现实,不是生吞活剥历史的故例,这是决策时要严加区分和分析的。决策者必须审慎地考察历史依据,防止两种错误的思想倾向。其一,历史的封闭惰性。文明历史的悠久,往往容易造成人们盲目的骄傲自负,忽视先进与落后的变化关系,把决策者封闭在传统惰性的窠臼之中,使决策难以吸收最新信息。其二,历史的缓滞观念,长期的封建社会影响,使小农意识、官僚集权、封建伦理等历史观念,拌和着习惯势力,羁縻决策者的创造开拓,使决策者难以决断。

社会的发展,已无形中把历史、现实和未来紧密地联结在一起。因而,一切企图摆脱和抛弃历史继承性和历史遗存问题去寻求没有中国特色的全面革新社会的战略决策,都是不可能成功的。同样,现代化战略决策日益被提到重要地位这一时代特点,也要求史学走出"乾嘉学派"思想贫乏的泥淖,密切地关注现实脉搏,分担决策重任。只要不是混淆历史和现实的界限或运用传统的经验主义史学,这种作用并非不可能。将史学的社会功能完全沉淀于有时空距离的中介变迁范围内,无疑不是自知之明而是自我否定史学的价值。作为研究社会历史发展规律的史学,只有发挥自己在新领域中的作用,它的社会功能才会有与时代同步发展的新前途,才会揭开历史学科发展的新扉页。

《社会科学评论》1986 年第 3 期

(《新华文摘》1986 年第 9 期全文转载,《史学情报》1986 年第 4 期、《中国史研究》1987 年第 10 期分别作了观点评论)

学知明智：当代史学理论研究长期停滞的反思

　　笔者认为，当前史学研究不能大发展的实质，是当代史学理论研究长期停滞造成的结果，因为史学理论对历史研究发挥着超前指导作用。当我们抽象地、模棱两可地论及马克思主义理论发展与当代史学研究的关系时，无疑会产生种种意见分歧，纠缠不休，这不仅有继承、坚持的基础，也有补充、发展的方向，更有变化、创新的结构。所以，只有把推动史学研究前进的核心——史学理论，作为这个很有意义课题的着眼点，才能作出积极的回答。

　　众所周知，最近一二十年，整个世界的史学理论急遽发展，新理论、新命题、新概念迭相推出，而我国当代的史学理论这个沉稳的板块结构非但没有多少进展，有时反而出现碰撞现象。事实反复证明，当理论研究变成经典和名言的陈腐注脚时，当探索的思想火花被"左"的暴雨扑灭时，当理论思维变成纯粹思辨哲学时，旧的史学理论板块结构就没有希望突破，当代史学理论的科学系统就不可能建立，马克思主义的理论也就不会扎扎实实地在现实土壤中发展。虽然我国学术界在马克思主义研究上投入的人力堪称世界领先，但却没有出现过一位世界知名的马克思主义史学理论家，也没有出现一本有世界影响的马克思主义的史学理论专著。特别是当前社会的全面变革和整个学术界的思想争鸣，使史学面临着前所未有的整体性挑战，尽管有人采取漠视抹杀的不承认主义，有人则采用老观念新方法的手段，企图否定当代史学所陷入的困境，实际上人们已经焦灼地意识到史学所面临的"危机"，正是当代史学理论研究长期停滞不前的结果，根源就是多年稳固的史学理论板块结构构造了一个对认识和解释历史效用不高的理论模式。

随着世界崭新的史学理论纷至沓来、光怪陆离，以前批判的"异端邪说""离经叛道"的东西作为一种复杂的系统已不断涌入史学古老的城门，变得可以理解、接受，甚至化为我们史学理论的新单元，不仅为史学家提供了丰富复杂的研究课题，拓宽了学术视野，而且激活了理论思维的层次，更新了人们的观念和认识。于是，原有的史学理论经受名曰"正本清源"的钩沉，实是全新意识的审度，或被肯定，或被否定，或被修正，争论也随之而起。从"阶级斗争是社会发展的唯一动力"到"人民群众是历史的创造者"，从劳动是否创造人到亚细亚生产方式，从三大科学是否马克思主义产生的自然科学基础到现代科学技术与马克思主义的关系，从历史的必然规律性到历史的特殊偶然性关系，从社会发展基本矛盾到上层建筑与经济基础的范畴作用，等等。但是，如果放在广阔的历史背景下，这些讨论显然并不是什么深奥的命题，只是史学理论体系中微观（范畴、原理、规律等要素）和中观（本体论、方法论、认识论等法则）的一部分，距离宏观大体系（历史哲学系统整体）还十分遥远。就是微观小系统的变化也缺乏科学本身所特有的观察分析问题的方法和规律，一切与现实密切联系的议题往往因形势的变化而被自觉或不自觉地摒弃了应有的独立意识。一直到目前，史学理论的发展并没有引起人们自觉的足够重视，更不要说突破某种理解模式和教学体系形成的种种理论框架。长期以来形成的史学理论不可逾越的超稳态习惯观念使人望而生畏，异常敏感，稍为尖锐一点的理论探究常常会遇到误解，甚至被政治宣判，解放思想与思想自由总是无法界定，人们的思想还没有从束缚的思维禁区中完全解放出来。然而，在马克思主义理论指导下的中国历史学却遇到了时代的挑战和冲击的现实，长期谋求理论发展而实际一直没有得到发展的压力，促使我们痛定思痛、自身反思，从多层次、多角度作一究原溯始、述往思来的考察。

那么是什么原因造成了史学理论长期停滞不前的状况呢？笔者透过这一板块结构初步反思如下。

由于构成马克思主义学科体系的主干是哲学、政治经济学和科学社会主义，专门独立的历史学不是它的组成部分，也从没有创建完整的全新的史学理论体系,创始人对历史问题一些具有重要价值的论述和见解,并不是作为系统化专著发表来深邃地指导历史学。马克思主义的史学理论,实质依据的是哲学核心基本原理,主要是马克思主义继承者(特别是苏联)在分散的原著里集中整理、编类提炼为系统学说等固定学说,它的内容和特定的结构常常被抽掉了前提,丧失了准确内涵,歪曲了原意,只剩下一些结论式的语录,损害了马克思主义的完整性。虽然马克思主义理论对历史学的研究具有启发作用,但不能代替囊括历史学科的全部知识,诸如考古学、历史地理学、古籍版本学等分支学科。从宏观角度说,马克思主义是当时科学成就的概括和结晶,可以指导有关领域的科学发展,但是把宏观的马克思主义与具体的史学理论完全等同,没有时空界限,将所有史学研究都归于马克思的"史学理论"结论的先验做法,促成了史学理论貌似意义重大而实际空空洞洞,无法实现史学理论研究的正常化,更不要说理论上的混乱和流派的发展了。

由于马克思、恩格斯所处时代的科学远远未达到现代自然科学的成就,马克思主义产生的自然科学前提是细胞学说、能量守恒和转化定律、达尔文进化论,它们基本上属于一元决定论,其特征是个体行为的严格的因果必然性,基本模式是线性思维方式,即从过去了解现在,以过去和现在预测未来。因此,马克思主义理论主要侧重于生产力决定生产关系、经济基础决定上层建筑、社会存在决定社会意识、实践决定理论等,虽然它与机械决定论有显著区别,但基本上没有超出经典物理学的范围。世界上不存在没有局限性的科学真理,而当代划时代的科学发现,揭示了系统、整体行为的规律,无论是"老三论"还是"新三论"的共同实质,都是以概率决定论扬弃了一元决定论。发生认识论、科学哲学、认识心理……都是马克思以后的成果,马克思主义并没有与二十世纪西方哲学有过真正对话。因此,不应排除马克思主义学说的局限性。若把马克思主义排除在突破、质变和否定的对立统一辩证法范围之外,就不可能有真正的科学,而没有科学性也就没有阶级性,只能成为一种政治意识,而不能成为探索精神和平等讨论的一门科学。所以,史学理论应该适应这一思维方式的进步而改变原来的哲学理论形式,但现代科学素养较差的史学家缺乏实践价值的反馈系统,呼唤不出史学理论的变革,对马克思主义的局限性只能讳莫如深,更不能把局限性与消极落后性区别清楚。

由于苏联与西欧社会发展的差异、政体与文化环境不同,在无产阶级革命开始时,对马克思主义理论的选择主要集中在阶级斗争规律方面,所以历史理论的系统研究变异了本来的意义,这是当时历史条件的限制和结果。到二十世纪三十年代斯大林时期进一步扩大阶级斗争的错误倾向,则又使苏联的史学理论发生更严重的扭曲现象,意识形态领域的阶级斗争作用被极端地夸大,僵化的政治教条在苏联史学界广为泛滥,而且马克思主义许多理论观点只允许有一种具有高度权威的解释,即所谓教科书编写的观点,于是,教科书中许多附加在马克思主义名义下的错误观点被当成马克思主义来接受和传播。在马克思主义理论通过苏联传入中国后,中国革命当时也集中在阶级斗争的进行中,武装夺取政权是首要解决的问题,这就使得马克思主义和中国革命实践相结合所具有的选择也正是阶级斗争学说。在苏联史学理论的特点全面中转到我们的史学理论中后,我们把《联共(布)党史简明教程》固守为包罗全部马克思主义的"真经",其中的缺点如世界革命中心论、个人迷信、批判模式、文化专制、诡辩逻辑、剪裁历史等一直垄断或束缚着我国近四十年来史学理论研究的发展,使得整整三代人头脑中习惯于这些教条化、神圣化的僵化观念,尤其是斯大林模式独断地否定了历史选择的多样性,把任何探索都视为异端,造成了马克思主义研究的低水平,不能开拓新视野、发展新观念、进入新境界。

由于中国长期艰苦卓绝的革命战争,共产党人不可能在当时的条件下对马克思主义的史学理论展开全面的、科学的整体研究,马克思主义的基本原理也停留在通俗宣传的水平上,因而历史研究长期是从属于政治的阶级斗争的宣传工具,一方面为中国革命胜利作出了巨大的贡献,另一方面却对阶级斗争(特别是农民战争、政治集团斗争等)作了拔高的估价,在其具有时代针对性的合理情况下助长了使马克思主义理论简单化、庸俗化、机械化的倾向。本来随着中华人民共和国成立后战略重点转移而变化的史学研究,应该逐渐恢复自身的独特形式,但在"左"的路线干扰下,把马克思主义作为解释政策的工具,把史学理论的争鸣视为妨碍政策的稳定,思想的活跃或学术的标新立异会损害政治上的统一,史学理论遂继续被纳入政治轨道运行,尤其是政治史学被视为突击性的意识形态而占据统治地位,"战线"到处延伸,一言可以兴邦,一言可以毁国,即使是进行新的诠释,使用新的范畴,也常常引起责难和打击,不是依据现实发展或实践去审视一百多年前的理论,而是沉溺于书本上原有的观点、范畴、方法来评判当代社会,直至在"文革"中被糟蹋得一塌糊涂,其弊端和消极性也在实践中充分暴露。因此,在社会主义建设时期,史学"工具论"不可能进入新的更高的思想理论层次,它不仅失去其合理性准则,反而成为阻滞史学理论发展的屏障。

由于中国传统封建文化较深地影响着我国以农民为基本成分的革命队伍,而马克思主义却主要是在批判资本主义缺点的基础上创立和发展起来的,人们没有透彻了解资本主义文明进步性和马克思主义高度的精华所在,盲目地用封建主义去批判资本主义,这就使许多封建主义的史学观点俨然以马克思主义面目出现,根深蒂固的传统思维模式以"民族化"等各种方式同化了原有的实质,把本来先进的高级形态降为落后的低级形态。像斯大林关于"社会主义国家高度集权"的理论,认为它可以包揽一切、指挥一切、干预一切、计划一切、支配一切,这种被附加在马克思主义名义下的封建专制主义的国家观,恰恰与我国大一统的封建专制集权学说融合一体,在史学界长期被误认为是马克思主义基本原理之一,不仅导致了民主建设的忽视,也造成史学理论的混淆。此外,门第观念、等级观念、资历观念、清官观念、恩赐观念、伯乐观念、人治观念等等,在史学研究中不但没有受到批判,反而变换花样、自我膨胀,取舍为马克思主义"中国化"的成分,其结果是不仅暴露了最愚陋的传统文化心态,而且把封建主义的"国粹"乔装打扮,穿上"马克思主义"时髦服装加以坚持,这样形成的史学理论武器呈现出保守性、封闭性、同步性,当然很难敌过资产阶级的史学理论,真正能战胜资本主义的马克思主义史学理论却长期没有成熟、完善。

由于中国封建史学的特点是在史料学、考据学、校勘学等具体方面占优势,具有当代性的史学理论则十分薄弱。封建史家精于史料整理和微观研究,因为只有史料才见学问功夫,经受岁月销磨,疏于综合归纳和宏观分析的史学理论探索,因为理论要随着时代发展而变化,被喻为赶风潮,这种重史料轻理论的学术标准和贬抑偏见延续至今。如此历史特点,致使中国浩如烟海的史籍编纂堪称世界无双,古代史书体裁也丰富多样,然而却都不能揭示历史现象内在逻辑的联系,以致把历史人物事件制度互相割裂,而未能反映社会发展演变之轨迹,即使是中国史家执着于史书资治通鉴、褒贬惩劝的社会功能,满足于直书实录的方法,但由于史学思维方式偏重于直观顿悟而不追求严密的逻辑演绎,因此,没有发达的史学理论,史学只不过是经学的附庸,而没有形成独立的理论框架和内容。所以,我们的历史哲学大大落后于西方世界,直到马克思主义传到中国,历史学才开始走向科学理论的道路,但这学科发展的必由之路并不平坦,坎坷的失误使不少人蹈常袭故,返回狭窄的为资料而资料的死胡同,开展史学理论研究阻力重重,被视为抽象玄妙的险途。诚然,填空补缺的新论证、新考据也是需要的,但不在大的范围内和深的层次上对整个学科有所开拓与突破,就会成为史学发展的固定链索。

由于中国传统哲学发展的是伦理学,认识科学则相当薄弱落后,因而传统哲学不可能衍生出有强烈自由评论意识的史学理论。这是因为中国古代伦理学的核心思想是"尊君卑臣"的理论、忠君愚孝的不等值关系、贵贱等级严明的道德规范,附以血缘的隶属纽带,使封建史家在人格上受制于权力,绝对保险和随意苛求的观念,使他们很难有学术自主意识的觉醒,也不需要提供"神化君王"隐瞒真实以外的理论体系。他们以记述史实为天职,只有服从粉饰君臣的义务,没有独立思考的创新权利,崇尚史料记载的怀旧价值,摒弃思维方法的开放,因而传统哲学促使人们习惯直线式的经验思维,对史学理论没有能力具体分析,而往往失之于笼统、混淆。加之长期以来没有确保理论工作者开展争鸣的良好环境,只能作某些现实政策的顺向论证,而不允许作任何逆向论证,这从主体方面给史学理论整体研究的深入造成了困难,直到目前,我们的史学理论研究能力与学科发展的要求仍存着很大差距,即使有所创造,也都纳入前人的思想体系,不敢冠有自己的特色。

由于中国古代封建专制制度文网钳制的扼杀,绝大多数史学家没有独立的政治意识，更不要说有明显的反封建对抗作用，而史学理论中的每一个探讨都要同封建文化专制思想激烈冲突，这就使他们对史学理论研究的见识和勇气大为却步，即使有所创见与锋芒，也只能藏头缩尾在注疏中露出端倪，严重影响了中国古代史学理论淬砺前行的发展。中国革命胜利后，在"左"的路线干涉下，学术思想方面的讨论强制过多，"唯上唯书"地按调子启笔弄文，窒息了史学理论正常探讨的可能性，泯灭了当代史学家主体创造性活动的需要，使按照既定模式注释经典的一些史学家走上一条功成名就的捷径坦途，他们不仅缺乏理论批判精神，而且缺乏对前提性问题进行大胆探索的态度。人们大多注重作权威口径或内部布置的命题文章，而对命题本身是否合乎科学理论却很少追究或考察，只言片语的论述，竟能以洋洋万言对它作玄想空谈般的阐述，寥寥数言的经典语录，也能连篇累牍地对它作出注释和传教般的论证，这样，不仅禁锢了史学家自身，也禁锢了马克思主义理论在中国的进一步发展。一些人显然没有意识到传统史学中理论不发达的特征，更忽视了它对当代史学理论研究的不利影响，所以也难形成充满生命力的史学理论体系。

由于十年"文革"产生的惰力，使得一些史学工作者对原来旧的"史学理论"表现出心理上的反感，但同时也缺乏自我反省，怀疑顾虑，怕担风险，一讲大胆探索总得有"三不"的许诺，不愿再进行理论思维的训练，没有自审到史学理论是史学研究的更高层次，代表着史学研究的前进方向，所以不能及时作出调整学术结构的努力，不能表述出新的史学见解，与时代期望的史学新研究产生分离和隔膜。像五六十年代整个史学界津津乐道的"五朵金花"（中国历史分期、中国历代土地制度、中国封建社会农民战争、中国资本主义萌芽、汉民族的形成），虽然近年又竞相开放，但争奇斗妍的光彩已大不如前了，其生命力也短暂得很，并不是这五个课题不重要，而是由于长期争论中对马克思主义理论的教条主义理解，限于史料和研究方法的单一、僵化，很难再次深化和有所突破，即使从过去一味地歌功颂德转入冷静地思考，也由于史学理论的贫困而最终导致"五朵金花"的枯落。在似乎是极富于"反传统"倾向或极愿作"翻案"文章的现代史学研究中，殊不知仍然是古老历史笔法的拙劣翻版，甚至是不加批判地完全接受了最具有传统色彩的中国古代史学范式,还把它赋予"马克思主义历史观"的神圣名称。亟待思考的是,当代史学家所追求的不应该是仅仅昙花一现的堆积史料的"繁荣",而是长久不息的史学理论的"常青"。一个学科开拓新领域,需要大量的知识、材料积累,更需要创造性的理论思维,历史学科的成熟,在一定程度上就是看有没有自己的理论体系。

中国史学研究由于长期的自我封闭体系,很少获得世界史学理论动态的交流信息。虽然马克思主义理论本来是从西方传入的,可是长期关门研究的习惯,使人们对西方马克思主义研究一概斥之为"修正主义",直到目前还限于介绍,无法吸收西方人的积极成果,像从西方社会学分离出的各种现代化理论、从经济学中分离出的各种经济发展理论、从政治学中衍生出的各种政治模式理论、从激进发展主义引出的各类依附理论、从西方新马克思主义观点提出的有关新帝国主义和新殖民主义理论。尽管这些理论体系成熟程度尚需研究,但它们从不同角度进行了有价值的探讨,对它们作简单化的结论和粗俗化的方法理解,就不能涉及高层次的理论认识,也不能深化自己的史学理论体系,所以,在向西方史学借鉴时远远不如向传统史学借鉴那样顺手,笼统地讲"批判引进"是无济于开出鲜艳的奇葩的,直到现在我们仍然未明确地找到向西方史学学习借鉴的关键,常常学其方法的皮毛而未能领略其较为完善的历史哲学内在实质,并把它转化为丰富马克思主义史学理论的养料。这除了综合性的文化素养准备不足外(例如不能直接阅读西方马克思主义的研究资料),还有长期的、艰苦的、韧性的劳动准备不足,更重要的是西方史学研究的渗透引进只是方法论,而缺少了历史主体论和认识论的参照,这样的方法论只是作为研究工具而与其认识论的思维精华割裂,只寻觅"材料"(新方法)而忽视"设计"(新观念)是永远构筑不出"新房子"的,史学理论单一、陈旧的板块躯壳仍不可能突破。现在的问题已不是在传统框架中拿一些新的学科、方法、名词、概念去修修补补,而是要使史学理论如何在当代变革中仍然发挥其启迪人智的原本作用,而欲办到这一点,就必须使史学理论进行自身结构性的变革。但从总体上说,史学理论研究的自觉解放程度还不够,还没有充分的气魄吸收消化西方的史学理论。

造成史学理论长期停滞的上述原因既有外部的影响，也有内部的传统；既有概念的廓清，也有思维的完善。其中有两个最基本的矛盾关系，一是当前史学研究与整个社会生活重心根本性的转变不相适应的矛盾，二是当前史学理论的相对浅薄与马克思主义史学理论亟待发展不相平衡的矛盾。这两种矛盾关系导致今天史学危机格局的出现。特别是史学理论从"文革"的历史阴影走出后，一直步履艰难，史学研究的变革往往呈现在表层上的浮动、更迭，并没有趋于理论的深层，反而暴露出明显的史学理论功底不深的"内虚"现象。加之多年来理论研究队伍中一些人以马克思主义理论家自居，不是以马克思主义理论为研究对象，而是以研究马克思主义的人为对象，一有风吹草动，专找那些把马克思主义理论当作科学研究的学者打，使他们不敢发表自己的独立见解，更不敢对经典著作中的某些观点提出不同意见。

还需要思考的是，三十多年来，中国史学理论的研究一直在做三件事。第一是在"坚持马克思主义"的名义下，将简单化、封闭化、定型化的旧理论板块结构神化为不允许怀疑和批评的金科玉律，对经典著作只能逐段注释而不能阐述见解，把其铸就为没有过时观点、没有错误内容的永恒真理。第二是在"发展马克思主义"的名义下，尽可能地削足适履，删改修正中国历史，企图用中国历史来牵强附会地验证那种欧洲社会发展演化的模式是人类共同的框架。第三是在"捍卫马克思主义"的名义下，不仅谴责非马克思主义学派历史学家的一些优秀学术成果，而且大肆批判马克思主义学派内部的不同看法，保证板块结构不出裂变。这种神本主义造成了许多局限，例如将研究层次不同、研究对象也不同的历史唯物论和史学理论完全等同，甚至很长时期内用历史唯物论代替史学理论。又如将"原始社会、奴隶社会、封建社会、资本主义社会、社会（共产）主义社会"的发展公式奉为"历史规律"，来概括出一个统一的世界模式。其实，马克思、恩格斯从生产资料所有制入手的划分法只是诸多分期中的一种，它并不具备历史规律所具有的重复有效性和普遍适应性两个特征。从今天的世界史研究成果看，几乎没有一个民族经过这样的发展序列，即使是西欧社会形态，也是希腊人罗马人没有封建制，日耳曼人没有奴隶制，所以有关亚细亚生产方式、中国是否经过奴隶制的讨论等问题,长期莫衷一是,症结就是错把马克思主义社会形态理论当作历史规律,从而导致教条主义陈习的历史研究走向死路。我认为,要推进中国的历史科学事业,首先要把解决当代史学理论长期停滞的问题作为契机,重新认识和评价旧的史学理论板块结构,打破对马克思主义研究的低水平状态,将现实实践作为马克思主义大发展的基础,唯有这样方能使当代中国史学观念和方法产生根本意义的变革,从根本上彻底摆脱发展马克思主义必须限于旧内容自身圈子内的理论疆界,发展就是全新理论形态的突破,没有突破就没有真正理论整体系统的发展。

总之,对当代史学理论研究长期停滞的反思,不只是消极的自贱性的惆怅感慨,而是积极地向过去的巨大的历史教训讨回代价,为使我们适应现代史学研究的新高度,更清楚地走向未来作出深刻的自觉的理论选择。因此,任何人对史学理论作为史学研究的核心表示轻视,对它居于史学研究的最前沿反应冷淡,都将无助于自己的前进。可以预料,新的时代呼唤着新的理论,今后史学发展的趋势,必将是单调的、畸形的、停滞的、自封为发展的史学理论变为多元的、繁荣的、实践检验发展的史学理论。

《社会科学评论》1988 年第 7 期

新启蒙答卷是当代史学的主要意义

一

从人类社会进步的历史潮流来观察"五四"时代已经落伍的封建中国，那么五四运动无疑是一场知识分子明星汇聚的思想启蒙运动。但五四运动闪烁的民主与科学光芒很快暗淡下去，七十年来的中国道路历尽艰辛曲折。当中国再次步入现代化与历史转折的关头时，由种种制约所引发的反思就不能不再次呼唤着新的启蒙，而充当反思基础的当代史学，其重大意义就是新启蒙。

五四运动在其发展初期，是以激烈抨击传统、追求西方文明的新文化运动开始的，一些大梦先觉又接受西学洗礼的知识分子，第一次公开地、直接地、大规模地反对传统道德和批判孔儒，陈独秀率先喊出了民主与科学。这一呼喊显然不是年轻知识分子的偶然感情冲动，而是经过长期反思的结果。辛亥革命后，孙中山、宋教仁的民主政治遭到扼杀，使人们丧失了继续追求民主的自信，祖祖辈辈习惯于思想奴性的民众既没有得到民主权利，也没有任何自觉的民主要求，兴亡都是老百姓苦，"共和""立宪"的民国招牌后面，仍然是极少数政客的主持宰割，带有臣民心理的群众只不过是盼望好皇帝和清官实行仁政而已，封建专制的体制丝毫没有改变，这自然不能促进政治进步和国家富强。所以，最先敏感地看到这一历史进程的知识分子，试图用"人权"和"民权"从法理上否定封建等级制度与"神人合一"的专制统治，他们发动新文化运动的实质，是要对广大人民进行启蒙。

尽管这批知识分子在与传统彻底决裂的新姿态、新方式上是异常激烈的,但目的是引起广泛的注意和传播,唤醒同胞,捣碎铁屋,从而达到启蒙的要求。无论是对封建伦理纲常的沉痛控诉,还是中西方文化孰优孰劣的尖锐对比,或是提倡用西方资本主义文化代替中国封建传统文化,其突出的焦点皆是启蒙思想。正因为如此,掌权的和在野的保守顽固势力便不断掀起尊孔读经、宣扬复辟的浪潮,辱骂这批有思想、有才华的年轻知识分子是"卖国""往祖宗脸上抹黑""损害中华民族荣誉"等等,害怕人民在迷茫和麻木中觉醒。

当时中国大众所面临的,是接踵而至的丧权辱国、家破人亡的现实危机,从西方引入的民主似乎并不能帮助中国人解决迫切需要的问题。中国之急不是发展而是生存,民主、科学的思想、行为方式等启蒙推进,因是非一日之功的变革,自然失去了揪动人心的吸引力,人们从总体上偏重与现实救亡合流。这样,反封建反传统的启蒙运动总是让位于严酷的实际救亡斗争,不仅无暇顾及对中国封建文化的批判,而且也无力继续进行民智觉悟和文化启蒙。就是在一些旧观念、旧风俗开始动摇的地方,启蒙目标和文化改造也成为改变中国政局和社会面貌的手段:摒弃了启蒙运动原来改造国民性的宗旨,既没有脱离中国士大夫"以天下为己任"的固有传统,也没有脱离近代以来反抗外侮的救亡主线。特别是反孔批儒从抨击传统走上了打倒袁世凯、张勋利用孔学作政治复辟活动的急功近利道路。如果认真核对史料就会发现,"五四"时期的人物"全盘性反传统"的并不多,陈独秀曾多次提倡儒学的积极方面,他主张恢复先秦时期的百家争鸣;被人誉为"一只手打倒孔家店"的吴虞,连建安时期孔融的反孔观点都不敢实质赞同,怎么会出现全盘性地反传统呢?中国的问题不在于害怕"全盘西化",而在于想全盘西化也"全盘"不了。

事实上,救亡压倒启蒙、推迟启蒙的后果,造成了中国当代畏惧、反对、敌视资本主义的社会心理,远甚于防抑、遏止、清除封建主义的心理,还常常把从根本上提高全民族的科学、民主精神当作资本主义特点来批判。就中国现代历史进程的本身演进看,中外文化的冲突反而不像近代史上中西之争那样鲜明地展开,人们在社会变革的关头,总是忙于现实急切的任务,许多启蒙文化的争论来不及深入，就被推向所谓现实问题的解决中。于是，从北伐战争、抗日战争、解放战争直到"文革"，启蒙中国社会大众的科学、民主意识的任务，就这样一拖再拖、一了百了。

循着这条思路不难看出，"五四"时期如火如荼的反帝反封建运动一再得到后来者的热衷，而启蒙民智的科学、民主思想核心却无人歌颂，属于资本主义启蒙思想体系中的个体自由、个性解放等许多内容被彻底否定，而且不断在理论上和实践上被扣上无政府主义和自由主义的帽子，适应救亡革命——战争现实需要的绝对服从、一元化机制等则得到无条件的推广。反对专制，举着"民主"旗帜参加革命的一大批知识分子致力于国家、社会的改变，心中唯有"救国"的热忱，却匮乏对民主的理性执着，很少有人选定"五四"先驱着力的文化启蒙，最终结局又被个人崇拜和专制体制所同化。即使有一些要启蒙大众、不甘麻木的知识分子曾经努力于理性的批判，但也注定了他们要经受更多的磨难，只能是孤立无援的先觉者。

在现实急迫的救亡要求所造成的大氛围下，以及国民大众贫困落后、文化素质极低的情况下，文化启蒙变成了教育扫盲，识字使人们对文化有所明白，对启蒙却未必清醒。中国民众对物质生活的迫切需求与在精神发展上的愚昧，悲剧性地迫使中国知识分子在"五四"以后，要么牺牲民主、科学思想投入或迎合严酷的现实，要么保持理想退出或旁观艰辛的现实，一些人成为风云一时的革命者，另一些人则成为销声匿迹的专家学者，更多的人是随波逐流，左右摇摆，习惯性地屈从于现实原则的压力，依附于统治力量，即使产生过启蒙念头，也很快符合统治者需要钻进实用论证之中。

整个知识界一直处在一种不健全的急迫心理压力下，无法用开阔的视野和胸襟对中西方文化启蒙作出深刻的理解与自省。虽然知识分子被称为知识精英和社会良心，但只承担着学术与政治的职能，并不具有启蒙大众的认同和自在的独立性。这当然不利于自由、平等的民主化进程，既不能揭露人们的蒙昧，也不能正视自己心中的蒙昧。"五四"时期知识分子"化大众"的历史使命，终于成为随波起伏的"大众化"了，七十年前要求的科学、民主启蒙任务竟重新落到了当代中国人的身上,与其说这是当代知识分子的欣喜和骄傲,毋宁说这是付出几辈人代价的忧患。

二

清楚了五四运动时期救亡压倒启蒙的主调后,也就明白了中国历史学以及史学家们所选择的方向和扮演的角色了。

正是在没有启蒙的前提下,二十世纪初产生的资产阶级史学一出现即面临着民族危机空前严重的局面,许多人在猛烈批判传统史学之后都表现出强烈的政治参与意识。梁启超所著的《新史学》《中国史叙论》,激烈地批评旧史学是"二十四姓之家谱",是"墓志铭"和"蜡人院之偶像",存在"知有朝廷而不知国家""知有个人而不知有群体"的弊端,提出史学任务是"叙述人群进化之现象,以寻得其公理公例"。但梁启超不久即卷入政治旋涡,一直到"五四"时期,他都认为从事的是"挽救民族前途之夷险"。与梁启超同时期的一些史学家尽管在史书编纂、历史观点、治史方法等方面作出了努力,并取得了一些优秀成果,但钻研的目的都与社会改良思想或多或少有关系,忧患中抨击的矛头都集中在帝王将相身上,并没有重视对民众的启蒙,也没有对启蒙进行不懈的探索。

与梁启超等以进化史观作武器对抗正统史学不一样的是,王国维等人在乾嘉学派考证的影响下,利用新发现的地下材料辨伪证史,他们在推出新课题、开拓新领域的研究工作上作出了贡献,但仍是聪明才智之士在被堵死了关心现实政治道路之后,被专制淫威逼迫下的学术转向,其主流当然更不具备文化启蒙的性质。

五四运动以后,史学继续沿着这两种倾向发展,一种是救亡派,一种是疑古派。不论是把它们冠以成长中的无产阶级史学,还是冠以新兴的资产阶级史学,它们与传统的封建史学并存,从根本上说反映的仍然是不同阶级力量的政治较量。发轫于二十年代、诞生于三十年代的中国社会史论战,从一开始就具有强烈的政治斗争色彩,它对以往全部史学作"重新批判",为的是抛弃"为历史而历史"

的观念,总体上并没有越过"垂训借鉴"的框架。抗日战争爆发前后的民族危亡现实,强烈震荡着历史学界,以郭沫若、范文澜等为代表的新一代史学家,以史学作为战斗武器配合当时的形势,并对旧史家所强调的史德赋予民族救亡献身的新意义。历史研究为现实政治服务在这时开始充分体现,马克思主义中国化的史学理论、社会历史分期问题的断代、封建社会长期性的探讨、农民起义和农民战争的推动历史作用等,目的是证明中国社会发展与西欧一样,并无"亚细亚特殊"之说。尤其是在史学内容上注重阶级斗争对社会的发展作用,揭露外国资本主义的狰狞面目,讴歌反帝反侵略的斗争,在史学各个领域阐述抗侮救亡的爱国主义民族传统,以此激发人们御敌救国的热忱。这样,史学与救亡的民族解放融为一体,有时甚至出现为迎合一时需要而将历史简单化的做法,反而将五四运动的启蒙责任感与历史感置之不顾了。

疑古派则被称为资产阶级史学家,因为他们在历史观和方法论上不倾向于唯物史观。尽管他们孜孜不倦地探索和研究,写出了不少有学术价值的著述,但基本上是在材料整理、勾稽、考辨、校勘和编纂方面的贡献,其中不乏爱国心和民族正义感,可是发扬旧学传统,其实质恐怕不能算作资产阶级史学家,还是传统旧史家的延续,只不过是在救亡炮火下略有转变罢了。至于从"五四"文化阵营分化出去的一部分政治上依附于当权者的历史学者,则更是丧失了独立人格,如鼓吹"英雄是人类意志的中心","忠""孝"是中国文化中固有的优异价值,以及"诚""行"的空洞"民生史观"等,其政治意图是一种复古倒退的愚民思想,他们无非是想收到叔孙通为刘邦"制订朝仪"而使人"莫不敬肃"的效果。但是,由于战争救亡迫在眉睫,对这种"依附史学"多着眼于感情的义愤和揭露,并没有认真地进行理性批判。

有一些具有爱国思想和民族意识的史学家,由于汲取了西方流行的历史观和治学方法,研究了中国封建社会的停滞性和近代中国社会愚昧、排外的落后悲剧,却因不符合当时抗战政治宣传的需要,被斥为"买办"史学。作为学术上一种历史发展外力论固然有其缺陷,但说它是为帝国主义侵略中国辩护无疑是政治斗争的需要,没有冷静、系统深入的分析。于是,在救亡的风暴冲击下,民主、科学的启蒙思想相形见绌,并趋于沉默。

解放战争时期,抗战以来形成的"救亡史学"由于国民党专制横行、剥夺自由而使争取民主的课题被提到史学家面前。因此,关于中国历史上有无民主,以及需要怎么样的民主的争论兴起。许多进步历史学家对中国的封建政治制度、专制体制、封建政权都作出了比较切实的研究,写出了不少揭露和批判封建专制主义的著述,并批评了一些依附当权政府的"帮闲"史学家利用历史抵制民主运动的复古论调。"五四"时期的思想启蒙在这时又有了活力,尽管这种民主运动并不具有建设的意义,却对专制独裁的国民党政府产生了巨大的动摇和振荡,要求民主的呼声遍及各个阶层。然而,吸引贫苦民众推翻国民党政府更实在的问题是土地要求,这是千百年来中国农民所渴望的,所以,史学界关于古代民主政治的辩论和呼喊自由的要求,很快转到了对土地问题和农民战争的研究,并认为这才是根本的追求民主,人民言论、集会、结社、出版自由只不过是低水平的一般民主要求,加之这一时期反帝反美的斗争掀起,也将资本主义启蒙运动中的民主列为假民主,史学家们把力量又过分地集中在与现实政治斗争密切相关的课题上,发表了大量关于近代美国侵华的著述,民主与科学的文化启蒙没有继续探讨和普及下去,五四运动以后出现的一度耀眼的火花又渐渐消失了。

三

革命的成功并不等于"五四"历史任务的完结,因而也就不等于启蒙中国社会大众的科学、民主意识问题的解决。中华人民共和国建立后,本应随着人民大众得到空前解放而变化的"救亡"史学,应该逐渐向启蒙人民科学、民主、自由观念发展,但由于政治路线仍然是阶级斗争,所以史学又成为解释政策的工具,事实上不是独立的学科,只是政治的附庸,史学著作也只被看作是政治和伦理教科书,甚至将史学视为突击性的意识形态而占据统治地位,"战线"到处延伸,每一次运动都把史学作为"突破口"。启蒙民众思想的民主观念竟变成了表面形式"民主"的大鸣、大放、大字报、大辩论,直至在"文革"中其弊端和消极性被暴露至极。

由于中国长期以来是一个以农民为主体的国度,以农民为基本成分的干部队伍深受传统小农意识和封建文化的影响,人们没有透彻了解资本主义文明进步性和科学、民主启蒙历史进程中的问题,盲目地用封建主义去批判资本主义,这就使许多封建主义的货色继续泛滥,门第观念、等级观念、资历观念、清官观念、恩惠观念、伯乐观念、人治观念、特权观念、忠孝观念等等,都贴上了新的标签,在史学研究中不但没有受到批判,反而变换花样混淆视听,陷入了更深的蒙昧,尤其还常常以马克思主义"民族化"的面目出现,对"五四"以来科学、民主启蒙运动的沉浮讳莫如深,在党史教材里充满的是会议、决议、语录、两条路线斗争,没有把科学、民主作为人民追求的目标,也不作为历史研究的基本主题。

中国史学家总认为启蒙是教育家的事情,不是自己驰骋的天地。自古以来封建专制制度文网钳制的扼杀,使绝大多数史学家没有独立的政治意识,更不要说有明显的反封建思想。他们怕担风险,心有余悸,就是在中国革命胜利很长时间后,仍是"唯上唯书"地按调子启笔弄文,一些史学家按照既定模式注释经典而走上了一条功成名就的捷径坦途,一些教授不断修改抨击封建专制的著述,竟把朱元璋之类残暴帝王的专制手段歌颂为农民领袖的大智大勇。同样一个海瑞,既可提倡其面诤精神,也可批判其"骂皇帝",为制造舆论达到某种目的的实用宣传,不惜歪曲历史。歌功颂德、报喜不报忧的文人传统取代了悲剧危机意识,只讲过五关斩六将的成功经验,不讲走麦城的失败教训,缺乏高屋建瓴的横向比较与纵向探源,更不要说把启蒙民众作为最终归宿了。

应当坦率承认,五四运动已过去七十年了,可今天又仿佛回到了"五四"的起跑点上,需要的依然是"五四"提出的民主与科学,"文化热"无疑是"五四"新文化运动的"复兴"和延续,它本身表明中国知识界的初步觉醒意识,尽管往往自觉不自觉地陷入"坐而论道"的流弊,但毕竟是摆脱思想困惑的突破途径。

"五四"以来的中国史学,是同"五四"时期中国救亡运动紧密联系的,与五四运动的思想启蒙主流却长期脱节,它的基本主题从来都不是科学与民主,传播的对象也不是亿万民众,自觉地唤起大众、启蒙大众更不是它追求的目标,这种后遗症造成了今天真正的"危机"。

当代现实最强烈的进步,就是要用催人猛醒的启蒙来实现。因而启蒙不仅是当代史学家应该意识到的使命感,也是他们的著述受到社会欢迎并走向世界的必由之路。这是因为当代反封建的任务不仅远未完成,在某种意义上反而比"五四"时期更加复杂和困难了。为了消除蒙昧,防止悲剧重演,争取现代化的进步,与经济、政治改革相配套的任何文化启蒙都是必要的,而这种必要性正是史学的社会本性,并成为史学的内在生命力和外在社会价值。启蒙的使命不是额外负担,这是历史赋予包括当代史学家在内的中国知识分子的神圣责任,置身于疾风迅雨的时代闭眼不看现实而谋求史学研究的距离感,目睹科学与无知之间剧烈搏斗而要保持超脱平静,以为这才是史学的特征,岂不是南辕北辙吗?一个没有不断思想启蒙的民族是没有希望的,一个不作文化启蒙的学科也是必然要衰落的,这已为"五四"以来的历史所证明,并继续在无可争辩地证明。

《人文杂志》1989 年第 3 期

(《人民日报》海外版 1989 年 6 月 12 日摘要介绍)

旧邦心史：对中国考古学研究的忧虑与思忖

  中华人民共和国成立以来考古学的发展，被人们称誉为黄金时代，取得了引人注目的丰硕成果。但是，中国考古学就不存在欠缺、忧患吗？我认为，外部看似兴旺的考古学，实际上内部也存在着潜伏的"危机"，这种危机的特点是传统的思维定式与知识结构方面的缺陷所造成的阻滞，而其性质显然关系着中国考古学发展的方向。我这样说，当然无意于否定近年来考古研究所取得的巨大成绩，而是希望人们不能面对潜在的危机熟视无睹，认真疏导转化，设法补偏救弊，使考古学向着有利于全局发展的方向开拓、前进。

  第一，中国考古学缺少对具体理论研究的迫切感。历史唯物主义是中国考古学的理论体系，但它只是在最高层次上具有普遍的指导意义，并不能代替考古学的具体理论。我国考古学理论由于受苏联二十世纪五十年代单向进化论、一元因果论等有纵无横的理论构架影响，视其他理论一律为伪科学，直至七十年代一度把考古学变为语录游戏的证明工具。进入八十年代后，随着外部形势变化，考古学理论并没有取得显著的突破。特别是考古学理论没有形成独自专门的体系，仍然依附于传统的史学理论。我认为，历史学离不开考古学，考古学必须研究历史，但两者在研究方法，利用材料、实物对象上都不相同，因为考古学是根据古代人类活动遗存的实物来研究没有文字加工修改的历史的一门科学，比文献记载的历史学更接近于人类活动的原状，所以应有其独自的理论或特有的新规律，并在考古实践中不断完善和发展一系列理论性问题，从而丰富人类学的理论体系。近几年，考古发现收获虽然取得很大成绩，但研究没有相应的重大突破，人们往往仅凭古代生产工具的遗物、遗迹去直接推断社会关系、思想意识等上层建筑的状况，这种"升级式"的硬套方法，根源就是没有具体的考古理论所造成的停滞，通过实物来探求人类社会发展规律的结论也显得肤浅、牵强。我主张建立考古学的研究历史方法，而不是将历史学方法施用于考古学，只有在这样的前提和基础上，吸纳人类优秀文明汇聚的精华才能成为考古学的指导思想。

第二，中国考古学缺少对研究方法不断变更的时代感。以科学发掘为基础的近代考古学在我国出现较迟，具有一定系统的金石学长时期影响着现代考古学，它固然有着详证深究的扎实学风，但繁琐枯燥的方法更局限着考古视野的开拓。目前世界考古学界科目繁多，方法多样，首先是文化人类学、体质人类学、生态人类学、古动物学、古植物学以及系统科学、行为科学等知识不断渗入结合。其次是利用自然科学方法表现突出，高分子化学分析、光谱分析、金相分析、电子探针、中子活化分析、数学概率分析等层出不穷。而我国由于自然科学的整体知识落后，除五十年代末引进过放射性碳素断代法以外，六十年代的陶器热释光断代法，七十年代的原子核加速器、电子共振谱仪、电子计算机等先进方法应用于考古研究进展相当缓慢，至于地下文物考察中运用的磁力探查、电阻率探查、空中红外航测等十几种分析方法也只是稍有介绍。现在用地层学和类型学来排列器物的传统方法仍占主要地位，虽然这种方法是基本的、必要的研究基础，但由逻辑性的个体分析很难自发地向更高层次的综合研究迈进，致使不少人对本来最吸引人的考古研究反而冷淡或不感兴趣。这种状况意味着考古方法的贫乏、落后，必将导致考古工作者研究能力和水平降低，影响研究价值所能达到的广度和深度。

第三，中国考古学缺少建立交叉新学科的深化感。虽然中国文明的起源很早，地大物博使文物相当丰富，年代上的缺环和地域上的空白都在逐渐地填补，但并不是永远挖掘不完地下的宝藏。然而，考古学界对未来的关注极少，特别是对建立新的分支学科付诸行动的为数不多，往往流于像考古工程学、考古生物学等表层化的新学科名称，对其内容、体系、性质都没有深化，这很难说是种高瞻远瞩的见解。作为一门新科学，考古学不应限于古物和遗迹的描述和系统化的分类,不应限于鉴定它们的年代和确定它们用途的初步研究,它既然要阐明人所活动的文化与社会,就要从器物的研究转向对人的研究,复原人类社会的本来面貌,改变以往器物孤立、单调的形象,使之充实完善,血肉丰满。如今国内外已不仅有历史考古学、民族考古学、社会考古学、文化考古学、生态考古学、水下考古学,还有物理考古学、描述考古学、工业考古学和系统理论考古学等等。在现代科学发展既整体化又分支化的结构下,强调多学科、跨学科的综合研究,应成为我国考古学的必然趋势与重要课题,否则,不重视建立考古边缘新学科,将会造成考古学未来的发展落后的恶果。

第四,中国考古学缺少面向世界考古研究的开阔感。到目前为止,我国高等院校考古专业极少开设"世界考古学"课程,更没有一本详尽的世界考古专著或教材。不能了解世界各国现代考古的基本知识与状况,也不知世界考古学发展的方向,无法瞄准学科发展的国际趋势,局限了青年学者进行中外对比交流的眼界,似乎考古学只是研究中国境内的各种文化内容,"丝绸之路"与海上航路就是面向世界。在了解国外考古最新成果方面,也往往只是通过零星的文摘形式作一点报道,没有系统的、及时的介绍与评论,不能从考古角度观察世界文化。虽然有个别学者用中国的某些出土文物与外国文物作过比较研究,但大量的考古研究领域与世界比较处于绝缘的地步。例如只知中国秦汉有木简,不知日本奈良和英国也出土有木简;在海外学术界激起强烈反响的殷商二分制研究在国内却缄默无闻;引起世界考古学思维变动的"聚落形态"缀合性考古研究在国内也少有意见;许多人甚至不知道外国考古学中新学科的研究范畴,更不敢在深刻批判西方考古学理论的基础上,吸收其某些理论观点和方法中的价值。这不仅是接受外部信息迟钝,而且也是封闭循环的思维方式,使自己故步自封、排斥新的或相异的东西,在一个小圈子里打转转。因此,重视并加强国外考古信息的交流与研究,确是突破传统考古学的当务之急。

第五,中国考古学缺少将其技术特长运用于现代化建设的责任感。西方一些国家将考古学划归为自然科学,认为它是一个方法和技术的体系,就是考虑到其技术特长,这也是与历史学不同的显著特点。姑且不论其划分是否正确,但考古学中的技术手段完全不必经过像历史学那样的间接手续,其拥有的测定年代、制造工艺、地下探查、保养修复等技术完全可为我国社会主义现代化建设直接服务,在综合调查、环境改造、生态平衡、旅游建设、城市规划等方面发挥其优势。像近年来水文考古对水利灌溉与大坝选址的鉴定,农业考古对生态环境保护与农作物良种范围的验证,史前地质考古对许多基建项目的分析参考,以及天文、地震、冶金、陶瓷、交通、古建筑等许多方面,都是应用极好的开端。然而,整个考古界并没有广泛重视这一领域的开发,反而片面认为这是实用主义和急功近利,丧失了许多应运的良机,也不能促进考古学自身的发展,以致考古学研究的天地极为偏窄、狭小,仅仅变为文物古董展览,甚至有人以为这只是框定的古文化残留物,蔑视为与现代社会无关的历史垃圾,考古学独特的社会功能得不到社会的极大重视。就是在全国社科"七五"规划重点研究课题中,考古学也没列一项技术项目,这不能不引起我们的深思。

综上,这些当今考古学研究的欠缺,并非杞人忧天,无病而呻,而是隐伏的危机已透露出研究的困窘,虽然笔者不能一语破的,指点未来,但针砭不足的反思,目的是促使学者们清醒,化危机为转机。依靠祖先遗留的文物来夸耀自己的成绩,而不是靠新思想、新方法的进一步研究来引起世界反响,这是一种悲剧。尤其是,对考古文物的某些阐释是从今天出发的,还曾经出现过因为政治需要将物质观念化,考古文物被利用来编造辉煌历史的情况。我认为,只有把中国考古学放在世界科学文化整体中作周密的、宏观的考察,考古学研究才有可能真正取得划时代的成就,中国古代文明的研究也才具有世界性意义。

《社会科学评论》1987 年第 5 期

(《中国日报》[英] 1987 年 11 月 12 日全文转载,《文摘报》1987 年 11 月 26 日作观点介绍)

时间之河：论中国考古学的不成熟性

中国考古学自二十世纪二十年代以来，由于受西方近代考古学的影响，出于寻找新的认识人类社会的基本原理的需要，取得了一系列的收获。特别是中华人民共和国成立以来的进展与成果，已使中国考古学构筑起自己的体系框架。但是，这种构筑基本上是独立自足的、与外界隔绝的研究活动，其性质是自我封闭的、面向历史的、学院式的，因而在特定意义上说，中国考古学还很不成熟。它具有青春期的种种缺点和弱点。其不成熟性主要表现在如下方面。

自 以 为 是

60多年前，由于西方文化探险者对我国古文物、古文书的盗窃，以及日本、西方国家劫掠文物的刺激，加之四十年代以前中国考古学基本上由外国学者主宰，这都使我们民族的自尊心受到严重的挑战。随着中华人民共和国的建立，鉴于广泛地动员群众、反对帝国主义侵略的历史需要，提出了考古学要民族自主的概念，这在当时国际关系对抗性的历史情况下，是有必要的。中国从政治上逐步强大后，传统的"华夏中心"和"反求诸己"的文化心理积淀，促使人们不知不觉中把当年对抗性因素保留下来，并演变成一种在新的历史时期对外部世界文化的怀疑、警惕的防御性的心理机制，以至成为考古学界的某种集体无意识，打着纠偏"民族虚无主义"和反对"盲目崇洋"的旗号，实质上拒斥多层次的国际交流，具有了"自以为是""自我封闭"的特性。一个最怪诞的现象就是总爱从纵向上和旧中国的考古学比较，从不在横向上和国外考古界的新思想、新方法比较，只知己不知彼，只知古不知今，沉醉在缓慢发展的"黄金时代"礼赞里。

任何一门学科如果要求发展，都不能不对其他的民族文化持开放态度，以激发本学科的创造活力。即以我国考古学的历史而言，正是在夏鼐、陈梦家，裴文中、梁思永等一批考古学者勇敢地"别求新声于异邦"，学习欧美人类学与考古学的理论方法后，才揭开了源远流长的中国考古学的新篇章。1926年第一次由中国学者自行主持田野考古工作的山西夏县西阴村遗址发掘，也是由国外留学回来的李济主持的，他还培养造就了中国第一批田野工作水平较高的考古学家。同样，随着国际政治形势的变化和学术知识的传播，考古工作进一步在全世界范围内普及，促进了考古研究的世界化。现在，我们面对着外部世界飞速发展的考古学研究，希望有更多的多元的横向的汲取时，考古研究民族自主就成为带有明显针对性的论题。某些权威认为考古与文物作为历史的见证，是民族的象征，自己考古发掘，不许任何外国学者参加，这是体现了国家的强盛和主权的完整。他们仍然把1949年前后的观念加以强化，总认为外国学者都是帝国主义文化盗窃分子。这种闭关自守所限制的，只是中西方之间正常的学术交流，而对由于文物走私造成的外流与损毁，以及为害甚烈的盗掘古墓却视而不见、管而不灵，对考古研究民族自主赋予了自我封闭的特征。

我以为，中国考古学要发展，就必须坚持开放，就有必要对近半个世纪来被使用得极为频繁的民族自主这一概念，重新作一次历史的审视，再也不能以形式上的"主权""民族化"来自我防御、闭关锁国。与其说这是因噎废食的狭隘民族主义，毋宁说是封建小农意识自我抑制的封闭性效果，因为它的强烈主体意识不是参与世界文化，而是沾沾自喜，自以为是。实际上，各国之间的交流是一种互相借鉴、取长补短的关系，中国文明对世界的影响并不会因为开放而丧失。因此，在不违背国家和民族利益的前提下，在不唯利是图出卖古迹的情况下，在不带走文物的条件下，一些尚不能解释的考古研究问题，可以同外国专家共同分析，可以让外国考古学者到中国联合考察发掘，他们可以在我们制定的计划内挑选课题。我们还可以与国际机构和外国考古文物组织进行密切合作，积极学习国外的先进分析、检测手段，重视考古研究的科学化、现代化。我们有必要调整与其他民族文化交流的视角，把中国考古学追求的目标标定在整个人类的高层次上。

需要指出的是，中国考古学界在缺乏加强与国外考古研究正面交流的同时，却非常注意外国人对自己的评价，重视外国人对中国考古成就的赞颂。比如中国考古学目前正处于迅猛发展的黄金时代，中国考古学在过去几十年中已取得关键性的进展，秦始皇兵马俑是世界第七大奇迹、长城是世界上最杰出的野外工程等等。似乎只要古文化丰富就代表着现在发达，似乎只有中国古文化才能对东西方产生影响。这种把祖宗的荣耀挂在嘴上、讳谈落后的心理，是阻碍中国考古学成熟的一个重要原因。

神 秘 主 义

这种神秘主义表现在对外、对内两个方面。首先，由于对外封闭，使中国考古学涂上了神秘莫测的色彩，简言之即强烈地排斥外部世界对中国文化的了解。一些考古工作者深信中国古文化的奥秘及出土文物包含的内在意义外国人不可能弄懂。一部分考古文博人员深信只有中国人甚至当地人才有资格研究中国古文化。国际交流只是意味着向外国人传授关于中国文化的基本知识，即使讲错也可含糊其词。所以，考古研究者在希望别人与自己交流和接触、宣传的同时，又用神秘主义把中国考古研究封闭起来，造成"上流文物，二流研究水平，三流惰性心态"的局面。

其次，对国内同行的神秘主义更甚于对外。许多单位将出土文物与收藏文物视为己有，实行资料垄断，封锁信息，甚至本单位同事也层层设防，唯恐别人抢走其"饭碗"。即使是已公开发表的材料，仍拒绝提供原拓、原照，只重地下死人，不重地上活人。这种神秘主义蔓延于国内考古文博界。一般来说，文物发现者或考古发掘者拥有研究的优先权，但考古文物种类多、范围广，涉及各个领域，需要不同学科的专家共同研究，而采取神秘主义的结果，是造成我国考古学研究水平整体下降。有些细小珍贵的单件文物虽有很高学术价值，但不能将各地同类文物汇集在一起作宏观研究，就很难进行深入探讨，例如铜镜、官印等。自己不研究或研究深入不下去,也不让别人研究,这种排他性、保守性的神秘主义,产生了许多片面宣传和错误结论,却长期得不到纠正。

我认为,中国考古学研究中出现危害甚大的神秘主义,不仅损害了中国文化吐故纳新的开放渠道,还影响了其自身迅速走向成熟的道路,也失掉了走向世界的有利机会。产生神秘主义的根子乃是封闭的小农封建意识,内向保守的宗法观念,以及因循守旧、不求进取的社会心理。对此,也许会有人反唇相讥,认为这样的看法是妄自菲薄,否定了中国考古学近年来的繁荣景象。然而,这种繁荣基本上只是数量上的繁荣,并不是质量上的提高,基本上只是考古学内部循环的繁荣,并不是整个学术界的兴旺,更不是理论或方法上的重大突破。考古界内部的孤芳自赏和同行中的互相品评,往往引不起考古学界以外的兴趣与反响。比起其他学科来,考古学圈子的封闭与神秘更加突出,研究者的神秘感也更为浓厚,这与我们当前变革的时代很不适应。

依 附 史 学

考古学研究的目的不是重建历史,也不是解释历史。对于任何一门科学来说,认识以往的历史总是研究的出发点,而不是终点。考古学的目的是使人类已经获得的社会经验和历史经验用于对现代社会的解剖、解释和指导,它的价值在于它能够为当代社会提供人类发展趋势的参考坐标,为精神文明、科学教育和民族文化交流提供借鉴的依据。

但在考古工作者心目中,考古与历史合而为一,文物价值与历史价值合而为一,甚至后者已取代了前者而成为最后归宿。这种理论意识的混乱使考古研究日益远离当代生活,成为"史学的附庸、旅游的工具、走私的财源、赚钱的资料",并将最终丧失其作为人类文化研究活动的基本价值。

作为一门科学,我并不否定考古学研究所需要的历史性特点,对考古与文物的研究显然需要两方面的内容。其一,是对考古材料和出土文物作为特定的历史现象的研究,这是历史考古学和其他更专门的历史学科的任务,考古学史即含有这种历史科学的性质。其二,是把考古材料作为一般人类社会现象的文化研究,这不仅是考古工作者的工作,也是文化人类学和其他学科的任务。由于考古学自身的特殊性,它应以自己特有的方式构成一种独立的形态,成为其他学科不可替代的一门科学,所以对它的研究必须区分为若干既有联系又有区别的层次。

第一个层次是整理资料。包括建立在田野发掘基础上的记录和遗址遗物的断代,除了类型学的互相对照外,在历史考古学的领域内,主要是依靠文献记载和年历学的研究,在剔除错误的基础上尽可能考察和重建清晰的历史图像。这个层次基本上属于客观科学的研究,一些人正是根据这部分工作所含的客观性、历史性特点而拒绝考虑考古学研究还有其他的可能性,认为它是历史科学的重要组成部分,任务是研究古代社会的历史,最终目的在于阐明存在于历史发展过程中的规律。我认为,历史学离不开考古学,考古学必须研究历史,但两者在研究方法、利用材料、实物对象上都不相同,因为考古学是根据人类活动遗存的实物来研究没有文字加工修纂的历史,它比主要依赖于文献记载的历史学更接近于人类活动的原状。尤其是没有文字记载的史前考古学,基本上完全借助于自然科学的方法,才能展示人类童年的心理文化,而历史考古学的断代测定也常常应用自然科学方法。所以,我主张建立考古学的研究历史方法,而不是将历史学方法施用于考古学,并进一步认为考古学与历史学是有联系但又有区别的学科,不是考古学依附于历史学,而是两个独立并存的学科。如果说随着时间的延伸,历史文献的价值稍减,那么随着历史的距离增大,考古文物的价值则日益增长。它们的联系正是两门学科的结合与渗透。

第二个层次是综合考察。由于考古学是一门兼容自然科学和社会科学的独立学科,它的研究对象和范围基本上和人类学相一致。像人类学所包含的文化人类学、考古学和体质人类学三个分支学科,不仅研究人类群体(民族)的变化规律,还在解释群体之间普遍性与特异性时,研究人类遗传的特点。而考古学专门探讨人类历史上曾经存在过的社会文化系统,不论是没有文字记载或是有文字系统但尚未得到认识,都能通过实物遗址来观察重现有关的文化面貌,为人们认识人类变迁史提供一个不可多得的立体画面。例如二十世纪六十年代以前,考古学热衷于对史前社会的遗址、遗物等进行发掘,探讨其生长过程、相对的使用率和使用地,比较同一地区不同遗物的差异;而"新考古学"则不仅关注史前社会的遗址遗物,并且倍加重视对其文化模式进行理论阐述,更关心文化过程、文化变迁的节奏和方向。一些学者曾引用二分结构的理论对殷商的一些文化现象如亲族组织、政治集团、墓葬分布、甲骨书法及器物饰纹等,提出殷礼中的"二分现象说",即凡此文化现象都是二分结构。暂且不论殷礼"二分现象说"是否正确,起码说明考古学与人类学有着广泛的综合性。因而文物古迹发掘整理乃是考古学中最基础的一部分,正如一堆建筑用的石块当不起建筑的名称一样,将这一部分来代表考古学的全部并进而把它依附于历史学,显然是不妥当的。这也造成了中国考古学长期不能产生自己独特的价值,往往是在解释历史时才有意义。许多人皓首穷经却终生未能作出有价值的科学发现,影响了中国考古学的成熟。

将考古学与历史学划分开来,不仅改变了考古学研究的纯客观性质,而且越出了我们惯常的历史研究框架。一种真正意义上的考古研究,应当是带有研究者自身思想和主观信念的价值判断与现实判断,而绝不是为了获得历史知识所作的"研究文物"。在这样的前提下,考古研究就不仅具有实证的、科学的性质,还具有了精神的、创造的性质。我认为,考古成果如果不是为了认识当代社会的发展方向,那就是一堆毫无意义的存在。把考古文物放在人类文化活动的整体背景中考察,那么考古学研究的终端就会打破为历史、为研究而研究的传统格局,用创造性思考赋予死去的历史以活的生命。当然在实际研究中历史与考古总是相互依存的,但它们不是混杂不分,而是相互促进,我们也没有必要使每一个考古工作者都成为文化人类学专家,我们强调的只是使考古研究跳出历史研究的模式。

缺 乏 反 省

众所周知,"文革"对中国各个学科都造成了极大的破坏,像考古、文博关注的寺庙、宫殿、园林、古墓、古迹等在"文革"初期遭到严重的毁坏。但考古研究很快找到了生存的缝隙。"文革"中率先被恢复的文化机构是国家文物事业管理局,率先被复刊的文化杂志是《文物》和《考古》,"批林批孔"中大出风头的是西周车马坑展览和曲阜孔府展览,对外宣传的"文化成果"是长沙马王堆汉墓的轪侯夫人女尸。"文革"后期开始有限度地恢复与西方世界文化交流的窗口,又恰恰是"文革"时期的出土文物开其端。这些足以说明,"文革"并未彻底摧毁中国考古学的研究基础,反而使它"身价倍增",强化了它的保守性、封闭性,直至七十年代一度把考古学变为语录公式的注脚,成为当时政治斗争的印证工具。这种负面的驱动力实质上使考古研究以某种怪异形式在中国进行了大宣传和大普及,许多小学程度的"工农兵"以激昂的政治热情进行着实用主义的考古发掘。这段历史值得人们作出深刻的反省,反省一个学科所走过的道路,为我们探讨中国考古学的不成熟性提供一把有用的钥匙。

进入八十年代后,各个学科都对自己出现过的"伤痕"进行了冷峻的反省,都发出了被压抑得太久的呐喊,唯独考古学界默不作声,更没有作出深层的反思,这就大大影响了它对自身不足的认识,也大大影响了它与其他学科沟通与变革的愿望。在当今中国的考古与文物杂志上,很难找出几篇有理论深度的要求考古研究变革的文章,这确是值得深思的现象。

或许有人会说,考古学是一门实用技术很强的科学,它没有什么随意性的理论色彩,不需要趋时更新的自省。又或许有人说,中国考古学界现在经常派人出去同外部世界沟通,不必重辟草莱,另植异种。或许还有人会说,中华人民共和国成立以来考古学从原来的地层学方法到现在的放射性碳素断代方法,不就是考古学的一场变革吗? 这三个问题实际已贯穿在中国考古学的不成熟性里。

首先,考古学是文化人类学的科学领域,其任务是依据人类活动和自然活动遗留下来的实物、遗迹,研究人类社会发展的趋向。不管是史前考古学、历史考古学,还是田野考古学、特殊考古学(如宗教考古、航空考古、水下考古、美术考古等),都有着理论性的研究和解释,用以阐明包含在各种考古资料中的线性关系与非线性关系。正因为它有着和需要系统的理论,1949 年后我们才把马克思的历史唯物论作为指导中国考古学的理论基础。然而,由于僵化的一元决定论的扭曲与抽象教条的空洞结论,造成许多具体的考古研究问题不能从理论思维上深入探讨,对此考古学界近年并没有进行认真的反省,也没有通过探索、论争来检验其是否正确,更不要说形成独自专门的理论体系,也不敢吸收诸如西方"新考古学派"中一些反传统理论模式的精华。我们的考古工作者不是根据最新的发掘收获去审视原有的定势理论,而是沉溺于书本中固定的观点、范畴来评判当代考古成果,往往仅凭一些零散的遗物、遗迹,孜孜矻矻地推断社会关系。这种"方枘圆凿"无所不包的方法,愈来愈在考古研究衍生出的各个分支中显出困窘。只强调考古实用技术和卷帙浩繁的发掘报告,而不形成体大思精的理论体系,这正是一个学科不成熟的表现。

其次,由于我们现在还没有一个持续的充分容纳与外部世界沟通和勇敢地实行考古研究变革的开放的大人文环境,常常受到各种因素的干扰,所以尽管这几年中国考古学与其他国家有了交流,但这种交流有相当的距离,真正像国外那样进行不同地域人类文明进程比较的考古研究还极少。到目前为止,全国高校考古专业开设"世界考古学"课程的几乎没有,更没有提供人们学习世界考古的专著与教材。许多人在微观上不清楚国外考古新学科的研究范围,在宏观上不了解战后各国考古学的发展方向。即使近年来的零散报道,也是细节介绍太少,浮光掠影而已。有些人甚至担心外部世界的信息沟通和变革要求会使中国考古学失去自信与特色,因而躺到"灿烂的中国文明"上去拒绝汇入现代人类文明与科学。这也正是中国考古学陷入故步自封而不能拓宽现代化理论研究的一个原因。没有对比就没有发展,没有反省就没有变革,关起门来搞研究,不从各个角度同其他国家交往、交流和汇合,最终会使考古学本身走向衰落。

再次,中华人民共和国成立以来中国考古学虽然在方法上有了长足的进步,但由于整体科学技术的落后和经济的不发达,仍以地层学和类型学等传统方法作为考古研究的主流。1965年底建成的第一个放射性碳素断代实验室,在1972年开始公布数据。尽管它为建立多种文化类型的年代提供了比旧的断代方法较为可靠的依据,但正负值相差过大,并不是唯一的科学根据。更多的现代自然科学方法并未被广泛采用,特别是计算机技术的定量研究没有被应用。一些先进的测定方法如中子活化分析、电子探针显微分析、穆斯堡尔谱分析、同位素质谱分析等,只能在个别研究单位使用。

全国的考古研究方法整体上相当落后,致使新一代考古工作者对研究本身产生了冷淡,也使自然科学与社会科学结合最紧密的考古学科没有及时崛起,延缓了考古学的成熟。而目前的考古学界并没有对研究方法的落后产生危机感、紧迫感,更谈不上面向未来的超前研究预测,这当然与我们不能深刻反省自己的知识结构、思维水平和精神素质有关。

不过,一些有识之士开始关注中国考古学的不成熟性,俞伟超先生认为中国考古学"的确还不能算是真正的黄金时代,因为国际范围内一系列考古学的新方法、新概念,在我国尚未使用或理解,甚至是很不了解"。"当我国的考古学科能普遍使用新的科技手段来大量取得从前根本无法得到的新信息并有能力加以处理时,考古发掘工作便能得到远为广阔和深入的认识,也就是说,当我国现有的传统考古学汲取到了'新考古学'的合理内核时,这个黄金时代才算真正来到了。"这个"黄金时代"当然是指中国考古学的成熟,它应该包含两方面的内容:既有一套比较完整的独立的理论体系,又有较现代的科学研究方法。

考古学界凝固老化的传统研究方法和落后于与世界对话的水平,使人不安,中国考古学研究需要从不成熟走向成熟。这要经过理性的反省、自由的探索、知识的调整。我无意否定中国考古学已取得的成绩,但我更期待在不久的将来,看到一个逐渐成熟起来的中国考古学研究体系,它既不自惭形秽又不自以为是,既保持着新学科的朝气又克服了自身的不足,在国际考古领域里显出自己独特而成熟的风度,为人类文明作出划时代的贡献。

《陕西师范大学学报》1988 年第 4 期

（《高等学校文科学报文摘》1989 年第 2 期摘要介绍,《新华文摘》1989 年第 2 期论点摘编。获陕西师范大学 1988 年青年优秀论文征文荣誉奖）

第三章

社会史的亮光

社会史是二十世纪八九十年代历史学界重新焕发生机的一个领域，属于大历史中的小细节，大时代中的小文化，但社会史曾经在近百年来的学术领域中起过引领作用，仿佛独树一帜的文明研究又到了一个新的高峰。特别是思想史显现出偏重上层精英的抽象理论时，贴近下层民众的社会史却更注重书写活历史，就是一种求真求新知的开拓。

一个学科复苏却不反思，一定会有更荒唐的下一次挫折。当历史的洪流掀起一个又一个浪潮时，一个人其实很难控制自己的激情，我愿意写文著书为它推波助澜，纵论古今。

中国社会史研究的时代特色与启蒙价值

"朝廷是舟百姓是水"这一至理名言已流传千古。但实际上史学家们只研究舟而不注重水，只注目政治的舟而忽略社会的水，从而使得载舟之水逐渐干涸流失，巍巍赫赫的龙舟也很难在江河湖海中任意荡漾。令人欣喜的是，随着时代的发展和社会的变化，中断了30多年的中国社会史研究重新成为史学界的新热点。尤其是要深化对中国国情的认识，离不开丰富多彩、错综复杂的社会历史回顾。但是，中国社会史的新起步不是一种简单的循环回归，而是要具有新时代的特色，具有以思想启蒙为主旨的效应与价值。

一

时代特色是指具有特定社会主题的历史时期。每个时代都有区别于其他时代并规定自身的特质，即特殊的历史任务和特征。而世纪之交的时代氛围，更容易使一门新学科触摸到时代的脉搏。二十世纪初，在欧风美雨的渐蚀下，中国社会史作为一个史学分支开始初露端倪。当时的一些历史学家利用札记的形式来排列千百年社会嬗递的结果，在婚姻丧葬、妇女缠足、地域节日、世风礼仪、家族演变、风俗事物、救荒赈济等方面进行了史料丛钞。随着西方社会学的初步传入，另一些史学家用社会学眼光看待中国史书中有限的社会学成分，撰述了一批关于士绅结社、民间宗教、城乡沿革、民族迁移等专著论文，至于通史、断代史中辟有与含有社会生活内容的专节也不少。抚案沉思，在二十世纪三十年代的著述中,绝大部分作品只是沉闷的分类编辑史料和整理某类专题的部分资料,在排比中加以按语解说或作粗线条的说明。虽然这些著述涉及的生活面比较宽泛,然而只是对各种僵死的社会现象分别说明,没有把它们活生生联系起来统一观察和综合分析,更没有透过纷纭复杂的社会万象找出它们之间的内在联系和基本课题,揭示整个历史运动的发展线索,自觉地把社会史研究目的提高到思想启蒙的程度。

四十年代有少数的社会史著作有了一定的深度,如法律、救荒、等级、妇女、农民、民族等与中国社会的关系,在资料搜集基础上,开始有了研究。尽管这些著述常常对社会、经济、政治、思想、文化诸方面不加区分,也没有有意识地去推动或形成一个社会文化的启蒙,但却已经有了一定的学术价值,给人留下一定的印象。进入五十年代后,中国社会史的研究基本上停滞不前,人们一直停留在"中华民族是一个勤劳、勇敢、智慧的民族"这种简单定义的水平上,即使有一些侧面反映社会生活的论述,也多是以地主阶级凤阁龙楼中的灯影画屏、笙歌欢舞与农民阶级田畴荒僻的野有饿殍、路有冻尸相对比,这种程式化的概念延续很长一段时间,直至后来连社会史学科也被撤销,造成近30年的停顿封禁。

八十年代以后,围绕解决深感困惑的历史谜团,涉及社会史问题的著述耐人寻味地多了起来,特别是近几年来社会史的研究日趋高涨,关于社会史研究对象、范畴、任务和功能等方面的讨论层出不穷,尽管其定义很难被一致公认,但它毕竟开始扭转了传统史学只注重研究占人口2%的上层人物的偏向,而致力于揭示下层民众的日常生活及其在历史上的作用。然而,很少有人认识到或有意无意回避社会史研究的最终目的是启蒙民众。就总体而言,社会史研究尚缺少扛鼎之作,难以获得划时代的过高估量。

因为在人们切望把这根中断多年的线头再度接合起来的同时,却没有摆脱30多年前"只排资料不重分析"的弊病纠缠,固然微观研究是宏观研究的必经阶段,但一味琐细描述就可能再度走上新一轮循环之中的歧途。当然,这在社会史再度振兴初期也是难免的,因为历史上记载人民大众的生活、行动、思想、感情以至价值观念的文字实在太少了。回顾以往的社会史论著,再与八十年代出版的一些论著略作比较,后者起码有以下几个问题。

第一,概览这段时期的著述,一个显眼的特征就是史料分类堆积屡屡反复出现,研究者的思维方式仍刻板地、细琐地局限于微观考察,沿袭 30 多年前那种孤立地从事收集、辨伪、校勘、注释、考订和最后的编纂活动,仅仅追求具体的历史情节再现和追逐细枝末节的真实,不善于对史料进行辩证的和系统的分析、比较、综合、概括,没有跃上科学的抽象规律的高层次台阶。如家族研究没有考察其基本核心就是维护忠孝的三纲五常。在家尽孝,在国尽忠,忠孝都是单方面的绝对服从,只有义务,没有权利,违反者就是逆子叛臣。这种隶属关系形成强大的社会关系网,人只有在隶属他人的关系中才有存在的价值。在家族不存在个性自由、原始民主、地位平等的观念。另一方面,家族隶属观念又增进了人与人之间的相互依赖,对家庭、国家具有强韧的亲和力,修身齐家治国平天下把个人命运与家庭、国家利益融为一体,有助于民族的凝聚和文化的绵延。这种利弊参半的双重社会功能和正反面分析,自然要比那些只列族表、家谱、世系、名绩、先考等的撰作高出一筹。但令人担忧的是,这种低层次的研究方式世代相因,萧规曹随,长期停滞在管窥蠡测式的微观材料上,使得社会史的研究成果只有量的增加,而无质的飞跃,只有显层的标识,而无深层的转化,因此也就很难实现从感性认识到理性认识的升华,自然也无力勾画出下层社会的轮廓。

第二,在新名词下包容着旧思想。一些新的社会史著述不仅忽略宏观探索,而且不分良莠地沿袭了封建史学观点,甚至连一些旧史书上的论述局限也照抄照搬。如对娼妓的看法仍是“女人祸水说”,对宦官的评论仍是“贱隶制主说”,对文士的论说仍是“附庸风雅说”,对家族的考察仍是“出身血统说”,等等。不但没有猛烈抨击黑暗腐朽的封建专制制度,不是始终把维护新事物发展的历史评价放在第一位,反而常用传统的、根深蒂固的道德观念来评价社会罪恶,用儒家孝悌论理、重本抑末等道德评价去分析社会善恶,甚至因果报应、六道轮回麻痹民众的宗教迷信也被宣扬。这种非历史的解释无法说明社会本质,最后治丝益棼,陷入治乱相循、形而上学的迷宫,而不能作出新时代眼光的历史评价。历史事实是一成不变的,历史观点却是不断变化的,旧的历史观总是向新的历史观前进,否则如何超越前人，拾级而升，成一家之言，奉献出新硕果？当然，我们也不赞成非历史地解释历史现象，如有人用现代观点追溯以往的婚姻，竟渗入了计划生育的观念，从而使所得的结论既令人怀疑又缺乏说服力。

第三，缺乏对广大群众富有时代理性高度的启蒙深情。一些研究者和编辑出于狭隘的猎奇眼光，在编纂出版社会史著作时，集中于宦官、娼妓、贞女、节妇、小脚、辫子等选题上，这些自然可以研究，但都津津乐道于这类畸形变态现象，除了满足一些国人有缺陷的心理欲望外，只能软化毒害那些幼稚读者，并不真正具有学术价值，严峻的问题被庸俗化了。这样的下层民众研究，起不到任何净化锻冶的启蒙作用。

目前社会上流行的所谓"社会万象"、人间世相之类的猎奇书刊，名曰研究社会、寻根问祖，实际上许多是粗野汉子的淫曲俗调、娼妓荡妇的呢喃挑逗、道公巫婆的符术咒语，而真正的社会史专著却不能"返璞归真"。尽管有些著述从俯视的文化角度看待胼手胝足的芸芸众生社会，但很少从传统社会的沉淀来深入研究下层民众压抑的人生、文化的愚昧、生产的低下，反而通过污秽、沉沦、枯竭的情节描述那些不正常的人的生活闹剧。像描述宦官的著作就有十几部，真正研究宦官制度的产生及其社会背景、宦官内心痛苦的专著却至今很少面市，更没有一部中外宦官对比的著作。这就严重扭曲了社会史研究的主流，使得它没有引起社会的巨大反响。

中国社会史的复兴不是一个单纯的史学发展问题，而是一个以史为鉴的启蒙问题。这种史鉴不像传统史学那样是专给帝王看的一门经筵之学，而是面向社会群众服务的一门普及学问。这就意味着要给社会史研究注入新的思想、观念，突破30多年的循环圈。

二

要突破30多年来中国社会史的研究水平，要打破那种继续排列史料而略加说明的循环圈，跳出循环往复的劫运，就应具备有时代特色的社会史理论。

一些同行一说起社会史理论,就似乎马克思主义经典作家早已解决了这个问题,似乎研究社会史的人们只需引证、注释就行了,不仅不需要分辨,更不需要发展、突破。这种懒惰思想与怕担风险的思想,使得一些人把马克思主义当作标签贴,只要一提及社会学、民俗学、民族学、人口学等能与历史学相结合的新学科,仿佛马克思主义经典作家都早有系统的论述,认为《资本论》《路易·波拿巴的雾月十八日》《英国工人阶级状况》《家庭、私有制和国家的起源》等都是丰富多彩的社会史著作。这种重"承袭"轻"创造"的理论学风和目前学术界流行的任何现代科学的发展似乎都"古已有之"的观点确有异曲同工之处。社会科学,特别是历史科学的发展进程表明,虽然许多领域涉及社会史的一些范畴,但并不是无所不包、样样俱全。马克思的一些著作研究的仅仅是与社会史有关联的下层群众经济、政治活动的一部分,而不能说这就是社会史本身。像下层社会里的宗族、宗教、民族、婚姻、娱乐以及下层生活方式等就没有深入研究。马克思主义经典作家也没有对社会史的研究对象、范畴、地位、作用等作出理论的、系统的论述。即使他们对社会史研究作过有价值的部分说明,也远不是建立一个完整的社会史体系。

我们高度重视马克思主义理论的发展,它本身是一个开放的体系,它的某些论述不能代替社会史研究,关键在于不能把马克思主义片面地甚至教条地神圣化,而必须使之开放化,谨慎地吸收西方史学中的有益成分,运用新方法,使之成为推动中国社会史研究的一股生生不息、奔涌不断的理论创造洪流。

这里稍加具体的阐发。

其一,学科比较。在批判封建传统史学观念的基础上,要把西方近年来的一些有进步意义的研究思想、方法和手段引进中国社会史研究领域。因为西方对社会史的研究比我们起步早,它们在社会史研究中关于历史进化与因果关系有一些长处,其思想中闪烁的启蒙真理火花,更有益于我们的研究深入。人类社会发展的共同规律是同样适合于中国国情的。像影响较大的克罗齐的历史研究主体性作用理论和"一切真正历史都是当代史"理论,柯林伍德的历史重构理论和批判的历史哲学,马克斯·韦伯的宗教伦理主义理论和理想类型理论,列维·斯特劳斯的结构主义历史哲学理论,波普尔、亨佩尔等人的分析历史哲学,文德尔班、贝克尔等人的历史价值判断理论,等等。尽管这些理论方法有其积极和消极的正反两方面,但它们近乎运用现代科学的一切合理手段,无疑对社会史跨学科的综合研究有着重要的意义,起着相互补充的作用,如在海盗、贱民、工匠、民间组织、道德冲突、心理情绪、建筑环境等特定方面的考察,就颇有启发借鉴意义,这样开阔了研究者的眼界、视野和思路,有助于中国社会史赶上世界史学发展的步伐。

其二,中外比较。积极引入东西方社会比较原理。虽然社会万象的产生最初是与地理环境相联结的,但我们要超越地理环境的因素,去把握不同形态的社会差异。东西方社会有着长期的隔离,从而使得双方有极大的差异,如在价值观念上,中西方对事物评价分别偏重于社会与自然两极,对效果分别偏重于整体和个人两极,对利益则分别偏重于重志轻功和重利重功。在思维方式上,中国重人际伦理,以人比天,轻实重名;西方重自然本质,由自然到人,重实验重事实。在自由理解上,中国人多侧重于向内探求,以认识自身、完善自身为获得自由的途径;西方人多侧重于向外探求,以发展世界、改造世界为获得自由的途径。中国人是"崇善","敬德保命";西方人是"爱智","科学解脱"。如此等等的社会歧异,皆来源于东西方社会农业经济和商业经济发达程度不同。按这种社会比较方法研究社会史,可以更清楚地看清两种截然不同的社会活动,敏锐地抓住当代世界交流和中西方社会冲撞的焦点,有益于研究者和读者放眼整个人类文明,开阔胸襟,陶冶情操,从而通过世界典型交流来看待社会的进步。

其三,前后比较。中国传统史学中的"秉笔直书""求事记实"与乾嘉学派的考据主义在一定程度上有相通之处,但在西方近代社会学研究社会形态的理论方法启发下,如经济学、考古学、语言学、民俗学、地理学等学科的影响,在二十世纪三十年代先后创造了一些具有我国特色的新研究方法。诸如王国维的"二重证据印证法",顾颉刚的"层累考证法",陈寅恪的"以事证为主"和"以诗文证史"的方法,胡适的"大胆假设,小心求证"方法,等等,都改进和丰富了中国史学对社会研究的方法,这是那一个时代的特色。随后的阶级分析法和历史唯物主义辩证法又使史学研究发生了具有深刻意义的变化,从而使历史研究取得了相当大的进展。但是,阶级分析法的绝对化和历史唯物论消解中的简单化,也使许多学术问题出现了教条公式化、形而上学概念化等偏差、失误。而近年来打破了以往在历史研究中单一运用绝对化了的阶级分析法的局面,引进了跨学科和多学科研究方法,如计量分析、心理分析、结构分析、层次分析等,并出现了一些运用这些方法研究社会史的成果。像对辛亥革命前后商人的心理研究,对宗族家庭成员的地位和义务研究,对历代社会中婚姻形态的研究,对不同朝代的等级、阶层系统及宗教结构的研究,对各个时期南北方或不同地域社会风气对比的研究,对中外关系中计量统计的研究,等等,都是公认的佳作。虽然这些研究有待进一步深入,但前后对比,不能不承认新概念、新方法和新理论对社会史研究大有益处,有利于改变世纪之交的史学面貌。

值得注意的是,对其他学科方法的借鉴不等于完全放弃传统的一些优良治史方法,而要善于互相结合补充。这些具有时代特色的社会史理论一旦成熟起来,就会形成多视角、多线索、多层次、多中心、多侧面、多要素的研究方式,对我国历史研究中分散的、手工业式的小生产研究方式顽症也是一种"启蒙"。史学作者要想启蒙民众,首先就得"启蒙"自己。

三

启蒙,并不是超阶级、超时代的概念,在不同国家有着不同的含义,即使在同一个国家的不同历史时期也有其相对的重点。[1]只有独具时代特色、体现人民群众利益的思想启蒙,才是社会史研究的发展方向,才能树立其理论上的威望和学术的价值。

概括起来,中国社会史启蒙价值的实质可以表达为:具有唯物主义特征的、带有鲜明的反封建色彩,深入民间以启迪民众心理、精神改造为出发点,着眼于下层群众思想意识,追求中华民族的现代化和爱国进步思想。这也是社会史学家应有的强烈社会责任感和时代使命感。

具体说来，它的特殊功能有三点。

首先，它是改造下层民众精神面貌的一把钥匙。中国两千多年封建社会中，统治者动辄曰民风不古，曰整肃人心，[2]这都是针对封建伦理道德的失灵而言。但统治者对专制集权、自然经济故步自封和封建意识形态长期压制、影响和毒害人民所产生的奴性、怯懦、旁观、奸伪、保守、麻木、愚昧、自大等劣根性从不纠正，反而使他们头脑局限在极小的范围内，成为迷信的驯服工具与不开化的奴隶。而近代西方资产阶级所炮制的中国"群氓论"则把下层民众视为非理性者，把一切群众运动等同于"群氓作乱"。当代社会史研究恰恰相反，为了改变民众的精神面貌而抨击其苟安、屈从、萎弱、短视等惰性，是善意的、进取的鞭策，目的在于消除社会心理障碍。尤其是每当社会变革遭到挫折时，从民族的历史负累上去寻找原因和总结教训就更显出其独有的价值功能。如人口问题、灾荒问题、流民问题、社会犯罪问题等研究都具有现实的意义，即使抨击态度异常激烈或尖刻，仍然是"爱之深，责之也切""怒其不争"的态度，而并不是一种简单的自卑或自暴自弃的凝重的历史之音，更不是认为中国民众"主奴根性"深入骨髓、不可更改。一个健全国家民众的风范，就是要靠自己争气，找出差距，正确认识国民性改造和前进的方向与动力。因为一个回避和无视缺点与挑战的民族，是不能进化与进步的。

其次，它是唤醒下层民众思想认识的一口警钟。中国封建统治者素有强调道德教化而推行愚民政策的传统，"民可使由之，不可使知之"[3]。加上专制政治和忠、恕、孝、悌纲常名教对普通百姓的心理扭曲，造成广大民众愚昧守旧、麻木不仁、尚情任力等病态习性，这对整个社会的政治、经济、文化又产生了消极的反作用。而社会史研究恰恰为有识之士和觉悟民众提供了历史的启迪，因为改造中国需要具有德、智、学的广大国民支持，而社会史研究致力于"文明开化"的启蒙宣传，其主要目的之一便是要改造盲从古人、爱随大流、崇尚古风、因循守旧、畏惧神灵、崇拜权威、安贫知命、敬神信鬼的旧风尚、旧习性、旧道德。如果说人民道德智慧的提高是国家进步的前提，那么国家、民族的文明程度则取决于人民的智德。这种智慧道德当然与封建道德有着根本的区别，它所追求树立的是人民独立、自由、平等、勤劳、民主和社会义务感，它与以"个体自由、个性解放"作为首要或唯一的启蒙标准，而排除集体主义、爱国主义等群体意识的西方启蒙也大不相同。

中国近代以来的启蒙，都是以群体意识为开端的。康、梁发动新学运动，主张"以群为体，以变为用"，反对"人人皆知有己而不知有天下"的自私观念。孙中山认为在"唤起民众"时个人自由不可滥用，宣传"天下为公"，否则中国"就成一片散沙"。毛泽东更提出"人民，只有人民，才是创造世界历史的动力"的著名论断，高扬起阶级群体的意识。这个事实本身足以证明：启蒙不单是个体意识，还有群体意识。这也更贴切社会史对社会集团、阶层、阶级乃至整个人类命运的研究。

再次，它是切除下层民众恶性弊害的一柄利刃。中国古代社会闭塞的自然经济和秦汉唐元以来的强国地位，使一般民众历来深谙夷夏之辨，对本民族缺乏正确认识与自省，更谈不上从社会史的角度去认真地研究民族性，反而形成一种顽固的民族偏见，似乎对本民族的盲目陶醉便是爱国，一讲到中国人的不足便有媚外不爱国之嫌。这种变态的"爱国主义"，对置于国际竞争激烈中的近代中国已产生了十分有害的负面作用。而中国社会史转换路标在研究下层民众时自然要开拓对中国民族性的探索，必须大胆地揭出长此以往的民族痼疾，着力揭示往昔社会文化和社会内部活动的精神历史情景，这对于卸下中国人身上负荷的民族自大与自我封闭包袱，从而正确认识自我，迎头赶上先进国家，有着不可否认的启蒙作用。同时还赋予爱国主义以新的内容，即真正热爱自己的民族，就不仅要崇敬她，捍卫她，还要善于发现不足，扬长避短，不断地改造她。这样更容易收到感化、启导之实效，才能使民族精神面貌焕然一新。

最后，它是考察当代社会群众活动的一个窗口。社会主义时代的启蒙，要比以往任何时期的启蒙更加艰巨而敏感复杂。社会习俗是比较稳定的，往往会融入民族性格深层结构之中，而封建主义作为社会形态虽然早已被血与火的武装斗争推翻，但作为意识形态残留的封建意识则不会随着封建制度的消灭而荡涤干净或逝去无影,如特权思想、等级观念、宗法观念、官僚作风等还会通过各种方式、各种层次顽固地表现出来,有时甚至会成为一个地区、一个部门的习惯偏爱主流。而现阶段全民族的文化素质和历史自觉还不高,文盲半文盲还占总人口的近1/5,2.3亿多人。至于法盲、科盲就更多了。更何况社会上出现了从一个极端跳到另一个极端的倾向,过去封闭自守,盲目排外,夜郎自大,现在崇洋媚外,不顾国格,丧失人格;为了民族兴旺,在吸收外来先进文化的同时,却在许多方面陷入了困境。因此,与当代社会改革开放紧密相结合的思想启蒙不仅很迫切,而且应该是全方位的共鸣,这就要求社会史研究必须开拓更大的领域,以深刻的民族自省来鼓民力、开民智、立民德、树民魂,从新的角度揭示中国民族落后之谜和找寻一条正确途径,在更深的层次上为中国现代社会提出认识国情、民情的历史课题。

诚然,中华民族有许多优良品质,不乏平和、善良、勤劳、热情、豪放、刚健等气质,社会史研究亦不能忽略落后与合理双重的因素,防止注重揭露劣根性而遗漏总结美德优良面的偏向,甚至把民族浩然正气的一面也说成愚昧无知的盲动。在社会变革之际,应更多地站在时代高度上注意提高国民素质,强调破旧立新。如果说赞美是爱国、爱民族的一种表现形式,那么批评、鞭策则是振兴民族精神、解放民众思想、净化社会风气不可缺少的补充形式。

如前所述,我们在明确了社会史研究的对象、范畴等定义之后,应进一步明确它的作用、功能、价值、意义。因为社会史研究原来不甚注意的等级、家庭、婚姻、丧葬、服饰等制度风尚,绝不仅仅是为了扩大史学研究的领域,也不仅仅是为了考察历史整体,完善马克思主义史学体系,更不是为了摆脱"史学危机",根本作用和社会价值是为了启蒙民众。社会史如果仅仅充任为群众提供切身生活相关的历史知识,搞点奇闻轶事,增加趣味气息,使人赏心悦目,层次就太低了,功能就太小了。

社会史只有在现代化建设中起到移风易俗、开拓民智、启迪思想的作用,才能真正适应和贴近社会的需要,具有历史赋予的生命力,具有时代重托的特色,才能像水一样惠及万物,滋润大地。

注释：

［1］"启蒙"这个词在拉丁语中的原义是"照亮"。在法国启蒙主义者看来，封建制度的腐败根源在思想的混浊，要改革社会就必须先以宣传理性和自然科学知识"照亮"人们的头脑。

［2］见拙作《隋代地方风俗的社会心理》，《西北大学学报》1986 年第 4 期。

［3］《论语·泰伯》。

《西北大学学报》1994 年第 1 期

（《新华文摘》1994 年第 5 期全文转载）

新趋向：中国社会史研究的认知

地域社会史的研究是二十世纪八十年代以来的热点课题，并逐渐成为认识中国国情的一个重要突破口。为了系统考察这一历史课题，西北大学接受中国社会史学会的委托，于1994年8月2日至6日在西安召开了中国社会史学会第五届年会暨"地域社会与传统中国"国际学术会议。此次会议得到了中国社会科学院、上海社会科学院、南开大学、山西大学、湖北大学、重庆师范学院、陕西历史博物馆、商务印书馆、天津人民出版社、浙江人民出版社、陕西人民教育出版社和青海人民出版社等12家发起单位的资助和配合。来自全国20个省市自治区的大专院校、科研机构和新闻出版单位的85名代表，以及来自日本、英国、法国、韩国和中国香港地区的16名学者出席了会议，共提交论文79篇和《中国社会史文库（第1辑）》《中国社会结构的演变》《中国地下社会》《简明中国移民史》《中国家族制度新探》《金色帝国耕耘人》《社会·性格·帝国命运》及《中国历史社会发展探奥》等社会史新著10余部，既展示了近两年来我国社会史研究的最新成果，又实现了与国外社会史界的正式"接轨"，是一次富有特色和收获的学术会议。

探讨中国历代地域社会的政治结构、经济结构、文化结构、社会结构以及风俗民情、宗教信仰的发展与演变，剖析不同特色的地域社会之间的差异、冲突和交融，不仅对深入了解传统中国的过去和现状，深化中国社会史研究颇有价值，而且对今天的改革开放，特别是对欠发达地区的发展提供历史的镜鉴大有裨益。因此，本次大会的主题确定为"地域社会与传统中国"，与会中外学者围绕该主题，从地域社会史研究的理论、方法和意义，家族、宗族结构的地域特征与现状，地方民间信仰与宗教活动,人口结构与移民,社会问题与社会风俗,社会阶层与社区等多方面问题各抒己见,展开了热烈的讨论和争鸣,许多观点具有较高的学术价值,在研究方法上也进行了一些有益的尝试。现扼要介绍于下。

一、地域社会史研究的理论、方法和意义

在我国,有关地域社会的专题研究由来已久。然而把地域社会史作为社会史研究的一个分支,有针对性地开展系统全面的探索,还是近几年才引起重视的事。所以关于地域社会史研究的理论、方法和意义的讨论尚处于发蒙阶段。本次会议所反映的成果,正是包括该方面的初步的努力,既发人深思,又有待实践的检验。

乔志强、行龙(山西大学历史系)的《近代华北农村社会变迁刍论——兼论地域社会史研究的理论与方法》一文,为地域社会史作了如下的定义:地域社会史是以社会及其发展的相近性为依据而划定的一定地域的社会及其发展的历史。并以此为基点提出了研究地域社会史的必要性,即:一、社会及其发展的历史在区域之间由于种种原因存在着相对的相异性,地域内则存在着相对的相近性,这是客观存在的,因此按地域分别研究社会史是符合客观实际的;二、整体与局部是相对的,从地域局部来探讨,更能从地域的大小体系之间,从地域的相互之间深入研究其特色,有利于进一步作宏观、微观以及比较研究,便于使这些研究沟通;三、冲破以行政管理区划以及用朝代断限来研究社会史的局限,以社会及其发展来确定社会史的研究空间范围和时限,可以拓展社会史的研究视角,有利于多角度、多层次地研究社会史;四、从实际应用而言,研究地域社会史不但可以科学地掌握本地域的社会史,便于在实际生活中应用它,而且有利于协调发展地域间的新的社会生活的建设,进而有利于整个社会发展的需要。

王玉波(中国社会科学院哲学研究所)《历史是时空运动过程的结合》一文,则致力于确定地域社会史研究的理论基础。他认为历史不仅是由时间运动构成的,也是由空间运动过程构成的;历史的向度不仅是纵向的,也是横向的。横向

的空间运动既是历史主体活动的重要内容,也是历史前进的主要动因。甚至可以说,没有空间运动,就没有人,没有社会,没有社会发展。由此论点出发,他进而在《地域社会史研究浅议》一文中指出,地域社会史是从空间结构的角度再现人类历史。地域社会史研究可以更好地把握历史的立体结构,避免对错综复杂多姿多彩历史的简单化认识,因而具有方法论、认识论的价值,它是深化中国社会史研究的一个重要途径。

如何划分地域?在总结美国、中国台湾地区和中国大陆学者研究成果的基础上,乔志强、行龙认为应注意三个问题。第一,地域社会史的区划应充分考虑地域内社会多种因素的整体性,寻求社会因素各方面有共同联系和特点的地域,作为地域研究范围。第二,要考虑研究对象的具体特征。如研究农村社会史,应考虑农村社会结构、社会生活、生态环境、交通运输、作物种植等方面在地域内的相近性和历史传承性。第三,要考虑地域社会史与诸如地域经济史、地域文化史等其他地域史的关系。王玉波则说,对于地域的选择,应从我国古代社会的整体性的认识出发,把具有共同的地理特质、历史背景和同一类型的生活方式、文化模式,以及具有由中心地与周围互动形成的政治、经济、文化功能体系的地域作为研究对象。

关于地域社会史的研究内容,赵清(四川大学历史系)《研究区域社会的意义》一文认为,应包括区域沿革与自然环境,政治、军事与文化教育结构,经济状况,社会结构,外国的入侵及其影响,区域研究与传统社会,区域研究与中国近代社会,区域研究与中国当代社会八项内容。

乔志强、行龙还强调,地域社会史的研究方法应坚持旨在突出地域社会史特征所应该采用的方法,即包括横向比较、纵向比较、综合比较在内的比较方法,可增强科学性和减少随意性的计量方法,以及借鉴社会学、经济学、人类学、民俗学、民族学、人口学等相近学科的理论和方法的学科渗透法。王玉波则突出肯定了借鉴社会学的社会调查方法和人类学的田野调查方法的重要性,认为把这些调查所得资料与历史文献、文物资料结合起来,再通过不同地域社会历史的跨文化的比较研究,才能提高研究水平。

对此,法国学者贝桂菊(法国科学研究中心)在《地方传统和文化人类学方法论——从法国看福建一地方实例》一文中,利用这种田野与文献相结合的方法研究陈靖姑崇拜,既有直至唐代的纵深观察,又有对一个地方性心理复现表象系统的全景环视,将身份、生死、家庭辈分、疾病等现象融合起来,凝聚成一个完整的社会缩影。英国学者科大卫(英国牛津大学)认为,应重视地域类型学的研究,而田野调查是必不可少的手段。他与我国南方部分中青年学者合作,进行了大量的田野考察活动,取得了可观的成果。但也有部分学者认为,田野调查是"史"的基础,却不是从事社会史研究的终极目的。田野手段不能作为地域社会史研究的必然过程,更不能自然主义地停留在调查材料的简单分类排比的程度上。

藤田胜久(日本爱媛大学)在《中国古代社会的地域性研究》的报告中,介绍了以牧野修二为首的爱媛大学研究小组,他们以考古资料为主,结合文献,对战国秦汉时期华北与江南的差异、秦与东方六国、汉代都县的地域社会状况等问题,通过共同研究的方式,探讨中国古代国家和地域社会的特点,完成了《依据出土文物研究中国古代社会的地域性》和《〈史记〉〈汉书〉的再探讨与古代社会的地域性研究》两部报告书。

赵清还就地域社会史研究的意义问题发表见解:我们的区域研究,不仅仅是为了填补学科空白,更重要的是为建设有中国特色的社会主义提供历史经验。不仅是探索传统社会,或由传统社会向近代社会的历史进程,而且要探索当代社会,为中国社会主义建设和改革开放,对从东到西、从沿海到内陆的发展进行比较研究,为区域的开发利用提供借鉴。因此区域社会史研究具有重要的历史意义和现实意义,是大有作为的。

二、家族、宗族与宗族活动

家族、宗族问题历来是社会史研究的重点,本次会议也不例外。与过去有所不同的是,个案研究明显增多,其中立基于社会调查的成果又居多数。

个案研究一则集中在安徽,一则集中在江西。

唐力行（安徽师范大学历史系）的《徽州方氏与社会变迁——兼论地域社会与传统中国》一文，对"世望河南"而后南迁徽州成为"新安名族"的方氏家族进行了深入的剖析。

王振忠（复旦大学中国历史地理研究所）在《从祖籍地缘到新的社会圈——关于明清时期侨寓徽商土著化的三个问题》一文中论证，所谓商籍是指客商子弟被允许在其父、祖本籍之外的行商省份附籍。由于徽州府与两淮运司同属南直隶，所以两淮商籍无徽商。而占籍是有条件的，即在侨寓地拥有田地、坟墓二十年以上者就可以入籍当地，所以徽商所到之处，纷纷广求田舍，以争取尽快土著化。解决了商籍、占籍两个概念时常混淆的问题，他又指出侨寓徽商的另一个动向，即以侨寓地为中心重修族谱，重建宗祠。其中有大批徽商"不欲以徽人称"，所以即使修谱，也不冠以徽州之名，显示出由其祖籍地缘向新的社会圈转移的轨迹。

臼井佐知子（日本大东文化大学国际关系部）《论徽州的家产分割》一文，则以中国社会科学院经济研究所、历史研究所和北京大学图书馆所藏的 248 种徽州家产分割文书为主要依据，从徽州家产分割文书的名称和家产分割的意义、徽州文书《分家书》立书家族的职业、《分家书》立书人以及家产分割的原因、家产的内容和分割方法四个方面进行了论述，并在此基础上，与日本的分家作了比较。她的结论是：第一，中国的"家"在广义上是指起源于同一祖先，由子孙后代不断延续的存在于永恒时间长河里的个人的总体，在狭义上是指统一进行家庭经济核算的生活共同体，以及该共同体所拥有的家产；反之，日本的"家"超越了其中的人、财产等具体存在，代表的是家业、家名等观念性的东西。第二，在中国，兄弟拥有同等的家产继承权；日本原则上由嫡长子单独继承，包括祖先祭祀权。第三，在中国，包括决定"分家"和进行家产分割在内的家产管理权，属于家族内辈分最高的成员，但具体实施时，管理者却不能随意确定分割的比率，其子孙也对家产拥有潜在的所有权；相反，日本家产管理权只属家长，非长子只有在"主君"同意下才有可能继承"家"。第四，中国寡妇原则上拥有与其丈夫同等的对家产、家务的管理权，家族中没有男子，寡妇可以通过认领养子的方式让其继承家产；

而日本则通过女子招婿的方式继承"家",在武士家族中,女性在丈夫生前或死后,原则上对家产的继承和管理都没有发言权。此外,她还以徽州家产分割是以不导致家业经营受损为前提,否则即使立了《分家书》,实际上也不进行家产分割,或往往保有相当一部分家产"存众"的事实,驳正了仁井田陞关于家产均分是导致中国贫困化的原因之一的论点。

梁洪生(江西师范大学历史系)的《彰义堂:流坑家族组织中商人地位上升的标志》和邵鸿(南昌大学历史系)的《竹木贸易与明清赣中山区土著宗族社会之变迁》两文,都以中国古代宗族社会的"活化石"——江西乐安县流坑村,特别是上可追溯到五代时期的千年大族董氏家族为调查对象,开展专题研究,并得出各自的结论。梁文认为董氏家族由于控制了牛田河及其上游诸水道,又在与周边家族争夺河道的控制权的斗争中强化了家族组织,又有一批士绅文化精英的理论建设和组织建设,特别是逐渐拥有一批较为富有的木商,而木商又逐渐成为家族内部的经济主体和稳定的势力,终于在明代嘉靖、万历年间完成了一次整合,使流坑成为一个单一家族独居的社区。在此过程中形成的彰义堂及其系统有两方面的意义:第一,形成多层次的共同祭祀关系,共同的跨房派的祭祖活动强化了族人的亲情观念和认同心理。第二,确保了木材贩运中的"房族内劳力雇佣制",这一点与董氏家族控制河道,从事垄断性木材外运互为表里,使族人的生活较他族相对富裕;而这一点又成为董氏家族长期聚而不散、向心力强的原因。这一典型事例,为我们研究"小传统"与"大传统"的既相异又统一的关系提供了条件。

邵文先指出宋明时期弥漫于流坑村中的浓厚的科举文化氛围,不仅是封建国家政治更新和社会控制的要求及其教化诱导使然,也是董氏家族个人与宗族组织的自我发展需求使然。换言之,科举制度是当时封建政治与地方小社会的一种文化契合和共荣的纽带。然而明末清初开始,流坑村的社会生活发生了重要变化,即科举的衰落和竹木贸易的兴起和繁荣。木纲会的成立,保证了董氏家族对竹木贸易利益的独占,使它成为家族组织适应现实需要而创造出来的一种辅助性功能组织。限于流坑及乌江流域经济与社会的总体环境,并未因商业化的发展发育出新型的市场机制和文化形态,相反却使这一发展受到很大的制约,并服务于既存的社会组织和文化。非更深更广的改革,便无法瓦解其封闭系统,导致传统宗法社会向近代市场社会的转变。由于近代中国封建宗族组织的瓦解是一个普遍的趋势,流坑董氏家族组织的衰落也不可避免。而科举的衰落、竹木贸易的兴起、商人士绅取代官僚士绅,使儒家学说向乡村社会的渗透受到削弱,家族整合的要件发生缺失,是其衰落的原因之一。似乎可以这样说,当僻在山区的赣中土著社会尚未能接受新型的经济、文化体系之前,传统商人在社区中的兴起,既未能导致商业文明的真正形成,也不是传统文化最佳的传承者和发展者。

钱杭(上海社会科学院历史研究所)、谢维扬(华东师范大学历史系)对江西泰和县农村的调查,则将研究的眼光集中到当代中国农村宗族活动的现状上。《当代农村宗族结构的重建和转型》就是他们初步研究的结晶。他们认为宗族组织在当代中国已是一个客观的事实,但就其内部结构的发展水平而言,无论哪一个地区的宗族(即使是东南沿海侨乡"特区"的宗族)都远不能和传统宗族相比。可以断言,在中国目前的历史条件下,传统宗族结构上的一系列最基本的特征,如大、小宗制度,宗子、族长制度和房长制等,已经不可能在现代宗族内部系统地再现了。正是在这个意义上,现阶段中国农村宗族的重建过程,应该被视为传统宗族发展史上的一个"后宗族"阶段,或者称为转型阶段。比如泰和农村的宗族的职能班子由宗族大会推选和授权,全权负责该项事务的进行,并且随着该项事务的完成而结束使命。即使该宗族已有族长之类的领袖,他也只能作为班子的一个成员而发挥作用。这意味着转型中的宗族是宗族成员自愿结合的产物,并且更多地具有俱乐部性质。也说明转型中的宗族不再是国家权力在农村的延伸,宗族对族人的影响只能依靠道义和为族人接受的少量经济上的手段,而不再有权采用暴力。最值得注意的是宗族首领的非常设化、工作班子的职能化等结构性特征,显示了现代宗族已经在整个结构上与传统宗族出现了系统的差异。

对当前比较兴盛的宗族活动应如何看待?徐扬杰(湖北省社会科学院历史研究所)以为建祠堂、修家谱往往劳民伤财,某些干部带头赌博,搞迷信活动,产生了负面效应。唐力行则主张对负面效应加以约束,对正面效应加以引导。钱杭则指出宗族活动虽不是农村经济现代化的必要因素,但具有重要的文化意义。因此应对其现阶段的作用和趋向,采取审慎对待的态度。

此外,蒋文中(云南省社会科学院历史研究所)《从云南民俗看华夏"家天下"传统社会——兼论家长、亲族与泛亲族关系之社会结构》一文,通过对云南少数民族生育仪礼、回门仪式、报喜仪式等民俗的分析,提出其表面虽是一种民俗文化活动仪式,而实际则具有一个家族、一个民族乃至一个国家被赋予一定社会权力和社会规范的整合功能。在传统社会里,亲子长幼代际关系实际上构成了一种社会性的尊卑辖属等级序列,辈分及排行往往决定了一个人最基本的社会身份地位。随着人生仪礼的完成,一个人从刚刚出生并连同其父母、祖父母等在家族内部各辈分层序上的社会角色及身份地位都得到了确立。这也是贯穿于整个中国古代的以家庭为本位的社会结构网络和以亲权为基础的社会权力体系在当代的折射和孑遗。

刘志伟(中山大学历史系)《女性形象的重塑:"姑嫂坟"及其传说》一文,阐述了当岭南文化逐渐归化到统一的"中国文化"体系时,作为正统文化向地方社会渗透的教化手段之一——对女性形象的重新塑造,即广州地区流行的"姑嫂坟"及其传说,是如何具体展示这一历史和文化的全过程的。阎爱民(南开大学历史系)的《六朝时期会稽余姚大姓虞氏》和黄启臣(中山大学社会学系)的《清代农村的家族组织》两文,分别对一个时期的典型地方家族系统或一个朝代的农村家族组织的全貌,作了有益的探索。

三、民间信仰与宗教活动

中国是一个多神崇拜的国度,任何一个社会史研究者都不会忽视这一历史现象的发展过程及其对社会演进的影响。从不同的地域角度审视民间信仰和宗教活动的相异生与一致性的矛盾统一,是本次会议讨论的焦点之一。

陈春声(中山大学历史系)《三山国王信仰与清代粤人迁台——以乡村与国家的关系为中心》一文,揭示了原存于广东东部韩江三角洲地区的三山国王信仰,是怎样随着客家移民流播到台湾的情况,试图了解台湾移民社会地缘认同意识的形成及其变化、士大夫文化在基层社会的影响、乡村与国家的关系等问题。他指出:三山国王是潮州人和客家人共同信仰的地方性神祇,并被台湾人视为"客家移民的保护神"。几乎大陆原乡流传的所有传说,都可以在台湾发现,并在口述中发生变异。但奇怪的是,具有士大夫文化色彩的神明来历的故事却几乎不为民间社会所知。尽管明清两代三山国王不是王朝认可的神明,但并不妨碍乡民关于国王"正统性"的信念。与大陆不同,台湾与三山国王有关的庙宇已成为跨村社的地域联盟的标志,发挥出极强的社会功能,而地方政府也默认和利用其社会功能,又扩大了其影响,反映出国家政权与乡村社会的复杂的互动关系。因此,陈春声又认为,以往关于传统中国国家与乡村的关系研究,大多集中在赋税征收、司法审判、教育科举之类问题上,这是远远不够的。从民间宗教的角度考察乡村与国家的关系,也是一种值得重视的做法。

徐晓望(福建省社会科学院历史研究所)《论东南母亲崇拜与观音信仰的嬗变》一文,从中国东南地区女性的社会地位入手,指出古代东南地区妇女在家庭中的地位远比北方妇女为高,所以南方文化具有女性的阴柔之美,与北方文化基本是男性文化而形成的阳刚之美形成明显的对比。这种源出于地域社会结构特征的女性文化孕育了母亲崇拜,所以当佛教传入东南区域后,便产生了母性观音的崇拜。从心理上说,观音崇拜实质上就是母亲崇拜。这也是东南多女神的原因。她们的普遍特点是以保护妇女、儿童为基本功能,然后发展为两性共同崇拜的保护神。

郑振满(厦门大学历史系)在《莆田江口平原的神庙祭典与社区历史》一文中,对长期以来进行的江口平原社会文化的调查作了小结。他认为在江口历史上,南安陂报功祠与东来寺、东岳观,都可以被视为社区整合的文化形式。如果说南安陂报功祠只是直接服务于当地的水利组织,东来寺和东岳观则具有更大的包容性。从三者的相互继替中,可以发现水利系统对于江口社区生活的持久影响,也不难察觉社区权力结构的微妙变化。江口历史上的社、庙、境,可以视为分析村落等级体系的主要标志,从中找出四类不同层次的社会实体:以"七境总宫"为标志的村落集团；以"自立社庙"为标志的基本村落；以"一社数庙"为标志的次生村落；以"有庙无社"为标志的再次生村落。可见"建庙立社"的历史过程，其主导趋势是从里社向村庙的演变。而江口历史上的村庙祭典组织，往往与基层政权相结合，成为里甲组织和保甲组织的有机组成部分，其单纯的宗教设施的社会性质值得深入研究。

顾希佳（杭州师范学院）的《江南地区民间信仰沿革考》一文，则围绕神歌的仪式行为、神灵信仰体系以及神灵观等问题展开论述，以此追寻江南民间信仰的历史轨迹。

有关北方地区民间信仰的研究，主要集中在庙会上面。

刘文智（天津社会科学院历史研究所）的《清代以来河北地区的城乡庙会及其经济职能》一文，通过对南朝梁以来形成于河北的如城隍庙、土地庙、龙母庙、龙王庙、虫王庙、财神庙和娘娘庙等形形色色的庙宇崇拜，以及随之而形成的规模不一、世代沿袭的庙会活动的分析，认为在宗教迷信活动的基础上所赋予的经济职能，是庙会长期延续的主要原因。在当今社会中庙会依然发挥着物资交流、沟通城乡的功能。

赵世瑜（北京师范大学历史系）《明清时期华北庙会与江南庙会的比较研究》一文则跳出了局部地区个案研究的圈子，进行了对比分析。他指出庙会的宗教功能作为其初始的和最基本的功能，华北与江南并无差异。但到了明清时期，华北庙会的经济功能突出，而江南地区由于商品经济远比华北地区活跃，商品集散和经济贸易多在市镇上进行，所以庙会的经济功能反而减弱。不过，江南庙会游乐功能却相应加强，华北庙会的戏曲歌舞水平或发展速度都低于江南。与此相关的组织管理程度，也是南方略高于北方。由于宗族性的关系，江南庙会的区域性或社区性极强，这也是北方所不及的。他还指出，庙会活动往往是传统社会中国人的一种非理性、反规范、情感化的活动，所以各种参与者都有可能做出超越平时道德规范的行为。

此外，王兆祥（天津社会科学院历史研究所）的《明清时期的商人崇拜》一文，对商人的财神崇拜、行业神崇拜、妈祖崇拜及其地域特色作了系统的研讨。科大卫《明嘉靖初年广东提学魏校毁"淫祠"之前因后果及其对珠江三角洲的影响》一文认为,明代的官吏并不反对所有的宗教,其禁止巫觋是全面性的,反佛教则是局部性的政策。反对地方宗教确实产生了效果,但是没有禁止庙宇发展,只是改变了庙宇里面的活动。

关于儒释道三教合一思潮的形成与发展,过去多从哲学史、宗教史、文化史的角度加以探讨。秦宝琦(中国人民大学清史研究所)、孟超(中国人民大学出版社)的《儒释道三教合一思潮对我国下层民众组织的影响》一文,则从社会史的角度分析其对秘密教门与会党的影响,认为儒道释三教合一思潮对我国下层民众组织的影响,乃是传统文化对我国人民思想影响的反映。下层民众组织成员限于文化水平,对三家思想和三教合一思潮并没有全面、系统、深刻的理解,故大多摘引只言片语,为其所用,发展为具有"叛逆性"的思想,有时导致"造反"行动,这是三教合一思潮倡导者所始料未及的。宋军(中国人民大学清史研究所)《试论明清时代宗教结社的信仰体系》一文指出,宗教结社的信仰体系尽管脱胎于儒释道三教,但却经过了民间宗教家按照下层民众能够接受的方式加以重新组合与注解,赋予了新的内涵,形成独具特色的民间宗教信仰体系。这一体系包括安心(身)立命型信仰、巫术型信仰和千年王国信仰三类。但在具体教派的信仰体系上,又很难将它们截然分开,随着社会环境的不同和教派在当地行为趋向的不同而各有侧重而已。

西方宗教在近代中国的传播情况,张笃勤(武汉市社会科学院)《从湖北看西方宗教在近代中国传播的几个问题》一文作了论述,其中对把教案发生的原因归结为西方宗教与中国封建政权礼俗的矛盾,以及在教案的处理上地方官袒教抑民等流行的说法提出了质疑。

四、人口与移民

地域性的人口与移民问题,不仅是社会群体研究和社会结构研究的基础,而且也是传统农业社会中人口城镇化和职业构成变化以及与经济发展相关联的问题。本次会议对各区域人口比较与移民类型进行了讨论，涉及了人口、移民对社会、经济、政治、民俗文化诸方面的影响。

许檀（中国社会科学院经济研究所）在《16—19 世纪山东人口的非农业化趋势》一文中指出，明代中后期到清中叶，山东传统农业区中的社会经济发展有其自身的特点，不仅经济作物的广泛种植与农副产品加工业的发展，改变了农村种植业结构和增加了小农家庭的经济收益，而且山东形成城乡市场网络，各州县商品流通密切，与全国大多数省区沟通。从明中叶到清中叶 300 年间，山东耕地面积从 57 万顷增至 98 万余顷，人口从 740 万增至近 3 000 万，人口翻了两番而耕地只增加了 70%，在这种经济结构和人地矛盾深化的双重影响下，山东人口的非农业化扩大了。第一，社会风气与观念变化是从广泛种植棉花开始起步的，单一种植业的改变提高了小农经济收入，也把小农与市场紧密联系在一起；而运河的浚通使山东农副产品销往各地，并在运河沿岸兴起济宁、临清、张秋镇等一批商业城镇。商业的繁荣促使社会风气和人们观念发生了深刻变化，从崇尚俭朴到羡慕奢华，从重视等级规制到以金钱财富为衡量贵贱的标准，夸富、讥贫、逐财、薄儒，对人们经商和从业选择发生了重要影响，读书做官被经商致富捐官所取代，连仕宦乡绅也主动参与市场管理。第二，山东城镇人口不断增加，相当一部分商业城镇人口规模超过了传统的州县治所。一般城市居民的职业构成中从事商业者比重很高，而作为商业城镇的居民职业构成中，工商业人口和从事农副产品加工的人口就更多了。第三，农业人口的非农业化趋势，分为脱离土地务工经商和离土不离乡两种情况。特别是随着农业季节的变化，农闲外出从事商业、运输业或其他副业的兼业人口所占比重很大。至于从事棉、丝织业和编织业等家庭手工业者更是不计其数，这就为人们从业选择提供了更广泛的可能。

吴建华（苏州大学历史系）《明清太湖流域的市镇密度和城乡人口结构变动》一文，用市镇密度的概念来衡量明清苏州、松江、太仓、常州、杭州、嘉兴、湖州市镇分布的疏密，着重从地域空间结构入手分析，揭示太湖地区市镇都市化的程度。他认为明清太湖流域地区的市镇继承了唐宋以来草市发展的基础，逐步臻于兴旺发达的水平。大约明成化、弘治年间是市镇初步形成的发展期，到清乾隆时代迎来第二个高潮,而这两个时期也正好是太湖地区人口增长的两个波峰。这就意味着人口增长下的生存竞争促动着农村商品经济的生产和流通。人口职业结构变动促使人口流动,其中一部分流向本地城市和市镇,从事手工业、商业和服务业,也使一些农村勃兴为新的市镇。但是,市镇数量的多少和市镇规模的大小一样,都是从农村母腹中长大,侵蚀着农村母体,又依托农村母体的经济优势,吸附剩余农村人口,改变传统人口职业结构和城乡人口分布,开辟新的缓和人口压力的途径,也诱发新生产关系和阶级关系较早在市镇中发生变动。从明中期到清末,太湖流域城乡人口结构变动、城镇人口增长的进程从来没有停滞,但各府县社会经济发展并非同步前进,存在着极大的地区差异,即使苏州、杭州等市镇都市化程度较高地域仍有不少纯农业区。造成这种经济发展不平衡的因素很多,除了受到本地局部环境的影响,还有风俗习惯、道德观念的社会文化环境,以及生产方式和经济行为取向等经济环境的制约,必须具体分析才能获取客观的结论。

马学强(上海社会科学院)《区域社会经济发展中的人口问题——1368—1911年江南地区分析》一文认为,近几个世纪来,面对相同背景的人地紧张,不同地区的过剩人口寻求了不同的化解途径与方式。闽广沿海地区在人满为患的压力下,数百万人选择了向海外谋生的道路;中南人口向西南地区流动,出现"湖广填四川"的现象;黄河中下游的剩余人口则加入开发东北的行列,"走关东"成为一种时尚;然而,一直高居全国人口密度之冠的江南地区,非但没有出现人口成群外涌,相反却适量地吸纳了邻近区域的一大批过剩人口。原因有两条。其一,江南地区是明清以来全国最大的"粮仓",吸引着贫困地区人口向较富裕地区流迁,尽管其时并没有发生任何天灾人祸,但人口仍然向富庶地区集聚。这实际上是各地区经济发展不平衡,以及不同社会经济发展阶段上反映出来的深层次人口问题。其二,1368—1911年间,江南出现了几次大的战乱,明嘉靖倭寇、海盗洗劫,清兵南下屠城,太平军与清兵拉锯战,都使人口稠密的江南地区损失很大,引起此后外地区人口的大规模填补。这种颇具规模的省际区域间人口大流动,构成了中国近代移民史上的重要内容。

刘海岩(天津社会科学院)在《租界与近代天津城市人口的重构》一文中具体探讨了天津城市人口增长的规律,认为战争和灾荒是将主要来自华北的人口迁入天津的一个主要动因。而租界对城市人口重构的作用,不仅表现在人口的迅速增长以及中外居民同居于一个租界社区中,而且表现在居民居住空间模式发生了根本的演变。居民按不同的社会阶层聚居,形成高低悬殊的住宅区,完全打破了传统中国城市的格局,形成了鲜明的富人住宅区和中下层居住区。

宋钻友(上海社会科学院)在《潮人在上海》一文中指出,潮人在上海尽管人数不多,但在某些行业具有相当大的影响,他们和各地区移民一起为近代上海的崛起和发展作出了贡献。

五、社会问题与社会风俗

对社会弊病和世风民俗进行历史考察是探讨社会本质的重要问题,这次会议的发言与论文集中在地区特点上,从中发掘更深层的社会结构、价值取向等内容。葛承雍(西北大学文博学院)在《唐京的恶少流氓与豪雄武侠》一文中论述,在唐京社会生活中,曾长期滋生过一批当时称呼为"亡命少年""恶少""市井凶豪""闲子""闲人"的不法之徒。他们拦路抢劫、勒索市民、偷盗财产、聚徒赌博、混迹妓院,还经常搞一些恶作剧,成为京兆府治安管理辖区内一件大事。但具有两面社会特征的是,许多介于"恶少"与"英豪"之间的武侠,又是一种民间社会文化崇拜的偶像。他们路见不平、拔刀相助、仗义疏财、劫富济贫,使酒任气、复仇雪恨,对立朝廷、颇讲义气,从游侠、浪侠变为义侠、豪侠。作者还对流氓与武侠的两面行为、个人心理作了区分,指出正面可以转化为一种人格道义力量,反面则沦落为一种危害社会的强暴势力。侠成为恶少流氓与英雄豪杰的统一。

冷东(汕头大学)则具体探讨了十六世纪潮汕地域的"海盗",他认为从十五世纪开始,西方海盗、日本海盗和中国海盗几乎同时出现在中国沿海和南洋各地,导致了长达几百年的"海盗之患"。三者势力交锋于中国沿海,其中潮汕海盗则是明代海盗之患的重要组成部分和最后阶段。由于潮汕地区开发较晚,统治薄弱和教育落后,压迫剥削过深,所以山寇海盗较多。在严厉的海禁政策束缚下,连私人海上贸易也无法正常进行,因此潮汕地区豪门奸商、一般居民和大批流亡者纷纷采取多种形式组织海上武装,冲破政府海禁,既经商又掠夺。明代潮汕地区的"海盗集团",是以中国国内原因为基础,以国际关系变化为外部环境而产生的,是十六世纪海盗现象中的重要组成部分。它具有瓦解封建专制、推动商品经济的作用,是中国资本主义萌芽发展道路中伴随国内原始积累过程的海外扩张殖民活动的一种特殊表现,因此称之为海上"盗商"更加贴切。

谭属春(湖南师范大学历史系)在《近代中国的匪患问题》一文中分析,民国时期土匪成倍地增加,而且活动日益猖獗,不仅边远地区和广大农村匪祸惨烈,就是成都、洛阳、长沙这样的通都大邑也有土匪活动的踪迹。由于半殖民地半封建的社会环境,相当一部分破产农民和手工业者因找不到正当的谋生之路,最终不得不游离漂泊,弱者行乞为生,强者流为盗匪,游民在近代中国土匪队伍中占很大比重。再加上军阀混战不断,兵匪一家非常普遍。作者认为,近代土匪产生和猖獗的重要历史原因有五条:一是落后的自给自足的自然经济与中国人口迅速增长之间的矛盾;二是中国版图广袤,地区联系不紧密和交通不发达;三是近代以来鸦片的腐蚀和西方腐朽生活导致中国传统道德沦丧;四是政治腐败不仅使贫富差距加大而且使社会动荡不安;五是错综复杂的民族矛盾和宗族冲突。

对社会风俗的具体阐述,从古代到现代许多问题都有涉及。

商传在《明代的文人与社会趋向》一文中考察了元末明初的学风,认为恃才自傲的文人们在文化专制摧残下日趋官僚化,文风崇尚台阁体,整个文坛沉寂了一百余年。正德以后,士大夫们一方面追求高雅文化,一方面陷于追求物质享乐之中,形成文化商品化与社会纵欲思潮,色情的泛滥、个性的无羁、民风的颓靡,一直影响到晚明崇奢腐败的社会风气。但士大夫在文化上逐渐与平民社会接近,得到了社会的支持。

李长莉(中国社会科学院近代史研究所)从儒家世俗伦理与近代资本主义的关系入手,探讨十九世纪中叶上海租界社会风尚与民间生活伦理。她认为十九世纪五十至七十年代中期的上海租界社会是中西方文明接触较早,文化融汇面最大,民间社会变化最大,民间伦理的变化与冲突表现最集中、最具代表性的社区,所以,作为个案具有典型意义。首先,上海是一个快速发展起来的华洋混居的移民社会,原来儒家伦理基于血缘关系之上的等级义务的联系纽带被基本割断,虽然人们仍尽量利用同产、同业等旧式关系网,但其效用已十分有限。其次,租界地区由外国人行使行政管辖权,原来官方对于民间的教化渠道及惩戒机制被基本阻断,使正统教化伦理的社会强制力大为削弱。最后,租界的社会活动中心已不是传统的自给自足的小农经济或传统城镇封闭性的小工商经济,而是以对外贸易为核心的开放性商业活动,儒家教化伦理无法发挥全面有效的功用。来自实际生活经验的行为方式表现为与正统教化伦理明显相悖的社会风尚,其中最为突出的是争趋从商之风、奢靡之风和"欺诈奸伪"之风。因此,上海租界的商业活动呈现出许多病态,不利于近代资本主义成长。

陈生玺(南开大学)在《清末民初的剪辫子运动》一文中指出,清末民初的剪辫子运动是和当时的民族关系、政治问题、社会习俗变化紧密地联系在一起的,是人们要求精神解放的一种表现。

严昌洪(华中师范大学历史系)在《近代武汉商事习惯的文化审视》一文中认为,汉口自明清以降即为我国商业重镇,清末民初更是一座近代化的商业都会,中外商贾云集,老店新号林立,商事习惯十分丰富。他具体考察了商人信仰习俗、语言民俗在商业中的表现、商业对礼仪习俗的利用、商业对消费习尚的导向等内容,指出商人常常有意识地将民俗文化用于经营活动中,以增加生意成功的乘数,于是发生了商业文化与民俗文化联姻的现象,也促进了传统文化与现代文化接轨转变的积极现象。

胡戟(陕西师范大学历史系)在《礼治社会的拂晓和迟暮》发言中指出,在一个小农经济基础上实行礼治的宗法伦理社会里,应注意由自然人成为伦理的人、从原始群衍成社会的发展历程。他认为人为了自己的生存,在食物分配中引入共同要遵循的制约机制,形成了最初的礼。所以"饮食之礼"是人类社会的第一礼,甚至食人也被合理地纳入了饮食之礼。

李禹阶(重庆师范学院历史系)认为礼是华夏民族及国家的重要社会特征。

他在《史前中原地区的宗教崇拜和"礼"的起源》发言中指出,对超自然的自然山川神的泛灵崇拜,对超血缘的部落联盟内祖先神的权威崇拜,对日益发展的世俗公共职能的神化与敬畏,这三重神统的出现,构成中原地区史前宗教的基本特征。这三重神统内在的矛盾结构,引起了原始宗教的分化及现实人伦的崛起,最终导致向宗法血缘与世俗权力相结合的"礼"的转化。所以礼是从史前宗教中孕育,又服务于社会整合目标;既有强烈的内在宗教性,又有一定的规范性。

六、社区研究与社会阶层

区域社会性的研究并不始于本次讨论会。近年来,各地学者都对本地区的社区特色、地缘文化、人文差异等不同方面进行了饶有兴味的探索。但是,有意识地集中对地域社会作具体或鉴合性研究,则是这次学术交流的主要议题之一。与会者都试图通过对一个地区的研讨,找寻更深刻、更内在的社会契合与冲突,然后获得对群体行为的全面认识。特别是各地域之间发展的不平衡性,对研究者开辟新思路具有重要意义。

崔在容(韩国庆州东国大学校)在《汉代三辅研究》一文中指出,三辅制度是由因袭秦内史而设立的汉内史逐渐分化发展而来,于武帝太初元年(前104)形成。三辅的产生对西汉帝国的稳定与发展作出了巨大的贡献,主要表现在以下五个方面:一、西汉王朝通过对三辅的有组织有计划的统治,来解决关中徙民、陵邑徙民、降胡封爵等"强干弱枝"政策所带来的问题;二、西汉政府的三辅保护政策和六辅重视政策,使三辅成为汉代国家的坚实的基础;三、由于三辅是很难管理的地方,所以在汉代的中央政治上,三辅官所发挥的作用不容忽视;四、人口的增长、资源的开发,使三辅地区摆脱经济上对东方的依赖,形成以三辅地域为中心的商业圈,对三辅的经济安定及政治安定起到很大的作用;五、三辅处于要塞地带,对异族的侵袭起到了堡垒的作用。

刘健明(香港中文大学历史系)在《再论唐代岭南发展的核心性》一文中对中古时期岭南地域发展状况及特点进行了深入的讨论。他认为,秦汉以后,中原的农耕技术随中原武力的南来,输进岭南,提高了该地区的生产水平。魏晋南北朝时期,北方人南下,岭南虽地处南端,但由于自然环境的保护,不受兵灾之苦,地方经济得到较稳定的发展。唐代,由于内陆交通的改善,南海贸易的兴盛,广州成为中外贸易的主要港口,在外贸方面占有优势,但在人口密度及农耕技术上并不比岭南其他地区为优。从矿产地的统计分析得知,岭商在农业生产上比较落后,但在矿产方面却占重要的地位,而广州的矿产绝不比岭南其他地方优胜。在瓷器的外销方面,广州是外销中心,但从制作水平去分析,粤中显然落后于粤东。总之,唐代广州的繁荣,有赖岭南其他地区及岭南以外地区的供应。唐代岭南的发展,如从人口分布去看,人口密度较高的是广东北部及西江流域一带,这是由于北人南来多先居于广东北部及西江一带农业较为发达地区的缘故。广州虽开发较早,且在唐代有繁荣的对外贸易,但在人口密度、农田水利、矿产蕴藏及工艺技术上并不占优势。地区的发展,极少是单一中心的孤立繁荣,而应有一个较全面的网络联系。

金在先(韩国圆光大学)在《崔溥〈漂海录〉与明代弘治年间之杭州地区景观》一文中,介绍了朝鲜朝端宗年间崔溥所著《漂海录》的内容及书中记载的杭州地区景观反映了明弘治年间宁波府、慈溪县、余姚县、上虞县、绍兴府、崇德县、嘉兴府等城市形成的以杭州府为中心的经济圈的情况。

游子安(香港树仁学院历史系)在《明末清初功过格的盛行及善书所反映的江南社会》一文中,通过对明末清初善书的盛行地区、盛行原因及内容的分析,阐述了善书的意义及其反映的江南社会。他指出,明末清初的善书撰者,集中在江南地区。当时商品经济的发展,带来奢靡逐利的社会风气,也出现色情文学泛滥、贫富悬殊等社会问题。这些现象或问题,善书都有所反映或提出了解决办法。另一方面,社会经济的演变也影响善书的写法与内容,其中功过格如记账般"论钱记功",便渗透着货币经济的色彩。晚明以来尊卑贵贱等级关系的变动,说明了明末清初善书以乡绅及婢仆为主要劝诫对象的因由。此外,金钱在晚明成了人们崇拜的对象,五通神在江南也成为民间普遍信仰的财神,明末清初的善书却认为财富是公共的,也是聚散无常的,因此劝谕富者散财以积德。这些主张,无疑对资本的集中积累是不利的。

陈学文(浙江社会科学院历史研究所)的《明清时期江南社会民情风习的演变》一文,详细考察了明清时期商人的经商行为和心态。他认为江南社会经济的发展形成弃农弃儒从商的风气,冲破了封建等级制度,不仅建房、礼仪违制,而且婚姻论财,奢靡之风在饮食、衣饰、器用等方面反映强烈,整个社会文化和士人风气发生流变。但从明清两代大量专门性的日用商业用书来研究,则发现当时商人都有自己的经商之道,不求蝇头小利和不以投机假冒手段创业发家,有着较好的商业道德和丰富的商业知识,有巨商大贾的风度,凭借文化素质发家致富。其中一些良好的经商风气值得研究。

马楚坚(香港大学中文系)在《阳明先生重建社区治安理想与实施》一文中分析了王阳明于正德十一年(1516)抵江西南安府后,面临军纪官责的紊乱和赏罚不明、互相推诿的局面,为了开导军民有“爱、教、养、卫”四纲自治精神,制定了熔保甲与乡约于一炉的《南赣乡约》。此后其弟子又将它推广到各地,具有很大影响。

王日根(厦门大学历史系)在《地域性会馆与会馆的地域性差异》一文中指出,会馆是明清时期寓居外地的同籍人设置的一种社会组织,地域性是它最基本的特征,不仅众多会馆几乎都是地域性的,而且在不同地域设立的会馆也存在着明显的地域差异。首先,离开故土经商者面临着十分尖锐的土客矛盾,只有团体的组织才能作为依恃的力量;其次,作为乡井复制物的会馆提供了寓外人士体现人生价值的舞台,官绅和富商对建设会馆非常热衷;再次,地域性会馆是对流寓人员实行有效管理的最佳社会组织。因而,不仅京师省城多设会馆,下属府县也广泛设置会馆。服务于科举的会馆显示出浓厚的政治倾向性,服务于工商业的会馆则包含了强烈的商业化色彩。在各地会馆中主角往往是商人。除了新兴工商城市中外籍会馆兴盛外,一些由墟市发展而来的场镇也发展了会馆,特别是移民集中区域的会馆既是一种经济性组织,也是一种社会型组织。然而,会馆在沿海沿河地区分布多,内地腹地分布少;东部地域多,西部地域少;会馆的建设也与商帮发展相辅相成,从而形成了众多地域商帮并举的局面。

郭伟川在《潮州礼学研究述略——兼论儒家精神对潮州的影响》一文中,概述了宋元明清四代潮州礼学研究的兴盛、礼学人才的辈出和撰述的丰繁,并着重探讨了韩愈、朱熹对潮州礼学发展的巨大影响及其学术承继源流。同时,作者指出,"汉唐之后,潮人得力于儒家思想的濡染,因而奉汉朔,崇正统,重礼义,故每能临大难而见大节",这正是潮州精神的特色之一。

王先明的《从保甲到团练:近代绅士阶层与基层社会控制》一文认为,在乡村社会中真正对民众的生活发生作用的社会控制系统,是远比封建官吏制度更为复杂也更为多样的社会控制形式。在清王朝精心建造的保甲控制系统中,试图把绅士作为社会控制的对象,而不是听任其成为社会控制的主体。绅士们拥有的文化教养和在家族中的地位,绝不是一个非权力化的社会控制系统所能动摇的。清王朝统治者的悲剧在于,一旦把绅士置于保甲控制之下,必然会泯灭绅士与庶民之间的根本性差别,而这种差别又是在更深层次上支撑着封建社会的统治机制。

李天纲(上海社会科学院历史研究所)在《1927:上海市民自治运动的终结》一文中研究了上海商人与国民党政权的关系。

有关社会阶层与区域关系的问题,与会者也予以极大关注。如李开元(日本就实女子大学)的《汉初军功受益社会阶层与西汉政权的建立》一文提出,西汉初年出现了一个新的社会阶层,即汉初军功受益社会阶层,并存在了一个世纪之久。张涛(山东大学)在《西汉经学与山东儒生》一文中,对在以经学为指导的社会政治生活中,山东儒生所扮演的重要角色作了探讨,认为山东不仅产生了一大批学识渊博、造诣颇深的经学大师,还有齐学、鲁学之分和今古文之争,形成了一个开放型的经学体系。冯尔康(南开大学历史系)提交了《新西兰社团述略》论文,叙述了近期奥克兰地区的华人社团史,对其社会背景、社团内部结构和类型、社团活动以及积极作用等,作了介绍与述评。

七、地域文化与民族调查

地域文化一直是社会史关注的重点之一。从新的视角来看文化的地域性,区分先进发达地区和闭塞落后地区的文化差别,无疑会使地域社会史研究走向深入。

赵润生、马亮宽(聊城师范学院)在《试论齐文化的形成及对秦汉政治的影响》一文中指出,齐文化是一种内容丰富的地域文化,其形成和发展可分为两个时期。一是齐开国及桓公时期。开国君主姜尚及其继承者注意巩固统治、发展经济,吸收和融合当地的文化,为齐文化的形成和发展奠定了基础。齐桓公、管仲使齐文化在当时处于领先地位。二是稷下学宫的设立和发展时期。稷下学宫的设立与当时私学盛行有密切关系,其存在期间,学者荟聚,名流迭出,成为百家争鸣的主要基地。齐文化有三个显著的特点:神秘性、自由开放与博杂宏富。齐文化对秦汉政治有着重要影响。秦王朝吸收了齐文化中的阴阳学说,与法制学说结合,作为严刑峻法的理论根据。汉初黄老学说是齐国传统思想文化吸收原始道家思想糅合而成的新的道家学说。在由黄老之学向王霸相杂思想的转变过程中,荀子对齐文化的总结起了中介作用。汉武帝"罢黜百家,独尊儒术"后,儒学成为统治阶级的指导思想,亦是齐鲁文化融合的结果。

王子今(中央党校历史教研室)在《秦汉时期赵地社会文化的特色》一文中指出,赵地兼有山地、平原、海滨、荒漠等地理条件,其社会文化具有独自的特色。最突出的特点是司马迁所谓"民俗懁急""悲歌慷慨"。赵地出身的军将多有作战勇悍的杰出表现,官僚多有为政残厉的明显风格。另一方面,赵人行政多以严猛为治,以杀伐为威,也与赵地民俗"好气为奸""号为难治"的特点有关。赵地急烈的民风与齐地"宽缓阔达""舒缓养名"之风有明显差异。但赵地邻近齐、鲁、中原的许多地区,又受到当地文化风格的显著熏染。赵地出身的经学之士,均居于东部与齐、鲁、中原邻近的平原地区。赵地的西部与东部,大致可以看出以"剽悍"为主要民俗倾向和以"礼文"为主要民俗倾向的文化分野。赵地在北边文化区与齐鲁文化区、中原文化区之间,形成了一个文化过渡区,体现了赵地的文化优势,而邯郸地区则成为赵地政治、经济、文化的重心所在。

张鹤泉(吉林大学古籍研究所)在《东汉关中地区文化发展的特征及影响》一文中指出,关中地区是我国古代开发较早的地方,自秦、西汉以来,成为统一国家的畿腹地区,使该地区在文化发展上具备了优越的条件,到东汉,仍不失为一个重要的地区。其文化发展的特点表现在经学、史学、文学及教育诸方面。东汉时代的关中,经学兴盛。研习经学的社会阶层非常广泛,经学世家占有相当数量,并出现一些大儒,使当地尊崇儒士的风气盛行,并使关中成为在经学上有重要影响的地区。关中儒生在史学上作出突出的成绩,在辞赋上亦取得成就。对经术的传授是关中儒生重要的文化活动,他们热心兴办私学,并到处游学,推动了关中文化的繁荣。关中地区的文化对其他地区产生重要的影响,表现在以下三个方面:一、关中成为吸引外地儒生学习经学的重要地区;二、关中儒生在担任国家官职时,将传授经学作为其重要事务;三、关中儒生对促进古文经的传播影响重大。

郭美兰(中国第一历史档案馆)在《从地域特征看清政府对鄂伦春统治政策的得失》一文中指出,近代沙俄对我国东北地区领土的蚕食,迫使清政府加强了对鄂伦春民族的统治。自清初管理松弛的布特哈总管衙门开始,清政府不断采取新措施以强化管理,直至光绪八年(1882)设立兴安城总管衙门,并派官设员,执行各项军、政措施,以图加强边防,同时更好地控制鄂伦春人。清政府的上述措施虽具有推动鄂伦春民族社会发展的积极意义,但由于鄂伦春人所处社会条件和自然环境没有发生根本性变化,因而最终没有达到预期的目的。

定宜生、胡鸿保在《满族社会历史调查的若干启示》一文中,通过对辽宁清原县辉发那拉氏后裔、福建晋江女真人粘氏后裔和福建长乐琴江水师营旗人后裔三个个案材料的分析,探讨了有关"不肯归附努尔哈赤的女真人""因汉族宗法宗族制而保存至今的金代女真人",以及"不具有女真血统而一直生活在满族共同体的一部分人"等特殊的历史民族现象,从社会史的角度揭示了满族形成、发展中的多元化问题,和历史、文化、心理诸范畴对民族意识、民族认同的重要影响作用。

除以上专题论文外,井上彻(日本弘前大学人文学部)的《日本学界关于明清时代宗族问题的研究》、熊远报(华中师范大学历史系)的《多秋贺五郎的中国宗谱问题的研究》、常建华(南开大学历史系)的《80年代以来日本的明清地域社会研究》等文,从不同的侧面介绍了日本的中国社会史研究状况。汪冰、马斗成、韩凝春(南开大学历史系)合写的《1980年—1993年区域社会史研究概述》一文,将14年中有关区域研究的成果,按大区、分区、省市的层次编制,作了扼要而又全面的评述。

综上所述,本次会议有以下特点:一、首次对地域社会史的理论、方法和意义作了较为认真和深入的讨论;二、田野调查成果在争议中呈日渐壮大的趋势,随着此类研究的深入,其实际作用会逐步明朗;三、微观或中观的个案研究占相当大的比重,为有分量的宏观研究成果的问世奠定了坚实的基础;四、多学科渗透法已被较广泛地利用,国外学者的介入,进一步开阔了我国学者的眼界;五、中青年学者异常活跃,使学会与研究工作充满了活力;六、中外学者的成功合作与交流,为今后的交往展开了良好的前景。

《历史研究》1995 年第 1 期

(本文为会议总结综述,与周天游先生合撰)

音义交际：探索语言背后的社会史

目前学术界已对社会语言学、文化语言学、历史语言学、民族语言学、地域方言学等进行了有益的研究，但对语言社会史还很少涉及。语言社会史是联系过去不同历史时期的语言，甚至以已不用的词汇去探讨当时的社会现实，通过古代汉语、借词吸收、方言俗语、民族词汇、禁忌语词等，更好地理解社会结构、时代特征、阶层群体以及地域差异，从语言变化观察社会历史。

一、地域差异与方言演化

秦始皇统一文字，成为中国社会的一件大事，但却无法统一语言。从秦代以后，中国成为一个大一统文字与地域方言并用的双语社会，一直到现在仍无全盘改变。中国古代（指汉族）记语言重字而不重音，秦将六国文字统一以后，《左传》《孟子》等先秦古籍中的齐语、楚语、越语等区别在文献中消失了，文献语言与口头话语的距离则越来越大，书面语趋于相同，地域方言歧异互不通话。但有很大差别的复杂方言，却将许多地域民间的东西凝聚起来，造就了一座过去社会生活的活化石库。

《切韵》序说："吴楚则时伤轻浅，燕赵则多涉重浊。……江东取韵，与河北复殊。"吴楚指南方，燕赵指北方，并明指当时的方言在南北有差异。颜之推《颜氏家训·音辞》篇也说："南方水土和柔，其音清举而切诣，失在浮浅，其辞多鄙俗。北方山川深厚，其音沉浊而讹钝，得其质直，其辞多古语。然冠冕君子，南方为优；闾里小人,北方为愈。"这就从方言音系划分出南方人性格的浅浮和北方人性格的质直,又由此得出南方君子为优与北方小人为愈的结论。不管这个结论是否带有偏见,但都从语言说到了不同区域社会的风气。

西晋灭亡后,中原大乱,"洛京倾覆,中州士女避乱江左者十六七"。在南北朝长达273年的对峙局面下,更使方言呈现南北分途发展的倾向。据《晋书·地理志》,西晋末年南下的北方移民大致可分青徐、司豫、秦雍三股,特别是青徐和司豫移民汇聚江东地区,许多原来居住在洛阳地区的上层社会"名士",构成东晋政权的基本台柱,他们开放了南北方言交融的局面。东晋政权在"开济政策"下,朝野形成"共重吴声"的风气,宰相王导带头学说吴语,南方士大夫也从北方人习"洛下书生咏",南北方言互为习染。许多士家大族率其宗族、乡里、宾客、部曲,在流寓太湖、浙东等地中演变了方言。

唐宋科举以诗赋取士,但诗赋讲求押韵合律,不能无所准绳,而韵母系统的准绳正是唐都长安—洛阳的读书音。这样,各地学校都推广长安的文读,甚至戏曲中的读音咬字也以此为规范,在舞台白读中散播给庶民大众。例如日本汉音字传自长安,闽南语文读的终极来源也是长安,厦门话里有许多唐音文读,福州话里植入有洛阳方言。因此,有的学者认为闽方言在公元四世纪～七八世纪形成时,地域来源涵盖大江南北,包括有西晋中原东、西部,南朝江东吴语和唐代长安文读系统,宋以后,闽方言才在民间社会定型化。

从汉语方言发展史来说,方言在相对年代上固然有其保守的根源,但受各种社会因素的冲击也有其演变的过程。秦始皇发配五十万大军屯守岭南,肯定会对粤方言产生冲击,形成新的语言系统。唐代诗人张籍《永嘉行》中说:"北人避胡皆在南,南人至今能晋语。"三千年来北方方言不断南下给予南方地区以强烈的语言影响,北宋160多年当中,北方语音变动极大,金元时期大部分地区入声已经消失,这正说明方言分化后的社会趋势。今天的语言调查研究表明,汉语方言可以分为官话、晋语、吴语、徽语、赣语、湘语、闽语、粤语、平话、客家话十个区,还有几十种少数民族语言。除东南各省汉语方言差别很大外,官话区方言的一统性很高,通话交流没有困难。官话大区中又分为东北、北京、北方、胶辽、中原、兰银、西南、江淮八个区,在全国人口和汉语方言区域中都占三分之二多。每个区域的方言都有自己的特性,并互相影响与借用,尤其是地域方言灵活、丰富、传神、生动,使人感到亲切、过瘾,但作为整个语言社会史来观察,包含的地域社会情结缠绕就非常突出。人们说方言,就是因各地社会经济与地理风习不同,这在词汇和用语上表现得最为突出。

方言是历史的产物,静态的方言现状实际上蕴含着历史动脉的轨迹,横向的地理分布更记录着由古至今的社会发展史。地处高原区域的山西方言保留着北方诸方言中的入声,地处三山一海的闽方言遗存着南方诸方言中的古音古调。就大的倾向而言,汉语南方话一般比北方话保守,但从这样的地理分布中隐约透露出社会结构变动的复杂与多寡不一。

一个地方的语言可以作为基层的社会细胞去佐证或见证整个国家和民族在特定历史时期变动的形态,剖析其词汇、语言、语法的具体变迁,会为人们提供社会史研究的更大信息量。

二、社会阶层与词语运用

不同的社会集团中不存在"阶级语言",但不排除每一个阶层或等级的人按自己的嗜好习惯使用一些带特性的群体词语。每个人所处的地位不同,其文化教养也必定有所不同,用语不仅有文白之分、男女之别、上下之差,而且有老幼之分、教学之别、前后之差,语言反映着社会角色的不同。

如果说各类人物的语言往往以其特殊的方式向我们透露出社会的底蕴,那么上层社会使用的礼语、雅语、官腔和下层社会熟用的咒语、俗词、黑话,则使人们借助语言的尊卑、势利以及词汇的差异,分析出社会的关系和地位的变化。不同的群体、不同的社会阶层和等级,会使用不同的语言,因为他们各有不同的价值判断和价值标准、不同的感情和观念,并认为自己的语言最标准最正确地反映自己的心理表现。

上层社会的人为了显示自己尊贵的身份和荣耀的地位,用词造句非常讲究咬文嚼字、万分斟酌,无论是皇家的诏文、谥册、尊称,还是朝廷的布告、公文、律令,都有着强烈的上下贵贱之分和等级的烙印。有时甚至说一些愚弄民众、不着边际的假话、空话,故弄玄虚,言之无物,直至成为僵死的语言。

有文化的知识分子或称作"士"阶层的人,是语言最为丰富的人,他们不仅善于总结古人或民间常用的语言,而且在社会生活变化中最善于创造出与此相应的新词汇。特别是一些有个性、有思想的士人,运用精练的语言来为社会服务,而且这种带有自身特质的语言是不能互换的,只要别人一听就能区分出其社会属性和社会语境,贴切地表达着此类人物的气质、观念和形象。

官僚们的语言是一个典型类别,对上卑词谦语,低三下四,口口声声"奴才""卑职""下官";对下趾高气扬,鄙视平民,信口开河,长呼短叫"野汉""贱人""小子"。对社会中不同人物加以明显地区别,这也是做官为政的一门显学。

下层社会用语放荡不羁,随意褒贬,无所谓敬语为先,只要是表达意愿和能进行社会交际,就按自己的习惯冲口而出。但由于阶层、行业、类别的不同,也会形成另一种语言。

例如带有秘密性特点的隐语,不仅是一种封闭形式的语言变异现象,而且也是帮会圈子内部使用人故意变态的社会现象。古代社会流传许多口语性很强的黑话隐语,借喻有"线(道路)""避风(逃走)""撕票(杀死被绑人)""放炮(威吓)"等,借代有"桃花(脸)""拜码头(拜客)""跑蹄子(马)"等,释义有"漂亮(做事爽气)""矮倒(跪下)""踢土子(鞋)"等。这些隐语渐渐进入各阶层普通话词语,并且旧的黑话消失了,又产生了不少新的隐语,反映了社会群体的活动盛衰。

至于算命的切口暗语、流氓无赖的痞子腔调、小贩的市语货声、流浪者的隐语外号、市民的俚语行话、梨园的俏语戏词,都是特殊的下层社会用语,从这些语言中不难分析社会群体、帮会集团等活动特色,抓住其社会心理表现的氛围,考察语汇在日常语言中出现的频率变化,也可以由此推断社会角色或社会结构发生的变动。例如"斗争"一词频率的激增,展现了一幅社会成员之间对抗争斗的社会图画。尤其是一场社会悲剧会引起一些语词的频频使用,可以想见当时社会生活中相对抗的一面;无论是不祥语词还是喜庆语词,都会有清楚的反映。

在历史长河中,各个阶层的语言尽管有所更替,但却有着长期的保持自己阶层身份的稳定性,不论在什么社会活动中,它总要通过语言千方百计地表现出来。翻阅秦汉简牍、敦煌文书和明清档案,都会发现社会各阶层人物的语言词汇不同,俗语、雅言一目了然,社会角色不难区别,仅从语言上就可推断出人物的特征。

三、政治变革与官话垄断

每逢一场政治变革或一个新政权建立,总要制定规范标准的语言,用行政力量向社会推行。周代官方语言称"雅语",雅就是正的意思,古人认为天子居天下之中,王都之言最正,故在秦晋方言基础上融汇河洛方言,成为各地通用的民族共同语。《周礼·秋官》大行人"七岁属象胥,谕言语,协辞命,九岁属瞽史,谕书名,听声音"。《风俗通》"周秦常以岁八月遣辐轩之使,求异代方言,还奏籍之,藏于秘室"。雅言由是成为标准的官话。

晋室南渡,曾给长江流域的语言播下了北方正音的标准,"易服而与之谈,南方士庶数言可辨;隔墙而与之语,北方朝野终日难分"。这真是弥足珍贵的最早的语言社会史记录。宋代北方汉人开始加速南移,至明代大盛。据陈正祥统计,明代科举,南方人数已远超北方,其南方官话亦受中原语言的影响,并分为江淮官话和西南官话,特别是其入声没有分化而被保留下来,成为一部官话垄断中的新方言。

政治中心都市的语言渗透更明显。梁元帝出降被杀,江陵大批朝臣被掳到长安之后,长安语言受到南方雅语很深的影响。陈后主被俘从金陵押到长安后,隋文帝杨坚竟听不懂他说的那一堆乞求讨好的金陵话,但南方雅语仍对长安语言产生了很大影响。隋炀帝甚至以说吴语为荣,这引起了北方军事贵族集团中许多成员的不满,直到隋末统治集团分裂动乱后,隋炀帝临死前,仍使用吴语说:"外间大有人图侬(我),然侬仍不失为长城公。"据考证,隋唐标准音的长安地区有不少南方语音。

隋炀帝于609年始置明经进士科后,随着科举流行确立,以北方语言为标准的读书音就传播全国,许多方言地域都吸取、继承了朝廷推行的官话,否则闽粤地区的进士就无法与皇帝对话并参政。

众所周知,有史以来影响中国政治、文化的中心,大都在黄河流域,长安、洛阳、开封等几个著名古都形成一条东西轴线,其语言共性东至泰山而西出阳关,这一线的方言通称为"中原官话"。《颜氏家训·音辞》篇中曾留下关于中原之音的珍贵记载,《南齐书·张融传》记述吴人张融在"獠贼"围困之下还能从容作洛下书生咏,足见北方官话在南方士族之间蔚成风尚。宋陆游《老学庵笔记》说:"中原,惟洛阳得天地之中,语言最正。"数百年中洛阳话一直成为中原的标准语音,无疑是一个趋向强大的官话中心区。元代随着政治中心的转移,以北京话为代表的北方官话成为新的正音标准,元代《中原音韵》中留下的异读正是两种官话交替的最早记录,并向河北、山东一带扩展其官话地盘,又向东北延伸。这种中原官话和北方官话的代换过程,也是两大方言经历政治变革后的分野结果。

特别是科举语文的规范化,使学童从启蒙开始口说官话,标准的读书音成为社会的示范。尽管明清走上八股文的末路,然而其用规范的文读语言坚持"口义"答辩,无疑对官话普及到社会产生了重要影响,具有社会化的力度。

方俗语殊,五方之音不同,一律以官话为准的社会认同,可以正名辨物,区别品类,沟通人情,统一道术。这既是历朝统治者出于政权建设和长治久安的考虑,也是社会生活不墨守界域的现实需求。但官话常常垄断在上层人士和知识分子中,一般庶民仍操地域方言,政府又无法硬性禁绝,事实上加剧了社会阶层的分化。

利玛窦(Matto Ricci)在所著《中国札记》中指出,当时中国各省口语大不相同,即各有方言、乡音。此外"还有一种整个帝国通用的口语,被称为官话,是民用和法庭用的官方语言"。官话垄断有益于为官方服务,有益于士人干禄求仕,所以在社会发生激烈的变动前后,或者社会意识形态发生激烈斗争的时期,几乎无一例外地提出了语言共通问题,方言土语往往受到限制,甚至在大的文化启蒙运动中,语言成为社会最重视的工具,成为思想解放的传播工具。

四、民族交融与语言冲突

民族之间的语言交流是一种复杂的社会现象。中国古代社会每一次民族冲突、迁移或融合，都会带来空前的语言大变动，不管是已消融的匈奴、突厥、鲜卑等民族，还是仍存在的蒙古族、满族等，在进入中原地区后都要重新调整和汉族之间的语言关系。在民族意识高涨独尊的时候，少数民族语言和中原汉语官话总存在着民族性、政治性的紧张关系，表现在社会生活的层面上或情绪上，"胡语"时常有和汉语一争语言霸权之势。

例如北齐高欢"每申令三军，常鲜卑语，（高）昂若在列，则为华言"。高欢有意识地在其统治区通行鲜卑语，以借助军事贵族力量来维持自己的政权，并自呼其鲜卑名为"贺六军"。因而，北齐语言习俗完全"胡化"，歧视汉人"华语"。仕于北齐的颜之推，在《颜氏家训·教子》篇中，也谈到北齐有士大夫对他说："我有一儿，年已十七，颇晓书疏，教其鲜卑语及弹琵琶，欲稍通解，以此伏事公卿。"这清楚地反映了语言背后的社会关系史。但在中原地区全部推行"胡语"占优势的运动毕竟很难，在汉族人口比例较大的地区，不可能使"胡语""一语独秀"，即使高欢，为笼络安慰被奴役的汉人，也要使用汉语。凡是少数民族入居中原的政权，都形成"双语"社会的局面，如以后的辽、金、元、清等朝代。

其实，北魏孝文帝迁都洛阳，就禁其鲜卑族国人胡服胡语。《魏书·高祖纪》："太和十九年六月己亥，诏不得以北俗之语言于朝廷，若有违者，免所居者。"又《魏书·咸阳王禧传》记高祖曰："自上古以来及诸经籍，焉有不先正名而得行礼乎？今欲断诸北语，一从正音。"

隋唐时期民族语言交融更为丰富，包括西域在内的"胡语胡音"大量流入，隋文帝杨坚的儿子喜欢说鲜卑话，唐太宗李世民的太子爱说突厥话，武则天侄孙武延秀因为会突厥的胡语、胡舞，竟受到了安乐公主的青睐结为夫妻。在敦煌文书中保存了大量民族语言的第一手记载，如古藏文、粟特文、于阗文、焉耆和龟兹文、梵文、回鹘文、希伯来文等，这些语言资料真实地反映了当时"双语"词汇或

"多语"交流的情况，为研究唐五代外来民族与中原文化的关系提供了实证。尤其是通过其他民族文字语言可以了解当时十分丰富的社会内容，包括经济、交通、文学、医学、宗教、民族等等，像回鹘语文中的摩尼教教义、格言、赞歌、忏悔文等，对研究中世纪摩尼教进入中国及其流传有着重要的价值。

宋元以后，契丹语、女真语、蒙古语等有与汉语融合的事例。但这些民族文化优势不大，与中原始终存在着政治性的紧张关系，语言的窘境常表现在社会矛盾的冲突里，其语言不可能取代汉语发展成为"全方位语言"。相反，随着语言纠葛的扩大，一些民族只能把自己的语言融汇进中原官话。就是清代的满族母语，也退化汇入今天的北京话。满族的前身女真人在京畿和广大的华北地区不仅留下了语言底层，而且留下了一半人口；此后进京定鼎的历代满族人，自觉地把满语融进了自己的满式汉语，又和原北京汉语逐渐合流，并利用清廷满汉双通和京畿都市文化的优势，把这种北京官话推而广之，以致后来人习焉不察。如"啰嗦""妞""胡同""挺""划拉""把式""磨蹭"等满族词汇频繁出现，还有一些满汉融汇词如"咋呼""哨卡""公子哥""压马路""档案""猫腻""央求""藏猫"等，也都是人们司空见惯而忽略其语言背景的。尽管地道的满族语音和原来的汉语有过冲突或互相歧视，甚至有因强调民族感情而有意减轻对方语言色彩的韵味，但随着历史的推移，满汉语的融合最终还是被人们接受了。所以各民族之间语言的吸收、消化、融合，既有互相借用的交际平衡，也有自身精神的反映体现，从语言上反映着社会中所存在的排外意识、民族消融、文化优势等自然结果。至于近代社会沿海设立租界的地区和所在城市，"殖民语言""洋泾浜语言""西化借助词汇"等就更为明显。

通过语言烙印和线索可以论证许多民族史的问题，这已是学术界的共识。正是在各种语言混杂中，在雅俗共用中，语言往往记录着人们心灵的普遍状态或习惯，记录社会、经济、政治和民族生活中历史变迁所引起的一系列重要而持续的反应。随着大一统社会的发展，少数民族语言往往与汉语紧密连接在一起，至多是双语社会，而不会形成互不相通"各说各话"的多语社区，这是中国各民族一致的选择。

五、宗教传播与语言融汇

任何宗教的宣传，都以争取民众为目的。释迦牟尼在说法时，即不用婆罗门的雅语，而用当时平民的俗语，以便普及佛教教义。魏晋以后，是汉语处于大变化、大转折的时期，而佛教经、律、论"三藏"中的俗语，通过梵文佛经的翻译被介绍进中国。由于译经大多为番僧口译、信士笔受，译文必然是一种比较接近于当时口语的通俗文体，所以，作为中古时期历史产物的汉译佛经，含有大量同时代的口语词，许多俗语和佛教口语跨出"佛门"，发展、演变成为社会普遍使用的语言，不仅丰富了汉语的表达，也促进了俗语的发展。从名称上说，"阿弥陀佛"由尊崇的对象变成了表示祈祷、感谢神灵乃至悲喜、惊讶、感叹等时的呼语。围绕"佛"组成的谚语、成语等俯拾皆是："佛眼相看""借花献佛""烧香拜佛""放下屠刀，立地成佛""不看僧面看佛面""人是衣装，佛是金装"等代表"三觉"的专有名词，已成了大众熟悉的口头语。"菩萨""俗家""知客""和尚"等都是通俗小说中常出现的名称，经过佛教的宣传和各阶层人们"心口诵念"，久而久之成了社会上极活跃的词语。

从含义上说，源自佛家的时间语词"过去""现在""未来"，由佛教徒表示因果轮回和个体一生的存在，变成了广泛使用的时间概念。本是佛门用语的"刹那""弹指""悠悠"等也都有了新的时间含义。本义指佛普度众生时采用手段的"方便"，引申为一般人所用的方法；原指世间一切事物皆处于生死迁流中的"无常"，引申为"死"的婉辞和"鬼"的代称。佛经中原指人命终之后所获得的转生因缘，引申为投生之处和有本贯、家乡之义，成为唐宋时的口语词。

从比喻上说，佛教常用"皮囊""革囊"等借指"不净"之人，或形容污浊的人身；还用"皮袋""顽皮"等词借喻"五蕴和合"之人身。"夜叉"本是印度神话中的小神灵，被佛教列为天龙八部之一，后来民间将其比喻为丑恶凶狠的人。"阎罗王""十八层地狱"等比喻灾难深重境地的俗称，都成为民间极其熟悉的口语。受佛教礼俗影响很大的"超度""烧香"等词语也都被民间社会所接受，在百姓中流传颇广。佛典文献里的"冤家""怨家",原为仇敌或仇人的意思,后来变为似恨实爱、又苦恼又舍不得的人称。包括常用的"影响""男女""飞蛾投火""罗汉""舍利"等词汇,都来自佛典翻译。

其实,不光是佛教,道教也有许多新词新义和口语方言汇入社会,如"游仙""云雨""虚心""长生""真功""太平""咽气""修炼"等道教言词,还有"一人得道,鸡犬升天""延年益寿,长生不老""撒豆成兵,刀枪不入""吐故纳新"等口语家喻户晓,变成人们谈论的口头语。从语言的进程分析中,不仅能看到宗教信仰是一种风靡流行的社会思潮,而且能从雅俗兼容、喜好选择的口语词中,了解宗教对各个层面社会生活潜移默化的深刻影响。

六、移民特征与方言分布

历史上的移民有各种类型,如强制实边、控制豪族、战乱逃荒、宗族迁徙、民族流动等等,但移民不论走到天涯海角,一般都不会忘却原居地的方言乡音,即使他被另一地区的生活环境所同化,也还是"乡音无改"。例如随着山西"晋商"的崛起与发展,山西话也迅速向周围地域扩展,这种指山西省及其毗连地区有入声的方言,其传播是与商贸紧密相连的。内蒙古中部黄河以东地区、陕西省北部的广大地区,都属于晋语范围。内蒙古无论是老年人还是年轻人,说起他们的先辈,很多都说是"走西口"来的山西人或者"闯北"来的陕北人。

如果移民迁徙距离近、时间短、人数多,又占有一定的社会地位,移民原有的方言就取代了土著的方言。例如早期吴语曾伸及江淮地区,西晋永嘉丧乱之后,北方上百万移民蜂拥而到南方,先后在建康地区设置了20多个侨治州县,随着人口、政治经济上的优势,北方官话风靡江南,吴语逐渐萎缩,只保留了"侬"等典型吴方言词汇。但随着南朝偏安江左的分裂动乱,吴人南下闽越,吴音也随着南移,因而闽语中有许多吴语音韵,吴闽方言有着密切的关系。透过吴闽区际之间的方言,不难了解移民由北向南的发展过程,而且大体知道唐代以前社会人口演进的轨迹。

在移民人口与当地居民势均力敌的状况下，不同的方言为人们交流制造了一道无形的屏障；为了打破这种语言障碍，移民往往会产生出新旧地域方言的融汇。如宋室南移时渡江人口比例并不大，尽管北方人在政治上占有优势，但大都集中在临安城周围，因此杭州话既带有北方话的特点，又保留有地道的吴语，形成"半官话"的性质。在杭州话分布的范围里，就可知道其人口构成的社会内容。像这种移民引起毗邻地区新旧方言发生不同程度融汇的社会现象还有许多，如湘赣方言、粤客方言、吴徽方言、秦陇方言、川滇方言等等，都是"你中有我，我中有你"，正反映了移民扩散联缀的事实。

移民放弃原有方言完全改用新地域方言的情况也有，这是因为移民人口相对分散或数量较少，又不具有各种社会地位优势，反而处在土著居民包围之中，不得不放弃旧地方言。宋代开封移入的犹太人，就因为人少居散，为了生存，不再大量使用希伯来语，只有掌教的神职人员才用希伯来语诵读和讲解犹太教文，其后代已完全改说当地汉语。然而，更多的移民是在远距离迁徙后仍保持其固有方言，同时为在新地域生存而不得不学会新居地的方言。这种"双语"现象在移民家庭或聚居社区里非常普遍，有些移民甚至能说几种方言进行社会交际，在内陆或边疆以及海外华侨中，都有移民有意识地维持双语制，以保持内聚力来抵抗新居地的地方主义和排外倾向。不论移民方言冲淡、改变了新居地的方言，还是新旧居地错居引起方言的更替，都反映了移民社会隔离又融合的复杂状况。

至于移民社会中所产生的帮会派别、行业类型、经商特点、人口增殖、政治渗透、祭祖扫坟、宗教信仰、民族冲突等问题，在形形色色的方言中均有表现，有些甚至成为一个地域的重大社会问题。例如屯垦移民或逃荒移民在历史上常常成为社会"动乱"的根源和爆发点，除了经济贫困、地位低下等原因外，语言闭锁阻隔所造成的孤岛式生活往往是重要的因素，像魏晋南北朝移民过程中曾多次爆发过"流民暴动"，唐末黄巢起义中所引起的移民流动，明末农民起义时李自成、张献忠等竟以方言差异来划分南北亲疏，都印证了移民与方言的关系，其所带来的社会影响、风俗习惯都是很深远的。

明朝洪武元年(1368)八月，将元大都"残留"的居民全部迁至河南开封，而又从全国各地陆续大批移民填充北京。这次彻底的大移民、大改变,使语言也产生了"大输入",从而使北京语言颇为复杂,与后来东北满族带入的口语方言不完全一致。经过几百年或好多代移民的变化,其后裔有时会失去旧有方言,有时也会继续传下去,这与政区交通、山川地理、移民自身分化等多种因素综合有关。但通过移民方言的线索去追寻社会史的内容,无疑具有深刻的意义。

总之,语言不是社会历史过程的简单反映,社会生活中那些创造新词,改变、扩展或废弃旧词的变化,展示出语言背后的某些社会历史过程。因此,不能离开社会生活的范畴去讨论片泥鸿爪的语言,不能离开社会去解释语言。通过对每一个时代社会实践中最重要、最具有影响力的词汇和其日常用法的分析,可以研究当时人们思想的表达;这些词汇的文化内涵和历史轨迹,无疑是对一个社会活动的记录。一般性地收集词汇,查找或考释它们的特殊用法,这是语言学的记录;而分析内含在词汇之中的社会问题和思想命题,则具有语言社会史的意义。

我认为,社会认同和阶层划分以及群体活动,很大程度上是透过语言来建立和维持的,甚至一些民族或国家的兴衰也和本土语言的兴衰有关。因此,研究各个时期的语言现象,不仅会对社会史研究有新启示,而且会带来传统方法的突破。

《浙江社会科学》1996 年第 5 期

(《新华文摘》1997 年第 3 期全文转载)

子夜守望：秦陇文化的地域特色与历史地位

　　秦陇文化作为一种地域性文化，相比齐鲁、中原、荆楚、巴蜀、吴越、岭南、闽台等地方文化，不仅有渔舟唱晚与金戈铁马的南北之差，也有大漠雄风与古雅正声的东西之别，即使在秦汉、隋唐大一统中华文化整体结构中，也有同一共性与独特个性的区别。一部秦陇文明发展史，实际上就是半农半牧或农牧互补为典型特点的地域文化。从根系或源流上考察，秦陇的黄土文化与滨海文化、江湖文化、草原文化、山地文化、戈壁文化等都不相同，地理环境养育着不同区域的人类，而人文因素的选择与介入，又与地域文化的形成有着不可分割的联系。

　　由于起源早、根系大、脉络清、生命强、延续长等诸种因素，秦陇文化曾长期成为中华多元文化中的主体文化，其领先地位、中心传播、表现形态也曾不断地给予全国各个地域文化的发展以重大影响，直到宋代以后才渐趋衰落，但秦陇文化的地域特征、历史地位仍是联系炎黄子孙的精神纽带。

一、秦陇文化形成的因素

　　地理环境是影响人类生活的重要因素，优良的地理环境，有利于人类生息繁衍，为社会生活和文化发展提供便利。恶劣的地理环境，客观上会造成社会发展的滞缓与文化的落后，甚至会给该地域或民族带来灾难，但同时又会激励人们去改造自然。秦陇文化的形成，与秦陇地区的地理环境息息相关。

　　从自然条件看，秦陇地区广袤的黄土高原前后左右连接着河西戈壁莽川、内蒙古大漠草原、晋豫丘陵沟壑、巴蜀秦岭高山，黄河呈凸字形两度贯穿秦陇地区。秦陇地区既有千里沃野的平川、地势高坦的塬峁，也有峰高谷深的群山、连绵起伏的峻岭。河西走廊，曾是通往西域的狭长大动脉，中亚、西亚的商贸、文化来往赖此通行。关中"左据函谷二崤之阻，表以太华终南之山，右界褒斜陇首之险，带以洪河泾渭之川"（班固《西京赋》）。从酒泉、张掖、武威、兰州到天水、西安，皆位于地理要冲，在这种特殊空间条件下形成的秦陇文化，既有益于比较直接地吸收外来文化，也有利于输出中国文化，绝不是后来陕甘两省的地域相加和单一的农业文化，仅就自然地理划分，还应包括川、青、宁的一些地区，其文化内容同中有异，文化原型也极为丰富。

从经济基础看，秦陇有着典型的农牧混杂特征。在古代中国大地上，北方草原文化、中原农业文化和南方"水"文化都非常清楚，而秦陇地域既有"农"文化的特点，又有"牧"文化的特征，粟麦彩陶与马牛羊皮共存，在新石器时代半坡、姜寨、马家窑、齐家坪等有代表性的文化遗址中，皆发现许多农耕与畜牧并举的实物，这是一种边缘文明与混合文化的典型反映。直到近代，布帛与皮货、粮食与肉干的商贸交易仍是秦陇经济的一种特色。秦岭作为横贯南部的天然屏障，把南北方文化区分开来，而流经陕甘的黄河则没有阻碍西北和蒙古地域游牧文化的冲突与融汇，在古代以陆路交通为主要沟通渠道的前提下，秦陇的农牧互补经济对文化的影响是多方面的。

从民族融合看，秦陇分布着大量少数民族，周代在陕甘北部的猃狁、犬戎，春秋战国时在陇东和洛水流域有义渠、大荔等西戎，秦汉时期在陕甘青以及内蒙古河套地区的匈奴、羌人、氐族等势力非常强盛，仅居住关中的氐族就有二十万户以上，居住在河西走廊的匈奴人达三十万人以上，遗留在秦陇的匈奴文物俯拾皆是，特别是反映畜禽动物和草原搏斗风格的金银饰件很有特点。魏晋以后迁徙安置在秦陇的匈奴、鲜卑、柔然、稽胡、羯族等更是不计其数，史书记载的北狄入塞部落有二十多种，关中、陇东、陇西、河西的少数民族几乎占人口一半。隋唐时期突厥、吐谷浑、党项、回纥、吐蕃等民族在秦陇地区杂居错处，这是其他任何一个文化区域所没有的现象。游牧民族进入秦陇，那种勇武善战、质朴坚强、粗犷剽悍的特点,不仅改变了秦陇民众的品格和素质,而且带来了新的文化生机,"秦汉雄风""隋唐气象"都与少数民族文化息息相关。

从人口迁移看,秦陇是全国大规模移民最集中的地区之一。秦国商鞅变法后,就通过招诱邻国人民和迁移被征服地区人口以增加自己的实力。秦统一后,一次就迁徙关东豪富十二万户于咸阳,计六十万人。以后又几次从六国移民,并在河套平原建立"新秦中"移民区。汉代继续推行"实关中、戍边地"政策,从东部移入关中的贵族官僚、豪强地主和附庸人口近三十万,其后裔至西汉末年约一百二十一万。汉武帝时又向河西四郡和陇西、金城、天水诸郡移民八十多万。汉代人口密度居全国之冠的是长安三辅。强制性移民中有大量关东士族高门,他们文化程度高,如集中在咸阳五陵邑和河西武威的累世儒宗士人,他们的迁入,无疑促进了秦陇文化的发展。北朝到隋唐时中亚西域昭武九姓胡大批东迁,在河西、陇西和关中建立许多聚落,他们又将很多外域文化融合进秦陇地区,从而使秦陇文化成为"胡汉一家"最具代表性的地域。

从政治中心看,长安曾为 11 个王朝国都,丝路重镇武威在十六国时曾为前凉、后凉、北凉、南凉都城,这种具有全国和地方政治、经济、文化中心的双重特点,使得秦陇文化不仅扩展到中国各个地域,而且也渗透到中国文化各个方面,如《史记》《通典》等第一流文化典籍,汉长安、唐长安等第一流国际都城,阿房宫、大明宫等第一流宫殿皇阙,慈恩寺、西明寺、青龙寺等第一流皇家寺院,还有闻名海内外的第一流文化名人,等等,既为秦陇文化赢得了不朽的光荣,也为中国文化与世界文化作出了贡献。特别是在周、秦、汉、隋、唐等大一统王朝时期,秦陇的核心地位和国都的中心位置,更容易使其文化具有中华文化整体的代表特征。尽管秦陇地域在不同时期融合了无数的"夷狄戎蛮",但由于其为京畿政治中心和文化中心的原因,始终保持着强大的同化力,即使边远游牧民族军事上战胜了秦陇农业民族,但往往在文化思想上被迅速同化。所以,秦陇文化长期处于政治中心占支配的地位,又有一种正统性、权威性的特点。

秦陇文化在形成的悠久历史过程中,有着极为博大的吸收性、包容性和融汇性,西周灭商纣吸取了殷文化,秦人破六国摄收关东文化,西汉初期崇尚楚风,北朝保留"五胡"文化原型，隋唐全面融合胡俗南风，这种大范围的引进、吸收四方文化，不但为秦陇区域性文化的兴旺繁荣创造了良好的氛围，而且一发端就带有其他地域所没有的鲜明地方色彩，例如胡袄短靴、帷帽袴褶、女着男装等服饰习俗在南方就很少见到，胡饼乳酪、炙肉烤脍、羊羹麦饭等饮食习惯在南方也不流行。虽然秦陇屡次成为统一中国的中心区域，但其区域文化的某些特点一直没有完全消失。秦陇文化的区域概念，正是历经数千年演变自然形成的。今日秦陇人口超过六千多万，居住着 30 多个民族，区域面积达 65.5 万平方公里，仍是现代中华文化的主流之一。

二、秦陇文化的发展与变化

秦陇文化作为中华文化精华的重要组成部分，源远流长，历经百代沧桑变迁。在这里发祥产生的典章制度、思想学术、文献典籍、文学艺术等内容，既是地域文化，也是全国文化，尤其是在周秦汉唐时期，国都与关内的重要地理位置，使其文化内涵中全国性的兼容并包相对大于或重于地方特色。因此只有站在超地域的高度，才能分辨了解秦陇文化的特殊性与地域性。

秦陇文化的发展有着明显的阶段。第一，远古至商周的文化萌芽与诞育。石器时代秦陇依河岸而居的仰韶文化遗址被发现有一千余处，沿黄河、渭河、洛水、泾河、灞河以及汉江、嘉陵江上游，都有其代表性文化，如大荔沙苑石链、华县老官台橘红陶器、西乡李家村双弧刃石铲、西安半坡陶塑、临潼姜寨地穴房屋、临洮马家窑彩陶、广河齐家坪铜器、长安客省庄"吕"形房等等。这些文化遗存不仅说明秦陇是远古先民理想的定居之地，而且显示了土木建筑、文字符号、彩绘陶塑、冶炼技术的源头。商代铜器在关中地区比比皆是，直线纹簋、龟鱼纹盘、羊首勺、马首刀等地方特色明显，像大口尊、龙纹钺、人面斧之类是中原商代文化中从未发现的，反而带有巴蜀铜器特征。活动于陇东泾川和关中西部的周人，在游牧部落戎狄、獯鬻侵袭下迁居周原后，周文化发展迅速，西周的青铜器数量之多、时间之长，为世界所罕见，著名的盂鼎、毛公鼎、何尊、天亡簋、墙盘等国家瑰宝饮誉海内外,现存有铭文的青铜器就达 1 万件左右,最长的铸刻铭文(即金文)达 497 字,这是世界各地上古青铜器中仅见的长篇巨制。周原出土的甲骨有 1.75 万片,其中 300 多片卜甲有刻辞,这与安阳殷墟甲骨文的发现有同等重要的意义。西周的宫殿建筑布局、材料等都风貌独特,三千年前的夯土坯和砖瓦等是其他地域少见的。这些,都为秦陇文化奠定了根基。

第二,春秋战国至秦汉的地域文化形成与发展。"嬴"姓秦人从陇东犬丘(今甘肃天水一带)游牧部落强大起来后,不仅征服了西部戎狄,而且逐步东迁扩展到整个关中。文化上,它在小部分模仿周文化的同时,采取了文化功利主义,追求重实惠、轻礼乐的价值观念。秦国建都凤翔雍城后建筑的宫殿、宗庙、凌阴(冰窖)、陵园以及制造的编钟、铜件等,都具有宏大豪华的特征,是目前所知先秦时代其他文化区域远不能相比的。秦统一全国后,文化上以法家为主兼收各学派,产生过《吕氏春秋》杂家著作,吸收过韶乐和郑、卫之音,集中过六国宫殿建筑精华,以秦篆、秦隶独用统一了全国文字,显示了秦文化独有的特色和交流并蓄的精神。现考古发现的秦咸阳宫殿遗址、车骑人物壁画、秦陵兵马俑和铜车马等,都展现了秦文化的魅力。汉王朝继承周秦文化的主要精髓,又与楚越、齐鲁等地域文化交融,揭开了中国文化新的一页。象征着天上北斗的汉长安城面积达 36 平方公里,周长 9 公里的未央宫雕梁画栋壮丽异常,天禄阁、石渠阁收藏着全国图书秘籍,建章宫"千门万户",飞阁复道长达 10 公里,五陵邑的石刻雕塑和随葬裸俑栩栩如生,遍布关辅的瓦当画砖饰纹优美、寓意吉祥,排比铺陈的汉赋开创了文学新局面,巧夺天工的金器、玉器、铜器等无数手工艺品琳琅满目,居延和武威的汉简震惊后人,仿佛是一个非凡的文化世界呈现在秦陇黄土地上,独特的文化成果充分反映了中国文化发展的第一个大高潮。

第三,魏晋至南北朝的文化大融合。东汉后期开始的内乱外患,虽使秦陇陷入分裂割据的痛苦时代,但文化并没有因此而中断、停滞。三国时曹操、诸葛亮、司马懿等著名人物纷纷在此活动,关中、陇东、陕南都留有许多重要文化史迹,如五丈原诸葛亮庙、汉中勉县武侯祠、定军山下诸葛亮墓、褒斜道石门摩崖曹操隶书大字"衮雪"等。河西地区聚居了大批中原避乱迁移的文化名士,以经史传家,世代保持儒风,如张轨、李暠等五凉统治者,往往本人就是熟读经史的硕学宿儒,所以带动了河西地域文化的昌盛。大规模的少数民族内迁,使得胡汉文化互相吸取和融汇,苍凉动魄的游牧民歌、豪迈粗犷的边朔诗赋、西域旋律的音乐舞蹈、方正刚健的北碑书法、"五胡"民族的风俗习惯,都在秦陇传播扩散。特别是河西走廊、陇东孔道、关中平原为佛教东传与发展的最重要道路,西域僧侣和中原高僧常在秦陇讲学求法。最早开凿于氐族统治下前秦建元二年(366)的敦煌石窟,成为东方佛教文化的宝库。武威天梯山石窟、酒泉文殊山石窟、永靖炳灵寺石窟、天水麦积山石窟等,都是这一时期佛教文化的传播胜地。后秦皇帝姚兴甚至出动军队攻破凉州,将西域高僧鸠摩罗什抢到长安尊为国师,特建逍遥园让他率领八百多名僧人译经,奠定了中国翻译事业的文化基础。匈奴、氐、羌、鲜卑族等先后在秦陇建立了前赵、前秦、后秦、西秦、后凉、北凉、南凉、大夏等政权,都不同程度地引进汉人参政,兴办儒家文化教育,形成了"胡人汉声"的新局面。

第四,隋唐时期秦陇文化的空前繁荣与发展。来源于西魏、北周的关陇军事贵族集团,本身就是鲜卑与汉族血缘融合的产物,他们相继建立了疆域超过秦汉的大一统政权——隋唐王朝。尤其是统治长达近三百年的唐王朝,其高度发达的经济文化和高度开放的精神,吸引了周边游牧民族和中亚、西亚国家纷纷进入秦陇地域,将唐王朝尊为"大中国""天可汗",文化交流空前繁盛。长安城内胡商蕃将云集,敦煌、武威成为"华戎都会",南亚、西亚的宗教在秦陇设寺传布,罗马、阿拉伯、波斯的货币在此流通,丝绸之路带来了一批批西方金银、玻璃、香料、药材等珍品,新罗、高丽、日本等国的学者、僧人长期在长安留学生活,大量的外域异族文化在秦陇生根开花。而从秦陇输出的中国造纸术、印刷术、陶瓷器、丝织品等,也影响着欧亚大陆的文明进程,特别是从长安传播到北印度的道教,传播到新罗、日本的汉字,传播到阿拉伯的炼丹术,传播到西域、中亚的城市建筑艺术,等等,都使中外文化的交流融合达到了后人难以想象的地步。后世称赞文化上的"隋唐气象"就是在秦陇地域首先发展的,其中外交流和南北融汇的一系列文化硕果犹如丰碑突起,精品荟萃,仅从考古文物看:唐代帝陵前的蕃酋石像、长安墓葬中的胡俑、昆仑彩塑,唐墓壁画上的波斯马球和胡旋舞图,长安王府遗址中的中亚风格金银器皿,佛寺埋藏的波斯玻璃器物,敦煌保存的犍陀罗佛教雕塑和祆教、摩尼教文书,法门寺地宫珍藏的南方越州窑秘色瓷,大明宫遗址出土的南方金银器等贡物,西安碑林保存的南方秀丽圆润风格的书法作品,等等,不仅说明了秦陇文化与其他地域文化的关系,也反映了中国文化的空前繁荣与发展。

第五,宋元至明清的整体衰落与变化。唐末五代以后,由于政治中心东迁、经济重心南移、丝绸之路切断、边疆界域退缩、自然生态破坏,秦陇文化也相应开始"内向"保守。原先东西贯通的地理环境变得封闭堵塞,原先少数民族融合变成进逼防御和华夷分明,原先广阔的农牧混合经济变成人稠地窄的单一小农经济,原来多元文化类型也变为一种"尊先王遗风"的义理约束。国都长安也退居为宋代京兆府、元代奉元路、明清西安府。面对西夏等民族的进攻,陇东竟成了西陲边界,直到明清才恢复了河西行政建制。当然,历史积淀的地域文化在某些方面仍有发展,例如以张载为代表的"关学"在全国还占有一席之地,宋耀州窑为全国八大窑系之一,元代安西王府遗址下发现的五块阿拉伯数字防灾辟邪铁板"魔方",明代西北民间规模最大的三原城隍庙建筑,西安碑林、户县全真道祖庵、明长城终点嘉峪关、武威文庙以及其他风土文化遗迹,都是秦陇文化的象征。但斗转星移,沧桑嬗变,秦陇文化整体上趋向衰落,失去了核心辐射作用,并很少与其他文化区域交流。明天启五年(1625)《大秦景教流行中国碑》出土后,北京天主教传教士金尼阁、汤若望、鲁德昭等到西安考察布教,竟遭到百般诽谤与迫害。狭隘、保守、封闭、排外的文化心理已远不能与汉唐那种开放大度、吸收融合的文化气度相比。秦陇文化只剩下西北一方的地域特征了,其文化发展与其他区域的差距,也日益明显。

三、秦陇文化的主要特色

与文质彬彬的中原齐鲁文化和秀丽婉约的江南楚越文化比较,秦陇文化有着雄健磊落、慷慨激昂的独特格调。广阔的黄土农耕环境和严酷的草地游牧生活,造就了各民族杂居交融的秦陇人民,具有质朴豪爽、粗犷悍厉的民族气质,洋溢着积极向上、开拓进取的乐观精神，只是宋代以后才内敛为敦厚沉吟、倔强固执的文化心理。

如果说齐鲁文化的特质表现为重礼仪、重宗法等级和人之道德完善的伦理主义，楚越文化的特征表现为重想象、重抒发情感和人之内在审美的浪漫主义，那么秦陇文化的特色则突出表现为重实效、重结果功利和人之切身利益的现实主义。这就决定了其文化具有与众不同的特征。

在社会心理上，秦陇人自古具有强烈的西北地域观念，但缺乏其他地域那种错综复杂的宗法血缘观念，虽然周人建立了严格的宗法等级制度，尚礼崇德，施仁保姓，崛起的秦人却没有严格的宗法制约束，不仅没有实行嫡长子继承制，而且缺乏礼义道德修养。秦人对东方各国普遍流行的先王观念十分淡漠，不提倡祖先崇拜，重视的是现世地域生活，关心的是攻伐农牧、开塞徕民、重本抑末等与国计民生有直接利害之事。所以东方各国视秦人为"虎狼之国"，"秦国之俗，贪狠强力，寡义而趋利"（《淮南子·要略》）。汉唐时期的人口迁徙和民族融合，更难形成一脉不变的宗法世系，即使"胡种狄裔"硬编出一个门阀谱牒，实际上重视的仍是关陇"郡望"，军事贵胄代替了高门士族，这种重军功、重地域、重现实的价值观念与其他地域差别很大，具有鲜明的地方主义色彩。特别是长安建立的中央政权里没有封闭排外的宗法制，却有按地域选择人才的倾向。

在学术思想上，秦陇地域的大思想家很少见，在农牧文化和军事征服的影响下，"重耕战""赏军功"一直成为传统，人们无暇去讨论仁义道德、礼乐教化，因而关东文士抨击"秦与戎翟同俗"，是蛮夷之地。当东方诸国百家争鸣、学派林立时，秦没有一个具有独立思想体系的哲学家，与楚人丰富的浪漫想象和齐鲁杰出的思辨水平相比，秦人的理论思维水平低下。即使吕不韦编《吕氏春秋》，也是召集关东宾客撰成，故《吕氏春秋》被列为"杂家"之流。汉代实施黄老之治和独尊儒术以后，秦陇虽然学者汇聚，实质上外儒内法，仍没有推出一个思想家，东汉的"关西孔子"杨震和马融等只是注释校订的经学家，隋唐的颜师古等人也只是训诂学家。宋代的张载和其弟子创立的"关学"，探讨了天命、性、道等理学命题，并提出气本论学说，在理论思维上有独特创见，但其重视实际、躬行礼数的朴实学风，并未发扬和继承理学思辨特点，明代以后沦为理学末流，没有产生全国性的影响。

　　在科技发明上，秦陇由于一贯重视与人们切身利益相关的日常生活和社会生产，包括生老病死、农耕畜牧、屋室建筑、自然灾害、仓库收入等，所以产生了不少的科学家和技术人才。例如秦陇是全国医学最发达的地区之一，秦国的医缓、医诣、医和在战国时非常有名，汉代淳于意为中医史上"医案"的创始人，唐代孙思邈被誉为"药王"，王焘被称为整理医药文献的大师。畜牧业是秦陇独盛的领域，周秦汉唐相马术、饲养术、兽医等享誉海内外，官营牧监在秦陇被保持到清代。农业在全国更是发达地区，周秦率先兴修水利，汉代推行牛耕和铁工具，赵过的代田法名闻农史，隋唐的园艺业和复种精耕法推广全国。此外，机械发明家马钧、天文学家杜预、数学家李淳风、地理学家贾耽、引进西方力学的先驱王征等，都是秦陇的科技名家。在宋元以前，秦陇在科技领域始终处于全国领先地位。

　　在城市建筑上，秦陇以长安为代表，达到了中国古典建筑的高峰。面积 36 平方公里的汉长安城远远超过同时代 14 平方公里的罗马城，隋唐长安 84 平方公里的面积是同时代阿拉伯首都巴格达的一倍半，即使 60 平方公里的明清北京也没有超过唐长安城。而且隋唐长安城的棋盘布局直接影响着地方州城和邻国都城的建设，如南方益州城、扬州城，北方幽州城、云州城，中亚碎叶城、怛逻斯城，渤海国上京龙泉府城，日本平城京、长冈京、平安京，新罗庆州城等。西周岐邑宫殿和沣镐宫殿，秦雍城宫殿和咸阳宫殿（信宫、甘泉宫、北宫、阿房宫等），汉长安未央宫、长乐宫、建章宫等，唐长安太极宫、大明宫、兴庆宫、华清宫等，再加上遍布关洛的离宫别馆和风景苑囿，成为中国古代夯台建筑和木构建筑的高峰代表，不仅组群布局、造型设计别具一格，而且利用环境、艺术加工巧夺天工。秦陇宫殿、寺院、陵墓、园林、城市等的共同特色就是唯"大"尚"多"，崇"高"求"阔"，气势磅礴，震慑人心，雄浑高迈，深厚大方，这是其他文化区域绝无仅有的。

　　在文史创作上，秦陇地域不仅较早地创作了《诗经》中的《周颂》《大雅》《豳风》《秦风》等，而且秦汉时期的散文名篇层出不穷，《谏逐客书》《过秦论》《上林赋》《两都赋》等皆为后世范文。唐代的古文运动首先在长安发起，变骈为散，批评华艳形式主义，追求流畅奔放的文风，杜牧的《阿房宫赋》、柳宗元的《种树郭橐驼传》、韩愈的《谏迎佛骨表》等，成为情理并茂、文采飞扬的名作。以长安为基地的唐诗创作，南北诗风交融互补，是中国诗歌发展的高峰。李白、杜甫、白居易、陈子昂、高适、岑参、王维、刘禹锡等大诗人，都在长安即景抒情，触物起兴，写下了千古绝唱的诗篇。无论是宫廷诗、风光山水诗，还是边塞诗、咏史诗，都以雄阔壮美、高昂激越的基调见长，达到了炉火纯青的境地。司马迁《史记》为中国第一部通史，班固《汉书》为中国第一部纪传体断代史，杜佑《通典》为中国第一部典章制度专史，证明了秦陇的史学在全国也占有相当重要的地位。

在宗教信仰上，秦陇地域从周人祭祀的甲骨文开始，就有注重地理、人物、官职、动物、天文、八卦、算筹等世俗生活的传统，对鬼神缺少大胆的夸张与渲染，并赋予鬼神道德伦理的惩赏标准，吉凶福祸都与"德"相联系。秦人的多神崇拜和鬼神观更表现出直观、质朴的世俗特色，"天""上帝"均和世间事物对应，而且与道德伦理毫无关系，没有理论的上升。秦皇汉武的寻仙求神，吸收了东方的超人怪异思想，但也没有形成成熟的宗教体系。秦陇由于地理、民族等因素，是最先受外来宗教传播和影响的地区。到隋唐时，佛、道特别兴盛，佛经翻译、寺观设置、佛教艺术、信仰人数等都达到了高潮，并且建立皇家内道场，汇集全国高僧，佛教八个宗派中有六个宗派在长安创立，法门寺七迎佛骨轰动全国，景教、祆教、摩尼教等皆在秦陇传布。这都反映了秦陇宗教信仰的兼容并蓄和世俗狂热，但秦陇却很少有佛学理论家，只有重信仰的形象思维，没有重思辨的哲学思维，原因在于其缺乏理论的传统。

在民风习俗上，地处西北的秦陇受游牧、农业风俗文化的双重影响，既有质朴强悍、好胜尚武的民风，又有敦厚重土、不慕异地的内向性格。婚礼骑驴跨马，新妇足不踏地；丧礼大哭大号，奠馍献果示孝；既有中原传统的礼仪规范，又有北方少数民族的习俗。节日的社火、转九曲、燎百病、打腰鼓等场面壮观、欢腾热烈，民俗的挂老虎馍、驱五毒、蝎子符等威吓镇鬼、祈求平安，饮食的涎水面、熬油茶、石子馍、牛羊肉泡馍、烙锅盔、腊牛羊肉等"胡味"十足、保存持久，服饰的白茬皮袄、羊肚子毛巾、牛鼻梁鞋、毡疙瘩等带有少数民族抗寒御冬的特征，民歌的信天游、道情、花儿等高亢激越、直抒胸怀，戏曲的秦腔、眉户、碗碗腔、陇剧、高山戏等苍凉激昂、古朴厚重，方言中发音硬、鼻声重、咬字干脆，许多地方还保留古入声字的念法。与其他地域相比，秦陇的民俗保留着不少的汉唐遗风和胡人习俗，粗犷矫健、豪爽大方。

四、秦陇文化的历史地位与研究状况

文化交流的一般规律是，较高的文化必然地向较低的文化流动。一种地域文化，历史愈悠久，文明愈发达，它对周边文化区域所产生的辐射影响就愈大。秦陇文化既有地域性又有超地域性的双重特点，由于它处于具有一千多年特殊历史的国都地理位置，不像其他地域文化那样仅仅限于一隅之地，常常要涉及全国性的范围，因而其文化的凝聚与传播，对加速各民族融合、形成大一统广阔地域的中华文化，起到了独特的作用。

在凝聚方面，从"人文初祖"的炎黄到与戎狄错居杂处的周人，创造了秦陇华夏族最早的文化雏形。成长于西戎的秦人，在兼并争霸与统一全国后，"同书文字，匡饬异俗"，吞纳六国文化精粹，其儒法互补、尚武轻文、皇帝极权的文化模式对以后中国产生很大影响。汉晋南北朝开通西域与各个民族内迁，聚汇和融合了多源流、多类型的文化，而且民族界限逐渐为地域关系所代替，各民族、政权都承认秦陇"正宗"文化的地位，少数民族带来的新鲜血液反而使汉文化传统格局得到了局部更新。有着胡汉血缘的关陇军功贵族集团，更是面向世界吸收外族异域的优秀文化，高丽乐、波斯帽、中亚舞、天竺画等汇聚盛行秦陇，使秦陇地区成为当时中外文化交流的中心。宋元以后，秦陇文化借重于自身的深厚内涵和传统的习俗力量，仍内聚了某些自己的特点。

在传播方面，秦陇文化由于博采众长而雄浑壮大，造就了其非凡的同化力，在周秦汉唐与其他区域文化交流中，经常处于"多元一体"的主导地位，具有传播、影响的带头作用。例如两晋到隋唐的南下移民浪潮，使关中汉族语言的声调韵母至今保留一部分于闽粤方言中。现在闽粤妇女喜欢发鬓上戴花、脑后插簪枝、脚穿木响屐，这都是唐长安妇女流行的服饰化妆风俗。西南南诏文化中也大量吸收盛唐文化,当时有不少南诏"蛮族"子弟入长安学习,南诏历史文献自称"人知礼乐,本唐风化",其官制礼仪和语言文字、生活习俗均有强烈的仿唐性。至于秦陇隋唐文化对日本、朝鲜等东亚诸国的重要影响,就更多了。

中华文化的统一性、包容性和先进性,无疑是国都所在地作为其代表的特征。秦陇曾长期占有此地利位置,必然也使其文化呈现出地方性—全国性—地方性的特点。特别是"胡风汉俗共相融""华姓夷种共一家"的时代,其文化有着阔大驰骋的气象,艺术形象上的肥腴健美,民族感情上的流泪自如,真有"百川会海、繁盛之巅"的品格,即使来自其他地域的文人士子,受其地理环境和文化氛围陶冶,也一改"柔媚靡丽"之音,变得粗犷刚健、雄奇激越,给人耳目一新之感。秦陇文化格调上的古朴质实、遒劲豪迈,同江南艳丽娴静的风格形成鲜明对照。一种地域文化特质,实与地理、时代和民族诸因素密不可分。

值得深思的是,中国历史上大多是由北而南的统一进程,以长江地域为基地统一过大半个中国的只有朱元璋一人,而其儿子还又把国都迁往了北方。这说明在古代科技生产力和交通运输以马、陆路为基本条件的情况下,秦陇地域依靠丝绸之路沟通着东西方文化交流,其中心长安的开放程度超过了国内其他地域与沿海地区,成为周边民族地区和东亚、东南亚、中亚、西亚等地仰慕与学习的目标。因此,秦陇文化的历史地位,在一定历史时期内代表着整个中国文化的水平。

毋庸讳言,秦陇文化在宋元明清以后趋于衰落,虽然同在这块土地上,但其整体特征表现为内聚封闭、守旧僵化。淳朴敦厚的民风变成了克己谨慎的行为习俗,强悍刚烈的气质嬗变为倔强排外的心理反映,务实重惠的性格退化成不敢开拓的群体意识,就连承担文化传统延续的学者也以"慕古因循"洋洋自得。在与沿海文化地域相比中,其近代化、现代化的脚步远远落后了,原因确是耐人寻味。

秦陇文化的总结与研究,不仅对探讨该地域的文化发展、地理优劣、民族融合、人文特征、中外交流、历史地位等有重大价值,而且对建设当代中国区域经济和探讨文化发展规律有巨大意义。从汉代就开始留下的文化典籍、历史文献、地方志书,有大量有关秦陇各个方面的记载,除《史记》《汉书》等古籍外,还有《三秦记》《三辅黄图》《三辅旧事》《关辅古语》《关中记》《三辅故事》《西域风土记》《长安志》《雍录》《雍州图经》《类编长安志》《关中金石记》《关中胜迹图志》《陕西通志》《甘肃通志》等 100 余种。这些清代以前的史书，搜录了地理山川、都城宫殿、名胜古迹、教育科技、民俗物产等许多重要资料，有着可供研究的参考价值。但这些著书大多是政书、类书、地理方志、笔记小说、杂史文赋，没有一本从地域文化意义上撰写的专著。

近半个世纪以来，随着出土文书和考古文物的增多，秦陇文化的研究在两个领域取得了重大进展。一是以敦煌遗书为代表的文化研究方兴未艾，形成了海内外学者共同关注、研究的"敦煌学"，并带动了简牍学、吐鲁番学、丝绸之路、河西史地、中亚史、西北民族关系史、吐蕃史、西夏学、石窟艺术等研究的深入，其研究成果大量涌现，成为国际文化界重视的领域。二是以长安考古为中心的地域文化研究硕果累累，周原青铜器、秦兵马俑、汉唐陵墓、法门寺珍宝等都多次震惊中外，促进了周秦汉唐的历史、文学、宗教、艺术、科技、经济等门类的研究进入新的高潮。目前秦陇文化中的许多研究项目在国内外均为独树一帜，并吸引着越来越多的学者在此领域耕耘。

近几年来，人们也开始注意从宏观上研究秦陇文化，有人认为秦陇文化在周秦时是"圜道一统"的思想文化，秦汉时是雄伟壮阔的建筑文化，隋唐时是保健养生的医药文化，宋明时是"太虚气本"的哲学文化；也有人认为秦陇文化演变模式是周的"积善累德、务民稼穑"，秦的"安土息民、修德行武"，汉的"外儒内法、儒道兼融"，唐的"援道入儒、三教合一"，宋的"崇礼务实、性道合一"；还有人认为秦陇文化是稳重厚朴的农业文化典型，或是进取开放的游牧文化代表，但工商文化则大大落伍。此外，还对秦陇文化的厚朴民风、农牧文明、边缘融合、怀古趋向、务实心理、宗教特点进行了讨论。这些专题文化研究的新成果，对秦陇文化多方位的研究探讨，无疑有很大的借鉴和参考价值，有利于进一步从总体上概括、总结秦陇地域文化的特色，探讨中华文化与各地域文化之间的发展规律与相互关系。

《人文杂志》1998 年第 1 期

（收入《秦西垂文化论文集》，文物出版社，2005 年）

从西域学童读本与学郎诗抄理解儒学的西传

吐鲁番历来是西域重镇,西汉以来一直是中原王朝与西域政权争夺的重点。从麴氏高昌到回鹘高昌的几百余年中,这里政权变幻、游牧攻略、民族迁徙,因而出土的儒家童蒙读本无疑是值得令人深思的。汉字在西域传播有多种渠道,汉人驻军及眷属均有阅读儒学典籍的需求。

1967年吐鲁番阿斯塔那古墓群中363号唐墓所出文书中,有唐代景龙四年(710)卜天寿抄郑氏注《论语》和卜天寿抄《十二月新三台词》及诸五言诗,当时初步整理出来后立即引起轰动。1972年初郭沫若先生在《考古》1972年第1期和《文物》1972年第3期这两本杂志上发表了《卜天寿〈论语〉抄本后的诗词杂录》,以后又由人民出版社出版了《出土文物二三事》单行本,由此证明唐代西域的学童启蒙教育一点也不比中原地区落后,因而迅速传遍海内外。

这个唐墓中还有卜天寿的前辈"卜老师"的文书,分别是西州高昌县宁昌乡"卜老师"的举银钱契约等,时间从唐麟德二年(665)到仪凤二年(677),正是唐高宗山东封禅祭祀孔子的时候。说明卜氏家族在这里居住了几代,而且非常重视教育。在所抄《论语》后有题记"景龙四年三月一日私学生卜天寿抄",《千字文》后题署"西州高昌县宁昌乡淳风里义学生卜天寿年十二"。可见初、盛唐之际,被称为私学、义学的私塾已经在遥远的吐鲁番开办。十二岁的卜天寿从一个读诵课本的"学童"变为能抄写诗歌的"学郎",本身就说明了当时教育普及从娃娃抓起的基本功。

根据《吐鲁番出土文书》10册本,可知当时西域有《诗经》(毛诗)、《孝经》、《礼记》、《尚书》、《论语》(郑注)、《急就章》、《千字文》、《开蒙要训》、《书仪》、《典言》、《晋阳秋》、《诗文赋》(残篇)等。近年《新获吐鲁番出土文献》又补充发现有《诗经》《易·杂占》《古诗习字》等。散落收藏在欧美国家的吐鲁番文书读本中,亦有《韵书》《九九歌诀》《太公家教》《春秋左传正义》《经典释文》《庄子》《〈文选〉白文本》《魏晋杂诗》《史记》《切韵》《尔雅音义》等等。

从这些学童读本可以看出,当时儒家教育中既有传统的识字教学(形、音、义),又有诗歌教学(读、写、作),符合中国汉字文化的教学规律。《切韵》教孩子作诗合韵和押脚韵技巧,《典言》教小孩说话用语文雅,儒家经典让学童知道仁义礼智信。如果我们将吐鲁番出土的卜天寿抄本放在七~九世纪唐代儒家文化兴盛的大背景下来观察,就可以明了唐诗繁荣与文化发展的原因,这就是学童教育基础很广泛、很扎实、很成功。这对我们今天"重建斯文、靠近国学、普及经典"很有借鉴意义。

值得指出的是,过去我们误以为古人不学外语,只学汉语。实际上,吐鲁番文书和敦煌文书都有许多"胡语"写本和"胡汉双语"写本,我们现在知道的就有藏文、梵文、粟特文、于阗文、回鹘文等数种,古代汉字书写是从右到左竖写,而梵文、古藏文等是从左向右横写,这种书写与阅读都不一样的学习,对学童双语训练无疑是很难的,但是我们从吐鲁番和敦煌的多种语言文献上的对照读本、习字残卷,例如汉字、回鹘文杂写,回鹘语《千字文》,回鹘文粟特语词汇对照表,回鹘语佛教诗歌,回鹘语《大慈恩寺三藏法师传》《五台山赞》等中,可以看见他们"正写汉字、侧写胡语"所留下的笔迹,着实令人感叹学习不易。

高昌是与突厥世代联姻并接受官号的西域大国,但是《北史·西域传》记载隋代麹氏高昌城内"于坐室画鲁哀公问政于孔子之像"。《周书·高昌传》曰:"文字亦同华夏,兼用胡书。有《毛诗》《论语》《孝经》,置学官弟子,以相教授。虽习读之,而皆为胡语。"吐鲁番出土文书发现"胡"类词语甚多,出土文献与史书记载相比较,可知真实不谬,高昌儒学教育兴旺发达,在波斯文摩尼教《赞美诗》中将高昌称为"秦城/中国城",大批胡人东渐迁徙中原融入当地社会,实际上从小就受到华夏文化西传的浸染。胡人中拥有汉字文化水平的人不少,通过孩童启蒙识字教材,我们知道儒家的传播是族群之间的初识之路。哥舒翰其父是突骑施首领,其母是于阗尉迟氏,但他好读《左氏春秋传》和《汉书》就是一个典型事例。这是我们研究丝绸之路和中西方文化交流最基础的史实。

我认为,随着唐帝国版图的扩展,远至中亚的碎叶,近至新疆的龟兹、于阗等都有儒家文化因素的渗入,荣新江先生做了很好的收集与研究,既有《尚想黄绮帖》《兰亭序》等识字、习字文本,也有汉文佛典的传习,中原儒家文化对推动西域文明的融合有着积极作用,只不过是需要考古文物不断地发现证明而已。

2018 年第三届全球华人国学大典发言稿

第四章

学术求新下的脱俗品论

学术是我无法挣脱的牢笼，随着我度过了一生。但是我乐于做学术的囚徒，因为在学术圈外发现的新东西，会迫使我走进圈内，心醉神迷地去研究学术。突破陈规，摒弃浅薄，无论是沮丧还是希望，无论是恐惧还是豁达，都是几十年来的体验与思考。

我可以对自己的孙子说，我们在那个急剧变化的时代真的努力过。

记忆从不灭绝，历史自在人心。

超越史书局限的灵魂是创新

　　历史是现在和过去之间无终止的对话。尽管近年来在商品经济下史学研究遇到了前所未有的冷落，也曾被"史学危机"的呼声所动摇，但这只是传统的那套史学研究课题和方法碰上迷茫的困境，有创见、有新意的历史研究仍然受到人们普遍的喜爱，一些经过披沙拣金过程而又有独创的历史专论就是明证。

　　如果说以往的历史研究大多都有不能超越史书本身的局限，都必然为新的历史回顾所取代，那么史学的进步就在于时代的变迁和人类认识能力的演进之中。从这个意义上说，历史不会永久被遗忘，研究历史的人也不会长久地寂寞，它需要年轻的和有创见的历史学家不断涌现。正因如此，我对唐史研究既有忧患，又有乐观。忧患的是自己基础较差、眼小面窄、积累不厚、脑笨手懒、思想保守、读书不多……乐观的是历史常常只有通过个人磨难和社会灾难才得以向前推进，特别是青年学人在关注前途、反思命运中去考证史源、挑战旧说、填补空白、追寻教训，更能激发人们以史为鉴、启迪民智，为现代化社会奋起热情。

　　在学习、研究唐史领域中，我一直自惭才华薄弱，未曾克尽厥职，因而只想简略回顾一下求索历程，附述点滴体会。

一

　　回首往事，1970年我15岁初中毕业后被下放到陕西黄陵县山区劳动，修过水库，铺过公路，干过农活，拉过煤炭……1972年被招进纺织厂做过工人。这段广阔天地的体力劳动固然不值得炫耀自豪,但对任何人来说,没有理由忘却这段布满荆棘和炼狱之火的人生道路,这是那个时代强加给我们铭心刻骨的历史烙印,当今天审视自己学术功底时,就会深深感到根苗阶段的不足,一种缺少底气的悲剧。

恢复高考后,我完成了人生道路上的战略转移,但这次转移是盲目闯进史学大门的,最先感兴趣的是中国近代史,因为写了一篇《马克思没有支持过太平天国》的论文而遭到批判,于是转向了禁区较远的秦汉史。西北大学的秦汉史在陈直先生带领下,在国内外有相当的历史影响,这个学术群体将考古与文物紧密联系的学风,给了我极大的熏陶,使我第一次认识到学科交叉绝非枉途,触类旁通才能得心应手,至少是扩大了视野和知识面,有益于用考古实物订正历史文献的局限。我发表的第一篇学术论文《王莽的悲剧》,就是利用考古文物结合历史资料写的。这篇论文从史书歪曲、两汉对比、具体改革项目分析、儒生群体迂腐等方面作了研究,被《光明日报》专栏介绍。

我对唐史的喜爱,也是从考古文物研究开始的。1981 年陕西蒲城高力士墓碑出土后,一直没有公布其碑文,我一人跑到蒲城高力士墓前,订正抄录了其碑文,我认为这块碑文的可信性高是因为它立于唐代宗时期,即唐玄宗死后和高力士失势后,没有受宠得意时的吹捧阿谀之词,碑文记载平实公允,所以我研究唐史的第一篇论文就是《重评高力士》,也是我的大学毕业论文。该文第一次客观冷静地评论了高力士的政治生涯,探讨了他与唐玄宗若即若离、小心谨慎的君臣关系,否定了传统史家种种的非难斥责,引起了学术界对人物评价的重新讨论,并被许多论著所采纳。

考入当时西大历史系主任张岂之先生的研究生后,按照培养学术梯队的要求,应主攻隋唐思想史,但我学习一段后,感到思想史的研究历来重视显在的政治家,而对社会思潮研究是个缺环,更主要的是缺少考古文物来佐证,不合乎自己的兴趣,在张岂之先生的宽容和支持下,我更加专注于隋唐政治、经济、文化等综合性学习和研究。

值得指出的是,张先生对研究生的写作非常重视,我考研究生时还有作文,他亲自出的题目《业精于勤》就是选了韩愈《师说》中的名句。我在后来写文章时很注意逻辑的转换、语言的生动以及理论的分析，无疑都有张先生的影响。

另外给我教益和启迪很深的是张泽咸先生和胡戟先生。

中国社科院历史所的张泽咸先生是来西大参加研究生答辩时认识的，他的特长是史料极熟，从汉晋到唐宋的正史文献读过几遍，唐宋一千多种笔记小说读过三分之二，我到他家中看到床下都塞满卡片盒时，不能不佩服张先生用功之苦、钻研之勤。也正是张泽咸先生的指点，使我对经济史产生了浓厚的兴趣，但这块领域经过中外学者几代人的辛勤耕耘，已是硕果累累，要想填补空白确实不易。由于西安地区出土的唐代金银器上，有一些镌刻有"内库""大盈库""琼林库"等字样，于是我决心从库藏作突破口来研究国库制度，进而探索国库与唐代财政的调整关系，第一次系统地排列研究了唐代正库与专库的储备制度，指出不同类型库藏的用途，并结合考古实物来研究唐代国库的管理制度，打破了史书记载的局限，扩展了研究的视野，将唐代财政研究推向一个新的层次。张先生对此非常赞成，他认为经济史之上是财政史，而财政史之上是国库制度研究，这样容易出创新的成果。我在他的鼓励下，用了三年时间来完成这个研究项目，涉猎了统计学、会计学、仓储学、审计学、收支预算等现代财经学科，用量化代替一般文字定性。张先生还把张弓先生的优秀硕士毕业论文《唐代仓廪制度初探》油印本交给我学习，希望仓、库这两个专题能相映成辉。当 1990 年《唐代国库制度》出版时，我首先寄给了张泽咸先生，感谢他的影响和指导。

胡戟先生是二十世纪六十年代北京大学汪籛先生的研究生，深受史学大家陈寅恪治学门风的影响，他的视野阔大，博览群书，新见迭出，颇有功力，我的"魏晋南北朝史"和"敦煌学"就是由他讲授的。胡先生提出的一些见解对我影响很深，例如隋唐度量衡、服饰变化、隋炀帝和武则天评价、大运河工程技术等等，都是一般著作里没有的，确有独到创见。特别是胡先生不局限于具体专题的读书方法和自费实地的考察精神，对我启迪很大。我在研究生期间遍览隋唐历史文献，做了几千张卡片和几本读书笔记，无疑是受了胡先生指导后的结果，正式步入隋唐史研究领域后，更觉剖璞见玉之效，如果说读书无捷径，全靠真功夫，那么这种真功夫全凭不畏艰辛去博览群书,单凭什么"才气"是不可能有收获的。

对我从事学术研究帮助的先生还有不少,他们考证的功力、实证的举例、纵横比较的能力、沉淀反思的耐心,都给我留下了难忘的启示。当然,对一些学人在过去年代浪费的时间、精力和才华也深感愧惜和痛心,从中也使我吸取了不少教训。借鉴他人的经验,可以为我们今天和以后的学术研究提供一个有思考价值的参照系。

二

人们常说勤奋出天才,只要刻苦攻读就能写出好文章。事实并非如此,有的人读了一辈子书,也写了不少论文,但不一定有真正得到公认的有创见的学术论文。现实中这类事例很普遍,其原因固然复杂,但不能不承认这与个人经历、综合素质、思想认识、学术交流、视野开阔、社会环境等有关。

历史上那些文化巨人或学术大师,显然不是一般的学问和知识,他们能从枯燥的思辨和繁琐的考据中,找出来自社会深处的原动力,透出人的血脉、情感和价值观,成为一种人类文明的注解或表达,带着鲜明的个人烙印。文如其人,风格即人,如此评鉴,指示了典范的特征,测定出昨天的标高,昭示了今后的方向,有益于青年学者的追求。

我比较迟钝,读书总怕走弯路,研究一个专题总担心事倍功半。然而,做学问很少有不付出高昂代价的,特别是要写出有创见的论著时更是如此。我的第一部专著《唐都建筑风貌》于 1986 年出版时,由于采取了思想史、文化史和唐代建筑融汇交叉的写法,对建筑中的封建等级规范进行了批判,这就引起了编辑部的争论,最后林林总总删去了近二万字才得以通过,后来这本书很快售完,还得了奖,但我心中总有一丝不完善的遗憾。也许我们这一代人的人生磨难常常孕育了激烈的批判情绪,或对忧患的思想命题有种过于峻急的关注,但我想支撑一部书的写作远不是什么灵感之类的构想和冲动,而是难以销蚀和磨损的社会意识与人生激情。1990 年我写《儒生·儒臣·儒君》这本书时,系统地剖析了知识分子的特征与得失，就是抱着这种态度完成的。

要想有创新，就得有怀疑。怀疑是进入学术大门后的标志。有些学者认为《隋书》、新旧《唐书》和《资治通鉴》不能怀疑，因为这是当时史学家"去芜存精"后官方钦定的，如有怀疑就是"疑古派""标新立异"，甚至不许怀疑魏徵、司马光等编撰有失误。对此，我一直不敢苟同。"不虚美，不隐恶，其言直，其事核"固然是备受推崇的信史意识，但古往今来有多少真实的信史呢？中国一位当代伟人曾说一部廿四史，大多是不可信的。《史记》《贞观政要》都有虚构编造的内容，何况其他史书呢？

我认为，以往的历史总是由改朝换代的胜利者编写的，以王朝更替为准的政治史或制度史，肯定带有不同程度的主观性、片面性和随意性，盲目崇拜某些史学"权威"，只会僵化自己的视野和领悟。如果可以说"力透纸背"，那么我们的眼光首先要透过纸背，若停在史书局限的纸面上，我想无论如何是不可能创新或突破的。当然除了考证功底外，还需要冲破传统的勇气。1983 年《重评高力士》发表后曾被十余家报刊转载，1994 年《唐玄奘晚年活动散论》发表后被美国《世界日报》连载，能获得社会反响，恐怕就是自己不愿盲从、不拘守传统的一点尝试吧。

记得一位世界名人说过，不能发现问题就不能做学问，不能怀疑前人就不能有所创造。学术界公认的大师都是如此，其创新欲与事业心相结合，善于提问题又善于解决问题，这是有志治学者独立思考的必由之路。然而，"看似寻常最奇崛，成如容易却艰辛"，只能"长期积累，偶然得之"。近几年来，我把研究目光转向唐代下层社会，注意把书本死东西变成活东西，目的是更贴切地观察当时社会和民风习俗，先后发表了《唐代服装与长安气象》《唐代知识分子观念变革》《唐代民谣俗语与唐人社会心理》《试论唐代梦境文化》《论唐代社会中的赌博浊流》《唐代乞丐与病坊探讨》《唐京的恶少流氓与豪侠武雄》《唐代金鸡风俗考》等论文。过去我们只研究舟而不注重水，只注目政治的舟而忽略社会的水，以为农民"造反"就是水之覆舟，放弃了社会更大一面的研究，自然正史也很少记录社会下层状况，这就更需要从笔记杂史中搜集正统史书不屑一顾的地方，费力大而整理慢。例如探讨唐代乞丐与病坊的关系,仅资料准备前后就达四五年之久,如果没有敦煌文书中的残卷记载,绝对写不成此文。只有将唐人日常生活中的悲欢离合、喜怒哀乐作一探讨,才能把另一类具有历史价值而为一般史著无法取代的文献变得生动真实。这不仅是研究内容的转向,也是研究领域的扩大。有人认为社会史的研究,档次过低、鸡零狗碎,似乎只有唐太宗、唐玄宗等上层人物才是历史的精华,这种观念实际上是很狭隘的封建史家看法,随着社会史成果不断推出,我想其价值会更加清晰地显露出来。

目前我正进行唐代建筑复原研究,已完成《唐代芳香建筑考》《唐玉华宫离宫建筑考》《唐代复壁建筑考》《唐华清宫沐浴建筑考》等文,目的还是想超出史书的局限,结合考古文物资料探讨唐代的物质文明和精神文明,用实证的方法改变那种空泛的文化史研究,力争做到宏观与微观结合,对唐代建筑在中国文化史上的价值与意义,作出新的解说和结论。不过,这项研究资料也是异常困难,有几次我甚至想做"逃兵",因为它毕竟不是书本到书本的纸上谈兵。例如芳香建筑涉及丝路香料的来源用途和历史渊源,复壁建筑涉及夯土版筑的发展与变化,沐浴建筑涉及中西方文化交流和宗教等问题,仅靠片言只语的史书记载是无法作出突破性的研究的。但不如此综合分析,探索人们鲜知的奥秘,又怎么超越史书的局限呢?

三

进行唐史研究,不能只局限在唐史范围内,也不能与其他领域截然分离,更不能脱节于整个中国历史发展的脉络,这大概是学术界有识之士的普遍看法。只知隋唐,不知秦汉,不问明清,恐怕难以"逢山开路,遇水架桥","精专"与"广博"缺一不可,大处着眼,小处入手,从一点上突破而旁及相关学问,也是许多前辈学者成功的经验。考古但不固于古,释今但不惑于今,着力在博通古今上有所创新,这是我们这一代学人应有的追求。

十几年来,自己撰写个人著作 10 部,其中有 6 部获奖;发表论文 60 篇,其中有28篇被国内外35家报刊转载介绍,《新华文摘》全文转载过6篇。但这些文章中属唐史的只有三分之一,更多的是史学理论和社会史领域的题目,我倒不觉得对唐史研究有过多的损失,而是接纳了其他学术领域的新思路、新眼光。中国一位大哲曾说:一百多年来,中国大学问家多,而大思想家少,大考据家多,而大理论家少。我想各人走的路不同,采用的方法也不同,让每个学者都成为大师是不可能的,但"他山之石,可以攻玉",大家多些宽容,多些切磋。我既反对"文人相轻",也反对"互捧互吹",让成果在学术界说话,在学术前辈已开辟或未开辟的道路上,各自尽力吧。

最后我谈几点自己在学术研究中的体会,供大家批评指正。

第一,旁收博览厚积累。治学是一个不断积累的过程,各类知识的积累愈多,学术内存就愈深厚,遇到问题就能迎刃而解。例如印度佛教中的许多习俗清楚了,就能讲清西安出土的一些佛教文物,我曾参与帮助西安考古研究所学者解决过此类问题,深感知识广博的重要。

第二,精通一门新领域。唐史研究内容繁多,以一人之力很难完成不同的课题,但应对不同方向的研究了如指掌,触类旁通识大体,最好专深研究政治、经济、文化、民族、法律、军事几个主要的前沿项目,有些占领学术制高点的眼光。例如在研究法门寺出土的珍宝时,我最先判断出它与内库的关系,经过器物证明,得到文博界专家的一致好评。这与自己研究库藏有密切关系。而解决其碑文"东头""西头"时,我又运用对宦官制度研究的了解,破解了考古界长期不清楚的具体名称。此外,唐代国库对日本的影响,也被日本学者翻译成日文发表。

第三,综合知识多运用。对一个专题的研究要从不同角度、不同层次去理解,不能墨守成规钻牛角。例如研究国库制度时,我从御史监察去考察监库制约,从审计查核去分析出纳系统,从经济法制去探讨库藏保管,从会计收支来观察国库变化,这样条分缕析,作出重点突破。

第四,及时掌握新信息。要经常了解各种范围的最新研究动态,不断补充自己的新知识,有不懂的问题敢于开口请教。例如我向搞音乐史的专家求教,清楚了唐代单字乐器都是中国本土的,双字大都是西域传来的乐器,还明白了唐代音乐与语言的联系,知道了胡舞的区分和雅乐的分区,收益的确不小。

第五,关注现实重理论。经常阅读现实学术著作,包括近现代史专著,有益于反思回眸唐代社会发展的得失曲直,能跳出唐史范围去重新思考。而对理论的兴趣和修养,更能检验观念的更新和时代的启迪,史学理论的内涵绝不可轻视漏掉。例如我在撰写唐史论著和其他文章时,很注意哲理的分析与评论,这样会抛开传统的就事论事局限,给人耳目一新的理解与启蒙。

以上是我治学的一点总结,不敢班门弄斧自吹自擂,对自己的学术局限、功底欠缺、信息封闭、读书困难、交流圈小等问题,还希望在今后的学习生涯中依靠诸位前辈和同仁批评帮助,以便能为二十一世纪的唐史研究进步起到点铺砖垫石的作用。

见《唐研究纵横谈》,中国社会科学出版社,1996 年

脱旧出世：学术境界与脱俗求新

一、学 术 境 界

一个民族的真正强大，必然要有文化上的觉醒，只有文化意识而没有文化觉醒，还不能说是文化的自强。在我们国家这块土地上急需要涌现出一大批高水平的学术大师，急需造就出中西兼容、古今贯通的学术领军带头人，总要有一批"学而优、人格魅"的专家学者，这样才能在国际交流中真正体现出中华文化的魅力、底蕴和境界。

每个国家、每个民族、每个城市都应该有代表自己水平的作品，人们一谈到巴黎就想到巴黎圣母院，一谈到北京就想到故宫紫禁城，一谈到西安就想到兵马俑、大雁塔……

文化软实力，不仅是这个城市文化创造了多少产值，还包括人的素质，城市的文化积淀，才是城市的持久竞争力所在。文化软实力不能缺少学术文化，我们培育着制造财富的企业家，也要创造大师级的思考者。

西安有文学艺术的文化名人，但没有学术领域的文化大师。西安自古以来就具备产生学术大师的土壤，汉唐大师辈出，宋儒还有张载、吕氏兄弟，但为什么现在却没有出现大师？原因就是没有出现良好的条件，缺少学术的境界。

什么是学术境界？研究大历史、文学史、艺术史等等，不仅仅是探讨过去生活时代的记录，而且是去思考世界的变迁意义。学术境界包含着一种没有国家界线的思维方式，与人沟通，被人了解，开阔视野，就艺术和学术来说它们是让我们真正融入国际大家庭的无声使者。

大学者有高度、有角度、有尺度,高度决定视野,角度改变观念,尺度丈量人生。

任何学术成果,如果只是变成一堆泛黄的旧纸故书,是没有意义和价值的,一定要将研究心得和体会,通过各种作品、讲座和授课,向众多听众讲解,以影响他人,影响那些可以推动历史进步的人。优秀的学术成果一定是引领人们追求崇高,向往美好,弘扬理想。

大学是文化起源地、汇聚地、纽带地,大学要出文化名家、大家,写出的作品要在一种淡淡的图书墨香中令人感受到思想的震撼力量,要用理性思考带给人们思想启蒙。

知识分子不能"人生无梦",不能没有高品位的心灵追求,如果过分沉溺在有钱悠闲的生活中,就会泯灭基本的职业良知。许多所谓的知识分子最根本的缺陷就是没有追求,这也是社会种种精神堕落怪象的深层症结。

近年来,"民族的就是世界的"这一命题被高调提倡,实际上非常容易被误读,中华民族的宽广情怀和仁爱精神应该是世界的,但是我们民族中男人留辫子、女人裹小脚这种丑陋习俗,能说是世界的吗?民族文化是一个国家的精神和灵魂,是一个民族真正有力量的决定性因素。不加分析地笼统地说民族的就是世界的,容易变成空洞肤浅的政治说教。

如果没有学术境界,选题缺乏历史视野,不能透视高远的境界,就难以吸引人注意。比如研究唐诗、唐史不能不关注丝绸之路,不能不思考外来文化的影响,由此而展开的胡人汉化世代层次,西亚、中亚、西域在阿拉伯帝国兴起后的国际连环性反应,印度佛法东来和西学东渐,特别要注意古代文化传播是曲折渐进的,辗转间接的环节非常重要,明白地域、阶段和类型的异同,这才能眼光敏锐、眼角细微,这就是学术眼界与世界思维。

学者的根本在于用学问说话,以知识赢得尊严。不能随波逐流、人言亦言。但生存压力会威胁精神自由,生活困难会制约学术创新,所以为"稻粮谋"的生活状态很容易泯灭人的精神独立性,不可能有持续的思考,穷困条件下很难在科学上有所创造。

独立思考是大学精神的基石,培养学生的创新精神必须放在首位。历史资料是"实",历史考证是"疑",历史思维是"虚",历史本质是"真",我们既不当史料派,也不当史论派,就要在虚与实、疑与真之间求新,史外寻史、断片拉网、层层推进,文学靠诗赋,历史靠文献,文物靠考古,三者结合才是破解学术之谜的钥匙。

我们这代人的痛苦是革命风潮后文化纠葛的痛苦,你们面临的心理疼痛是自身生活的痛感,境遇与层次都不一样了,清纯的储存、天然的美感、世道的丑俊等都有很大差别,所以迷茫困惑矛盾所带来的学术境界需要甄别。

我们人文学科提高人的全面素质就是"传承智慧,分享知识,丰盛文史,启迪人生",这是一个百年不变的传统。

二、脱 俗 创 新

脱俗的"俗"是什么?二十世纪二十年代清华研究院四大导师(梁启超、王国维、陈寅恪、赵元任)见面讨论"俗",陈寅恪说"熟就是俗",这个俗不是待人处世很"庸俗",不是梳妆打扮很"土俗",也不是日常生活的"世俗",而是我们平时讲的"俗套"的"俗",即大家非常熟悉的套路、套数之类的思维状态,迂腐做作堆积许多套话陈言,就不可能有任何原创的新意。

脱俗指的是运用正确的历史观表现历史、文学,脱离时下泛滥的戏说思想、怪诞穿越之类的"俗",脱离"只谈风月不谈历史"的"俗",必须用正确的历史观去衡量文学、史学和艺术等作品,思想内涵一定要提到"观"的历史,我们不赞成随意篡改历史的态度和倾向,不赞赏消解历史重量感和文化精神的俗套题材,至少我是反对"娱乐至上""文化快餐"那种泡沫潮流的。

我认为,脱俗首先要有求新的激情。文史创新之作最可贵的东西是情感饱满,沿着别人脚印的"轻车熟路"绝不如开出新路的"披荆斩棘"有激情。

无论是文理兼容,还是通识专史,科研必须要有激情,有了激情钻研时才能百分百投入。很多人长期学习已经疲倦懈怠,没有激情,懒散不投入,拖来拖去,从而束缚了他们的发展。科研对我来说,是一种生活方式,不写论文就不舒服,心里就没有着落。别人说我写作是自虐太苦,我觉得乐在其中,在历史世界中遨游,与历史人物做交流,看着各种资料,仿佛置身于那个历史环境和场景之中,面对着时代中的人物与事件,总结着全人类的精神财富,有种激情亢奋,是任何事情所不能与之相比的享受,心里觉得非常充实。

创新是学术发展的主要驱动力,知识积累是学术竞争力的核心要素,特别是学科综合越来越密切成为创新成果的重要源泉。

教育的重点在于成长而不是成功,要允许学生探索时犯错误,允许他们保持个性、彰显本色,不能将学生搞得疲倦、厌倦、烦倦,令他们没有情商、没有想象力、没有朝气。那样他们也就不会有激情。

然而,在激情四射、才华横溢时候,也要注意感性会多于理性,容易发生误判武断的错误。特别是,历史认识是一个复杂的过程,人人都会有失误,对一个问题有不同看法很正常。各抒己见,见仁见智。对有的学者产生的学术失误,我们需要辨明,但不是一味去讥讽,或者挖苦不屑,而是仔细理解和思考其结论。

有人常常出现学术上以偏概全、以点概面的结论,除了会犯泄愤的错误,就是这个人眼光太短,心胸太小。学术方向不对,再多努力也徒劳。你不努力摆脱固有思维制约,没有追求和理想,你奋斗的青春就不会留下一笔难忘的记忆。

懂得欣赏是一种美德,而懂得欣赏别人论文则是一种眼光和水平。自然科学因碰撞而进步,人文科学因争论而辨明。青年学子一定要接受不同文化的熏陶,观察不同导师的思维方式,特别是在名师荟萃、鸿儒辉映的条件下,他们垂范学子的思路更容易激发自己的灵感,这对未来发展和创新非常重要,甚至会产生奇迹。

我长期以来倾慕陈寅恪先生的眼界、语言文字的能力,尤其是他的"独立之精神、自由之思想",但不是赞颂他的过人记性、背诵之功,而是他非凡的想象力、洞察力,用精思妙想复活了死去的历史。蔡鸿生先生《仰望陈寅恪》(中华书局,2004 年)对陈寅恪先生的学术境界和成就作了很好的总结,确实是"教授中的教授"，建议大家都去翻阅后认真思索。其中《读莺莺传》的眼界和思路，从小说发现历史，不仅精辟分析了唐代士子元稹"始乱终弃"的社会根源，而且结合胡貌、胡姓、胡名、胡俗、胡气分析了崔莺莺"酒家胡"的艺术特色。

正如中山大学蔡鸿生先生指导我所说的：只要敢于求新，即使错了，但有板有眼，也是"错得可爱"；即使对了，但无思路，人云亦云，也是"对得平庸"。

历史乃重写的艺术，写大人物大事件，可以使人重新理解历史上重要的课题；写小人物小事件，则能拓开历史的深度。毕竟，不仅只有大人物才曾活过，许多活在历史幽暗角落而为人所遗忘的小人物，反而可能让我们理解历史的特殊性与复杂性。

历史研究是追求信史，但在史料缺乏的情况下，推测常常被使用，从而使历史变成了"猜想"史。科学允许猜测，目的是寻找破解的通道。但在中国，曾经很多学术研究受到政治因素的困扰，对史实真相的捍卫与坚持往往会付出沉重的代价。正如我们打开史书后出现的情况：历史的标点很多是问号，历史的幕后比比皆是惊叹号。2010 年诺贝尔文学奖获得者略萨认为：文学是一种永恒的反叛形式，它绝不能接受束身的囚衣，文学宁可死去，也决不会服从。

爱因斯坦有一句名言：想象力比知识更重要。一个人张扬个性的最好方式就是敢为人先，永远张开想象和创造的翅膀。想象力是人类独有的预见力，是一切发明创造之母。

我提倡"让争鸣激活学术，让考证激活历史"。这是脱俗求新的必由之路。

文史结合或跨学科关联并不是为"廿四史"作注脚，即使重写文学史、修订中国史、纳入世界框架，其目的也都是找回文化的"魂"，这个"魂魄"就是：作家存在的理由是批判，史家生存的理由是反思，考古学家生存的理由就是证明。

我们要用积累的历史和积淀的心得，结合"史观"与"人性"交融写出史诗般的作品。我们要自觉地摆脱教科书思维模式的影响，靠博学精思增加自己的创造性思维，用一流的科研成果说话，证明自己的独思和价值。导师只有领人入门之功，却无带人上路之力。我等待着诸位成名成家，创新不断。

三、学理方法

2010 年中国科研论文数量跃居世界第二,仅次于美国。但中国科研成果引用率仅为 4%,而且抄袭、造假、篡改也是最严重的国家之一。数量不等于质量,标志性的创新并不多。

读书治学有三难:渊博难,识断难,精审难。精品艺术往往是苦难的创造,不是轻松甜蜜的派对。精彩背后是精细,成功背后是苦功。治学可能要经过遗憾、无憾、震撼几个阶段,也要经过从"藏龙卧虎"到"龙腾虎跃"的创造性激情过程。

我们要秉持"慢"的理念回归科学本质,慢工出细活。因为没有学术压力,没有功利冲动,没有成果投机意识,研究者的心态就会更从容、放松,甚至用"两句三年得、一吟双泪流"的态度来完成论文,容易达成最佳科研心态,服膺科研规律,因此更有科研独立性,更容易激活科研灵感。

要善于搜罗和抓住新史料,没有新出的文物作为引导,历史解释必有许多疏忽之处,出土文物唤醒了真正的学术研究,带给了我们一些既大气又艰难的学术课题,有些就是绝唱、绝学、绝赏。例如 2010 年 6 月从海外追索回归的武惠妃石棺椁,就表现了盛唐时代拜占庭希腊化艺术的传入。艺术是相通的,动人而不惊人,心灵与心灵的距离才是东西方文化艺术的最大壁垒和障碍。

这些年来,我一直关注的是汉唐丝绸之路研究,目前中西方文化交流史在中国是个热门的领域,但在这个领域的学者相对沉寂,不像其他领域那么喧嚣,不过它可以通过详精的考证和新奇的史料,搭起一座璀璨的七宝楼台。

我们从宏观上要认识,唐代文明并不是静止的、终极的,不是"一朝文明"便"永久文明",也不可能所有的民族都进入文明的范畴。文明是一个过程,是一个历史进程,但常常会遇到倒退,甚至是野蛮行径的倒退。

唐代文明是由各族群体共同建立的,多元文化和社会价值的进步使得这个国度昌盛。虽然种族和国籍在盛世时区别不大,但是阶级、性别仍是不平等的。

胡旋女、高丽婢、天竺僧、昆仑奴、兴生胡等等，以及突厥马、波斯犬、拂菻狗、葡萄酒等等，都应纳入我们的视野。

还原历史既需要"历史"的理论观照，也需要"历时"的文献检验，抓住历史上只言片语的零星记载，钩沉索隐，绳贯珠联，多方阐释，甄别异同，反复考证，商榷真伪，最终还原一个真实的历史。这是一般的学理常识。

我们更提倡跨学科"触摸历史"的方法：

借助细节，重回现场；借助文本，钩沉思想；借助个案，穿透史事；借助图像，观察真实；借助拓展，文史贯通。

以诗证史、以文证史、以图证史、以碑证史的方法有益于激活思路，打破选题"窄化"和封闭循环，但存疑、选题、立意、论证都要注意防止细碎化、平面化，戒俗、戒浮、戒偏、戒骄，更要摒弃近年出现的"通史"集体撰写粗制滥造之嫌。

过去是"意识形态化"，现在是"项目生存化"，市场化的幽灵、体制僵硬的制约以及浮躁的学风，一道道绳索的束缚，都使学术生态失衡。"读书方恨知识浅，观海乃知天地宽。""坐稳冷板凳，苦心著华卷。""通古今之学，还历史于民。"说起来容易做起来难，因为很多有诱惑力的"闲事"会干扰我们的精力，人的一生黄金时间是很短的。

学术创新不是随意独家妄言，信口开河，更不是随心所欲乱创。正像查书不是读书，查书过程要快，读书品味要慢。

我们要锻炼自己的鉴别能力，特别是历史是由胜利者来书写的，历史总是由结果来定论，人们喜欢重复胜利者的兴奋和说辞，从来也不关心失败者的辛酸和细节，这就是"胜者为王，败者为寇"。但是我们通过失败者独到的视角，让历史单薄的骨架有了人性的血肉；而通过关注失败者的历史细节，来还原了完整的历史真相。

名家、大师靠学府是教不出来的，因为名家大师不可能大批投入产出，名家大师必须是开风气的人，有着脱俗创新的标志，这与他们的才能、气质、环境、经历等有关。今天在座的诸位不要误认为名气大、部头大、架子大就是大师,大师概念的滥用导致其名声已经贬值,我们还是要相信创新才有收获,创新才能发展,期望我们的学子正确处理好学风、学问和学位的关系,在求学征途和人生之路上慢慢体悟。

苍天不负苦心人,天生我材必有用,愿大家深深回味吧。

2011 年 4 月 20 日演讲于西北大学文学院"名家讲坛"

见《西部考古》第六辑,三秦出版社,2012 年

学术创新、争鸣与激情的思考

——文物、史学、文学的互动

人文科学最高水平的创新就是思想的创新，每一个新见解、新判断、新观点都是新思想的萌芽，一系列新见解形成的就是思想的渊薮。人文科学要取得学术创新，就得反思我们是如何走近科研的前沿，关注最紧迫的世界问题，不仅揭示人类高尚的生活方式和目的，而且说明人类社会为什么生存和发展。

我们的社会不会因为缺少奇迹而枯萎，却会因为缺少创造奇迹的思想而失去生命力。在当前学术圈子庸俗之作充斥而真正创新稀缺的背景下，学术争鸣和激情氛围更应该给予鼓励和提倡。

一、不 断 创 新

一篇论文的价值不在于字数的多少，而在于给出新的观点、新的创新；同样，一部学术著作是否有价值，不在于堆积多少资料，关键就在于它是否有创新，在于它提出了多少前人没有提出的问题，在于它把前人提出的问题推进了多少，在于它为后人留下了多少可供拓展的新材料。

仅就我个人的体会来说，文物、史学和文学三者的结合穿透，是人文科学创新发展的方向。特别是宏大叙事史诗性的历史课题，更能获得公众的青睐，由于阐述和重构了历史的隐秘存在和复活了被湮灭的历史记忆，既给当代社会提供了借鉴与启迪，又提升了我们对世界的审美观照和人生现实的反思。

首先确定三者关系：

考古出土的文物为历史研究提供了丰富的素材和养料，也为历史学拓展领域提供了前所未有的舞台，为历史学家提供了难得的历史机遇。就是放在博物馆里的文物也大都是艺术精品，具有观赏性，熏陶着人的美感。历史有一个审美积累的过程，代代影响。

历史研究以真相为目的，弄清事实来龙去脉，凭借缜密的逻辑证据，关注人的命运。历史研究是侦破学，要追寻"嫌疑犯"。特别是人物的思想性更给人启迪、启蒙和启发，留下时代的印迹。

在文学的虚构中，小说的神奇就在于模糊了虚构与真实的界限。如果说历史研究是在侦破，那文学就是反侦破，故设谜团。但是文学的艺术性会愈发使人联想无穷，塑造着人的灵魂和良心。

其次协调三者关系：

考古文物，具有质感的历史记忆，它既坚韧又脆弱。坚韧的可以越千年岁月而不朽，脆弱的则会在顷刻间支离破碎、土崩瓦解。但它给人以解读经典文献密码的兴趣，并将文物引向思想深处的探寻。

史学研究，具有说服力的反思，不仅源于考古新资料的印证，源自生活本身的体验与思索，也源自逻辑推理的高超与合理，给人以反省审思的精神刻度。

文学融合，具有追求丰富内心变化与冷静人生以及超越生死的体悟，浪漫的抒情、激进的延伸、自由的想象、艺术的视角、美学的流脉等共同构成博大开放的胸襟，给人以积极向上的自我意识。

简单的总结，就是"考古的眼，史学的手，文学的心"。史学是假道文献史料描述，文学是借助生活经历想象，考古学最大还原原有时代的风貌。史学要体现社会责任感和思想启蒙，文学要体现人性的情怀和审美特质，考古要体现新资料对文化的印证和开阔视野。我们应该负责任地说，史学不是乱穿越，文学不是纯消遣，考古不是寻宝贝。

这三者的结合是大学者必然具备的学术素养和出众才华的表现，这三者的结合才具有创新的平台。创新一般分为两种，一种是渐进性创新，一种是颠覆性创新,中国最需要的是颠覆性的创新。只有创新才能带给人新的境界、新的收获,所以创新也是先进生产力。创新是一个民族文化永葆生机活力的根本所在,不同时代的文化都是在更新交替中前进的,这是学术研究和文化发展的内在规律。

历史利用文学获得了美丽外观,而文学利用历史获得了精神深度。有人说,学点哲学,懂点历史,读点文学,即常说的文史哲互为吸纳,互动交流,其实也就是深度综合。我对此赞同,正是由于新资料、新史料的及时发现运用解决了新问题,所以学术突破性更大。

日本科学家多次呼吁在科研中"不争第一,要创唯一",日本民族对所谓"奇技淫巧"的器物文化,对那些跟实际生活八竿子打不着的"不着调"技艺,全无歧视、轻视,相反充满敬畏之心,各种绝活手艺都能代代相传,细腻的一丝不苟的学问中往往有惊人的研究业绩和发现。用情感做学问(提论点),用理性来叙事(找证据)。这是值得参考的。

大学不是找工作的职场加油站,静心做学问,积淀才能创新。在喧嚣面前,浮躁在所难免,但是创新必须保持冷静,耐住寂寞守候成功。大师是大学之魂,文化是大学之魂,创新是持久和潜在的核心竞争力。"妙手著文章,创新独最贵"。我们要做到创新而不猎奇,求博而不芜杂,求精而不晦涩,求快而不粗糙。

文物是凝固的,它却是逼近历史真实的证据;历史是变迁的,它却反映社会盛衰的规律;文化是流动的,它却借助文学厘清人的心态。我们要关注国内外学术前沿,要有强烈的机遇意识,遇到交叉点课题就可以突破创新。从一定意义上说,人的一生能写出几篇永不磨灭的论文,就是功德;如果再写出几篇独具匠心的创新论文,那就是杰出。所以,我们必须把精力集中放在有意义的创新上。

二、不 怕 争 鸣

一个学者毕生追求的是创新,创新哪怕"错得可爱",也不求人云亦云"对得平庸"。因为新鲜的音符能带来灵魂的共鸣,新鲜的思路能带来创新的成果。

学术界的新观点、新考证往往都是对旧结论、旧说法发起的挑战,任何真正的创造都是对社会适应的突破,对民众习惯的挑战,对原有模式的背离,因而产生争议出现争鸣都是很正常的现象,甚至保守平庸的人会发出种种的指责非议。没有争议的学术观点肯定不是创造,没有历史争议的人物,肯定也不是文明的创造者。

如果我们发表有新意的论文,都被学术界认可,读者都知道,那么创造的纯粹性就有可能降为平庸性。不要害怕被别人非议而放弃自己的创造,创造是进步、进化,必然会遇到重重非议与阻力。什么叫创新,就是有不同意见质疑你、非议你而自己认定无错还坚持去答疑解惑,如果你和大家观点都一致,那不叫创新而叫附和。要创新就不能过分在意别人对你如何评价,关键是要有自知之明,对自己的缺点了如指掌,对自己新的突破有充分的信心。创新是学术发展的本质要求,也是一个民族思维进步的灵魂,是学者们追求的不竭动力。

学术分歧并不等于历史鸿沟,观点激辩并不等于无法妥协。

学术研究存在分歧是十分正常的现象,强求取得共识保持一个声音不见得就是好事,否则学术研究就没有存在的价值了。正是通过分歧才能探讨历史真相与逐渐接近原貌,我们只有站在更高的角度去思考历史,才能展示我们相应的大国胸怀。

真正的科学研究,绝对是决绝热闹、归隐寂寞的苦行。真正的研究者,他们的生存方式不仅是低调的,甚至是艰苦的,只要有能够支持生命的食物和不受禁锢思维的环境就可以。这些年,许多所谓研究成果是一些看了就忘、看了就扔的文字快餐,还有许多就是文字垃圾不值得一看。文学的生命在于创造经典,失去经典性,文学也就自断生路。寂寞产生经典,时尚产生浮华。

艺术必须逆流而上,艺术研究则应该顺流而下,因为艺术是体察觉悟的感性,而艺术研究则是特质脉络的哲思升华。艺术逆流而上回到永恒的源头,艺术研究顺流而下走向未来的新目标。

我们要求学生意气风发,敢于宏辩,在争议中活出人生的高度,保持尊严的硬度,做出学术的深度,拓出研究的宽度。从知名学者到名师、大师无不如此。

　　学术成果是知识的沉淀、思想的结晶。有思想的人都会寂寞,因为他要注重思想内涵。文由境造,学自心出。我们要经常晒学习的良方,比读书的广度,赛思维的深度。以学为乐,读有所长,学有所得。

　　每个人都有灵感和悟性的思想火花,为什么有些人的思想能形成燎原之势,创造出辉煌的事业和不朽的作品,有些人的思想火花只是星星点点、昙花一现,没有产生创造性的成果?因为关注点不同,眼界思维都不同,积累也就不同。中国人爱回顾历史,外国人常专注未来;穷国家的人想的是吃饭穿衣,富国家的人想的是整个地球上的事;差异就是思考角度不同,使命感和责任感自然有区别,争论的事情也不一样。

　　一个人的生命是有限的,创新时段也是有限的,一辈子能在学术界留下几篇让人难忘的、有突破性的研究成果谈何容易,要证明自己生命过程留下的痕迹,就要创新突破,勤奋努力,不断超越自己旧有的思维,在争议中关注社会思潮,关注一切新鲜的东西。最终的成果是厚重而不是沉重,是贵气而不是酸气。

　　思考力由思维体系的完整性和思维方式的完善性决定。其中,思维深度、思想高度、思维速度、思维广度决定着思维体系的完整性;科学思维、价值思维、应变思维决定着思维方式的完善性。由于很多人没有形成完整的思考力体系和相对完善的思维方式,因此影响了思考力水平的正常发挥,那些偶然喷发的思想火花由于缺乏思考力体系的深度推进,常常昙花一现地熄灭了……所以,我们要运用宏观视角、客观解读、微观演绎的方法,通过图像展示(视觉震撼)、文献印证(证明推敲)、文学描述(精彩纷呈)三者结合后再现历史的画卷。许多鲜为人知的历史细节产生的魅力催生出大量令人信服的历史场景。

　　我们对历史重新解读的标志是:不断穿越文献史料,利用考古文物发现,吸收营养寻求新的突破,目的是寻找具有现代意义的价值。其实新解读的风险很大,因为越是隐蔽的历史越难以驾驭,有些朦胧的历史映象需要大量的考证梳理,探索并不是那么轻松容易的,否则几十年前早有别的学者解读完成了。所以学术成果有争议有各种声音并不可怕,一时的不舒服也没有什么可灰心丧气的,如果没有不停的争议,也就不可能有更大的研究动力。从长远的学术生命看,有不同的争议才真正激励你不停探索地往前走。

即使是司空见惯的历史研究也有各种各样的解读，我研究古代中西交通和汉唐丝绸之路的目的就是告诉人们：一个国家、一个民族，只有开放包容，才能发展进步。唯有开放，先进有用的东西才能进来；唯有包容，吸收借鉴优秀文化，才能使自己充实和强大起来。

三、保 持 激 情

我讲的激情就是做学问要有兴奋感，难以抑制的学术冲动是富有激情的一种表现，缺乏激情是很多人的致命伤，慢腾腾、温吞吞，冷漠能写出优秀的作品？寻找课题没有激情，没有对美的激动，也就不会推动思想的碰撞。追寻自然、人生、社会、艺术中美的事物必然要大激动、大碰撞、大思考，激发灵感和创造性，否则就不会有真正新意的论文产生。

有人说激情成就梦想，但有梦想的人多，有激情的人则少；我认为激情就是推动事业向前发展的动力，点燃激情的目的是释放自己的潜能和创造力。激情每个人都有，但保持下去不容易，日复一日年复一年激情一如既往，就是要保持惊奇的态度、探索的眼光。若是激情消失殆尽，学术研究和工作引领就失去了动力。

要有学术激情，就不能完全脱离现实，闭门造车只会滞后，学术的水平也就提高不了。我们要考虑社会贡献率和学术转化率，要有自己的学术理想和学术思想，代表时代的高度和前沿的冲击，直面问题求破解，对社会有益、对发展有用是学术研究的出发点与落脚点。但对急功近利式的浮躁学风和学术不端则要严厉制止，对那些学术论著泡沫化、垃圾化要嗤之以鼻，扭转这种争名逐利的堕落之风要靠制度修正，当然自己首先要有强烈的精品意识，抑制异化蔓延。

要有激情就不能脱离现实，激情也往往会引发批判意识，但为了追求永久的学术价值，激情不能过分融入社会需要，否则难免不够独立客观，显得极端躁动，成为"愤青"。

　　读书也要有激情，要在书中感受快乐。读书充满激情，那也是一种人生状态，是一种诗意境界，是精神的追求、心灵的放纵，并不是每一个人都能轻易体验到的。

　　科研更必须要有激情，有了激情钻研时才能百分百投入。时代激情是创作的动力，因为写论文不是憋出来的，而是激情的流淌。没有激情学术自强也就做不到。很多人经过高考、考研、读博，长期学习已经疲倦懈怠，没有激情，懒散不投入，拖来拖去，从而束缚了他们的发展。加之目前有些机械式的书本教学毫无生气，有天分的学子也不易被激发出激情，更谈不上创新震撼。

　　将激情和灵感化作创新基因，学者、学子都要有一定的入世情怀，学术就是用理论解释历史的能力，文学与精神生活联系，史学同样与现实联系，我们介入现实而不是陷入现实。要从细小角度切入大历史，切入点和结合点都是自己的思想，早已成竹在胸，为文动笔只是蓄势待发，真所谓"文章本天成，机缘碰妙手"。小切入、大挖掘，小引入、大展开，小顿入、大表现，"语不惊人死不休，文无新意不出手"，从而达到新的高度。

　　2010 年中国拍了 526 部电影，为什么在美国电影市场一部成功的都没有，而美国好莱坞电影却在中国很有市场？就是我们的作品故事不具备国际性，制作不具备国际水准。同样，2010 年中国出版图书 30 多万种，但在联合国教科文组织每年向全世界推荐的 100 部图书中，我们的图书连一部也没有，也是中国图书只能"送出去"而不是"走出去"。学术论文同样一年发表多少篇，引起国际学术界关注的究竟有几篇？急功近利只能产生"学术垃圾"般的废品。

　　在学术研究中，没有激情，创新源泉就会干涸，艺术生命就会枯萎。我们一定要有激情，只有充沛的激情才能促使我们发现问题，运用生动的笔触描绘出多彩的画面，反映民族的社会的进步和波澜壮阔的历史画卷，更好地为国家写史，为民族塑像，为艺术留念。

　　大家选择了读文史和考古，就是选择了奉献，选择了高尚，就是人生中最大的幸福，所以应该有创新的激情。纵观历史，任何国家任何时代，那些真正开启人类心智的人们，大都默默无闻，他们淡泊名利，生活清贫，被人误解，受到忽视，但历史不会忘记他们,他们创造性的新成果不仅传承着文明的火种,而且点燃着智慧的火把,达到几个创新高潮,从而成为永远照亮人类的文化丰碑。

目前文学被"退烧"边缘化、史学被"异端"穿越化、考古被"鉴宝"收藏化,这些都是社会急速变化时产生的非正常心态。因为对文学的无限憧憬破灭了,史学的无限探索被限制了,考古的历史价值被商品化了,虽然关注的人越来越多,但是文学家、史学家和考古学家被历史舞台淘汰也是很快的,如果你的研究十多年没有突破,你的成果没有争议,就可能被学术界抛弃,至少被渐渐遗忘。但一个人要在学术上突破很难,要有动力就不能丧失激情。

当然,激情是要开启动力,不能用激情代替客观扎实的学术研究,如果立论只凭经不起推敲验证的议论,即使立意可圈可点也难有持久的生命力。更不能激情一来胡抄乱写剽窃滥造,决不能守不住学术边际瞎跨界。所以,激情适可而止也是一种历练,要有收得住的激情,不能狂然宣泄不可收拾。

总而言之,只有善于从历史中寻找永恒的人,才能获得走向未来的智慧。然而历史不是一个抽象空洞的哲学命题,历史是通过考古文物一个又一个关键节点揭示的,并开启了文学的一个又一个新的境界。我们要看史学的厚度、文学的广度、考古的深度,以及描写人性的创新程度。要有学术功底的积淀。

同学们,传道、授业、解惑这是教师的天职和责任,我今天讲的仅是一方面的内容,很多同学经过连续的应试已经疲倦,缺乏学习动力,"拳拳期盼心,殷殷关切情",我衷心祝愿你们能有激情,能在创新中有所收获。

2012 年 6 月 1 日于西北大学文学院"名家讲坛"演讲

见《西部考古》第六辑,三秦出版社,2012 年

为抓住机遇发展提供理论支持

党的十五大确定高举邓小平理论伟大旗帜,把建设有中国特色社会主义事业全面推向二十一世纪。这是改革开放以来在社会科学理论上的新的重大突破。特别是十五大报告创造性地运用邓小平理论,阐述了一系列重大的理论指导问题和实际把握问题,这对于我们理论研究工作者来说,是前所未有的新课题。我们应该把握邓小平理论的重点和灵魂,把握社会主义初级阶段理论,把握公有制实现多样化的观点,把握党的基本纲领和党的领导,坚持理论联系陕西的实际,认真解决当前经济和社会生活中的突出矛盾与问题,为全面推进改革和抓住有利机遇发展陕西提供更加丰富、更加有效、更有自己特色的理论支持。

一是积极当好省委的理论智囊。认识我国的宏观形势和省情实际,清醒自我定位,树立忧患、机遇、竞争、效率的综合意识,避免发生不完整的偏差和不准确的失误,聚合集体智慧,认识我省实力"大而不强""全而不精"的局面,抓住机遇和运用条件,促进陕西的经济建设和社会进步,多做些务实的调查研究,澄清人们的疑虑与埋怨,排除各种墨守成规的干扰,毫不动摇地坚持"发展才是硬道理"的思想精髓,离开本省、本部门实践来谈邓小平理论,是没有意义和没有出路的,这样的理论研究只能是空洞的纸上谈兵,是形式主义的表面文章。

二是推出具有历史眼光的理论研究精品。在历史纵向和现实横向的对比中,解放思想,实事求是,转变观念,不能在东西部差距中将"初级阶段"作为消极落后现象开脱的"口袋",似乎什么落后的东西都可以往里边装,否则我们的理论文章发表得再多,也没有可能性和可行性,空对空的学风应该有一个大的扭转。

十五大报告第一次明确提出创造有中国特色社会主义文化的任务说,政治、经济、文化有机统一,作为综合国力的重要标志。这反映了我们国家的长久历史要求,也说明要改变近年来理论建设相对滞后的现实要求,我们应该总结出富国富民的精品理论;社会发展要有思路,有思路才有出路,真正具有实践意义和启发意义。

三是培养、锻炼和起用有综合素质的青年理论骨干。高举邓小平理论旗帜和贯彻十五大精神,要由人来具体地执行和落实,各级领导应该营造不拘一格用人的良好大环境,要充分认识加强我省高素质理论骨干建设的紧迫性和重要性,关键是抓好对人才的投入,针对陕西社会科学理论界及科技界、文化界等各个领域存在的突出问题,起用综合素质较好的青年干部,为我省各个部门出力苦干。讲实话、干实事、鼓实劲、求实效,既可以培养出更多更好的跨世纪人才,又可提出新任务由他们去完成,适应我省改革开放深化的需要,为陕西注入极大的活力。

《三秦论坛》1997 年第 6 期

1997 年 2 月陕西省理论宣传座谈会上的发言

国藏：大学图书馆珍藏文化资产的分析

一

大学图书馆珍藏文化资产是指以各种文字记载在不同物质载体上的、具有珍藏价值的历史文化记录，它既是保存、继承中华民族文明的一大源流，也是第一流大学图书馆的标志，它既反映了图书馆的悠久历史和文物价值，也是有地位、有水平的大学图书馆的特色。

目前，海峡两岸一些重点大学的图书馆都有文化资产进行珍藏或特藏，有的图书馆虽然珍藏数量不大，但仍有不少精品孤本、罕见本等。这些文化资产具体分为十几个种类：

善本古籍。包括宋元以来的《四库全书》未收本、精校本等甲、乙善本古籍，其中既有著名藏书楼散出的珍本、抄本，也有内阁大库图书和学部、史馆秘阁本等。

汉学古本。指日本、朝鲜、越南等国家属于汉文化圈内的汉字版本，例如用"高丽贡纸""交趾蜜香纸"等印刷的儒家经典、中国史书、佛教经典等，都非常珍贵，甚至还有朝鲜的王室藏书流散于中国。

名家手稿。包括宋元明清到近代一些著名官员、文士、艺术家的手稿墨迹、图书批录、读书札记、往来信函、诗词曲赋等，还有一些文人游戏、大家闺秀、书香门第内的有价值抄本。

宗教经卷。指散佚于各地的敦煌经卷、吐鲁番佛经文书和寺观的稀世宝卷、秘籍经典等,特别是近年来陆续发现的各种民间秘密宗教(如明清时期白莲教)特有经卷,极具特殊价值。

字画翰宝。包括宋元明清以来许多文化名人创作的绘画、书法和画本等,一些抄本中附有的长卷彩图也精美绝伦,堪称神品;套色印刷的闽刻、凌刻版本亦很珍贵,甚至光绪年间的点石斋石印画报珍藏价值也很大。

碑刻拓片。从甲骨文、金文等拓片到秦汉刻字碑石、唐宋碑刻拓片,许多原物已不存在,唯有这类拓片仍提供着当时的文献,例如周秦汉魏的陶文图录、隋唐宋元的艺术石雕图拓等,就异常珍贵。

图书印章。在许多名家旧藏或批校题识、跋语的稀世珍本和善本上,钤盖有大量的藏书印章、字号私章以及官府印鉴等,反映了版本源流、流传过程、收藏特色等内容,极具研究价值。

方志传记。明清以来数量可观的各地方志散佚于一些大学图书馆,其中有不少流传颇稀,内容鲜见著录,包括一些乡试录、进士登科录和家谱、族谱以及个人传记,都是非常难得的。

西文善本(rare book)。指十七至十九世纪的欧洲等国外出版物(欧洲、北美图书馆对西文善本书的划分以 1801 年为限,我国定为 1900 年以前出版的属于西文善本),有英、法、葡、荷、俄、西等语种,装有羊皮纸、有色纸、丝绸边饰等,一般是由外国传教士、使团、探险家、商人或我国留学生带入,包括限版本、豪华本、著者签名本以及外国人所著关于中国的图书等。

此外,还有历代禁书、中外珍贵地图、民国初年连续出版物以及日文旧版图书等历史文化遗产。

这些文化资产不仅是大学图书馆的“镇馆之宝”,也是民族文化精华的“国宝”,历经多少代人不顾生命的共同努力,通过采购、征集、捐赠、抢购、交换等多种渠道,终于把祖先遗下的文化资产保留到现在。许多曾流散于社会上的天一阁、海源阁、八千卷楼、抱经楼珍本秘籍,分存于各个大学图书馆,包括民国初年的政府公报、北洋政府的报刊等,皆具有收藏价值,如西北大学珍藏的清康熙内府开化纸试印本,传世罕见,颇为人珍爱;馆藏的泥、木、铜等各类活字本珍品,不仅反映了活字印书的工艺技术过程，而且是中国书史发展的记录。

广泛收集珍藏文化资产是大学图书馆的一项重要工作。有人曾以图书馆珍藏文化资产的数量和价值作为衡量其实力的标准之一，不是没有依据的。有些大学图书馆还新建立了特藏室，专门收藏本校影响较大的历史文献和个人文献，以彰扬前辈，鼓舞后学。[1] 目前综合性重点大学图书馆一般都有自己特色的珍藏品，结合学校地理位置、文献资源、人文特色等条件，收藏有一些价值颇大的载体文献，例如京津地区偏重元明清时期，陕甘地区偏重于周秦汉唐，鄂湘地区侧重于楚越文化，两广地区突出近现代重点，特色非常鲜明。

受经费投入、价格上涨等因素的限制，现在采购收集一些有价值的藏品遇到了很大困难，有时不得不失之交臂，这对大学图书馆来说无疑是一笔经济效益和社会效益都不利的损失，有待进一步解决，但大学图书馆重视珍藏文化资产是一条走特色化发展的必由之路。

二

大学图书馆珍藏的善本古籍、字画碑帖、金石拓片等，在长期保存过程中，由于珍藏环境不够完善，常常有受光、受潮、灰尘、磨损、虫蛀、翻阅等自然或人为损害，特别是古籍、字画纸张的老化和残损，直接影响到这些珍品的天头、地脚或书脑等，损害了其使用与鉴赏价值。有一些珍藏文化资产在搬运、移库时也受到某种程度的损坏。所以，对珍藏文化资产的维护就成为"重中之重"的任务。

根据大学图书馆珍藏或特藏的现状来看，几乎都存在着保护环境不如人意、古籍修补设备较差、字画复原技术较低等问题，有的图书馆在过去修补时使用了"老虎"浆糊（原浆糊），造成书页或纸张更加严重的破损和被虫蛀；有的在修复中放弃了"整旧如旧"的基本原则，随意"剃头修脚""切旧见新"，甚至将原来的函套任意撤换，将册页蝴蝶装改为普通线装，造成一些无法弥补的损失，尤其是珍藏文化资产具有不可再造性，加强保护意识的同时，要给予经济上的大力支持。

为此，大学图书馆在加强珍藏文化资产工作时，应当采取"文献价值为主，文物价值为辅"的原则，制定一些切实可行的具体措施：

（一）设立地区性文献保护研究实验室或高校联合文献保护中心，开设二至三年的文化资产装裱修补技术培训班，全面地掌握各类修补技术，培养一批"国手""巧匠"级技师，使我国这项传统工艺能够得以继承和发扬。

（二）推广在实践中已运用良好的"蝴蝶装金镶玉"等新方法，[2]使用具有防火、防虫蛀、防紫外线功效的特制新函套，既保持文化资产的原始装帧形式，又能维护延长其保存寿命。

（三）文化资产保护要科学化，目前仍使用的防潮防虫樟脑丸、定期通风、人工干燥剂等保护做法过于简易，应在珍藏库室中安装温湿度空气自动调节装置，使用硅胶—除虫菊酯混合物等新型防虫剂，建立密封真空容器的熏蒸设备，用DEZ—二乙基锌等特殊气体进行脱酸熏蒸，或用甲基镁碳酸盐溶液浸泡后烘干除酸，防止古籍文献老化变质。

（四）对大批古籍珍善本或其他载体文献进行缩微处理，配备直接影印的缩微阅读机，提高缩微处理的水平，预测新技术带来的问题与效益。

（五）带函线装在舍去布函改用夹板的基础上，再进行特殊改装，处理那些处于危险状态的珍藏资产，重点探讨纸张抗脆裂指数的特殊变化，研制新的修复用纸和加固胶布。

（六）积极吸收欧美发达国家的一些文献保护尖端技术，拥有一流珍藏保护设备，掌握500年内不受物质腐蚀的先进保护方法，对所有珍藏文化资产进行长期维护的数字技术处理，并尝试开发用光盘技术来保存收藏实物，探索利用光学激光磁盘存储文献实物的试点工程。[3][4][5]

应该承认，我国在珍藏文化资产维护方面还是比较落后的，专门技术人才青黄不接，保管维护技术专门机构几乎没有，文献保护现状亟待改善。我们目前只有在国外已取得的成果基础上不断学习引进，并和有关文物考古保护中心联合挂钩，才能延缓图书馆珍藏文化资产的老化，使优秀的精品遗产得以长期保存，世代相传。

三

　　强化珍藏文化资产的管理,是一项上对得起祖先、下对得起后人的大事,在目前海内外对中国文化精华极为重视搜集、珍藏的情况下,许多精品价格扶摇直上,而各个大学图书馆由于经费紧张和采购多样化,要想再收购罕见的珍藏文化精品实属不易。因此,对现存文化资产珍藏的管理就极为重要。

　　第一,利用电脑进行出纳控制。凡需要调阅或观察者,经过电脑查阅编目,除研究版本、测量等作业外,一般不直接提阅,以利于文化资产的长久收藏。

　　第二,提高信息服务质量。所有古籍文物都处理成机读或数据库,不仅提供现代化标准服务,而且借助自动化网络以应各方查询的需要,做到专题、专案选粹服务。

　　第三,加强管理人员的专业训练。随着现代化手段的飞速增多,珍藏工作的管理人员要能够建立、熟悉与本职业务有关的数据库,改进专业知识面狭窄的不足,弥补自动化水准参差不齐的缺陷,成为有丰富知识背景的高级人才。

　　第四,定期进行珍藏文化资产维护通报。针对珍藏环境周围温湿度的变化、纸张老化的状况,以及防火防盗自动报警的安全,每隔一段时期由各方专家会合检查,并将检查结果与隐患及时上报主管馆长,以便迅速地解决各类问题。

　　第五,不断进行调查统计。普查书库与重点抽查要互相结合,特别是二十世纪初以来的罕见连续出版物,要有经常性和全面性的统计结果,进行馆际之间的公布,并相辅相成地记录大学图书馆事业大事记,奠定良好的管理基础。

　　珍藏文化资产的管理,不能安于封闭式的单项贮存,造成"死宝",必须深层次开发馆藏精品,既保存好"镇馆之宝",又要研究、宣传、交流这些特色藏品,管理好是为了利用好,"阳春白雪"也需要发展,藏而不用或者藏而不会用,都是停滞的管理旧观念。只有将管理扎根于特色沃土,才能使图书馆珍藏宝库大门向整个社会打开,向国际敞开,真正实现资源共享,让人们吸取国宝营养,提高人的素质,发展文化和推动经济进步。同时,也要反对为了经济利益,将珍藏文化资产搞成一般的低档的出版物,妨碍更高层次的研究工作。

四

大学图书馆对古籍善本的目录编撰，一般都很重视，各个院校图书馆皆有自己的馆藏善本目录。但对门类繁多、丰富多彩的珍藏文化资产却没有详细、规范的目录，从名家手稿、字画拓片到珍稀档案、藏书印章等，既包罗万象又鉴定困难，发掘整理确实要广采博收、研究精深，许多爬梳整理的知识远远超出了一般的古籍整理，因而造成一些管理者信心不足，"养在深闺人未识"，只是列为珍藏陈列展出品，而没有一部文化资产的编目总集。

例如，一些大学图书馆珍藏有明清时期的历史地图和西方传教士带入我国的世界地图，其经纬度制图方法和大地球形说与以前的天地山川方舆之书有很大不同，传统的计里开方向近现代地理学过渡，对于边疆史地、地图测量、地质气象、海陆变迁、城镇分布等研究极具价值，此类地理沿革图无疑都与文献典籍息息相关，不做专门编目自然十分遗憾。

又例如，有的大学图书馆特藏着一批罕见的家谱、族谱，对地域性的家族组织、宗祠祭祀、经济互助、财产分配、贫富差别、婚姻变化、教育思想等均有详细的记录，许多学者利用家谱、族谱做出了填补空白的学术研究，对这样反映社会生活、民族习俗、人口增减、乡镇治理等方面的宝贵资料，不编入文化资产总目，显然是个疏忽。

还例如，有的图书馆藏有稀见的清代与近代民间秘密宗教经卷，这些用文字书写的经卷（即宝卷）多为抄本，有的文字俚俗，有的印刷简陋，作为普通民众信仰的宣传品，直接记载了其教义、教门、歌诀、咒文、预言等，反映了"万教归一"的信仰意识，而且有些通俗传教书很有研究价值，包括白莲教、青莲教、八卦教、毛里教、罗祖教等神秘结社宗教，疏漏这些资料于编目，也是不应该的。

上述图书馆内珍藏、特藏的文化资产，仅仅是举例说明的一部分，有些数量虽少，但保存与研究价值极大，不将这些宝贵资料专门编撰目录和整理梳剔，或草率定论，都会造成很大的损失。

现在一些大学图书馆通过联机编目方式与美国研究图书馆协会共同完成

"中文善本书国际联合目录"项目，[6]这对版本鉴定、认识范围、目录组织等工作有很大帮助，但忽视图书馆整体珍藏文化资产，无疑是一个缺憾。因为整体珍藏、特藏文化资产更翔实地记录着各个时期社会文化、政治经济的千姿百态，构成一部中华民族历史文明的百科全书。

我建议大学图书馆应该在完成古籍善本目录编撰的同时，也要编录全部文化资产的目录，尤其是一本质量高、价值大、影响广的珍藏文化资产目录，会对大学图书馆的地位提高、特色创建，起到一般古籍善本所不具有的重要作用。只要我们认真去普查、发掘、搜集、整理，一定会建立一项全面的、系统的文化新工程。

五

目前，大学图书馆的珍藏文化资产，往往是收藏多，利用少；种类多，研究少；自用多，外用少。因而采用新的数据库技术、光盘技术、多媒体技术和网络通信技术，建设与发展珍藏文化资产数据库就十分紧迫和重要。

其一，创建自己的珍藏数据库。

目前一些大学图书馆正在用电脑建立"中国古籍书目数据库"，在不影响正常编目工作的情况下，以"编目附带"性质从事珍藏文化资产的项目。不仅机读目录为新课题，而且使机读数据规范化，其机读格式仍以书本式或卡片式为主，每个编目员要有编制多种类型文化资产的实际经验，区分古籍编目与文化资产之间的异同，保证一部编制精良的珍藏文化资产目录就是一部优秀文化发展史的记载。

其二，珍藏数据库应小范围试建。

由重点大学图书馆先在小范围内试建，因为珍藏文化资产分类多，基本认识和具体考定难，一般图书馆工作人员不具备深层次研讨文化资产的素质，所以珍藏数据库不可能一蹴而就，它需要几代人的努力。在一些有条件的重点大学图书馆进行联合试点，可以打破公共、高校、科研三大系统的界限，统一软件，统一字库，以教育信息网为依托，实行全国联网和国际传播，[7]交换编目数据，做到文化资源共享。

其三，建库需采用多媒体或光盘技术。

珍藏文化资产数据库不同于古籍书目数据库，如字画、拓片、手稿、地图等，设色纸本、立轴、钤印、水墨纸本、扇面、绢本、册页、对联、款识等形式，涉及色彩、形制、规格、手绘诸方面，因而在建库时不能只着眼于通常所说的纸本印刷书籍，要从雕版印刷文献扩展到甲骨刻辞、青铜铭文、简牍帛书、刻石碑文等珍藏文化资产。除去文字价值外，其载体本身形态对历史文化同样有着不亚于文字内涵的重要价值，起着印证和补充作用，文献与文物价值并存，故建库实施多媒体方案或采用数码图像扫描的光盘技术最为适合。人们查阅研究不用直接触摸翻阅，既可非常逼真地重现珍藏精品各个角度的影像，将实物放大到用肉眼无法看清的局部，并可通过网络传送交流，既保持文化资产不受损害，又可仿真不失原来面貌。但这类项目需要具有一定物质基础，也需要精通数据库和文化专业知识，必须组织多方人才共同配合协作，才能完成预期目标。

其四，建立多重珍藏数据子库。

全面地保留利用和研究珍藏文化精品的信息，不仅要建成一个时代、实物、作者、地点等的编目库，而且要建立"原始文化""立体图像""对比研究"等多重数据子库，分别存录、统计、检索浩如烟海的文化资产，特别是一些漫漶破损的铭文、碑刻、字画等，必须扫描进图像库，才能保留其历史原貌。至于各类写本、抄本、校本、刻本、画本等之间内容区别的信息，也需要几个以上的文本子库，互相对比，互相印证。值得指出的是，各个子库不需要单独输入图录，而是运用软件技术一次性综合输入，由软件自动分析整理，再分别存入相应的子库。

珍藏文化资产数据库的建立，无疑是一项崭新的事业，有大量的问题需要探索解决，它比古籍书目数据库建设的范围更大。现在一些大学已进行了古籍书目数据库管理系统试验，建立了历代各种地方志信息多元检索及全文数据库，上海博物馆开发的"商周青铜器铭文选索引系统""中国碑刻信息系统"，香港中文大学建立的"先秦两汉一切传世文献资料库"和"出土简牍帛书文献资料库"，台北"中研院"建立的古籍全文资料库，等等，[8][9][10]都在处理珍藏文化资产事务方面作出了贡献，呈现出新的发展趋向，为更新、更好、更快的珍藏文化资产数据库的建立提供了借鉴,奠定了基础。

总之,珍藏文化资产是大学图书馆事业建设中的一个重要方面,我们不能仅仅将它列为中国书史、古籍版本、目录学史或古代图书事业史的范围,而应连同文物、考古、历史等学科的专家学者,作为人类文明的心血结晶共同研究,又应连同信息技术、数据库等专家,将手工方式传统过渡到电脑现代化新阶段,使大学图书馆更有特色、更加丰富、更有成就。

参考文献:

[1] 梁可珍.我馆特藏室的建设.大学图书馆学报,1996(1).

[2] 邱小刚.蝴蝶装金镶玉:一种古籍装帧新方法.江苏图书馆学报,1996(5):51.

[3] [美] 彼得·G. 斯伯克,美国国会图书馆藏书保护工作.江苏图书馆学报,1988(4).

[4] 韩月萍.国外图书馆的藏书保护工作.图书馆理论与实践,1995(4):58.

[5] 北京图书馆图书保护研究组.对纸质文献储藏适宜温度的探讨.图书馆建设,1994(3).

[6] 杨光辉.关于中国参与 RLG—CH RB 工作的调查报告——兼谈中国古籍书目数据库的建设.上海高校图书情报学刊,1996(2):20.

[7] 周庆山.跨文化战略:文献传播的国际共享.图书馆,1995(4):5.

[8] 谷辉之.古籍书目数据库管理系统试验概况.古籍整理出版情况简报,1995(8).

[9] 祝敬国.上海博物馆古籍电脑化研究.古籍整理出版情况简报,1995(8).

[10] 谢清俊,林晰.台北"中央研究院"古籍全文资料库发展概要.古籍整理出版情况简报,1995(8).

《西北高校图书馆》1997 年第 4 期

收入 1997 年台湾《海峡两岸图书馆事业研讨会论文集》

互相打量：两岸文教交流之我见我思

　　作为中国大陆的学者，我自然对海峡两岸的文化交流十分关注，听到敌意的宣传和对话的中断，便陷入担忧的低谷；看到客观的报道和交流的频繁，又顿生欣喜的热潮。因为每一个民族的文化，都是不可切割的生命整体；每一个国家的文化发展，也只有融汇各地域的精华，才能弘扬光大。今天，两岸在追求社会现代化和经济国际化的共同基础下，透过文化交流可以增进彼此的认识与了解，培养互信建立共识，促进文化融合，弥平分歧，兼容并蓄东西方文化所长，再度为中华文化增添新的特色，这样才能促成国家未来的统一，这恐怕也是最能打动人心的福音了。

　　回溯历史源流，中华民族以其大国实力屹立东亚、影响世界时，恰恰也就是吸收不同文化精华创新发展时。周人融合东西部文化，建立了以礼乐为代表的雅文明；秦人融汇关东、关西文化建立了第一个统一王朝；汉人吸取南北文化，扩大了在东亚的汉文化圈影响；唐人荟萃外域民族文化，树立了亚洲第一强国的地位。周秦汉唐都是与其他文化接触、沟通和交流，丰富了自身文化的内涵，从而又影响了全人类，"汉人""唐人"才成为我们民族骄傲的代称。即使在春秋战国和魏晋南北朝时期，虽有中原边陲之分、蛮夷戎狄之辨、中央地方分裂，但文化交流始终生生不息，为中华文化发展补充了新的血液，促进了多民族国家多元文化的蓬勃生机与百花齐放。

　　我曾多次在学术会议上讲过，海峡两岸应跳脱历史遗留的伤痕困境，多拓展充裕的文化环境，集中双方的文化优长，共同推动中国社会的前进，改变外国人认为中国人总是"窝里斗"和"一盘散沙"的不良印象,真正扬我"中华之威",树我"中华之名"。海峡两岸的关系,不应成为某些国家玩弄的一张王牌,自家的事情自家解决。

事实上,海峡两岸很多学者都赞成从世界战略的角度和二十一世纪发展的高度来处理两岸关系,增加信任、减少疑惧、发展合作、不搞对抗,是大家共同的心声。自鸦片战争以来,由于清政府的腐败和保守僵化,使我们民族备受列强的凌侮、欺压,至今西方一些大国仍歧视、敌视甚至遏制我们,如果我们不能和合民族精英与文化精华去应对世界的挑战,一味沉溺于内部之争,只能给外人留下挑拨的缝隙,给世人留下耻辱的笑柄,给后人留下悲愤的历史。

近五十年来,两岸因为政治上的敌对,致使双方在政经制度、生活方式与价值观念上都有较大的差别,虽然两岸文化同文同种、同根同源,但由于各自注入的外来文化因素不同,使两地文化产生了不同的隔阂,实际上文化差异很大。尽管两岸人民民族感情血脉相通,语言交流没有障碍,传统观念容易沟通,但其文化交流仍是一波三折、干扰不断,往往扭曲了其高尚典雅的本质和休戚与共的本性。我在赴台访学时或在大陆接待台湾学者时,常常会遇到一些好心的"提醒",而有些人对一贯打压我们的某些外国人则表现出一种不顾国格、人格的讨好心态,每每使我心中产生一种兄弟不分的隐隐作痛,颇有"本是同根生,相煎何太急"的神伤。

岁月悠悠,光阴似箭。目前两岸民间互访人员已超过八百多万人次,虽然有时交流不免喧嚣嘈杂,或档次不高,但它毕竟给交流深化发展提供了一个有声有色的氛围,一个活跃宽广的空间,特别是文化、教育、新闻、体育、宗教等方面交流具有旺盛的活力,使两岸人民不仅可以消除彼此的误解和冷漠,还可体会不同政经制度下的生活理念、处世方式与价值观念。从初识的"水深火热"到共识的"社会进步",有一个大的思想飞跃。例如我在台湾政治大学教授家中可以看到北京中央四台卫星频道节目,在重庆南路书店看到《邓小平文选》出售,在台南成功大学看到学生身穿"中国人民从此站起来了——毛泽东"的 T 恤衫,都感到了一种浓郁的"文化自由"气息,心灵受到强烈的震撼。如果说文化了解是一种永远开放的境界,那么文化自由的体会则是人类追求"人道精神"的理想,这也是我亲身接触台湾社会后的良好印象。

诚然,台湾也不是十全十美的世外桃源,但有些大陆新闻传播媒体只报道议员打架、黑道横行、凶杀犯罪、污染严重等内容,有些文艺节目也只播放琼瑶等小家碧玉式的商业片或武打加爱情的娱乐片,致使一些大陆人民以为台湾文化低级媚俗、格调萎靡。特别是有关学术研究的书刊很难看到,偶尔能见到的也是些消遣休闲的生活报刊,让人误认为台湾学者水平不高、思考平庸、视野有限。当我在台湾七八所大学和"央图"参观浏览后,才知许多学者的论著水平还是相当高的,真是"不识庐山真面目,只缘身在此山中"。

客观地说,文化本身只有雅俗之分,并无优劣之分,若以自己偏见的价值标准或道德准则来判别衡量对方的文化高低,就会造成扭曲的误解,形成所谓的"文化屏障"。在两岸文化交流过程中,本着相互尊重与理性对等的立场,不应刻意贬低丑化对方,因为双方各具特色与长处,都需要充实文化涵养和提高文化素质。例如我在台南、彰化参观的几所小学,教学设备、实用校舍、教师素质等水准都很高。充满书卷气的台北市立图书馆,工作人员雍容大方,素质较高,也令大陆图书馆的同行钦佩不已。但台北故宫博物院的一些讲解员,却说了许多常识性的错误。台湾大学图书馆特藏的"国宝"保护条件与手段也较差,保护措施有待提高。比较而言,大陆在历史考古、古籍整理、传统技艺、中医药学、民族音乐等领域确有相当成就,台湾则在教育普及、文化多元、意识现代等方面颇有杰出硕果,双方互补互利,皆可获益匪浅,共达"双赢"目标,架起心灵交融的跨海大桥。

现在有不少学者爱用海洋性格来诠释台湾文化,赞扬它有面向未来不畏险浪的勇气,也有一些学者爱用黄土性格来比喻大陆文化,歌颂它有古老文明凝聚游子的胸怀。其实,海洋冒险需要付出生命代价,大陆封闭也造成停滞落后的窘境,海岛生存要依靠大陆,大陆开放也寻觅海岛,这两种文化互补是息息相关的。我记得台湾陆委会官员和当地公司领导宴请大陆学者时,我曾讲过以上观点,大家都同意这种说法,这无疑是令人欣慰的。如果说蓝色的海风化为雨水能滋润干旱的黄土地,那么重新获得生机的大陆必会迸发出令人惊异的活力,中华民族的"合力"文化才会真正影响人类世界。

台北木栅公路旁有一块标语牌上写着:"政府有魄力,人民有活力,工作有魅力。"我觉得还应加上两句:"文化有合力,交流有动力。"未来两岸文化的交流,我们衷心地希望能达到新的效果。

首先,两岸应改变处处设防的惧怕心理,允许文教资讯自由交换,既理性又宽松地改善文化发展环境,与世界现代化潮流接轨,在继承传统文化精华时抛弃有碍生机的糟粕,吸取消化人类现代文化中的一些精粹,推动多元文化发展。

其次,两岸应多在高雅文化艺术上狠下功夫,改变商业性通俗文化过浓的不平衡现象,尤其是台湾已跻身于全球经济起飞地区之林,更应建立大文化、大手笔、大视野的观念,摆脱"文化沙漠"之讥,为民族文明宝库创造出丰硕卓越的文化资产。

最后,文化发展是一项长期工程,两岸都应摒弃短视势利的做法,着眼于二十一世纪的中华文化地位,既有台湾情更有中国心,不断加强两岸高层次的文化交流,不局限于走马观花的互访,不局限于沿海地区一隅,全面提升共存共荣的民族感情,培养相互珍惜的兄弟情怀,从而使博大精深的中华文化,成为全体华人的共同骄傲和精神支柱。

几度风雨几度春秋,也许两岸文化交流就像江河之水一样,还要经过九曲回肠的里程,但它最终都要流入蓝色的大海,造就出一块崭新的文化桑田。这是我深深的祝愿,也是所有中国人的福祉。

见《"两岸文教交流之我见我思"征文得奖作品集》,财团法人海峡交流基金会编,1998 年

第五章

文化遗产的当代意义

以文物为代表的文化遗产，是当代也是后代用来推陈出新和凝聚人类创新意识的不竭源泉，正如博物馆的价值与意义不单单是为了保存与展示，还在于连接了过去、现在和未来。惠泽民众是保护文化遗产的必经之路。

我在《中国文化研究》2011年夏之卷发表的《中华文化遗产的历史形态与当代意义》，由《新华文摘》2011年第17期全文转载后，竟被全国一些省市高中收入高考作文模拟考试冲刺的试卷，很多应届高中生纷纷寻找我想要探寻试题的答案，看着那些天真烂漫的孩子的神情，我们更不能让历史成为任人打扮的小姑娘了。

中华文化遗产的历史形态与当代意义

近年来,作为中华文明之象征的文化遗产又焕发出勃勃生机,不仅有中国政府、学界和民间各个层次的共同推动,而且在全球化的背景下凡是有华人的地方都在传播中华文化遗产。随着中国经济的不断发展,深入挖掘文化遗产的深厚底蕴并力求与现代文明紧密结合,走出一条中华文明独特发展的路径,已是众多学者的共识。特别是文化遗产作为一个民族和国家的根与魂,既是"民族身份"(ethnic identit)的象征,又是"国家身份"(national identit)的名片,人们已经深深认识到没有文化遗产的民族是没有力量的民族,文化遗产奠定了每一个民族文化发展的根基。

一、守住文化遗产的根与支撑民族文化的基石

文化遗产是人类文明发展过程中历史积淀的精华,是一个民族、国家、地区、城市、社会共同生活人群的"集体记忆",其中物质文化遗产既包含了器物、典籍、文书、服饰、艺术品等"可移动文物",也包括了古迹、古建、遗址等"不可移动文物",是人们了解文化遗产的理想载体。非物质文化遗产与历史记忆、文化传统以及民族精神代代相传、紧密相连,包括了生活方式、居住形式、饮食文化、民间工艺、节庆习俗等等,具有很强的文化传承性。如果说物质文化遗产属于"静态",与历史考古、民族事件紧密相连,那么非物质文化遗产就属于"活态",它与民族思想信仰、民众生活习惯息息相关,它们共同组成文化遗产的整体记忆,在

民族、民众的物质和精神生活中深深扎根。

二十世纪八十年代以来,随着闭关锁国的大门被打破,中国开始广泛吸收世界各国的科技、思想、文化,西学东渐、西化涌入带来的刺激促使中国学术界担忧自己的文化衰微,也以新的眼光审视自己国家数千年来固有的传统和积淀的文化。国外的遗产概念这时也被引入中国,因而中华文化遗产的提出或多或少地吸取了西方的理念和方法。过去我们一直在"古董"到"文物"的思维概念里兜圈,而现在人们终于认识到要从更广阔的视野、更深度的视角去提炼、提升文化遗产,着眼于它们"突出的普适价值"(outstanding universal values)、突出的特殊价值(special values),特别是它们代表着民族价值观的文化成就,代表着人类创造性才能的文化传统,这不仅是文明的见证,也是遗产的价值和功能。

中华文化遗产蕴含着中华民族特有的精神价值、思维方式以及丰富的想象力,体现着东方民族的生命力和创造力,既是民族智慧的结晶与历史的见证,又是人类文明共同的财富瑰宝。随着时间的流逝和地理的变迁,许多人和事都可能变成历史,但只有祖先传承下的文化历久弥新,影响着人们的思想和生活。诸如"和而不同"观、"天下为公"观、"仁人兼爱"观、"义先利后"观、"天人合一"观等等,都对当代世界具有启发意义。而忧国忧民的民族情操、修身养性的人格追求、敬业尚善的良心节操、先忧后乐的人生准则、坚忍不拔的民族特质等等,已经是民族的凝聚力和人文素养的基本意识,人类正是从这些文化遗产与文明成果中丰富和完善自己。我们提倡人们读中华名著、听中华名曲、赏中国名画,并不是单纯陶冶情操,而是构建精神世界,特别是被翻译成多种语言的唐诗宋词,流传广泛、脍炙人口、家喻户晓,不仅值得全民族大力弘扬,还可以放大到世界格局中协调适应。实际上,不管我们喜欢不喜欢,也不管承认不承认,我们每天都生活在自己民族的文化遗产之中,从饮食居住的物质生活到言谈举止的精神生活,均显示着这个民族的优劣传统和良莠特色。一个民族文化遗产的活态部分(living heritage)已经渗进了民众的心灵,直接参与或者间接影响着人们的现代生活,终生相伴温润历史,这就是遗产深层的传统,体现着一个民族最深层的精神积淀和生生不息的精神。

　　不同的地域环境造就了不同的文化底蕴,我们的文化遗产就是具有中国文化的特色形态,它吸收了许多外来的文明,也坚持了自己的多样性,互相促进与交融,推动了人类进步和丰富了人类生活。文化遗产涉及的领域非常广泛,既有古代的诸子思想哲学也有近代的变革思维,既有古代通史也有近代断代史,既有政治制度史又有文化发展史,既有中国科技史又有中外交通史。尤其是二十世纪以来考古收获蔚为大观,地下新发现不仅为中华遗产研究带来了新局面,而且新成果引起文化遗产众多领域的巨大变化,甲骨卜辞、秦汉简牍、敦煌文书、墓志碑刻、器皿刻书等等重见天日。许多原来史书记载的内容现在有了实物证据,原来的古文物被赋予了新的解释,许多领域的新资料都是以前学者无法见到与想象的,以图证史与以史论图,层出不穷的新史料是时代对我们的眷顾。有人将这些统统称为"国学",我觉得不如称为"中华遗产学"或"中国古典学",不仅与原来传统的"国学"明确区别,更重要的是新的文化遗产已经大大超越了原来的范围与概念。

　　但是近代以来我们的文化遗产遭受了前所未有的破坏,既有大量不可移动文物被烧毁、盗掘、损坏,也有大量可移动文物被走私、攫取、偷窃,除了"文革"外,近年的国内破坏和盗窃也达到了新的阶段。更重要的是,我们精神文化遗产中一些基本传统被破坏,一些道德底线被突破,在商品经济冲击下,文物鉴赏变成了哄抬拍卖,追索流失文物变成了媒体炒作,修复文物变成了造假牟利,或利用文物遗产研究走出象牙塔,或利用民众持续升温的藏宝热情,这些从根本上违背了保护文化遗产的宗旨与目的。即使一些非物质文化遗产也正在变得空泛和苍白,例如传统节日既缺乏信仰层面的内涵,亦缺少仪式层面的展示,节日个性色彩几乎荡然无存,清明、端午、中秋等人伦节日化,变成了没有文化记忆的公休假。

　　守住文化遗产的根,就要保持其传统性、本土性和民族性,但同时也要彰显其时代性、人文性、世界性。回顾历史,中华文明曾居于世界格局中的领先地位,但十八世纪至十九世纪中国制度的落后与文化的停滞,使其在近代化转型中丧失了机遇,中华文明也被排斥到世界文明发展的主流之外,处在落后地位的文明古国甚至连自己的文化古物都无法保护,中国文化遗产被贬低或被冷落。而中国男人大辫子、女人裹小脚、花拳绣腿、帮派权谋、宫刑自残等低俗粗鄙的文化,却在西方人的印象中存续了很长时间。截至目前,世界各国对中华文化遗产的了解仍然有限或失之肤浅,例如对龙造型艺术的分歧、基督教与佛教道教的区别、丝绸之路文化的理解等等,至于理念理想的不同就更多了。一种文明的传播、演变、融合和发展总有其相互的争锋作用,我们在吸收世界上一切优秀文明成果时,有责任将中华优秀遗产传播出去,让"世界和谐""民族精华"理念能被人们接受,让各国人民与我们共享中华文明的智慧创造。

文化遗产是沟通人与人心灵和情感的桥梁,是国与国加深理解和信任的纽带,也是最真切的形象传达和神韵体现。尽管文化不能保暖也不能果腹,可是它的交流往往比政治的交往更久远,它的世代传承比经济力量更深刻。文化遗产作为一个民族的标志,关系到每个民族成员对自己身份的认同感、归属感和骄傲感,以及伴随着这种感情而来的文化尊严感。人的全面发展离不开文化的熏陶,社会的进步也离不开文化的洗礼。一个国家的领土被敌人侵占可以收复,一个民族的成员被打散可以重聚,但一个民族的文化被灭绝了或是自己放弃了则会万劫不复。文化遗产往往是民族凝聚力的源泉,距离再远它都有着守土保疆、天然血缘的亲近,所以决不能随意放弃与淡忘。

二、文化遗产的历史形态与永恒价值

文化遗产不仅荟萃了人类创造的物质文明,开阔了人们的视野,也为人类留下了丰富的精神遗产,启迪了人们的心智。这是文化遗产的灵魂所在。历史证明,中华文化遗产有着向心性的凝聚力、文化连续性的传承力和文化多样性的包容力。

文化遗产的魅力来自文明认知的基础,凡是有华人的地方就有中华文化遗产的传播,因为它具有全人类共同信奉的普遍价值,体现儒家仁者爱人的民本思想,展示人与人之间礼让和睦的理想,蕴含着平息人类种族争斗的和谐准则、寻求天下大同的远大理想，所以既有时代意义，也有永恒价值。近代以来中国与西方国家的冲突，都源于双方的不了解，尤其是东西方文化与不同制度之间的巨大差异，一系列中西方冲突首先源于文化背景的冲突。与世界上其他民族和国家相比，中华文化遗产有几个显著的历史形态。

一是中华文明古老独特。在世界文明之林中像中华文明这样具有五千年以上历史的文明并不多见，而且中华文化遗产起源独立、自成体系，虽然吸收了许多外来文明，并曾经受到外来势力的侵犯，但始终延续发展至今没有中断，可以与其他伟大文明并驾齐驱。而且中华文化遗产地域空间巨大，各地域、各民族的丰富性、多样性、独特性呈现出链条延续的特点。

二是中华文化影响辐射广。中国文化由于长期处于优势地位，自古就对周边国家产生过文明影响，尤其作为东亚国家文明发展的一支源流，汉唐以来就通过丝绸之路的贸易和中西方文化交往，向亚欧大陆和整个亚洲产生过辐射影响。历史上中国文化的一些特点在现代社会已经不存在了，但在那些受中国文化影响的周边国家却仍然存在，甚至生机勃勃。

三是中华文化不断扩展。随着近现代海外移民群体的扩大，聚族而居的生存方式形成了独特的人文景观，即区域完整的"唐人街""中国城"等。这些华裔族群不仅保留着原来的生活方式、习俗和信仰，而且后者作为华人的精神支柱和文化认同，既是所在国重要的"东方遗产"，也是中华文化遗产的见证与扩展。

四是中华遗产环境独特。就中国国内遗产类型说，历史类、考古类、墓葬类、都城类等遗产都有着叙事空间，建筑民居、城镇街道、牌坊门墩、寺院道观、园林公园、科技工程等较为明显突出，实际上其他体现文化交流、人与自然和谐、宗教信仰的遗产也很多，这些均与环境独特有关。一方水土养育一方人民，遗产正是运用独特的个性充实着"原真性"（authenticity）文化内容，写实着"原整性"（integrity）价值。

五是中华遗产特色鲜明。中华遗产不是单一色调，"中国红""琉璃黄""国槐绿""青花蓝""玉脂白""长城灰"等丰富多彩，一看即是中国色彩；"长龙舞""狮子舞""秧歌舞""红绸舞""踩高跷""功夫拳"等百花齐放，一看就是中国元素。民间传统是文化交流最好的语言，也是中华文化最真切的形象传达。

人类文明的历史表明：一个民族文化如果不借鉴和吸纳其他民族的优秀文化，就很难得到发展，也不会汇聚成巨大的竞争力，相反还会保守、故步自封，甚至逐渐萎缩。中华文化遗产充分说明了这一趋势。在春秋战国基础上崛起的秦文化，吸收了各国的精华，包括欧亚草原民族文化，接纳了各样的人才，终于统一了中国，秦陵兵马俑的艺术造型震惊了世界。西汉时期张骞出使西域，开通了流传千古的丝绸之路，中国与外部世界的交流从此频繁不断。东汉时甘英出使西方，抵达安息波斯湾，大秦（古罗马）帝国的名字从此传入中国。南北朝时期萨珊波斯、印度和中亚粟特三大文化的传入，极大丰富了中国的宗教和艺术，并促进了中西方商贸往来。唐代是中国古代文化交流的高峰，从七世纪到九世纪，长安是当时东亚的国际大都会，居住着许多外国王公贵族，外来移民人数急剧增加，仅国子监求学中华礼仪的外国留学生就有八千多人，大秦（东罗马）、波斯（伊朗）、大食（阿拉伯）、天竺（印度）、狮子国（斯里兰卡）、真腊（缅甸）、暹罗（柬埔寨）、日本、高丽、新罗等几十个国家的使臣络绎不绝到达长安，外来的音乐、舞蹈风靡长安，胡商更是活跃在丝绸之路上的主要人物。唐代出土的金银器皿、雕塑壁画、锦绣毛毡，都屡屡展现着异国情调、外来风情。吸纳异质文化是中华文化遗产一个重要的内容。

宋代随着中西交通的阻隔，西域方向的中外文化渐渐衰退，但海上丝绸之路的兴起，使得中国南方与东南亚以及阿拉伯的商贸繁荣起来，中国丝绸与瓷器作为两大出口"台柱"风靡印度洋各国，而且外销远达北非和地中海地区。明代在航海技术进步的前提下，郑和率领庞大的船队七下南洋，途经东南亚、南亚直抵西亚，最远到达东非沿海。中国宋元明清的瓷器不断在南洋被发现，成为文化交流的最好见证。

中国自古就是一个移民大国，从历史时期到现在的华裔族群分布于世界各地，他们从母体带去的中华文化遗产从来都不是战争与侵略的记载，而是文化交流与传播的见证，是与所在地区人民共同合作和贡献的记录。许多华人聚集生活的唐人街地区就是中华遗产存活的地区，它们并不是一种重回历史现场的景观标志,而是活的灵魂和民族亲情的枢纽,开启着文化多元性(cultural diversity)的未来。

任何一个时期的文化遗产总有其占据主导的地位,当代中国文化复兴高潮正在逐步与世界接轨,传统文化遗产中的许多精华也成为引领的方向,历史遗产在世界文化多样化格局中起着越来越重要的作用,遗产的载体、物证、符号、象征等都成为不可分割的部分。自二十世纪八十年代中国改革开放以来,自 1985 年后已有 40 项世界遗产,中国文物作为中华文化遗产最重要的组成部分,近 40 年来在世界 30 多个国家和地区举办了 160 余项展览,世界观众达 4 000 多万,每到一处都受到当地首脑政要亲临观赏和民众的赞誉欢迎,通过文物的历史、艺术、科学、美学价值传播了中华文化,赢得了民族文化尊严感与文明成就感。人们已经深深认识到:人类创造的一切文明成果,都蕴含着一个民族的价值观和理念,文化遗产作为一个民族凝固与流动的双项文化,不单是精美绝伦的奇珍异宝,而且是沾溉惠泽的思想精华,只有上升到精神和理性的高度时,才能超越"求同存异"进入"求同化异"的境界,成为人类共同财富而永久传承。

三、文化遗产与现代文明交相辉映

我们提出中华文化遗产的当代意义,就是强调重视文化遗产不是复古倒退,不是抱残守缺。传统国学虽然是中国文化的组成部分,但不是中华遗产的全部代表,近百年丧权辱国落后被动的历史已经证明,仅靠传统的国学不能救中国,不能引导中国走向现代化。西风东渐的百年历程大大削弱了国人对中华文明的自信心,也间接地挫伤了中华遗产应有的尊严。但是古老遗产的精华并没有湮灭,反而越来越受到各国的重视甚至攫取掠夺,流失海外的无数文物就是明证。特别是近年中国文物随着文化的复兴和艺术影响,被世界分享,再次证明中华文化遗产有着独特性、创造性和生命力。

在中国走向现代化的过程中,文化遗产也是与国情和现实紧密联系的一部分,但是很多人短视盲视,并没有认识到这一面,急功近利,破坏古迹遗址、强拆历史街区、切断文化命脉,搞一些非古非今的假文物,建一些编造历史的假景点,留下了许多历史遗憾和惨痛教训。如果我们在现代化建设中没有历史的辉煌记忆,没有心灵中的人文情怀,没有民族哲理的智慧思考,只剩下投资赚钱、显富摆阔,这还是拥有几千年文化传统的中华民族吗? 这还是我们追求的文明生活吗?

西方的文化遗产与现代文化是紧密联系的,古希腊、古罗马等许多文化遗产要素都稳定地积淀在现代文化中,许多西方人将历史精华的积淀作为文化发展的基础和源泉,将历史遗产与现代社会合二为一,甚至将文化遗产视作自己"民族和国家的文化身份",屡屡发起拯救遗产的活动。由此而产生的乡土意识、家国意识、圣地意识(shrine consciousness)等非常强烈,甚至有些欧洲小国将文化遗产作为国家独立和历史合法性的象征。文化遗产的历史形态与当代意义是不可分割的,一个国家或一个民族的文化遗产如果没有新的发展,其当代意义必然受到很大局限,也很难守住自己的根脉。文化遗产不是单纯被保护,要有生命力就必须不断创新。纵观人类社会发展史,文化传承与时代创新相互交叠,缺一不可。中华文化遗产在向世界各地传播的过程中,为适应当地的特点,创造出了许多时代的新意和鲜明的标识,既保持了中华文化遗产的自身特色,又参与推进了文化创新的发展,是许多华人不断奋斗前行的灯塔和潜藏思想深处的伟力,保持着华人社会不竭发展的原动力与核心价值。我们一方面要注意合理地将文化遗产转化为使用价值,利用一切物质手段、文化符号、象征模式体现中华文化遗产,否则白白损失文化遗产的教育、经济、政治等功能;另一方面我们也绝不能实用主义、功利主义地对待文化遗产,不能将文化遗产当作摇钱树,从文化遗产中去寻找旅游经济、金融经济、工商管理等对现实有用的刺激方法,那就过于简单肤浅、滥用变味了,就会在商业化中事与愿违,失去博大精深。利用文化遗产搞资产商务的"历史阐述"或"遗产经济学"(heritage economics)确须慎重,功能导向不能过于偏离正轨。

让中华遗产首先成为全球华人的良性资产与不竭资源,不仅让华人在各个领域生活得更美好,也让遗产理念激发出的想象、智慧和创造成为整个人类的共享财富。

中华文化遗产随着不断研究和宣传,已经开始对全世界产生一定影响,并成为中外思想文化交流的一个平台。中华文化遗产不仅是中国文化的珍贵遗产和瑰宝,也是全人类的文化财富。中华文化遗产是多民族在漫长历史中的生活认知和体验,文化根系深远。古国起步久远,其文化遗产提升了海外华人的地位,影响所及也包括东南亚各个国家人民的生活体验。明清以来在东南亚的华人衣冠未坠、诗文未歇,虽屡遭挫折、裂枝散叶,却百折不挠、传播未断,中华文化遗产历经数百年充分展示出其绵绵不绝的魅力。可以说,中华文化遗产的丰富性,其实也是文明古国发展崛起的映射,文化遗产的当代意义就是它对中华民族的认同感、归属感有着不可替代的作用。

"国民之魂,文以化之;民族之神,文以铸之。"文化遗产涉及人们的情感记忆、精神感悟、历史认知、观念认同、民族习惯,它不仅体现着国家和民族的品格,也是凝聚人心的精神纽带,是推动社会和谐平安的一支重要力量。文化遗产蕴含的影响力转化成现实的文化生产力、竞争力,已是社会综合发展的重要支点、无形资产和稀缺资源。文明进步的社会决不能缺少具有普遍价值的文化遗产。

中华文化遗产的历史形态是悠久的,而文化遗产的当代意义则是发展的,我们不仅要区分其古今优劣,甄别国粹与国故,吸取其精华,剔除其糟粕,对待现实生活中的遗产更要推陈出新,充分弘扬其生命力的价值。有一位哲学家曾说过:"唤起记忆是为了唤醒责任。"如果说回味历史是在人们脑海中描绘明天的蓝图,那么文化遗产的当代意义仍然是面向未来,只有不断为中华文化遗产赋予时代内涵,才能让中华文明博采众长、海纳百川,焕发出新的光彩,屹立于世界的东方。

见《中国文化研究》2011 年夏之卷

(《新华文摘》2011 年第 17 期全文转载)

跨文化：全球视野下中国的文物事业

当今世界，文化与经济和政治相互交融，在综合国力竞争中的地位和作用越来越突出。文化的力量，深深熔铸在民族的生命力、创造力和凝聚力之中。党的十六大报告明确要求我们牢牢把握先进文化的前进方向，立足于改革开放和现代化建设的实践，着眼于世界文化发展的前沿，发扬民族文化的优秀传统，汲取世界各民族的长处，在内容和形式上积极创新，不断增强中国特色社会主义文化的吸引力和感召力。这个权威而准确的阐述，具有很强的针对性和适用性，是我们文物事业今后发展的重要指导思想，也是中国文物事业与世界先进文化接轨、融合的必然选择。

中国文物是坚持弘扬和培育民族精神的珍贵财富

人类社会的历史，既是物质文明史，也是精神文明史。文物则是人类社会在其发展过程中物质创造和精神文明相结合的珍贵财富。中国文物是中华民族历史悠久、文化灿烂这一基本国情的重要物证，不管是可移动的艺术珍宝还是不可移动的遗址古迹，作为中华民族聪明智慧的生动体现和非凡创造力的形象载体，都是我们大力发展社会主义文化与建设社会主义精神文明的独特资源，也是我们民族不可再生、无可替代的特色优势。

实现中华民族的伟大复兴，既要以发达生产力为基础，还要以先进文化作保障。从中国文物表明的历史文化特性看，一个国家和民族的文化认同一旦遭到破坏,这个国家和民族的发展也就丧失了基本的精神动力。国际学术界有历史学家曾评论:中国文物所体现的文化传统和民族精神,是中华民族世代生生不息的力量源泉,也是中国人悠久历史的灵魂。我们不必用沾沾自喜的心态去看待外国学者的评论,因为我们的文物毕竟受过多次浩劫,直至现在还不时遭受盗窃流失和人为破坏,但站在世界的范围看,中国文物所代表的中华文明从未衰落灭亡,从未有过突然中断,这在人类社会进程中也确是非常了不起的事情,在全球民族之林中占有重要的地位,这也是包括文物工作者在内的中国人能在国际文化界开口说话的自豪原因。

二十世纪中期以后,世界各国纷纷探讨自己的民族文化,凸显自己的民族精神,都希望能在人类文明图谱中涂上浓墨重彩的一笔。而作为民族精神和文化载体的文物,自然成为一个国家、一个民族兴旺发达的文明标志与精神支柱,甚至成为民族整体意识和文化凝聚力的心理依据。只有一种文化的世界是难以想象的,保护文物并将文化遗产传播给下一代,不仅对民族文化有益,对人类可持续性发展也具有不可替代的作用,因为大家都知道如果没有昂扬奋进的民族精神,没有坚忍不拔的民族品格,没有万众一心的民族志向,就不可能在世界民族之林中拥有自己的地位和影响。埃及向德国要回古法老狮身人面像,希腊向英国要回巴特农神庙古物,中国向美、英索回走私流失的文物,都是为了不使自己活生生的文明被截走一节,也是为了弘扬自己的民族精神,唤起对本民族文化的重视和民族自豪感。可以说,培育民族精神,增强民族凝聚力,是当今世界各国、各民族的共同目标和追求。

当今世界,和平与发展仍然是时代的主题,经济全球化的趋势不可逆转,但世界文化多极化的色彩也愈来愈浓,各个国家和民族无不重视自己民族精神的培育,特别是许多国家由于民族复杂、宗教林立、地域广阔、语言不同,更需要有共同的精神支柱来维系本国、本民族人民生存发展的根基。为统一国民的思想、增加凝聚力,大力发展经济的同时,均采取各类人士都能接受的文化方式培养共同的民族精神和国家意识,注重培养人的社会责任和效力国家的价值观、人生观,不分种族、语言、宗教和地区,团结一致,建设繁荣昌盛的国家,这在东、西方许多国家都取得了显著成效。而丰富多彩的文物在其中充当了重要的角色,各国都把古遗址、古墓葬、古建筑、古石刻以及各时代代表性的艺术品实物作为文化遗产加以保护,不惜投巨资建立各类博物馆,目的很明确,就是保护自己民族文化的悠久文明特征,就是维系自己历史与现实的血脉,就是弘扬自己民族的精神品格,对此,我们必须要有清醒的认识和重视,必须借鉴国外的文化,深入化新理论和细致化新概念。

尤其是在高科技、数字化急速发展变化的条件下,尽管物质技术手段可为人们提供不少的精神生活,但也使许多年轻人与民族历史、传统文化等疏远了、陌生了,"不知有汉,何论魏晋"的现象比较普遍,民族精神和优秀文化传统愈来愈淡漠,出现物质需求与精神追求的极大反差甚至畸形失衡,蔓延下去必然会对我们的社会发展带来严重的危机。以文物为代表的民族文化遗产,在今天的社会生活中无疑可起到弘扬民族精神的作用,不仅在寄托民族情怀和寻找人生意义方面发挥了独特作用,而且可以使民族意识深入人心,可以感染鼓舞海内外华人的归属意识,可以使中华民族精神发扬光大、传之后世。二十一世纪的人才,不仅要掌握最前沿的高科技知识,而且应当受到中华文化教育熏陶,具备与民族文化相衔接的精神底蕴。

综观人类历史,任何民族如果没有先进的生产力,就不可能强大,但如果缺乏与时代相适应的民族文化,没有为全民族所认同的民族精神,就不是真正的强大。中国文物对营造民族文化素质的必要环境和人文气氛,对陶冶人民性灵及震撼世人心灵,其独特作用和价值无可替代,文物意识也是衡量一个民族文明程度的要素之一。所以,我们说中国文物是培育和弘扬民族精神的珍贵财富,绝不是一句空话、套话,文物凝结着我们祖先的杰出智慧和生生不息的创造精神,是一部物化了的中华民族生存史、奋斗史和发展史,是推动社会历史不断前进的精神动力和智力支持,是我们决不能放弃的民族精神的珍贵财富。

中国文物是世界先进文化的重要组成部分

中国有 40 多万处不可移动文物,其中"国保"1 269 处,"省保"7 000 多处,"县保"6万多处,还有沉睡在地下无以计数的文物宝藏。全国现有2 000多座博物馆,藏品总量1 200多万件(其中一级品6万余件),加上各地文物单位和文物商店收藏合起来总共2 000多万件。如果再将口头和非物质的无形文化遗产扩大与深化,中国确是世界上所少见的源远流长、广博浩瀚、形象生动、连绵未断的文物大国。

文物是全人类的共同财富。中国许多文物通过正当贸易、礼尚往来、友好交流等方式在世界范围内收藏、观赏、研究和传播,但也有数量巨大的文物因战争掠夺、非法走私等流失海外。我们一方面决不放弃追索被盗和非法出口的中国文物,反对借口"文物共有"拒不归还原主的狡辩;另一方面,我们从全球化角度考虑,中国文物作为民族发展的见证和文明的形象,如果不推向世界,如果做不到世界共享,只是孤芳自赏、自我陶醉,那它的意义和价值以及文化底蕴就有很大的局限性。我们既反对世界文化单一主义,又反对本土文化保守主义。一个国家的自立、自主、自强,往往和文化的独立性密不可分,文化遗产在社会生活中的地位和作用越来越突出,人们在科技进步和经济繁荣的同时,更多地关注文化的建设,因为国家、民族的发展与竞争也是一种文化的竞争,原材料可以购买,技术可以引进,资金可以流通,公司可以跨国,文化也可以传播,但只有历史无法移植,作为文化物证的文物不能流失。各国要求把多年被他国收藏的文物归还原主的呼声越来越高,要求遏制和打击非法走私文物的呼吁越来越强烈,都认识到文物是宣传自己文明成就和发展水平的重要窗口。

自1972年《保护世界文化和自然遗产公约》缔约30多年来,全世界已有175个国家加入公约,125个国家有遗产被列入名录,尽管联合国教科文组织提出的审批条件非常严格,但世界遗产总数仍达到730处。不仅如此,公约已经成为全世界普遍接受的关于文化与自然遗产保护的法规、理念、行动框架及操作工具,成为当今世界最为成功的公约之一和人类文化发展盛事。各国均认识到在全球化趋势加强的时代,丰富多样的世界文化遗产体现了地球和生活于此的人民的历史,构成了人类共同的记忆,更是一个国家、地区、民族的文明根基和延绵命脉,毫无疑问,对人类共同的文化遗产和自然遗产必须进行主动积极的保护。

中国于1985年成为世界遗产公约缔约国,1987年加入该公约。目前,中国的世界遗产总数已有 28 处,位列世界第三,其中文化遗产 21 处,文化和自然双重遗产 4 处,自然遗产 3 处,而且双重遗产中的文化遗产均是全国重点文物保护单位。这不仅反映了中华民族历史文明的特点,而且反映着中国文物精华的独特价值,也体现了中国文物保护的水平。由于世界遗产的文明传承性和文化积累性为世人珍惜,象征着人类文化需要深层次的连续与进化阶段,综合着大自然与人类创造的相互依存的关系,所以广为人知,被各国重视,成为世界先进文化的宝贵财富与外在标志。

从地域和时空上看,中国是迄今为止人类文化和文明中最大的单元之一,不仅与世界其他三大古老文明并称,而且经历了人类起源和文化进化的各个阶段,并有着文明社会产生以后从未间断的连续性,考古文物数量之多举世瞩目,几乎涵盖了中华民族历史上所有的经济文化和社会形态,并包容着旧石器时代到近现代的各种人类生活方式。丰厚的文化遗产资源既是全人类共同的宝贵财富,也是人类进行新时代文化建设的立足点和出发地。世界各国对文化遗产的关爱,并不局限于遗产本身,而是蕴含了全人类的历史、科学、艺术与文化价值,包孕了人类生存发展的智慧和对未来的启示。中国文物作为全世界各个历史时期遗存先进文化的重要组成部分,无疑是当之无愧的。中华民族文化的辉煌,就是对世界文明的贡献。

先进文化不仅是先进的社会生产力的反映和体现,也是科学向上、求实创新、促进社会全面进步和代表未来发展方向的文化。先进文化作为人类文明进步的结晶,曾在多种文化的相互激荡和竞争中获取参照坐标,绝不是闭关自守、故步自封,至少一度领先于世界文化发展的前沿,并善于在弘扬民族优秀文化的基础上,汲取世界各种文化的优秀成果通过综合创新,不断在内容和形式上推进文化的发展,增强文化的生命力、吸引力和感召力。先进文化同样包括思想意识层面和器物作品层面,如文物创意和艺术创新,中国历代的文物精品就有这一特征,其文物也正是当时中华民族文明的物质表现。

有老同志曾经深刻地指出:"现实中国是历史中国的发展,中国是一个有五千年文明历史的国家。""五千多年来,各族人民在改造自然、改造社会的过程中,在共同抵御外侮的斗争中,相互帮助,增进友情,融汇为统一的、团结的中华民族,创造了灿烂的中华文明;经济、政治、思想文化发展波澜起伏,无数人物和事件可歌可泣,每一块砖瓦、每一捧泥土,都记载着祖先们的勤劳、智慧和创造。"所以,中国文物不仅是全人类智慧的结晶,延续着人类文明的灵光,而且是人类现实物质生活和政治生活的反映,标示着人类社会的发展水平。

文化总是具有一定的民族形式的,没有自己的民族形式,就没有独立性,因而就不可能成为具有世界意义的文化。如果没有自己的文化形式,中华民族就不能自立于世界民族之林。有了鲜明的民族特性和独立的品格,我们才可能对丰富世界文化作出应有的贡献。正是在这个前提下,我们说"民族的就是世界的"。中国文物宏丰瑰丽的民族特点一贯举世瞩目,无论是体现卓越民族精神的古代文物,还是铭刻着争取民族独立斗争的近现代文物,都与世界历史进程同步,已经成为世界先进文化不可缺少的组成部分,其所体现的中华民族性格、优秀道德观念、文化艺术的精髓,与世界先进文化的发展也是一致的。

当代中国的先进文化是在中国共产党领导下,全国各族人民继承和发扬中华文明优秀传统,吸取世界各个民族先进文化的精华,借鉴世界文明的一切优秀成果,结合中国的实际,在经过近一个世纪的奋斗过程中逐步提炼和形成的,摒弃了颓废消极、愚昧落后、阻碍进步的旧文化,代表了科学求实、创新向上、促进社会全面进步和人的全面发展的新文化,是中国未来的前进方向。毫无疑问,当代中国先进文化也深深植根于中华民族优秀文化传统的沃土之中。

面向新世纪,文化越来越成为一个国家综合国力的重要体现,文物交流与文明传播也越来越成为国际社会相互联系的重要内容,文物所展示的优秀文化遗产和文明进程,已成为各国跨文化对话与兼容的共同要求,成为全人类文化沟通的合作窗口,这也是中国文物作为世界先进文化重要组成部分的巨大贡献。

中国文物具有开启世界先进文化交流互动的新契机

世界上各个国家都把自己的文物作为历史见证和精神财富,都愿宣传自己国家的文物为人类文化宝库作出了贡献，以便赢得全世界的称誉与尊敬。

文物作为中国文化代表性的精华，作为中华文明熠熠生辉的宝贵遗产，作为人类文化多样性的重要载体，在过去 20 多年里走过了不平凡的历程，"走出去"与"引进来"的国际交流合作十分活跃，开启了世界先进文化交流互动的新契机。1995 年以来 7 年中，就有 100 多个中国文物展览出国出境，每一次都引起海外的瞩目与轰动，盛况空前，吸引了无数的外国观众，既传播了中华文明的特色与精华，又取得了可观的经济效益；而外国文物陈列展览进入中国也层出不穷，不仅使国人大开眼界，而且促进了中外文化的交流和沟通。这些文物的流动与文化的宣传，既有各国政府间文化交流扩大和合作的加深，也有国际组织间不同形式、不同层次、不同级别卓有成效的合作项目，对外法规、出境标准、涉外考古等依法管理愈加规范，并逐步与国际规则接轨，从而使中国文物保护事业在国际上影响越来越大，让世界感受到了中国文物博大精深的魅力。

海外学者预计，未来 20 年将是中国经济飞速发展的时期，但如果中国的先进文化没有跟上，这个转型将是不成功的，不能带动其他文明走向共荣。世界上人均收入很高的国家不少，可是有民族特色的文化上不去，就没有自己的尊严与地位。一些外国人了解的中华文化就是中国餐馆、中国武术、中药针灸、舞龙耍狮、描金绘凤等类型。近 20 多年来，中国文物所代表的中华文明优势和悠久历史文化才在世界上占有一席之地，成为世界公认的人类文化遗产。所以我们在具备民族自豪感的同时，不能过分迷醉地域性文化，不能陷入极端民族保守主义，不能受传统文化中负面影响太重，要有中华多元文化的大气派，要有人类文明继承者的大胸怀，要有获得全球文化坐标的大意境。在新的文明构成的二十一世纪人类发展图谱中，中国出现在世界面前不光有经济形象，还有文化形象，中华文明要与其他文明一起作为主角之一，共同为全人类作出贡献。

党的十六大报告提出要推进中华民族的伟大复兴，要赋予民族复兴新的强大生机。西方一些政客以为一种文明的复兴就是统治别人、压倒别人，大肆鼓吹"中国威胁论"，他们根本不了解中华文明的博大精深、包容兼蓄、交流融汇，更不清楚中华文化吐纳扬弃、不断创新的宏大气势。如果说文明的基本支撑点是一代接一代的延续不断和继承创新,那么中华文明则是以维系民族凝聚力和民族文化血脉为主线,从未陷入对外军事扩张的泥潭,从未走向极端的宗教主义,从未落入无序的长时间的混乱状态,而且其精神文化与民族文化不断吸纳异族和外来文化,有着文化凝聚交融点,从而保存了生命力。在新的时代和内外环境变化下,我们要复兴的是中华文明与民族的活力,不能流动的文化是没有影响力的文化,没有影响力的文化自然没有地位。从与世界先进文化理念接轨的角度上说,中国文物虽是在中华民族历史长河中产生和发展起来的,但也是全人类历史文化的积淀与升华,并不因语言环境和地理阻碍所隔阂,所以中国文物展走出国门亮相世界,有着促进各个文明相互沟通的意义,提升一个既充满活力又不失文明魅力的新中国形象。

方兴未艾的"全球化"浪潮中也离不开文化的巨大作用,当代政治、经济、军事、民族、宗教等冲突,促使更多的人思考和关注不同文明之间的融合和共处,认识到不同文明之间的差异应当成为相互联系、合作和发展的纽带,而不应成为冲突点。冷战结束后西方国家要将自己的文化观向全世界扩散,而发展中国家既要实现现代化,又要保留自己的文化特色,因此双方的文化冲突很难完全避免。但二十一世纪不是一种文化吃掉另一种文化,一种生活方式取代另一种生活方式,而是互相取长补短,共同发展。世界上有200多个国家和地区,有2 500多个民族和多种宗教,历史上不同文明的碰撞、融汇、发展,共同推动了社会的进步,并创造了许多灿烂的文化。在这种趋势下,不同文明的融合会使渊源深厚的中华文化迎来新的发展契机。

江泽民同志在2001年新年贺词中指出:"世界是丰富多彩的。世界各国的文明,都是人类的宝贵财富,应该相互尊重、相互学习。历史充分证明,各国人民自主选择各自的社会制度和发展道路,在继承和发展本民族文明的基础上吸取其他文明的精华,按照自己的意志创造并享受美好的生活,是世界发展的重要动力。只有加强各种文明之间的交流,推动各种文明共同进步,世界和平与发展的崇高事业才能真正实现。"此后,江泽民代表中国政府多次论述了"世界是丰富多彩"和"各国文明多样性"的判断,并在不同国家从不同角度阐述了东西方文明交流、亚欧丝绸之路交融、中美文化相互借鉴、中华万里长城文明和拉美太阳金字塔文明、亚洲文化多样性和非洲文化对人类文明史的贡献等,这些科学总结确为远见卓识,不仅对"一超独霸"的"西方文明优越论"作了剖析,而且对各国国情差异"文明冲突论"作了回答。党的十六大报告继续阐明世界多元文明在竞争比较中取长补短、求同存异、共同发展的思想,我们要加以重视和实践。

《中国文物报》2003 年 3 月 7 日

中国文物事业的民族性与世界性

党的十六大报告第一次把文化领域明确区分为文化事业和文化产业,按照发展先进文化的要求和创造先进文化的标准,始终把社会效益放在首位,又鼓励在市场经济条件下增强文化产业的自身活力。这表明了中国将参与国际文化市场激烈竞争的积极态度,也标志着我国将大力推进文化产业的整体实力和在世界上的竞争力。发展文化产业的目的就在于发展中国的先进文化。

中国文化事业包括学校教育社科研究、文学艺术、新闻出版、图书馆、博物馆以及重要文化遗产等,文物事业作为精神文化和物质文化相辅相成的行业,自然是文化公益事业,并与许多具体行业如科技、环境、旅游、移民等紧密相关。

二十世纪五十年代之后,由于服从计划经济模式的管理,文化领域所有制关系几乎统统成了单一的事业机构。改革开放以后,一些行业逐步走向文化市场,从而形成第三产业中一个举足轻重的部类,有些单位甚至成为创造巨大利润的经济实体。2001年"第十个五年计划纲要"第一次出现"文化产业"概念,并把发展文化产业列入国家计划。文化事业与文化产业的区分,表明既有对文化公益事业的必要扶持和经费保障,又有对文化市场经营活动的促进增强和自我发展。如果说经济是文化发展的基础,文化则是经济发展的精神推动力,特别是当经济发展到一定水平时,文化对经济持续发展的作用就愈加重要。随着全球化趋势的不断扩大,有些经济活动已经完全是文化活动,现代经济中文化含量越来越高,同样,文化事业离不开经济发展所提供的物质条件,而且文化活动也凸显经济特点,很多国家文化产业迅猛发展就是证明。在当代,文化和经济已很难截然分开。

目前,有些发达国家的文化已经成为国民经济的支柱产业。二十世纪九十年代,由于电子化、数字化、网络传输等高科技在文化领域的应用嫁接,推动了文化产业的高速发展,转化渐变为新的经济增长点。1998 年,美国文化产业第一次超过航空业出口,总收入达 600 亿美元。日本文化产业已经超过了赫赫有名的汽车工业产值,英国近年来文化产业的平均发展速度是整个经济增长速度的两倍,加拿大的文化产业规模也已经超过农业、交通、通讯和信息技术等。当今国际格局,在国家综合国力较量中,文化优势愈发凸显。文化实力往往是由文化产业、信息产业、高新技术产业和相关服务行业共同组成的,知识型、休闲型、娱乐型、探秘型等结合一体,更容易被各国、各民族所接受,因此联合国教科文组织及一些西方大国都将文化与信息并列为二十一世纪全球最有前途的发展产业。

相比之下,中国丰富的文化资源还没有得到充分有效的利用,文化产业规模小,结构不合理,文化产品技术含量低,缺乏国际竞争力。1998 年中国文化部系统的文化产业整体收入不过 81 亿人民币,目前创值也只是 100 亿左右,与发达国家差距还很大。而中国文化市场在消除阻碍发展的瓶颈同时,还存在无序竞争、盗版盗印、内容低下等不健康现象,文化环境建设在制度创新上还需下大工夫进一步规范与完善。

中国文物事业作为新世纪文化建设的重要内容,绝不仅仅是一种附属或点缀,它作为抢救保护国家文化遗产的重要工作,理应得到国家的扶持,这是中华民族历史的物质遗存和重要载体,有着极强的民族性,也是面对世界范围内各种思想文化相互激荡下的先进文化内核点和实践正道。而文物在市场经济条件下要满足人民群众精神文化需求的一条重要途径就是开拓、推动文化产业,实施成熟的产业运作,在强有力的法规和政策下,激活如文物旅游、文物复制、文物书刊、文物收藏及合法流通等文化资源,特别是对外交流展览不仅具有世界性的文化影响,还有着深远的世界文化竞争意义。所以既要保持文物事业的民族性,又要发展文化产业的世界性,这是我们必须高度重视的相互促进的大思路。我们应该抓住文物资源累积和开发的机遇。

近年来,西方发达国家积极向全球推销自家的道德观念和流行文化,他们把文化产业作为启动财富的新快车,而且利用强权实力和文化强势推广传播自己的文明观念与生活价值。文化产业形态通过"市场准入",已远远超过了单纯的思想观念、文学作品、学术话语的形式扩展。"9·11"之后,美国学者直言不讳地宣称要加强"文化外交",建议政府利用文化产业提高美国统治世界的形象,并强调文化是世界性的工具,是传播美国社会理念的桥梁,是美国文化俘虏受众的"大熔炉"。一些美国政治家也提出:"文化产业绝不会替代政策的实质性变化,但它可以加深世界对美国核心价值观的理解。"他们建议政府改变政治把他人魔化的趋向,而利用文化把他人教化的趋向。

我国学者提出在经济全球化的背景下,要防止文化殖民化或文化霸权主义,建立文化安全防范堵挡的体系。但是一味地被动防守与简单堵截并不能有效解决错综复杂的"全球化"走向,我们也必须要有全球眼光,既吸收世界先进文化为我所用,又积极主动地扬播中华文明中的优秀精华。因为文化是双向的,在开阔胸襟面对其他文化时,增强文化产业的竞争力,充分利用中国文物积淀和资源的独特优势,转化为富有吸引力、感染力的文化产品,利用中国文物生动形象的物证向世界展示和宣传我们的民族精神,承担起文化产业竞争力的重任,使我们民族由文物大国向文化强国过渡。

文物事业的民族性与文化产业的世界性,是一般与个别、普遍与特殊的关系。世界上的人类文化,都以民族特色和独有文明形式而存在,各个文明存在与发展呈现不同的形态,但世界各民族文化中又贯穿着共同的属性,流动传播可以使它们相互吸收、借鉴融汇。文化产业不能脱离自己的民族性,没有民族性就没有世界性,世界性寓于民族性之中,这是辩证统一的。中国文物集精神文化和物质文化于一体,恰恰体现了这一特点,它是中华文化环境创造的,又不受国界阻碍隔阂,其历史价值、科技价值和艺术价值,可以超越一切民族的壁垒,为全世界所接受和欣赏,为各个民族所认同和交流。中国文物通过一些市场化运作有利于扩大先进文化的影响,它既是发展先进文化的助推器,又是中国优秀民族风貌向世界传播的指向。

在世界文明史中,中国曾创造过优秀的先进文化,但近代以来,中华文化的影响力和辐射逐步缩小,文化中保守性、排他性强,流动性、速变性弱。在经济全球化趋势下,既要在社会和经济发展水平上赶上世界先进水平,也要使中华文化继续保持世界主流文化之一的地位;既要复兴伟大的中华文化,也要保持文化的多元化趋势。要达到此双重目标,我们必须以积极的态度去应对当前的世界格局,弘扬发展中华民族文化,只有保留自己的民族性,才有可能长期与世界其他民族文化平起平坐,不会变为文化附庸,不被西方强势文化浪潮淹没,才会增强文化产业的竞争力与整体实力。

就中国文物事业来说,不仅要保护文化的根基和文化的遗产,还要加以开放和利用;不仅要复兴中国文化活力和提升传统文化质量,还要善于引进借鉴世界性的先进文化,并使之成为与当代社会相适应的更高的文明,从而使中华民族自立于世界民族之林,为人类文明进步作出巨大贡献。

《中国文物报》2003 年 4 月 9 日

大运河为何没列入人类文化遗产

中国大运河是世界上最长的人工河，也是我国唯一南北走向的长河。它是中华民族的珍贵文化财富和人类共同的历史遗产，直到今天仍发挥着难以估量的广泛作用。但大运河主河道和沿线文物古迹始终没有被列入全国重点文物保护项目，没有列入人类文化遗产名录，没有制定一部国家法律来肯定和保障它的历史地位，以至于有人提出大运河究竟算不算文化遗产的疑问。

大运河在海运开辟前代表着一条新鲜命脉，开挖运河是为了最大限度的交流沟通。

历史上的运河主要分为三个开凿时期：一是春秋战国的邗沟、鸿沟、漕渠、白沟等，沟通了江、淮、河、济水系；二是隋唐的通济渠、邗沟、江南河、永济渠等，形成以洛阳、开封为中心的运河体系；三是元明修浚和开凿的京杭大运河，沟通海河、黄河、淮河、长江、钱塘江五大水系。大运河肇始于春秋时期，完成于隋代，繁荣于唐宋，取直于元代，疏通于明清。在两千多年的漫长时期，各王朝都把运河作为南粮北运、商旅交通、军资调配、水利灌溉等用途的生命线。

曾经具有生命线意义的大运河如今变成分割栓塞、动脉硬化，不能不使人叹息。

大运河因千年的历史变迁和几百年来的整治疏浚，先后有过不同时期的线路变化，尤其全线河道漫长，淤泥湮涸常有发生，水源调节也受到限制，加之河漕管理困难，造成许多河段残破不堪，只见河床不见水的洼地在黄河北岸很多，长江北岸有的河段也是季节性通航，直到目前全线还无法贯通，南北经济河运的生命线意义已基本沉隐衰落。

大运河的保护现状也不容乐观,除千百年来洪水决口、泥沙堵塞、水量缺少等自然原因,更有管理不善、乱开支渠、截流用水等人为原因,又因利用了天然水道,很多人认识不到大运河也是文化遗产或文物古迹,改拆遗存或毁旧建新等现象时有发生。有些地方随意在河上自行架桥、拦围养鱼,索性不许船只通过;有些地方则往河里排泄废水、倾倒垃圾、残杀生灵。至于因经费匮乏而无法保护修复的情况,更是屡见不鲜,分省分段的管理体制也使沿线文物管理单位根本没有监控力度。

对运河主干河道和沿线文物古迹,目前还没有一份系统、科学、全面的调研报告。

特别令人焦虑的是,对大运河我们仍没有一个完整的保护方案。尽管从1958年起,一些省市文物考古机构、高等院校及水利部长江水利委员会等单位陆续进行过调查,1986年中央电视台还播放了32集《话说运河》电视片,一些学会或组织对京杭大运河沿线文物点进行踏勘,但因工作规模很小、零散分段、方法也较单一,很多工作远不够全面、细致和深入。南水北调工程一期涉及的文物点就有900余处,而大运河沿线连接各地专项保护的同步总体规划还未编制,用于专项配套投入资金的力度还较弱。至于河北、河南、天津以及北京等地留下的古运河历史文化遗存仍有许多点没有得到有效保护,甚至有的地段南水北调工程线路将穿过文物保护区。

德国学者利普斯在《事物的起源》中指出,中国大运河是"人类最早的建筑成就之一,运河的修建把大的水路联系起来,这是非常了不起的事业"。

利普斯曾高度评价享誉古代世界的七大奇迹如埃及金字塔、巴比伦空中花园、希腊奥林匹斯山宙斯神像、爱琴海滨阿泰密斯女神庙、亚历山大港灯塔等,这些都是人类历史上著名的工程建筑,但有的消失了,有的成为残垣断壁,其中除亚历山大港灯塔曾为航船指路外,其他均是宗教神像、君王陵墓、宫廷花园,与人民生活无多大关系。作为一种单纯防御性军事设施的长城,虽在历史上为保护中原人民安居乐业起过屏障作用,今天却只剩下精神象征与观赏价值。唯有大运河至今还有一部分河段在为人民造福,"经久"且"耐用",有资格称得上是永续利用、泽惠后人的中国古代伟大工程。

大运河始终未被界定在文物保护的领域,更谈不上申报世界文化遗产,造成这种冷落的原因是多方面的:

性质判定 因不少河段利用天然湖泊和自然河流,一些人认为天然的自然的不能算历史文化遗产,忽视祖先利用先天优越自然条件的智慧,忽视利用天然充沛水源带来难以估量的益处。殊不知人工运河连通湖泊取直加宽挖深的工程比开挖平原河道还要艰巨,本身就是对湖泊的水利治理。

管理体制 运河一直被视为商货运输的航运业,由水运局或交通局管理,行业壁垒使其管理体制处于分散状态,航道管理只重经济效益而轻历史文化积淀,无暇关注文化遗存对促进经济发展的作用,至今没有文物部门主动介入运河的管理与监控。

资源利用 人们只关心水资源、航运资源的经济利用,很少考虑运河文化资源对环境生态、旅游景点、风土建筑等方面的巨大影响,或是只注意"黄金水道"内河货运量的增长,不注重文化资源的积极开发利用。

文化认知 重工程不懂文化的人根本不了解运河对历史文化积淀的承接,甚至出现京杭大运河是隋代开凿的常识笑话,对隋代大运河以洛阳为中心枢纽表现出无知与空白,至于对运河的有形和无形文化遗产所创造的综合价值更是漠视。战略发展有关部门没有将运河作为综合国力的标志整体考虑,往往顾及眼前直接效益投资运河修整,忽视文化综合效益对经济建设的转化,不能树立长远战略眼光推动"大运河文化带"建设的协调发展。

文物保护 至今没有一部《大运河保护法》出台,没有一份总体保护规划方案,加之文物保护经费捉襟见肘,只能徒叹运河文明的失落,被动等待的心态导致运河的文化遗存定性得不到社会多方的肯定。

南水北调中、东线工程即将全面铺开,大运河是否文化遗产的争议也浮出水面。

去年国家文物局和水利部联合下发了《关于做好南水北调东、中线工程文物保护工作的通知》，按照 2002 年 12 月国务院正式批复同意的《南水北调工程总体规划》，"先节水后调水，先治污后通水，先环保后用水"，即把生态建设与环境保护放在更突出的位置，然而仍没有确定文物保护的地位，没有考虑运河沿岸的人文环境，没有在全面规划中合理配置历史文化资源的开发利用，这是一个极大的缺憾。南水北调选线涉及大运河主河道和支线的不同意见引人注目，既有大运河是否历史遗留下来的文化财富的问题，也有大运河是否能列入一种特殊文化遗产的问题，还有大运河是否具有文物价值及保护可持续发展所依据的不可再生的文化资源问题，等等。

西班牙历史名城塞戈维亚建于公元前一世纪的"罗马大渡槽"全长 813 米，深色花岗岩砌成，上下两层，由 148 个拱组成，高出地面 30.25 米，将 18 公里外的弗利奥河水引入城内饮用。这座双拱运水渡槽至今还在使用，成为塞戈维亚骄傲的象征，1985 年"罗马大渡槽"被列入世界人类文化遗产名录。此外意大利罗马城内有 13 条古罗马时代修建的水道，至今有 4 条仍在使用，均为意大利国家重点文物保护单位。这些足以使我们反思中国大运河是否应划入文物保护或人类文化遗产范围。

要将跨越地球 10 多个纬度的大运河作为一个保护文化遗产的蓝本来描绘。

从长度上说，中国大运河比沟通太平洋和大西洋的巴拿马运河长 21 倍，比连接地中海和红海的苏伊士运河长 10 倍，比号称世界"运河之王"的土库曼斯坦卡拉库姆运河还长 400 多公里。

从年代上说，公元前 486 年吴王夫差开凿的第一条南北纵向运河邗沟，由扬州北上淮安，比巴拿马运河早 2 245 年，比苏伊士运河早 2 364 年，比卡拉库姆运河早 2 443 年。

从科技上说，它是集古代地理学、水利工程学、交通技术、枢纽管理等于一体综合改造自然的蓝本。

从经济上说，运河地区从古到今都是全国工商业和农业最发达的带状区，也是人口稠密、物资集中、交通便捷的区域，其受益于运河是其他地区不能比拟的。

从文化上说，现存全长 1 747 公里的京杭大运河首尾连接北京、杭州两大历史名城，沿线几十座城市塑造着美丽的人文景观和独特的民俗风韵，如扬州、高邮、淮安、徐州、济宁、临清、聊城、德州、沧州、天津等，遗存的城址、衙署、驿站、钞关、寺庙、商铺、桥梁和地下古墓、沉船、关闸、石坝等，都是当时历史文化的积淀。

目前开工的南水北调工程涉及运河的保护、管理和利用，确定其调查勘探与保护规划已刻不容缓，亟需通过文物调查与保护研究解决一些难点、重点项目，提交完整的运河总体调研保护报告。同时，按照科学的发展观，不应把大运河的文化价值列为南水北调工程花钱投入的切入点，那样眼界就会太局限。南水北调东线、中线一期工程、主体工程和配套工程静态总投资约 1 400 亿元，分析计算多年平均直接经济效益约 550 亿元，但任何水利工程都有负面效应和认识局限，基础设施建设的精心设计不能忽视沿线历史文化资源的保护，不管是依据历史文化遗产保护法规还是按照签署的遗产保护承诺，都必须列入区域控制和可持续发展目标，既发挥效益有利于当代，也要造福于千秋万代。

《中国文物报》2004 年 2 月 6 日

（《大运河算不算文化遗产——访葛承雍教授》，《光明日报》2004 年 2 月 4 日文化周刊；又见《中华遗产》2004 年创刊号）

古典重建：出土文献整理与历史文化遗产

出土文献是中华文化遗产的直接载体，它门类繁多，特别对散佚的简牍、文书、石刻、碑志等进行的收集工作十分浩繁，整理研究花费时间很长，这类"遗产"渐渐不被重视变成了"危产"，当前对出土文献的抢救、保护、整理和研究，有许多亟待解决的问题，需要我们认真对待与关注。出土文献整理研究的专家学者本身也要反思评估，不但要为构筑中国文化遗产大殿筹砖集瓦，还要把出土文献整理的技能、现场保护的技术以及前沿研究的信息传给年轻的后来者，让祖国珍宝永世流传。

一、各国都将出土文献视作重要历史文化遗产

世界各国对出土文献都非常重视，因为已发现的文字不仅是一种原始的历史记录，而且可以大大扩展人们不清楚的历史视野，更可以弥补传世文献的不足。古埃及象形文字自公元前 3500 年起逐渐形成，一直使用到公元二世纪，通常刻在庙墙、陵墓、石棺、雕像、洞穴峭壁等石质材料上，也有的写在陶片、木料和纸草上，这种世界上最古老文字体系之一的"圣书"，与金字塔铭文、卡纳克遗址神庙铭文、萨卡拉墓壁铭文以及其他遗址发现的铭文一样，世界闻名，具有文化遗产的重要价值。古埃及后期的纸草文献更是研究公元前四世纪至公元六世纪的重要资料，真实保留了希腊和罗马时代的房产契据、公务决议、公私通信及古典作品等，已成为一支专门的文化遗产学科。

意大利埋在熔岩和火山泥灰中的庞贝古城出土时,墙上用利器刻画或者用木炭、红粉笔潦草涂鸦的大量字句包括诗歌、海报、告示等显现在考古学家眼前,都成为学者整理出来的历史文献。距庞贝 6 公里的埃尔科拉诺出土的公元 15～62 年的古罗马涂蜡木简非常著名。涂蜡木简在蜡上刻字,由于火山熔岩融化了蜡,所以留下的文字不多,内容多为契约类,包括租赁、销售、民事纠纷等,展示了古城日常生活的完整面貌。这些出土文献已是意大利文化遗产不可分割的重要组成部分。

日本平城京遗址出土的奈良时代(710～784)记载商业活动的木简,以及宫城遗址内和贵族宅邸内发现的大量木札,是各地作为租税运往平城京的货物上所系的标记,有墨书文字记明乡里郡国名称、户主姓名、货物数量、缴纳时间等内容,反映了平城京在经济上对全国的依赖,被日本政府列入重要文化遗产保护名录。

印度各地出土文物和石刻上发现自公元前 1000 年至公元八世纪使用的多种文字,尽管文字演变相当复杂,但已释读的孔雀王朝阿育王时代石刻铭文和其他时代石刻、陶器题铭等都非常著名,是亚洲地区有影响的文化遗产。

死海西岸一带岩洞中发现有关古犹太教和早期基督教的纸草卷轴,以及同时出土的羊皮纸写本、铜版文书等著名的"死海文书",为研究古代地中海周围国家的历史、文学、宗教等提供了不可缺少的资料,与地中海沿岸国家文化遗产息息相关。

英国文德兰达出土罗马时代的屯戍木简、韩国出土七～十世纪木简、瑞士文德奈萨木简、中美洲玛雅文明的象形文字,都是各国历史文化遗产重要的组成部分,无不与建筑遗址、文物古迹等一起受到整体保护。

二、中国出土文献整理的标本意义

中国历史上很早就有地下文献的出土,包括金石、简牍、碑刻等类型,著名的例子如西汉景帝时鲁恭王坏孔子宅从墙壁中发现的古文经竹书,和晋武帝太康年间在魏国汲县发现的汲冢竹书。明朝晚期西安出土的大秦景教流行中国碑曾吸引了一批西方传教士来探讨中世纪基督教在唐代的传播。十九世纪末二十世纪初,随着西北木简和敦煌石窟文书被发现,引起中外学术界的广泛瞩目,"敦煌学""简牍学"等新学问应运而生。

二十世纪五十年代后,考古工作迈上全面展开的新台阶,地下文物纷纷出土面世,尤其是七十年代以来,不断有大量的甲骨、石片盟书、骨签、简牍、封泥、帛书、纸质文书、碑石、墓志、题记刻石等资料出土,与战国诸子哲学思想史有关的包山楚简、湖北荆门郭店楚简、上海博物馆藏楚简等,与秦汉史有关的山东临沂银雀山汉墓竹简、长沙马王堆汉墓帛书、安徽阜阳双古堆汉墓竹简、湖北江陵张家山汉墓竹简、河北定县八角廊汉墓竹简等都轰动一时,与魏晋隋唐史有关的长沙走马楼吴简、敦煌吐鲁番文书以及大量的墓志碑刻等,还有与边疆史地有关的楼兰尼雅简牍、罗布淖尔汉简、新疆各地的佉卢文简牍等,都成为历史文化遗产不可分割的一部分。

近 80 年前国学大师王国维曾说过,"古来新学问起,大都由于新发见"。他列举当时的四个重大发现是"殷墟甲骨文字、敦煌塞上及西域各处之汉晋木简、敦煌千佛洞之六朝及唐人写本书卷、内阁大库之元明以来书籍档册"。半个世纪以来陆续出土的地下文物就更多了,涉及官私书籍、文件档案、公私信函、遣册文书、稀有墓志、民族文字等等,既有学术价值,也有历史文化遗产的价值。

每个时期的学术研究都有其前沿,这个"前沿"往往是由一些重大的出土文献主导和决定的。出土文献的发现、整理和研究近年已成为专门学问的热点,成为国内外学者集中讨论的焦点,也屡屡成为全社会人们关注的话题,具有不可替代的标本意义,大大提升了历史文化遗产的品位。

出土文献整理是一门技术性、综合性要求很高的基础工作,而出土文献的研究则是在此基础上的凝练和提高。出土文献提供大量有价值的佚书和传世古书较早的本子,使我们对古书真伪、时代源流等谜团有了破解,这些都需要多角度考订审核、多层次检讨反思,涉及文字组合、书写释读、校对勘误、词义训诂、音韵探源、版本目录以及古代学术史、思想史等。

有人认为出土文献是个故纸堆上的"冷门",是博物馆、考古队和学者案头上的学问,有意将出土文献整理与研究"边缘化",甚至号称只有被生活淘汰的东西才送进历史文化遗产行列。这种情况的出现,既有传统学科不被重视的社会倾向,也有学科本身与现实保持远距离的滞后,基础研究处在被淘汰的边缘是目前整个社会科学的问题,但忽视历史文明的储藏积累,淡化民族智慧的结晶,无疑是"文明虚无论"的消极影响,是一种急功近利的短视选择,不利于历史文化遗产的长久保护与永续利用。

三、出土文献内容的分类与内涵

地下出土文献种类繁多,经海内外学者共同努力,整理研究出多种内容和类型的文献,有法律文书、卜筮祭祷、遣册记录、官私信件、医书养生以及书檄、符券、案录、簿籍等,大部分涉及当时的政治、经济、军事等广泛领域,本身就是当时实践的产物。敦煌吐鲁番文书如按经、史、子、集和宗教分类整理,内涵亦非常丰富,儒家经典有《论语》《周易》《礼记》《尚书》等 9 种,史籍、传记、法律、地理、姓氏 5 类,诸子、类书、蒙书、书仪、科技、占卜 6 类,别集、选集、诗赋、词曲、变文、小说、语文 7 类,佛、道、摩尼教、景教的宗教有 4 类。历史与民族文献中有敦煌前史、吐蕃史、于阗史、回纥史、归义军史,突厥、粟特、吐蕃等其他民族的资料也很珍贵;社会经济文献中有籍账、土地、赋役、契约等制度的第一手记载,寺院经济和社会日常生活都是官方史书没有记录的真实材料。

石刻史料在数量上和保存原始资料上也都十分丰富,宋代金石学主要研究对象之一就是石刻,具有很浓郁的中国传统特色。石刻包括历代碑石、出土墓志、摩崖题记、佛教刻经等,随着考古发掘,地下石刻材料不断涌现,范围扩大到画像石、建筑石构件等,边疆地区石刻也纷纷发现与获得介绍。中国文物研究所已编纂出版的《新中国出土墓志》就是一套大部头的石刻资料汇编。

目前出土文献不断出现,历史学、考古学、哲学、宗教学等皆离不开出土文献的重新定位、客观支撑与有机结合,但文博界的整理速度和学术界的消化研究均远远落后，二十世纪七十年代出土的一些资料直到现在仍未能整理完成或正式出版。近年湖南长沙走马楼三国吴简、湘西龙山里耶秦简、湖北九连墩楚简，又都是新出土的大量文献，保护、整理与研究将是未来若干年内重要的工作。目前整理和研究的条件还比较差，保护条件低下，整理人员缺乏，资金不能到位，出版周期过慢，特别是队伍青黄不接，学术带头人匮乏，都严重制约了出土文献对文化遗产的贡献，需引起各界人士关注。

四、出土文献对历史文化遗产的扩充

我们讲的历史文化遗产包括可移动文物和不可移动文物，一般大众喜欢看可移动文物中的青铜、金银、陶瓷等工艺品，或是丝绸、书画等艺术品，因为它们比较直观，对不可移动文物中的建筑、石窟、造像等也情有独钟，因为它们有震撼人心的作用。相比之下，出土文献不是一般大众随意就能看懂理解的，需要讲解员或专家引导，至少要注释成现代白话文，但是出土文献对历史文化遗产内涵的扩充，有着巨大的价值。

1. 出土文献反映了一个时代文化的盛衰过程。秦代焚书，没有烧的是"医药、卜筮、种树之书"。从已出土的简牍帛书时代来看，《日书》《归藏》一类近似卜筮的秦简都被保留下来，还有大量的法律、行政文书，以及告示、官箴等，绝不见"诗书百家语"。从西汉早期开始才出现儒家经书、道家诸子等著作，鲜明地反映出从秦到汉民间文化的变化。

2. 出土文献补充了许多遗失的文化遗产。历经战乱动荡、人为破坏、自然损失等，中国遗失了许多宝贵的古籍，现在出土文献中有不少佚失的古籍，如法律文书、天文历书、数术方技等。新近出土的文字骨签、石片盟书、封泥等以往比较陌生的文物，极大地补充和丰富了后世所不能见到的文献，无疑有着珍贵的历史文化价值。

3. 出土文献揭示了数术方技类的史料价值。传世典籍很少记载数术方技，这是正统观念对其排斥的结果。但它们在民间广泛流传，并且流行传播时间很长，现发现的古代兵书、医书保留了许多早期资料和历史信息。民间下层传统宗教中的很多观念和仪式直接来源于早期方术,使人们可以了解到当时社会大众的心理定式。

4. 出土文献为校读整理传世古书提供了依据。出土的简帛书籍没有经过后世的增删改动,传世古籍中一些长期得不到解决的问题可依据新资料重新分析校读整理,出土简帛的原生态使古书体例有了对照的标准,不再是四书五经简单的校正,也丰富了我们对历史文化遗产的新认识。

5. 出土文献扩充了文化遗产的内涵。出土的帛书、简牍配有图画,大大扩充了文化遗产的内涵,这是人们以前所不知晓的,图文并茂十分生动地解决了许多原先不清楚的内容,并由此知道古书配图的规律和关系,有着直观的感性认识,修正了一些过去流行的对古书的错误看法。

6. 出土文献对"怀疑古代文化"思潮是有力的反证。历史上许多受到怀疑的古书、古拓片曾被误认为是"伪书""伪刻",过分的疑古思潮造成一些错误判断,而出土文献证明了许多古书、古碑刻的初始存在,从而使"疑古"的思潮变为"考古""释古"的实践反思。

王国维提出"二重证据法",用地下出土文字资料校读整理传世古书,饶宗颐又提出"三重证据法",将考古资料和文字资料分开,用古文字资料作为第三重证据。这些提法都是在出土资料不断丰富的前提下采取的一种周全研究的实践方法,许多学者运用这两种方法,集平生精力,甘于寂寞坐冷板凳,取得了很高的学术成就,从陈直、于省吾到当今的李学勤、裘锡圭等先生都在这方面作出了建树,为后人进一步扩充文化遗产的内涵、追寻古代文明奠定了基础。

出土文献是文化遗产百花园中的一片芳草,在中国历史文化遗产保护新的发展时期,至少扩充了其可持续研究的内涵,极富本土价值与启示意义。

五、出土文献对历史文化遗产的作用

1. 出土文献对历史文化遗产的真实性和完整性有着不可替代的作用。

我们评价一处文化遗产时,并不是只看自然风光、艺术创造,而是综合性地评估。例如敦煌莫高窟地处丝绸之路的一个战略要点，既是东西方贸易中转站，又是宗教、文化和知识的交汇处。1900 年莫高窟 16 窟出了 5 万多件古代文书与绘画品等文物，真实地记录了中古时期敦煌、河西走廊和西域的历史，涉及当时的佛教、道教、摩尼教、景教等宗教信仰，完整地展示了一千多年间经济、文化、科技等社会生活场景的流传演变，"敦煌学"在国际人文科学领域大放异彩，这对敦煌莫高窟这一世界文化遗产的真实性和完整性有着不可替代的作用。

2. 出土文献对历史文化遗产的维修保护有着重要的作用。

河南洛阳龙门石窟的碑刻题记多达 2 840 余块，共 30 多万字，其数量居世界石窟之冠，被誉为"古碑林"。这些文字资料记载了从北魏太和十七年至唐天宝十五载最为辉煌的篇章，具有补史之阙、证史之误的重要价值。一座洞窟、一龛造像如果缺少石刻文字记载，对其年代分期排列、历史艺术价值就难以辨认，如拆除宾阳洞、潜溪寺等处清代建筑拱券后发现许多历史题记，反映了出资造像人的身份、造像名称、造像原因和题材等。现整理确认的题记不仅是考古研究的佐证，也是保护维修的标尺和准绳。

3. 出土文献对历史文化遗产的沿革变化有着不可磨灭的记载作用。

山东曲阜孔庙、孔林、孔府作为世界文化遗产，其申报理由中有一个重要内容，就是有大量碑刻记录着 2 500 多年来对孔子的推崇和对儒家思想的尊奉，长期以来对地下石刻的发掘、收集和整理，使孔庙 1 000 余块碑刻、孔林 4 000 余块墓碑成为其沿革变化不可磨灭的记载。孔府还珍藏有明清文书档案 6 万多件，是中国数量最多、时代最久的私家档案，实录了孔府 400 多年的各种活动。高句丽遗址的好太王碑甚至成为其历史沿革的罕见实证。

4. 出土文献对历史文化遗产的确立有着独特的作用。

重庆大足石刻作为中国石窟最后一座丰碑，造像 5 万多尊，铭文经过整理有 10 万多字，准确记录了九至十三世纪的儒、佛、道三教和民间宗教信仰的发展变化，许多新发现的碑刻文字为当时从世俗到宗教的日常生活提供了无可争辩的证据，是其列入文化遗产所依据的重要标准之一。

再举一个例子，战国早期曾侯乙墓青铜编钟，是迄今发现最精美、最有价值的一套青铜乐器，在钟体、钟架和钟挂钩上刻有 3 735 个字的铭文，内容为编号、记事、标音、乐律，钟铭所见律名 28 个、阶名 66 个，这些铭文弥补了文献记载的不足，现在复原的编钟采用和声、复调和转调手法，演奏乐曲离不开对铭文的考释。

目前申报文化遗产的热情非常高涨，中国的预备清单越来越长，但申报遗产不是靠一个单独类别或一个特色，而是综合的多样性的整体关联项目，如安阳殷墟与甲骨文、甘肃及新疆简牍文书与丝绸之路、北京云居寺与房山石经及国内仅存明版纸经、泉州外来宗教石刻与海上丝绸之路、西安碑林与明清古城等等。出土文献具有的综合作用和整体价值日显突出，作为一种研究古代文化发展的重要史料，应该发挥其不可估量的独特作用。我们不能只关注建筑物、雕塑、洞窟和其他遗址的保护，而对出土文献缺乏抢救保护的手段，使其陷入侵蚀消失的濒危境地，尤其是竹木类的简牍文书、石质类的碑刻层出不穷，亟需采用多种高科技方法集成保护这些"国宝"。

出土文献是文化遗产一个不可分割的整体，我们有责任放宽视野，借助出土文献这一历史记忆平台，向世界推介中国的文化遗产，并将它完好地传给后代。

《中国文物报》2005 年 1 月 14 日

丝绸之路开启中外交流新纪元

　　十世纪以前特别是唐朝,曾吸引了邻近国家人士蜂拥而至,不单是具有各国交流的开放性,更重要的是具有文明世界的优越性,即物质生活的富裕、典章制度的完善、中央朝廷的权威、军事实力的威慑、宗教理性的宽容、文学艺术的繁荣、科学技术的领先,甚至包括服式发型的新潮,所以它能形成国际化的特性,影响和推动着周边各国和各民族的社会文化发展。

A

　　丝绸之路贸易兴盛取决于其巨大的利润。

　　考古学家根据已发现的文物判断,大规模的欧亚游牧民族迁徙运动从公元前七世纪就揭开了历史的序幕。公元前五世纪的巴泽雷克(今俄罗斯戈尔诺阿尔泰省乌拉干河畔)古墓群和公元前四世纪前后中亚、印度等国的古墓中,都发现有精美的中国丝绸残片,甚至出土了刺绣着凤凰图案的中国丝绸,所以公元前四世纪的希腊古典著作中称中国为"赛里丝"(Seres,丝国)。

　　丝绸古道的存在,必然使中原与西域、中亚地区有着物质和文化的交流。1980 年秋,陕西扶风西周宫殿遗址中发掘出两件西周蚌雕人头像,高鼻深目,头戴坚硬高帽,与居住在中亚地区的"塞种"人像完全一致。不管这种蚌雕头像是周人制作,还是中亚游牧部落献给周王朝的贡品,都说明双方已有着交通往来。公元前 623 年,秦穆公"开地千里,称霸西戎",迫使居住在河西地区的塞人向西迁至伊犁河地区,说明了早在汉代张骞通西域之前很久就存在着丝绸之路的古道联系。

公元前 330 年希腊马其顿国王亚历山大穿过里海战胜了波斯阿契美尼王朝，同时征服了中亚，直到公元前一世纪希腊已将版图扩展到印度西部。而这时期匈奴人兴起，控制了天山南北绿洲上许多城邦国家。秦汉王朝为了抗击匈奴的侵扰，不得不修筑长城防御。汉武帝即位后，一方面联络西域各国夹击匈奴，另一方面急需发展与中亚各国的商业贸易，所以于公元前 138 年派遣城固人张骞出使西域，他历时 13 年才返归长安，并将西域各国和中亚的地理、物产、风俗上报给朝廷，这些材料均载入《汉书·西域传》，成为中国最早记载丝绸之路的历史文献，从此开创了中外交流的新纪元。

西汉长安是中外交流的首批得益者之一，又是经济贸易与文化交流的集中地。首先，西方物产源源不断输入。天马（大宛马）、西极马（乌孙马）被成批运入关中，促进了汉代养马业的发展，仅中央掌管的军马就有 40 万匹之多，此后西方优良品种的骏马成为汉人追求的目标。从西域传入的葡萄、苜蓿、石榴、胡麻、胡桃（核桃）、胡豆（蚕豆）、胡瓜、胡蒜、胡荽（香菜）等被大量栽种于关中，大大推动了贸易的往来。

公元前二世纪到公元二世纪的两汉时代，中国的丝绸质量和品种均独步世界，因此它才能作为商品向西方传播。除丝绸外，中国的漆器、铁器、铜镜、软玉、釉陶、麻织品等也输出西方，关中长安使用的穿井开渠技术也在此时传入中亚和印度，梵文中一些名词都加"秦地"字样，说明中外文化经济交流是双向的。

公元七至十世纪的隋唐帝国先后定都于长安，更使"丝绸之路"走向极盛繁荣。隋代大业年间（605—618）曾大力招徕胡商，并吸引西域大批商队前往长安，以首都贸易取代边境贸易。当时为了睦邻安边和"扬威异域"，通过"互市""赏赐"等渠道大量输出丝绸，这种特殊的背景导致更大规模的东西交通。隋炀帝派出大臣出使波斯、罽宾（今阿富汗）、摩揭陀国（今印度比哈尔西南）、史国（今乌兹别克斯坦）等地，沟通了数千公里的丝绸之路。唐代由于西部疆域超过了汉代，在碎叶、龟兹、疏勒、于阗设立了安西四镇，为丝绸之路畅通提供了保证。

强大的唐王朝十分注意国际之间的密切联系。各国派遣使臣进入长安的频次，新罗有 89 次，阿拉伯有 39 次，日本遣唐使 14 次，林邑（今越南南部）24 次，东罗马 7 次，波斯、婆罗门（印度）、朝鲜、泥婆罗等不计其数，"丝绸之路"的联系比任何一个时期都更为广阔。考古文物证实，仅中国境内就发现波斯萨珊银币近 2 000 枚，在长安还发现了希腊文铅饼、拜占庭式金币和阿拉伯文金币。这都是丝绸之路交流的珍贵证明。

八世纪五十年代以后，回纥继突厥之后又与唐朝进行"绢马交易"，中原丝绸随之源源不断地流入回纥，然后又经中亚粟特人之手流往西亚、拜占庭。而东罗马、大食、印度、波斯等地的玻璃、香料、药材、狮子、骏马、驯象等大量传入中国，陕西扶风法门寺地宫出土的琉璃盘、琉璃瓶等均是阿拉伯伊斯兰风格的精品，是唐代中外文化交流的珍贵实物。

丝绸之路贸易兴盛取决于其巨大的利润，史书记载："自葱岭以西，至于大秦，百国千城，莫不款附，商胡贩客，日奔塞下。"十世纪之后，由于中亚分裂战争不断，中国境内也相继动乱，丝绸之路渐渐失去了其风貌，特别是宋元以后，海上交通日趋重要和繁荣，陆地丝绸之路逐渐凋敝和停滞，长安所起的中外交流纽带作用也渐渐丧失了。

B

秦汉以后，西域各国因战争避难、贸易经商、互通使节、质子侍卫、传播宗教、入仕任官、各行技艺、求知留学等原因来华的人很多，从张掖、敦煌、武威到长安形成一个个迁移的侨民区。

如北魏以后进入长安的印度僧侣就达 70 余人，《梁高僧传》记他们有人"生于长安，貌虽梵人，语实中国"。西安碑林博物馆里保留的一些碑刻，也记录了月支、粟特、龟兹、匈奴等移民的定居，如临潼新丰有支胡数千人，蓝田有数千粟特人在康横率领下按部落"归化"，韩城有粟特人康维摩率部众据地占关，蒲城有龟兹白氏后裔居住。

唐代长安是当时东亚最大的政治、经济、文化中心，朝廷奉行兼收并蓄、开放包容的政策,据《唐六典》记载曾有 70 多个国家与唐王朝往来,每年都有大批外国人到达京城,因而长安成为民族成份和各国人种最复杂的地区,具有国际化都市的性质与色彩。《资治通鉴》记载贞观四年(630),突厥汗国颉利可汗至长安,仅突厥受降五品以上官员就达百余人,入居长安者近万家,占当时长安城人口的三十分之一。《资治通鉴》还记载唐代宗大历十四年(779)"先是回纥留京师者常千人,商胡伪服而杂居者又倍之"。半个世纪以来出土的大量唐人墓志与中外交流文物,说明了外国人在长安的活动。

比中亚人更远的波斯(今伊朗)人,从三世纪萨珊王朝兴起到五世纪,与中国北朝、隋唐一直有使臣往来。波斯人来到中国最多的还是商人。唐代诗文和《太平广记》等文献中对波斯商人有很多生动的记述。长安西市有"波斯邸"。

唐高宗永徽二年(651)唐朝与阿拉伯大食国开始建立联系,此后一个半世纪中,大批阿拉伯商人来到中国"住唐"贸易,他们在唐长安以经营和鉴别珠宝而闻名。中唐以后,侨居的大食人还参加科举,其中以进士登科的大食国人李彦昇最为著名。

除上述国家有大批侨民居住在长安及周围地区外,还有一些国家的贵族、商人等也侨居在此。

据说当时长安人口中侨民达 5 万人之多。

C

十世纪以前特别是唐朝,曾吸引了邻近各国人士蜂拥而至,不单是具有各国交流的开放性,更重要的是具有文明世界的优越性。在东西方文化交流下的长安,从风俗影响上看,也风行着异域胡人和其他国家的服饰饮食、歌舞杂技、宗教信仰等,甚至连胡床、胡帐、胡坐等都对中国产生很大影响。从西汉到隋唐,各国的特产源源不断输进长安地区。大宛国献汗血马,大秦国贡花蹄牛,月氏国进返魂香,身毒国(古印度)献连环羁,黄支国运犀牛,弱水国献香料,波斯国送玻璃,大食国输沉香,西海国献胶裘,条支国运鸵鸟,黎轩国进眩人(称幻人的魔术师),都卢人表演缘竿杂技。长安的西域风尚遍及许多领域。

在建筑上,宫室第宅采用西亚风格和建筑材料的,有唐玄宗模仿拜占庭引水上屋、悬飞流如瀑的凉殿,"座后水激扇车,风猎衣襟""四隅积水成帘飞洒"。太平坊王铼私宅中建自雨亭,夏天檐上飞流四注,凉爽得凛若高秋。唐中宗时宰相宗楚客造新宅,以文柏为梁,沉香和红粉以泥壁。唐代宗时宰相元载造芸辉堂,用于阗芸辉香草捣碎泥墙。这些私宅建筑无疑吸取了西域外方宫殿的建造方法。

在饮食上,开元以后"贵人御馔,尽供胡食"。平康坊的姜果店、长兴坊的饆饠店、升平坊的胡饼铺等都非常著名。此外,于阗烤全羊、回纥"腩"(烤肉片)等西域风俗饮食都传入长安,高昌的葡萄酒、波斯的三勒浆、西域龙膏酒等均受到人们的欢迎。

在绘画上,侨居长安的于阗画家尉迟跋质那、尉迟乙僧父子,是隋代作为"质子"到内地的,他们和康国画家康萨陀一起将印度的凹凸画法传入中原,用铁线细描和重视设色的表现技法,发挥了西域画风的特色。唐代大画家吴道子、卢棱伽等都受此画法影响,对中国画风的变革起着深刻的作用。

在乐舞上,隋唐广泛吸收西域各国和西北少数民族的音乐,"十部乐"中西凉、天竺、龟兹、安国、疏勒、高昌、康国等音乐占了大多数。许多乐器系从波斯、印度和埃及等传来,筚篥、五弦琵琶、箜篌、横笛、金钲、胡笳、羯鼓等都起源于西域。

在科技上,长安也输入了大量的印度、阿拉伯和拜占庭科学知识。隋代已传进大量的印度天文历算书,据《隋书·经籍志》共有七种六十卷,如《婆罗门舍仙人所说天文经》《婆罗门阴阳算历》等。唐朝前期天文学各派争鸣,其中就有印度天文学家参加,侨居长安的迦叶、瞿昙、俱摩罗三个家族,世代服务于司天台。来华的高僧又大都兼通医术,印度术士那罗延娑婆寐还在玉华宫为唐太宗造药。克什米尔、吐火罗等均多次进献本国药物,波斯和阿拉伯人还将自己国家的贵重药物贩运到长安市场上寻找买主。

历史文献和出土文物都证明,十世纪以前特别是唐朝,曾吸引了邻近各国人士蜂拥而至,不单是具有各国交流的开放性,更重要的是具有文明世界的优越性,即物质生活的富裕、典章制度的完善、中央朝廷的权威、军事实力的威慑、宗教理性的宽容、文学艺术的繁荣、科学技术的领先,甚至包括服式发型的新潮,所以它能形成国际化的特性,影响和推动着周边各国和各民族的社会文化发展。反思一千年前外来文明的传播,对我们今天联系世界不同文明的纽带,共同为人类发展进步作出贡献具有深远的意义。

《深圳特区报》2014 年 7 月 1 日理论周刊

丝绸之路研究永远在路上

丝绸之路是一条沧桑之路,在古代交通条件艰苦卓绝的状况下,来回去往都非常不容易,除了恶劣的自然地理环境外,还有战争威胁强盗抢掠,一段一段的廊道需要以时间"年月"来度量,而不是以"里程"来衡量。丝绸之路并不是飘逸的丝带和迷人的曲线,更不是驼铃声声、牧歌回响的浪漫之旅,而是一条人类涉足生命禁区的跋涉之路。对两千多年来的丝绸之路同样需要重新回溯,用坚实的积累进行一系列挑战性问题的研究。

一

自从我国提出"一带一路"国际合作的倡议后,丝绸之路成了最热门的课题,各地纷纷召开丝绸之路学术会议,群贤毕至,蓬荜生辉,不仅吸纳了国内名家,还聘任了外国名家,带动了整个学科建设的迅猛发展,"考古与艺术、文本与历史、诗歌与边塞"均以丝绸之路为主题作了新视野的研究与探讨,不同专业各展优势、联合协同,这是非常值得肯定和鼓励的方向,因为这条道路再次促使我们以文明交融史的眼光看待世界。

这几年各地、各个学校、各个研究机构纷纷推出"一带一路"的丝绸之路研究,成立了不少机构,召开了不少会议,但挂牌隆重,后续无声,虎头蛇尾,声大势小,真正能推动研究和学术发展的不多,因为丝绸之路是一个综合体的研究,涉及考古、文物、历史、艺术、宗教、科技、文学诸方面,未晓的知识和未知的领域很多,因之,丝绸之路是一个读万卷书、走万里路的研究领域,是一个观万幅画、看万件物的实践领域,谁都不敢说自己穷尽了史料挖完了文物,如果说学术永远在路上,那么丝路研究也同样永远在路上。

国际上普遍公认的全球文明中心诞生地位于底格里斯河和幼发拉底河之间的肥沃田野上,将近五千年前,伟大的城市被陆续建了起来,如巴比伦、尼尼微、美索不达米亚的乌鲁克和阿卡得以建筑的金碧辉煌而著称,印度河流域的城市哈拉帕和摩亨佐·达罗成为古代世界的奇迹。在东亚中国大地上,夏商的古城也一个个冒出地面,崛起于世界地图上。只是当时人们并不互相认识,极少往来。

在这个地区,世界上一个个伟大的宗教也如雨后春笋般地诞生了,犹太教、基督教、印度教、祆教、佛教、摩尼教和伊斯兰教如百花齐放。正是各个语系相互竞争的大熔炉中,一个个大帝国相继兴盛与衰亡,一个个王朝轮流登台与下台,但是展现的是相互连接的世界影响。过去我们往往忽视世界各国的密切往来,漠视欧亚大陆之间的竞争,并不了解西亚阿拉伯帝国与波斯帝国争夺的余震会影响到东亚中国,不清楚拜占庭帝国与中华帝国之间通过西突厥的往来模式,也不清楚中亚粟特人入华的移民聚落和连环作用,不知道中亚草原上的厮杀直接带来了中国北方游牧民族的激荡,更不了解西域中亚胡商入华导致双方贸易的物价变化以及市场上需求的激增。我们的眼光一直局限在自己的疆域内,龟缩在东亚的一小块土地上。

欧亚之间互相影响的展开,正如沿着中西方古道形成交通网络一样,不仅有商人、僧侣、使者、武士、牧民、工匠、画师等拓展,还有他们所携带的买卖商品与运输的货物,以及思想的交流、文化的借鉴、宗教的传播。但是人们并不知道他们走的这条路是东西方沟通的要道,在清朝统治下的中国人被闭关锁国久了,甚至不知道几千年来自己祖先一直活跃在亚欧大陆上。直到十九世纪末,这个延续了几千年的庞大交通网路,才被一个德国地质学家、东方学家费迪南·冯·李希霍芬冠名为"丝绸之路"。

近代以来西方学术界的权威们对丝绸之路并不重视,他们认为落后的亚洲和"劣等"的民族无法与欧洲文明的摇篮相比,更不相信东亚的崛起和亚洲地区的重要。1895 年，当斯文·赫定第一次探访塔克拉玛干时，就进入了一个欧洲人全然无知的偏远世界。多亏这一地区的干燥气候，赫定、斯坦因等人才能发现伊斯兰教到来之前的各种文书文物。随着考古文物不断被发现，他们才意识到丝绸之路沿线地区的重要地位，才认识到西亚、中亚、东亚一条文明传播道路的活跃，这是世界中心所在地的真正大熔炉。如果说中亚和中国新疆地区是四大文明交汇的十字路口，涉及印度、阿富汗、巴基斯坦、伊朗、土耳其、叙利亚等国家，那么东亚广袤地区构成的交通道路网络状布局，更是将中国、蒙古、朝鲜、日本诸国串通在一起，直到今天，我们才开始意识到西方文明中心诞生地与东方文明中心有着千丝万缕的联系，并扩大拓展了新的世界史课题的视野。

二

历史是一个民族集体记忆的源头，了解历史是每个中国人的基本素质。但是一些中国人包括有些学者的历史知识素养并不高，历史常识匮乏，专业知识狭窄，获取的信息来自影视或互联网文学作品，应付差事写一些与史实有偏离的文章，名曰是多元化解读，实际上是不知历史研究的严肃性和真实度，目前一些虚构历史到了挑战历史真实的底线。

过去我们是"半截子"丝绸之路研究，现在又出现不分时代的纷纷乱象，值得我们反思。

2013 年 12 月 3 日《西安日报》刊登的《加快打造丝绸之路经济带新起点》一文，为了吹嘘夸耀自己是承载区，说："唐代西市作为丝绸之路起点，占地 1 600 多亩，建筑面积 100 万平方米，涉及酒肆、铁铺、衣行等 220 多个行业，有固定商铺 4 万多家，每日客流量高达 15 万人，是当时世界上最重要的商品流通和货物集散中心，是中国与世界沟通的窗口。"这些数据都不知是谁编出来的，史书记载还是考古解读，都不清楚。

2014 年 7 月 21 日星期一《光明日报》文化新闻第 9 版《新丝路万里行》一文说："丝绸、茶叶、瓷器曾代表了汉唐时期的先进制造业，中国商人用它们来交换胡椒、胡萝卜等产品。"瞎编出来贸易商品。茶叶是在中唐以后才逐渐发展起来的一种产业,当时喝茶主要是泛白沫的煮茶,用盐"点茶",从南方到北方也是在贵族世家、官僚士人家中饮用,民间百姓谈不上普遍喝茶,法门寺作为皇家寺院被发现茶碾子就是明证。茶叶作为对外贸易的商品在当时还见不到确切的记载,茶叶贸易到了宋元时才开始广泛起来。唐代与回鹘的绢马贸易并不是后世西南地区的茶马贸易。

2014 年 11 月 15 日《西安晚报》刊登《范曾 50 年后回归诗词故乡》一文,范曾对记者感叹道:"西安是座不得了的城市,当年中亚、西亚一直到罗马,在西安的外籍商人有三四十万人,绝对是国际化大都市。"史实本末,这外商数字不知是怎么统计出来的?

倪方六《隋唐时外国人以留学中国为荣》一文中说:"中国大规模接受来华学习的外国学生出现在唐朝,日本、高丽、百济、新罗、安南(越南)、琉球以及拂菻(东罗马)、大食(伊朗)等国家纷纷向中国派出留学生或带有留学性质的使臣、僧人。"拂菻什么时候派过留学生? 史书哪条史料有记载?

故宫举办"紫禁城与丝绸之路"展览,将明清时代为皇家采购或进贡的西洋玩意儿作为丝绸之路的珍宝,令人啼笑皆非。先不说明清严格的海禁政策,就是陆路交通也是时常被阻塞切断,在这种背景下无论是陆上、海上都不可能有大规模的贸易往来活动。故宫钟表馆展出的西洋钟、八音盒等统统属于供皇帝玩赏之物,并不是真正的民间实用之物,将皇家采购、外使进献的奢侈玩意儿与民间正常贸易的实用之具这两类物品混为一谈,不能区分"贸易品"与"奢侈品",连丝绸之路的本意是贸易之路都搞不清楚,确实让人大跌眼镜。

广州的清代十三行,厦门的鼓浪屿,宁波、烟台、大连等因为十九世纪中叶后被辟为对外通商口岸,统统列入海上丝绸之路,明清时期形成的茶马古道也被列入高原丝绸之路,早已有之的"唐蕃古道"也变成了丝绸之路高原段、青藏段,北京也成了元代丝路"无与伦比的商都",深圳举办的中俄"丝绸之路历史档案展"将十八至十九世纪的俄国派遣商队来函、恰克图双方贸易价值清单等都算作丝路"纽带两端"的交流历史,号称"锦瑟万里虹贯东西",似乎不挂上"丝绸之路"名号就不是新的研究。还有许许多多信口雌黄的奇谈怪论，甚至胡诌乱讲，脱离历史实际和正常逻辑，引起很多学界人士的反感，包括许多画展书法展都打着丝绸之路的名义，实际与丝路毫无关系，被讥讽为成套路的追捧剧。

2010年陕西历史博物馆举办"丝绸之路——大西北遗珍展"时，我请著名文物学家孙机先生为展览图录写序言，他在感言中就指出："强加给这条道路的某些说法与史实未能尽合，许多无稽之谈有时也会有市场，未免令人啼笑皆非。"尽管孙机先生的某些观点不一定会得到认同，但是他的批评一直回响在我耳畔，提醒我们对丝绸之路一定要认真研究，作为人类共同的知识谱系需要慢慢解读，这也是我们需要共勉、共助、共享的。

三

丝绸之路研究不是一个单纯的历史概念符号，不是经济学急功近利的利益获得，而是实实在在的文化遗产真实再现，需要必备的功课铺垫，需要多年的学养积累，一些"奇葩"概念混入严肃的课题之中，只会败坏学术的名声，授人以口实与笑柄，贻害无穷。

虽然历史研究可以存在各种解读，但应该在基本公认的史实上保持客观真实，要注意一些带有引申性的过度解读，甚至是想当然的曲解和随意的"穿越"，否则只会带来负面的作用。我们对历史的尊重要逐步恢复，再不能在基本史实错误的情况下信口开河了。不管是"二重证据法"还是新近提倡的图像史学，都要注意丝绸之路是任重道远的课题，还是那句话"丝路研究永远在路上"。

目前丝绸之路作为一个热词不仅响彻中国，而且远播世界，自然引起了各国的关注，有的心存疑虑，有的冷眼旁观，国际上反对中国"一带一路"的杂音、噪音、乱音也此起彼伏。印度为对抗抵消中国的强大影响力，将其二十世纪九十年代的"东望政策"（Look East Policy）在2014年改为"东进行动政策"（Act East Policy），还模仿"丝绸之路"构思推出所谓的"香料之路计划"和"季风计划"。从"东望"到"东进"，其目的就是抗衡中国"一带一路"合作倡议。

中亚 2015 年后由哈萨克斯坦、吉尔吉斯斯坦、乌兹别克斯坦和塔吉克斯坦共同组成"费尔干纳—锡尔河廊道"申报丝绸之路世界遗产工作组,正在积极运作。塔吉克斯坦和乌兹别克斯坦在"泽拉夫尚廊道"(片治肯特—撒马尔罕—颇肯特)开展申遗工作,特别是它们的费尔干纳—锡尔河廊道未来丝绸之路跨国系列申遗工作"以恢复友好关系为核心"令人瞩目。这不仅涉及中国粟特移民入华的研究,还联系到十几个世纪来中亚与中国的连锁互动,我们的丝绸之路研究对这片土地了解得还远远不够,亟需补课、补脑、补视野。

我举一个最近国际学术界的例子。美国耶鲁大学历史系教授韩森多次到中国作学术考察,她推出的《丝绸之路新史》使用了许多原始出土文书和考古材料,这本书的基本观点就是从来没有一条丝绸之路,这个名字是由一个德国人在 1877 年发明的,在那之前没有人使用"丝绸之路"。丝绸之路的商队从来不大,通常只有几个人和几匹马。沿着这条道路走的贩卖是地方性的,不是区域性或国际性的。中国从来没有与罗马帝国贸易,在中国从来没有找到一枚单一的罗马硬币。尼雅佉卢文文书近千件只有一件提到商人,而且商人都被严密监视。各种中原生产的纺织品被运到西北,这是因为唐朝政府把海量纺织品作为军饷发放给士兵,这是 755 年之前盛唐时期丝路贸易繁荣的原因。安史之乱一爆发,唐朝被切断了供应,丝路经济随之崩溃。因丝路艺术而闻名的古都长安,出土的何家村遗宝有 100 多件金银器,仔细研究之后发现,几乎没有进口物品,都是本地制造的或出自客居中国的粟特人之手。进口的珠宝很容易通过陆路送进来。如此种种,不再赘述。总之,她提供的史料说明,丝绸之路就是一个编造的迷人故事,是贸易有限、论据不足而被夸大的浪漫之路。

这本书在国际上引起很大反响,被列为国外高校必读的亚洲教材,北京联合出版社出版了译本,我们对这类有影响的图书居然无人反驳,还有人叫好吹捧,蒙在小圈子里自娱自乐、自说自话,根本不知道国际话语权有多重要,更不知道要用扎实可靠的史实回应世界的质疑。我在 2017 年第 2 期《西域研究》专门发了一篇文章纠正韩森教授的谬误。

国内有个知名教授在今年 4 月 14 日的演讲中说:历史上开通和维护丝绸之

路的动力来自外界,而不是来自中国内部;这条路主要不是由汉朝人,而是中亚、西亚甚至欧洲人建立的,动力来自他们。亚历山大的希腊文化和其他文化早都传入了新疆,新疆阿斯塔纳古墓中有不少 2 000 多年前的干尸,其中很多是欧洲白种人。张骞通西域本身是出于军事、政治目的,而不是出于贸易,历史上中国没有动力进行丝绸贸易,中国没有向外开拓的动力,没有主动利用过丝绸之路、从丝路贸易获利。这和国外学者异曲同调,此唱彼和,完全不了解丝绸之路沿线的考古,不清楚西域的研究成果。片面的曲解着实让人难解。

目前丝绸之路方面出版著作和发表论文数量猛增,但东拼西凑、粗制滥造、低水平重复和抄袭剽窃现象也层出不穷。如果说丝路研究永远在路上,那么与国际对话的顶尖学者也急需蓬勃而出。我们需要熄灭学术浮躁之虚火,摒除急功近利之欲望,丝绸之路研究需要求真求实、创新开拓、不断升华的成果,不说无边际的空话,不做无谓的超越,为民族学术尽责,为人类进步担当,丝绸之路研究不仅要"大处着眼,小处入手",更要"学术底气,大国视野",这是我们衷心的期望。

2017 年 9 月 6 日在"丝绸之路与汉唐文化国际高端论坛"上的发言稿

见《丝绸之路研究辑刊》第三辑,商务印书馆,2019 年

唤醒大遗址废墟中的审美记忆

一

大遗址是指含有丰富历史文化信息、具有文物价值的古代建筑遗存,它镌刻着一个民族的基石和国家文化生命的密码。世界上许多古代著名的繁华城市都曾难以置信地变成了失落的废墟,许多宏伟的宫殿和城堡都只留下了剥蚀殆尽的幽隐印迹,变成了我们现在所说的大遗址。从文化审美来说,"废墟"转换为"大遗址","残躯"缩进"景观"狭缝,并不是抽象化的符号,或是虚灵化的浪漫以及诗意化的表征,而是视界决定境界,需要我们在认识古代遗迹时唤醒文化境界中的审美记忆。

"大遗址"这几个字目前在绝大多数国人心目中只是一个与文化审美无关的遗弃场所。大多数人或许认为遗存数平方千米到几十平方千米的"大遗址"就是被废弃、遭破坏的一块荒凉地,或是认为就是一片碎砖瓦砾堆成的废墟。因而"大遗址"一词被局限于与美学毫不相干的荒芜之地。

然而,我们若用更开阔更新锐的眼光来审视,用世界知识的眼光来衡量,就会发现大遗址在欧洲近代以来有着丰富的词语解释,大遗址这个词有明显的扩充,被赋予了文化和美学的内涵,被赋予了学术的概念。遗址不仅是美学的载体,还是引导人类审美的领地,虽然有着时代的隔离,但却是连接逝去文明的一条思想路径,是一条人们心向往之的文化通道。

叶廷芳先生从西方美学的对比角度指出,早在十五世纪初期,"大遗址"的词义在欧洲就有了比较宽泛的认识,受古代希腊、罗马时代废墟遗址的影响,特别是欧洲文艺复兴之后对建筑遗址的发掘,激励了意大利、法国等国的绘画巨匠沿着高耸神庙到巍峨宫殿的高地来复兴艺术的灵感,虽然这些昔日辉煌的建筑变成了废墟遗址,但"残缺美"遗址景色仍然令人赞叹不已,不仅引起世人对古代宏伟建筑的思古幽情,更激发起世人对古人创造历史的赞美之情。

启蒙运动使人们在古典神祇面前有了新的觉醒,对古代建筑哲学思想有了新的追求与发扬,对一片碎石瓦砾不再轻视不睬,对残墙断壁下的遗址也不再是视而不见,残骸的废墟配合荒原夕阳有了哲理诗的韵味。越来越多的画家、作家和建筑学家把希腊神庙、罗马遗迹、尼禄金宫、庞贝古城等废墟作为创作主题,他们幻想着花神般的帝国盛世,梦想着复活遗迹里的优美景观,古迹成为艺术家描绘文化景观流行的对象,所以,欧洲人的大遗址概念比我们宽泛得多。从广场到剧场,从宫殿到园林,从神庙到竞技场,从教堂到陵墓,从庄园到渡槽,从凯旋门到纪念柱,深埋废墟下的残垣断墙,或是裸露地面上的破石碎片,不仅统统可以进入保护的范畴,而且可以借着遗产的台阶登上美学的殿堂,保护遗址从而成为了一种文化的行为。

遗址遗迹是故地、故宫、故居、故事、故人、故乡等不期而至的记忆投射,欧洲早在800年前制定城市发展规划时就从法律层面创建了保护遗迹的法律,对着残垣断壁马上使人联想起历史的韵味,对着破砖烂瓦又立即使人感到文化的残存,那种超越时空的怀念会营造出淡淡的苦涩,在不破坏遗址原真性的前提下,有一种独特的建筑遗迹审美体验。从外国看,中东伊拉克尼姆罗德古城(公元前717年亚述首都)、叙利亚帕米拉古城(公元前二世纪)、约旦佩特拉古城、突尼斯迦太基遗址(公元前九世纪),到南亚印度的桑吉、柬埔寨吴哥窟……从中国看,西安汉未央宫、唐大明宫,到新疆北庭都护府、交河古城、高昌古城、龟兹古城……一片片古城废墟都给人类镌刻下厚重的记忆,更难忘的是生存与毁灭的审美轮回。

当然,一个国家或是一个民族还不具备将废墟审美意识升华为一种人文价值观时,不可能吸引大量观众去参观这些残旧的大遗址。为了吸引观众开发旅游，一些遗址所在地的地方官员更喜欢将萋萋荒草变为温柔浪漫之地，开发成蜂拥而至的人气热地，或者是曲径隐秘的私家会馆，特别是很多人将大遗址作为旅游欣赏地和游赏公园时，愈发会觉得无味无聊。比如甘肃河西走廊上的玉门关遗址，很多游客看到一片砂砾戈壁滩，孤秃秃的环境，竖立着几座新盖的仿古建筑，顿时会觉得兴味索然。又例如废弃于清初的湖南永顺土司城遗址，其处于桃花源之外的"穷乡僻壤"，没有当地民俗和历史常识的游人，经常是乘兴而去，败兴而归，无法理解这类废墟的文化含义。有些遗址即使定名为"国家考古遗址公园"，实质上既不能现场考古，也不够国家公园标准，既没有文化廊道，也没有绿色屏障，所以以大遗址为代表的文化遗产如何优雅地重生，如何引起人们有更浓厚的兴趣去思考历史变迁，首先要在审美意识上进行培养教育、熏陶渐染。然而，我们当下的学校没有这种心灵洗礼的人文教育，我们还处在遗址认识的初级阶段，还跨不进美学殿堂的门槛。

在古代中国，秦汉京畿破坏后引起了唐人的追思，写出了千古名篇《秦阿房宫记》，隋唐京城毁灭后宋人的思念，刻出了至今流传的《唐长安城》略图；虽然当时人不可能知道"大遗址"这个概念，但是，他们已经知道遗址的重要性，狭义"文物"的意识已经在文人意识中萌发了。但经过五代藩镇军阀的破坏，再经过蒙元铁骑的烧掠毁坏，明代时文人学士已无法再想象汉唐中国最大都城的情景，残破的废墟很难衬托以往庙堂的崇高与殿堂的魅力，甚至连开封这类宋代都城也被埋入黄河泛滥后的地下，不仅单体建筑不复残留，而且整个城市遗址也消失得无影无踪。最近江苏盱眙境内的泗州古城址被发掘，一些人号称这是沉埋水下330多年的"东方庞贝"，这座在清康熙十九年（1680）被洪水淹埋的县城，已很难找出"水陆都会"繁华的踪迹。类似的清代城镇文化古迹都已败落萧条，能保留下来遗址残基已是万幸了。

我记得二十世纪六十年代，全国各地还有许多文化遗迹保留着原貌，被确立为第一批国家保护单位的大明宫遗址还留有解放战争时期修建的碉堡和蜿蜒数千米的战壕。翻开一些老照片图书，我们可以看到城镇化浪潮未开发前的旧貌，就是不完整也还有真实性的延续。图片是文字的佐证，保留下来的一幅幅古迹照片带来的视觉传递，不是隔世记忆，而是定格记录，汇成了值得回味的大遗址保护与利用的贯通基调，不仅能"照着读"，还能"接着讲"，融入史与思的洞见，寄托对现实的关怀。

中国的城镇化可能是世界上最猛烈的拆迁风潮，几十年前对遗迹的破坏根本无人想过要保护，二十世纪五十年代梁思成先生对历史名城的保护呼吁直至半个世纪后才有人给予呼应。但是，现在建设性破坏事件仍在不断发生，2014年国家依法处罚和责任追究的案件中，北京西城区天宁寺保护范围违法建设案、长春东本愿寺保护范围违法案、陕西洛南县城隍庙违法迁建案、平武县报恩寺建控地带违法建设案等，都说明时至今日仅靠警示作用很难提高某些地方决策者的文化素质。如果说时光的流失就是历史记忆的消失，那么作为一个世界文化遗产大国对过去遗址的破坏的确令人汗颜。

二

对大遗址的保护是对文化品质的理性呵护，也是历史照亮现实的记忆共享，既有审美叙事形态的民族性，又有文化属性特色的地域性。大遗址"废墟"就像一面巨大的历史镜子，映照出一个民族和一个国家的文明意识。仅从文物的历史价值、艺术价值、科学价值来说，古迹遗址也是珍贵的、不可再生的文化资源，至少现在我们可以提炼出几个定义。

遗址原生体具有残体的审美价值，虽是野蛮破坏的耻辱象征，或是自然灾害的罹难残迹，但往往会引发人们的痛惜、珍惜和叹息，规模宏伟的古建筑遗迹有令人难忘的文明，隐含着对前人祖辈非凡智慧和巨大辛劳的尊重。

遗址有时空的距离，而且时间长短和空间远近成正比，古迹从精美的浮雕到严密的住宅，从回归自然荒野到忧伤人类生命，都会展示祖先的风貌，激发人们再创造的兴趣。

遗址有围绕它的逸闻故事，历史上发生在遗址的事件和故事成为人们凭吊的原因，阿房宫防刺客携带武器的磁铁大门，汉未央宫内殿房相连的地下通道，大明宫内隐身避藏的覆壁密室,杭州南宋皇城被蒙元铁骑焚烧过的遗址,圆明园被英法联军焚烧后又被国人偷窃砸碎的废墟……

二十世纪五十年代起,中国在"大跃进"的狂飙扫荡下,狂热的人们将文化遗迹作为"四旧"的产物,厌恶古代的田园生活和中古以后的旧城街巷,更没有爱护遗址、保护遗迹的审美意识,改变老城外在形态的冲动大大超过改变内在实质的需求,北京、西安、杭州等城市面貌变新了,穿越了历史时空,但它们永远失去了传统的风格和延续了上千年的建筑文化。

直到现在我们许多人仍然认为中国不缺历史景点,不缺遗址废墟,关键是怎样把"历史片区""古城旧街"作为产品更新开发、消费利用,甚至还有地方执政者将遗址废墟当作碍眼的荒地,将遗址保护与城市更新严重对立起来,不承认这是一种扭曲的愚昧行为,不检讨这是缺乏文化素养的表现。我记得二十世纪八十年代日本讲谈社曾出版过 13 卷的皇皇图录《世界の大遗迹》,遍及全球五大洲,其中第 9 卷是与文物出版社合作于 1988 年推出的《古代中国の遗产》,是由日本著名学者樋口隆康主编的,分 4 章收集了 54 个中国古代著名遗迹,从周口店、大汶口,到商城、雍城、燕下都,从咸阳秦宫、南越王宫署,到敦煌莫高窟、唐长安城,凡是重大文化遗址都一一列出,使人不由得感叹当时他们对世界遗产的眼光就超过了我们,对大遗址的重视比我们也要早得多。

现在我们也认识到遗址与古建、遗迹与文物的重要联系了,算是不幸中的万幸,价值理念终于有了根基。然而大遗址词义、概念的界定与应用都还在探索中,涉及遗迹、遗存时模糊混串,新建的小品叠加在遗址之上,整合的门楼围合在遗址圈外,早已丧失了原真性的敬畏意识。正如王世仁先生说的,中国人在审美上倾向于实用、理智,喜欢圆满、优美、和谐,经常以"重修庙宇、再塑金身"的观念对待文物。中国人并不欣赏残墙断柱,只要财力允许,就要"整旧如新"。不管是从历史还是考古角度看,我们都缺少从审美文化角度来理解大遗址的普遍价值,缺少在尘封的历史记忆中激活审美的传统,缺少从残破景观和废墟遗迹中感悟"国殇"的悲剧崇高之理念。

我常想,无论是埃及两河流域,还是希腊罗马疆域,世界上许多国家都有过辉煌的历史,或多或少留下过建筑残躯,或多或少遗存有旧址废墟,但是,很少有国家会花费大量钱财去修复废墟遗迹,更没有要"重现昔日的辉煌",人们只是要求原真性、唯一性的保护,即使列入世界遗产名录,也没有去对周边环境强行变化、大拆大建,甚至驱赶原住的居民去装饰展示所谓的"文化遗产"。很多国家都没有全面修复或原址重建的遗址遗迹,更不存在所谓臆测性的文物修复,虽然这样做无法展示遗迹上最辉煌时的雄伟壮观,但却向人类展示了其对历史的忠诚,恪守真实性原则,遵循着最小干预的底线。

一个国家或民族不在于其在"世界文化遗产名录"上数量增多的成功,不在于名利双收扩大旅游的促销,而在于独有文明的彰显,在于具有历史记忆与史鉴意义,在于不能让自己的文明蒙羞。

废墟遗址往往是一段历史支离破碎的写照,是纷乱意向和绵长愁绪的折射,对废墟的美学欣赏,连接着一个国家文化背景和国民欣赏水平。中国人最具有忧患意识,忧患往往又与悲剧密切相关,面对那些曾经辉煌一时的宫殿残躯,面对那些曾经曲径通幽处的园林废墟,自然会产生心灵的震撼和共鸣,悲剧审美的悟性也油然而生。唐诗宋词中有多少吟诵夕阳寒风下旧宫废殿的名句,至今让人心痛悲叹。

我一直在考虑,经过全国性的第三次文物普查,中国不可移动文物近77万处,被划定的"大遗址"也有100处,巨量的大规模文物遗址保护有待时日检验,任重道远绝不是信口开河随便说说。笼统地提"保护利用"大遗址,在实践中常常变形走样,带给人们究竟是忧思还是喜悦?动辄数十个遗址公园、上百个大遗址,这在国际上都是罕见的,真正够得上"历史碑铭"的遗址究竟有多少,具有美学意义的遗址又有几个呢?

三

进入我们视野的大遗址往往是茅草丛生的荒地,或是残垣败迹的夯土堆,凄凉沉重的感觉无法一挥而去。目前确定的大型考古遗址均是如此,如今人们好像知道要保护了，于是先发掘后清理，先规划后保护，但是本意的保护善待却常常变成了实质的破坏。不辨清楚地铲平重建，不分真假地修葺一新，不惜工本地异地仿建，从圆明园遗址修复工程到洛阳金鼎门广场修复工程，从西安大唐西市不伦不类的八角亭楼阁到南京明代金陵望江楼的复建，修了一座又一座假古董，建了一片又一片的假街衢，植了一块又一块的假草坪，为了申遗不惜挖掉毗邻吐鲁番高昌城的葡萄园，不惜在草原边缘的元上都遗址周围再移植草皮，这不仅是缺乏文化素养的表现，而且是无知无畏的愚昧行为。殊不知这种除旧布新、以假乱真的"保护"方法，是对每一个没有文物保护意识国民的又一次误导，是对没有遗迹废墟审美意识百姓的又一次诱骗。

一些地方领导有着强烈的政绩工程观念，有一步跨进"天堂"的"大跃进"心态，更有喜新厌旧、推陈出新的习惯。而大遗址外部作为文物特征通常又是陈旧残破的形象，所以"恢复到鼎盛时期的原貌"就成了领导追求的审美标准。有些地产开发商受金钱利益的驱动也纷纷加入所谓"大手笔"的改造工程中，原来被人弃如敝屣、无人理睬的遗址、遗迹被快马加鞭地改造。粉饰打扮的"大遗址"不仅失去了废墟遗迹的本色，而且配合城市改造成为涂脂抹粉的新地标。

故宫花费数十亿经过所谓大修、重修已经恢复到康乾盛世的景色，实际上达不到原创水平，反而在修复过程中对原生态的破坏屡屡出现。西安明城南门箭楼于 1926 年被河南军阀刘镇华军队毁灭，但非要在原城墙上重建一座崭新的箭楼来表示完整无损，还要加一个升降电梯，声称展示性仿建才能彰显靓丽。南京为了城市美观而复建与明城墙连接的太平门，还计划新修建 9 座城门，花费数十亿建造一系列假古董值不值，引起不同争议。我们没有一点废墟残迹的审美意识，不惜复建、仿建新的豪华建筑去掩盖曾经的败迹废墟，声称要实现城、墙、河、路、景的完美融合，在保护历史遗产的幌子下，让一个民族的文化去迎合一些领导的政绩观念，让一个充满感叹唏嘘的废墟遗迹变成一个迎合游客的主题公园，这种没有文化审美的行为只能令人本能地感到悲哀。从生存悲剧向嬉笑享乐转变，这是给历史遗存赋予了新的生命力吗，这真是我们这个民族文化的追求吗？

众所周知，我们这个民族没有欣赏废墟遗址的审美意识，对大遗址或建筑遗存缺乏美的意识。如果说一般平民百姓视废墟遗址为废物也可理解，可是很多资深文化专家也没有残痕败迹"废墟"遗址保护的美学意识便无法理解。一些人到欧洲转一圈便片面地说，外国遗址废墟上都是千年不倒的石构建筑，清晰可见，而我们则是夯土木构留不下的毁坏遗址，况且土遗址观赏性差，地上物少或荡然无存。这种东西方的文化差异确实存在，但是，文物保护作为科学是没有国界的，砖石与土木的材质虽有不同，可是保护文物原真性的原则是全世界统一的，濒危破损文物是"修旧如旧"还是"修葺一新"的原则是截然不同的，唤醒遗迹记忆的审美意识是共通的。无论是石头的史诗，还是土木的残体，都包含着先人非凡的智慧和杰出的技术，大遗址可观的宏伟规模和建筑重要的实用功能，都能唤起我们经历过岁月沧桑的文化启悟。

我们不能奢望人人都具有"朝圣"遗迹、"膜拜"遗址的情怀，朝圣是对文化和真知的信仰，只是期望我们公民在接受过历史教育后有一点内心朝圣的滋味，纠正长期以来扭曲的文化观念，能在特意保留下来的大遗址历史痕迹中寻找感恩祖先的创造，能踏着数百年斑驳之路去对古典建筑精髓作一点通透的理解。希腊的大遗址会使人们在漫步时回想起古希腊璀璨的文明，罗马的大遗址也会使人们坐下来静静思索文明衰落的原委，我们的大遗址能使人们记忆起什么有意义的历史启迪呢？

十八世纪欧洲文艺启蒙运动掀起废墟发掘考古热潮，使人们有了一种根深蒂固的观念：历史的遗痕不应被后人轻易"清除"，残存的遗址也不应该被现代人随意"改良"，断裂错位的柱石与残缺不整的门楣也能体现出"高贵的单纯和宁静的伟大"，我们不仅要保护宏伟风格的古代建筑，也要保留被历史风雨蚀损的古代遗址。

浓缩了千年历史的古遗址本来就是一部百读不厌的史书，像中国历史上改朝换代时动辄火烧强拆前朝宫殿，甚至随手毁掉繁花似锦的城市，这样的恶性循环延续了几千年。流星一般的王朝——商邑周原、秦都汉城、唐京宋畿，均一一不存，代代王朝一茬接一茬另选都城重复建设，既是对物质文明的造孽，也是对子孙文明史的割裂。大遗址保留下来已是很不容易了，如果再求逞能，完全毁迹灭迹,只能是徒留笑柄,悔之不及。

大遗址虽有忧伤的审美题目,但绝不是破烂孤独的主题,每当看到滥用民力、急功近利修建的建筑遗址,或是天怒人怨颓废不堪的工程遗痕,大遗址就像一部反面的"残殇"教材,令人充满痛彻心扉的悲伤,"废墟美"理念对现实的"唤醒"意义,就像一本严谨的编年史记载着文明发展的曲折进程,提醒我们时时不忘"国殇"的记忆,惊醒我们对心灵审美的净化,警醒我们保留文化遗产时更加精心。

《西北民族大学学报》2015 年第 2 期

遗产再现：历史名楼与文化名楼

一、历史名楼与文化名楼的概念问题

标志性建筑承载着一座城市的历史文化，名楼建筑更是一座城市骨骼上的节点。如果认为地域文化是一座城市的独特标识，那么历史名楼是找回城市的个性与灵魂的一个标志景观。

我们知道，地域文化不能复制与移植，一方水土一方情，南北方阔大伟岸与玲珑柔美有着很大差别，否则只会造成城市价值认定的偏执与迷失，历史名楼同样不仅仅是砖石木材或钢筋水泥搭成的建筑，它总是诞生于一种经典建筑文化的孕育中，并有着时代的痕迹和设计的风格。这就是与我们平常说的城市的文化品位和精神底气密切相关。

由于历史原因，我国的历史文化名楼绝大多数是毁灭后经过不同时期又"重建""复建""仿建"的，按照文化遗产国际标准和传统说法大多不能成为国家文物保护单位。

我们首先必须厘清"复建"与"重建"的概念。在文物保护界，"复建"是对古代建筑的复制，必须按照文物的原形制、原结构，采用原材料、原工艺（即进行"四原"原则）修建。"复建"十分强调"原真性"，所用数据都必须是来自原文物的真实信息，也就是说，"复建"出来的建筑可以归为文物。"重建"与"仿建"对原真性和"四原"原则没有硬性要求，因而建成的建筑不过是仿古建筑，它们都只有与文物本体相似的外形而完全不具备任何文物所承载的历史价值。但是在各地实践中文物价值的认定往往模糊不清，例如北京永定门城楼重建后不仅偏离原址还偏离中轴线。这就是"复建"与"重建""仿建"本质上的区别所在。

罗哲文先生最早提出中国古建筑具有采用木结构而产生的特殊性，只要"按照原形制、原材料、原结构、原工艺进行认真修复，科学复原"，结果"依然具有科学价值、艺术价值和历史价值"，不应被视为"假古董"。也就是说，复原、复建的古建筑不能以假古董视之，北京新复建的永定门就是文物，这就是所谓的"四原"原则，其原意是指修复工程，却常常被借用来为复建乃至再建正名，定义重新设计建造的仿古建筑仍然是文物。这个观点无疑背离了"古建文物是实物的史书、历史的见证"等基本价值，引起了商榷的争议。

按照文化遗产代表性建筑必须满足历史真实的根本性原则，历史文化名楼屡屡改建但必须保持原真性，特别是遗址类名楼更受关注。当然如果是建立一个纪念馆性质的文化名楼，搜集汇聚各类文物，把具有古代元素、符号的特色在这里体现、凸显，保存历史文脉，传承一种文化，即使借文物遗址或文化遗产地的名气重新搞一个文化产业品牌也可理解，如果专注于挖掘商业特质或旅游收入，那则是另一回事了。"复建"或"重建"如果搞得好，能找到一个与当地旅游文化市场的最佳结合点，并与其他城市文化景点连成一串，构成一个新文化内涵极其丰富的文化长廊，也许能成为功能城市走向文化城市的一个支点。

每一座城市都应该有自己独特的记忆，没有灵魂的城市就是一座死城。同样，每一座城市也可以有自己的文化名楼，沿海城市都有望海楼，沿江城市都有望江楼，北京沿着永定河还建了一个永定楼，各地还有风雨楼、晨曦楼、晚霞楼等等，名称百花齐放，均是想彰显自己的文化主题。

对于历史名楼再造这个问题，近年来在国际、国内都得到了特别的关注与讨论。虽然按照文物古迹真实性要求和标准，不承认再造，但现在中国各个城市都大范围地存在名楼再造，而且名楼建设如火如荼，不能不承认这是一种文化现象。所以我赞成用"文化名楼"代替"历史名楼"这样的定性，对非古迹的、新建的，或说是重建、复建、仿建的文化名楼，不必强求要戴上"历史名楼"的帽子。

二、名楼再现面临理论与实践的平衡问题

名楼再造，也即"复建""重建""仿建"，遇到理论（规范标准）和实践（再建过程）之间的矛盾，也许这是"文物古迹"这个概念诞生以来，争议最为广泛、时间牵扯最久的热点问题。1964年《威尼斯宪章》公布，既成为当今世界文物修复理念的基础，又出于对时间之不可逆性和文物古迹修复材料真实性的崇拜，重新再现文化遗产遭遇了"假冒""伪造"等最严重的否定和抑制。"复建""重建""仿建"等再建问题从此被官方主流话语划为禁区，不仅讨论不足声音弱小，而且远未达成共识。

但是随着在全球范围内自然灾害（地震、洪流等）不断发生，以及战乱的损毁，文物古迹数量减少，以古建为代表的文物古迹再造的呼声不断扩大，特别是民族主义和政治诉求的高涨，使得理论认识的匮乏与实际应用上的大量需求产生了矛盾，迫使人们不得不重新审视这个问题，尤其是在比较核心而基本的真实性问题上争议较大。

"复建""重建""仿建"后的古迹遗址能否还算文物？其已经完全消失的部分本身是否具有文物保护的意义？此类探讨的意义不仅普遍而且醒目，人们发现原先的定义不清晰，术语也不明确，越来越感到现有的理论框架局限性太大，思考的角度很难推陈出新。

从国内看，全国现在新建或再造的历史文化名楼工程数不胜数，可谓遍地开花、茁壮成长，但都以"修缮"的名义完成报批手续。项目名称还曾专门从"修复"改为"修缮"，避重就轻的意图不言自明。我们试举几例：

北京故宫建福宫花园清末被火烧后的复原恢复工程，虽然经过了严格的考古调查与文献考证、图像资料研究，但是最终复建的结果仍与原貌有多多少少的差异，从性质上说是不折不扣的重建工程，许多新建的元素融入其中。

又比如清光绪朝重修被英法联军烧毁的颐和园，原址新建的文昌阁与乾隆朝原物完全不同，仅仅保留了十字形的平面形制，当时就定为重建。现在圆明园

景观重现又遇到了此类"再建"问题，引发很大争议。

再如山西大同南城门的恢复工程，按照二十世纪五十年代的实测图很矮很小，为了"高大上"的展现，刻意选择清代县志上古代文人意会的"城图"放大设计，追求夸张的效果，这是典型的新建工程。

从国外看，进入世界遗产名录的波兰首都华沙就是一座新城。

在"二战"中，因为华沙犹太人的抵抗，纳粹德军在 1944 年 8 月报复性地摧毁了这座城市，全城 85% 的地段被荡平。此后，1945 年到 1966 年间，波兰人民拒绝了建设现代主义首都的规划建议，凭借着战前精确的测绘图纸和照片资料，全面恢复了华沙历史中心。老城的建筑立面得到精确的复建，而内部则根据新的功能需求进行了改造设计。1978 年，波兰政府提出将华沙历史中心列为世界遗产的申请。国际古迹遗址理事会在最初的评估中，曾对其物质层面的真实性提出质疑。随即展开的大讨论无疑是具有开创意义的，各方就文化遗产的价值以及真实性的概念进行辩论，并确认：华沙的价值主要体现在其复建行为，而不是结果。因为华沙的复建这一事件，代表了波兰人民的"民族意志"——在历经磨难后存续自身文明的重要载体，同时也体现了二十世纪下半叶修复技术的有效性。其基本观点是：华沙的真实性在于其 1945 年至 1966 年间的复建行为本身，而不在于其所还原的那座古城。

2005 年成功进入世界遗产名录的波斯尼亚和黑塞哥维那遗产点——莫斯塔尔旧城和旧桥地区，属于对遭受武装冲突或自然灾害而毁灭的整个地区的复建。莫斯塔尔旧城自古就是不同种族和信仰的混居地带，旧桥曾经是联结雷特瓦河两岸居民的重要枢纽。在 1990 年的冲突中，包括旧桥在内的众多建筑被蓄意摧毁。2004 年完成的复建由联合国教科文组织牵头，这一工程被认为是协调和解、国际合作的象征，也是不同文化、种族和宗教社会之间和睦相处的标志，莫斯塔尔旧城和旧桥地区凭借此"新的价值"而成为世界遗产，它也是 2005 年《实施世界遗产公约操作指南》正式将《奈良文件》作为对真实性阐释的附件纳入后，第一个申遗成功的复建案例。

如果说华沙是对过去某个历史事件的见证，莫斯塔尔则是当代意识形态的具象化代表,它体现了对遗产地非物质属性价值,特别是对当代社会这一层面的价值的进一步认知。

这些现实问题或案例似乎在中国文物行业以及整个文化遗产界都没有得到很好的理解。涉及历史文化名楼也出现许多不明不白的模糊规避,黄鹤楼、鹳雀楼、滕王阁等究竟算是历史名楼还是文化名楼?算是文物还是仿古新建筑?摆在人们面前,这几年来一直没有好好进行理论的讨论。

我们首先要认识到,一座好的名楼应该是凝聚着一座城市的文化积淀、时代追求、价值取向,堪称是城市的文化表情和美丽的文化地标。无论是历史名楼还是文化名楼都不应该是楼阁一面,目前新复建的一些名楼或是仿建的名楼在设计建造上,随意性、粗率性、克隆性太突出,假古董不像真遗存,没有一种独特的美学的追求。

我认为至少应该有几条划分标准:

1. 楼阁应该是各种各样,造型独特,能看出它的时代特点、地域文化和朝代历史,不该照搬套用使千楼一面,就像千城一面,令人失望与反感。

2. 历史名楼或文化名楼不该是空楼、睡楼,空荡荡的一座楼里,什么文化内容也没有,或是勉强应付摆几件字画充充门面。但是高楼装电梯应该不应该,没有明确规划和标准规范。

3. 一些地方建造文化楼阁求快求大,北京永定河畔园博会新建的永宁楼,西安的汉城湖畔新建的大风阁,宁夏中卫的黄河楼,河北迁安的轩辕楼……毫无创意和精神内涵,忽略艺术价值、文化内涵和公众接受的统一,缺少城市环境与文化空间的契合度。

4. 历史名楼或是文化名楼均是一个独立的生命体,要考虑人的文化需要和地域文脉。文化名楼不能建成"大洋怪"的高层建筑,应与历史建筑及其历史环境相协调,保护好名楼周边地区的历史肌理、历史风貌。

5. 历史名楼应该是活态保护,但是目前对历史名楼保护修复无统一标准。所以指导名楼保护要有具体的内容,提供专家咨询,不能大而化之,笼统搪塞。在保持历史建筑的高度、体量、外观、风貌等特征基础上,合理利用,丰富业态,活化功能,实现保护与利用的统一。

三、要用学术智慧解答舆论质疑

随着城市化特别是超大城市的建设,高楼林立之中提升密度似乎能带来竞争优势,让一座城市变成商业标杆,世界十大最高建筑中有九座在亚洲,超过150米以上的高楼在中国也比比皆是,令人叹为观止的天际线似乎成为标志宣言。这就迫使重建、复建的历史或文化名楼也越来越高大,因而对新建的楼阁争议也越来越大。我认为,要放下历史真实与建造年代的纠结,不能采取回避态度,要直面解决这一长期困扰历史文化名楼的问题。

1. 以追述文物的方式重述历史。

许多人可能不知道,今天展现在人们面前的北京天安门城楼,已不是明清时代的真古迹。它曾在"文革"期间,用极为隐秘的方式拆除重建,实际上成了一个装备现代的新建筑。

二十世纪六十年代后期,天安门城楼的建筑结构已严重损坏变形,加之过度汲取地下水和负荷城楼自身重量,主体已严重下沉。1969年底中央决定彻底拆除天安门城楼,在原址、按原规格和原建筑形式重新修建一座天安门城楼,建筑材料全部更新。

当时对天安门城楼曾提出了三种翻修方案。第一种是保持原有古建体形,全部使用原材料彻底翻修。第二、第三种方案都是保持天安门外形,采用钢筋混凝土结构旧地重建,是完全意义上的新建筑物。后来考虑重建城楼红墙座中预设人防工程,因而采用了第三种方案。

1969年12月15日开始动工,天安门城楼在严格保密的情况下20天就被彻底拆除。当时天安门城楼被包在一座长66米、宽37米、高32米的超大型布幔天棚中,外人不知道里面在做什么。在112天的秘密赶工、最多曾有2 700人同时上工的情况下,天安门改建工程在1970年4月7日完工。重建的天安门,下半部5个门洞全部为钢筋混凝土建筑,与现代建筑无异;至于上半部城楼的木质梁柱,部分来自已拆除的东直门城楼,更多的则是向马来西亚及非洲购买的名贵珍稀红木。除重建城楼外,还有东西卷棚和城台加高、女儿墙减薄、标语板更换、电梯安装等附属工程,同时还增设了供电照明、上下水、热力暖气、电话、电视广播、新闻摄影等现代化设施。就这样,天安门城楼从近六百年历史的古迹变成了装备现代的全新建筑。

2004年我们工作审图时曾发现天安门比原来高出近9米,但是现在没有人追究天安门是不是真实文物的问题,而且国保标志就是历史文物。

2. 避免超高、超大、超出古人的实际和现代人的想象。

一些地方城市受追求建设摩天大楼的风气影响,将复建或仿建的历史名楼建得超高,几十里外远远就能望见,声称可以拥有特别的气质,但实际上这主要是作为城市经济成功与声望的象征,作为地方财富和实力的炫耀。过去的历史名楼主要是沉淀精神文化,是用文化"砖块"搭建地域文明的象征,现在一些新的文化名楼因而引起重视文化内涵积累的学者专家反对也是可以理解的。

3. 历史名楼与文化名楼可以用"价值同盟"作为名副其实、年代久远的一个协作标准,以"人文纽带"的价值作为新建、复建、仿建历史名楼的文化标准,在这两种基础构筑下进行合作伙伴关系,这一提法既不昧于现实又前瞻未来,应该说是具有相当高的学术智慧,既为各家所乐见,又不便于其他人质疑甚至反对。

随着"中华优秀传统文化传承与发展工程"的开展,中国未来的历史名楼作为仿制文物古迹的再造、新建,只会越来越多,原真性在缺乏有效理论指导的情况下,恐怕也会越来越难以解释真假古董的问题。科技进步使得修建历史文化名楼变得比过去更加容易和快捷,意味着超高的楼阁作为一座城市的地标也越来越吸引大众,各地对名楼的建设会更加执着,仿效的风气越来越浓。

住房和城乡建设部2017年下发通知,要求各地加强历史建筑保护与利用,做好历史建筑的确定、挂牌和建档工作,最大限度发挥历史建筑的使用价值,不拆除和破坏历史建筑,不在历史建筑集中成片地区建高层建筑。加强历史建筑的保护和合理利用,有利于展示城市历史风貌,留住城市的建筑风格和文化特色,是践行新发展理念、树立文化自信的一项重要工作。特别强调既要保护古代建筑也要保护近代建筑,既要保护单体建筑也要保护历史文化街区和城镇格局,多保多留不同时期和不同类型的历史建筑,要注重城市近现代建筑遗产的保护,做到应保尽保。

这为我们甄别对待过去留下的历史名楼和新建的文化名楼提供了新的思路,旧的实现保护,新的实现利用,只要是能最大限度地发挥其使用价值,通过文化展示其传承价值,都可以一视同仁,美美与共。

2017 年 10 月 15 日在温州第六届中华历史文化名楼会议上的主旨发言
《自然与文化遗产研究》2019 年第 12 期

从自发到自觉的"故宫学"

　　自从 2003 年故宫博物院院长郑欣淼提出"故宫学"后,七年来一直成为人们关注的学术热点,"故宫学"的学术概念从理论上说是一个"理念"还是"思辨",是一个"主体"还是一个"主题",是一个"有限特指对象"还是一个"无限学科总体",是实践理性对象还是提供独特视角,如此等等一系列重要问题一直是我们的思考课题。

　　郑欣淼院长提出的"故宫学"开启了一种新思维,唤起了从自发到自觉的重要转折,这种觉醒带有全社会的人文关怀,无疑为人们主动介入故宫学术领域开辟了广阔空间,也克服了思想上的断裂带和主观上设定的宫内外分界线,有益于提高对中华文化整体的研究水平。但是"故宫学"不能被虚化为纯粹概念的符号,失去与实际研究的融会和交流的结合点。

　　我认为,作为一门与时俱进的学问,故宫学应该更加扩展视野,容纳丰富内涵,承续多元文化,体现时代特征。

　　一、故宫是皇宫类博物院,但故宫学不是局限在皇宫旧居院内。故宫应是开放的而不是封闭的,不排斥任何学科的介入与研究,无论是上层统治阶级还是下层民间社会,或是精华或是糟粕,都会对故宫研究有所补充、有所裨益。现在故宫将收藏的文物精品陆续公布出版,提供给全社会进行研究,这个方向是正确的。在全球化和世界意识、人类意识已经日趋获得认同的今天,有很多文化遗产已是全人类的财富,不仅仅是一个国家、地区或一个博物馆的私产。

　　二、故宫是现存古代皇家建筑的最高殿堂,但故宫学还没有达到学术的最高殿堂。尽管故宫有着建筑、历史、艺术等文化特色,郑院长几年来又连续发文大力倡导,然而在社会上和学术界还没有形成一支大军,"回影自怜地,各扫门前雪"的现象还比较严重。我们必须认识到故宫是中华文化孕育的一种特殊的文化成果,又是中华文化的一种具体表现形式,它的文化创造者既与明清皇家具体活动有机统一,又与整个古代社会的文化载体有机统一。特别是中西方对比研究中故宫与明清以来世界的碰撞、吸纳研究还亟需扩展,正如郑院长说的:"故宫在北京,故宫学在中国、在全世界。"

三、故宫是各类文物聚集地,但"故宫学"不是一个博物馆行业性汇总。郑欣淼院长在《故宫学述略》中讲了宫殿建筑、文物典藏、明清档案、宫廷遗存、清宫典籍、故宫历史六个方面,涉及面很广,但实际上应不断增加范畴,还有一些内容可以补充,例如明清两代皇家狩猎都是很时髦的重要活动,狩猎装备是贵族标志;明清漕运和京师仓库都与宫廷消费密切相关,范围涉及大运河扬州、杭州;仅就水脉控制调节系统来说,"故宫学"就应该涉及周边区域以及整个北京城区。

我们担忧的是,过去说故宫名曰紫禁城是全国最大地主的家院,如今的紫禁城已经逐步成为高楼包围的盆景。尤其在今世的利益和来世的历史面前,在 32 亿巨资重建岳阳楼、10 亿元再造华清宫、150 亿元重建大明宫的大军中,都想追溯古代"故宫"。但是再造的"故宫"也不过是造假的名字而已。在文化发展的高潮中,我们还是需要有文化底蕴的"故宫学"作理论支撑,只有成熟的"故宫学"才能保障故宫真正地在世界遗产中占有一席之地。

《人民日报》2009 年 6 月 18 日第 16 版文艺评论

(全文以"从自发到自觉"为题,刊于《紫禁城》2009 年第 8 期)

两岸聚焦：鬼谷文化古智今用的理念与认识

一

近年来，两岸关系刚刚风停水稳，现在又是急转直下、惊涛拍岸，成为我们心中牵系、往复不止的忧虑。

这个时候再来谈谈鬼谷文化确实别有滋味在心头。

有人说鬼谷子时代各国征战，民不聊生，其纵横游说最终是要实现个人治国于世的抱负，是另类的枭雄之说。

有人说按照鬼谷子当时的环境来看，就是讲怎么利用"势"来实现自己的理想，具体的就是如何利用机会"权变"，如何跟人主上级相处，如何控制智民下属。

有人说鬼谷子不是教我们简单的谋略术，它的核心是阴阳相合，是一种大的人生境界。

还有人说《鬼谷子》的主要内容是研究社会政治斗争谋略权术，它的中心思想就是指导纵横家如何通过权谋策略及言谈辩论等技巧，实现既定的目标。

《鬼谷子》作为先秦时期以纵横思想为主的纵横家、兵家、道家、阴阳家、法家思想的集大成者，它与各家既有共同性，又有自己的特殊性。《鬼谷子》书中也提出了开合、行止、背向、先后、短长、智愚、勇怯、进退、贱贵、虚实、同异、离合、始终、安危、亲疏、难易、好恶、动静、益损等对立的观点。

不管怎么说，鬼谷子所说的理论都主张顺应自然和人世规律来处世，都有超脱、抽象的特点，不具体地涉及人世间的人和事，可以为所有国家、所有人士所用；"大道之行，四海一家；协和万邦，和衷共济"，强调求同存异，以人为本，涵养人性，化彼此消耗为彼此共赢，这是我们今天解读鬼谷子文化新的认识。

两岸民众都背靠悠久的中国传统文化，都拥有共同信仰的文化遗产，鬼谷子有着最基本的中华文化基因，抛弃糟粕汲取精华，人们越来越认识到鬼谷文化在现代文明社会中的"对话"和"沟通"作用，反过来，当代人对鬼谷子价值的新认识，也使得鬼谷文化被激活，并进一步蓬勃发展。

二

从历史走向今天，鬼谷文化有无人文精神，值得我们思考回味。二十一世纪彻底颠覆了过去几个世纪人类的时空观念，过去所谓的"时代巨变"可能发生于几个世纪或几代人之间，而今天的巨变却在短短几十年内，那么，鬼谷文化有什么价值和作用能应用于五千年来完全不同的世界？无论从外延看，还是从内涵看，鬼谷文化绝大部分也都是以"人"为中心和根本的。虽然鬼谷子的一些经典语录显得破碎凌乱，但它们并没有完全失去作用。在很大程度上，它们仍在赋予人类以生存意义。

鬼谷文化如同中华文化中其他诸家一样，都是神本主义少，人文精神多，《鬼谷子》第一章就说"知存亡之门户，筹策万类之终始，达人心之理，见变化之朕焉，而守司其门户"。可见把握事物的存亡之理，测算万物发展的变化过程，通晓人类思维的规律，揭示事物变化，才能控制事物发展变化的关键。"知人欲，顺人心，理人事。"

目前两岸关系波谲云诡，一波未平又起一波，我们不能以草率的方式挑起怨恨的大火，吸取过去内战对抗、同胞相残所付出的代价，一定要在狂热的民粹主义和偏狭的民族主义酿成更大祸害前就遏制它。防止要么悲情怨天，感叹被边缘化，要么傲视天下，把对方踩在脚下。两岸民间不能放纵各自的情绪、释放对立能量、造成积怨加深，一定要避免从一个极端跳到另一个极端，摆脱我们这个民族一再遭受不幸的历史宿命。

说到底，国际关系与两岸关系都需要注重策略的稳妥，世界和平的脆弱性经不起高度紧张的战略消耗。鬼谷文化"古今贯通"给我们的启示，就是要善于互利合作，揣情摩意，趋吉避凶。在今天全球化发展大局下，表面强势的口水仗、剑拔弩张的硬示威，并不能为世界和平带来现实可行的方案。

三

作为中华民族的一员，期待我们的祖国和中华文化在全世界大放光彩，期待中华民族伟大复兴，这是很自然的情感，然而，今年以来两岸关系从"亚健康"滑入"飙硬话""闹别扭"时期，尽管可以在舆论上迎合一部分舆情，但过度解读绝非良策，不能交叉刺激渐行渐远，需要再读鬼谷文化的经典金句来破解僵局。

《鬼谷子》中的《捭阖》讲究"开合有道，张弛有度"，《转圆》提倡"转圆合宜，进退自如"，以及"相益则亲，相损则疏""听贵聪，智贵明，辞贵奇"等等。

任何分歧的化解都不会一蹴而就，但是借用中国传统文化中的一些智慧，运用鬼谷文化的精华理念就会创造条件，为现实问题提供"解药"，降低敌意，良性互动，不算眼前小账、挑衅歪账，着眼于命运共同体认识。两岸同文同宗同种，同属一个民族，继承着同样的文化遗产，为什么别的民族能团结宽容而我们不能呢？

世界上真正为两岸对峙、民族分裂而惋惜的国家恐怕很少，看热闹幸灾乐祸的不少，从中牟利的亦不少，文化交流减少也不会有第三方痛心叹息，自己民族的事情终究还是要自己解决。最理性最有智慧的选择还是"古智今用"鬼谷文化，有益于换位思考与互谅互让。

中华民族百年来从战火动荡、饥饿贫困中走过来，深知和平的珍贵和发展的价值，让我们共同努力穿越旧日时光，营造一个和平发展、天下太平的世界，让人类实现持久的和平，让世界所有民族与人民都能避开战乱，让和平共处的阳光照耀世界，这既是鬼谷文化"互鉴互融"现实转化的本愿，也是时代岁月对人类的要求。

2018 年 6 月台湾《鬼谷文化学术研讨会论文集》

2018 年 6 月 15 日修改于北京

再述鬼谷文化的当代价值与借鉴意义

鬼谷子是先秦战国时期隐居的思想宗师,他创立的纵横学说虽然不是后世奉承的庙堂显学,可在民间却成为历久弥新的热门话题,学界研究则表明其是追溯战国社会历史发展进程中不可或缺的重要文化遗产,因其一直具有时代超越性和真理延续性。鬼谷子的思想不仅属于纵横家,而且还是兵家、道家、阴阳家诸种思想的综合,实际包含了很多科学辩证的因素。我们研究鬼谷文化并不是沉湎于一潭止水的复古,而是对当今的政治理念、经济管理、文化教育、军事谋略、贸易谈判、中外交流等领域都极有古智今用的重要价值和借鉴意义。

一、汲取古老的纵横学说,探求中华民族复兴的智慧

鬼谷子为纵横家之祖,其书是先秦纵横理论的主要典籍。尽管我们目前在考古出土的古籍文献中还没有发现鬼谷子,可能是他曾隐居鬼谷不事张扬,但其书并不带有任何神秘色彩,即使不是本人手著,也是先秦著述。[1]汉代学者司马迁《史记·苏秦张仪列传》、刘向《说苑·善说》、扬雄《法言·渊骞》、王充《论衡·答佞篇》等都将鬼谷子视为纵横学说的创始人,他与先秦诸子中的孔子、孟子、荀子、老子、庄子、韩非子等人一样熠熠闪光。[2]

鬼谷子针对当时天下混乱的形势而提出谋略纲领,其实质也是为了贯彻其政治的主张。秦统一六国后,许多盛极一时的学术流派突然衰落。一种学说往往包含两个层面的内容,一是思想层面,二是实践层面。在先秦诸子中,鬼谷子

讲究机智善变、外交纵横,多是实践性的主张,因而显得思想深度不足。因此,纵横学说一旦在实践层面上没有出路,这种学说也就失去了发展的空间。秦汉中央集权制度建立,社会环境发生变化,纵横学说的主张不符合新秩序的要求,几乎完全失去了存在的基础,因此走向衰落;而同为显学的"内用黄老、外示儒术"则恰恰相反,获得了空前发展,双方命运迥然不同。

一种学说要想获得长久的生命力,必须不断地完善与发展。春秋战国时期的各家学术流派,如儒家、道家、法家等,其学说都不是停滞不前的,而是不断地注入新的内涵。鬼谷子在中国古代社会的衰落是一个很复杂的问题,不能简单、片面地分析。同时,对于鬼谷子的思想与主张,无论是赞同还是批评,都不能脱离当时的社会现实。春秋战国诸子学说的提出,都是建立在诸侯纷争的混乱社会背景下的,众说纷纭,目的归一,都是试图为当时的社会与时代寻找出路。

魏晋南北朝士人流行清谈,社会盛行佛道,鬼谷子也被人们神化为道教洞府群仙之一,伪托他的阴符秘籍,附会他的古迹故事,本来他是驰骋各国的纵横家,后来又融汇了各种思想使他变为命相家、神仙家、兵家等等。[3]鬼谷子的原始文化渊薮虽然被保留下来,但是论述形态更为广泛丰富。

清朝的昏庸政治、封闭保守和贪腐堕落使得近代中国一直处于风雨飘摇之中,欧风美雨与诸国列强造成的历史特殊处境,更使得中国文化呈现出多元面貌,但真正引导华夏土地上大多数的生活习俗、价值信仰的始终还是中华文化。以中华文化政治智慧为核心的民族精神紧紧联结着各族民众的魂魄。

鬼谷文化是先秦文化日积月累流传后世的结晶,是中华民族智慧和价值认知的有机体,尽管它在历史发展过程中接纳了其他文化的神与体,变得更为博采,但核心文化始终不变,即使被五彩缤纷的多元文化包覆,传统信仰宗教与忠孝节义廉耻价值体系依然规范着人们的言行,仍然弥漫着浓浓的民族核心智慧。如果将这个"根"抛弃掉,不仅文化成为浮萍,而且中华文化无法继续指引人们的生活。没有一个国家愿意说自己文化传统时间短浅,没有一个民族愿意切割自己传统文化的渊源,更没有一个民族愿意愚昧地自我毁灭传统文化,即使建国240余年的美国也一再强调自己是为了躲避欧洲王室压迫移民北美,强调美国是欧洲希腊罗马文化的继承者、延续者和仁爱宗教的传播者、弘扬者。

以《鬼谷子》为代表的中华文化典籍,是老祖宗留给我们的宝贵遗产,也是人类文明结晶独有的精神标识、文化标识,作为中华民族弥足珍贵的文化资源,日益成为华人在全球崛起和发展的精神力量、交流沟通的思想动力。我们发掘鬼谷子既不是复古倒退,也不是抱残守缺,而是具有革新意义的、面向未来世界和平的学术创造活动,保护人类文明成果,在多元文化熏陶的同时升华思想、陶冶情操,增强做中国人的骨气和底气。

如果说经济快速发展能改变一个国家的城市面貌,那么文化繁荣昌盛则能塑造一个民族的风骨,任何一种文化都不是在短时期内爆发产生的,让几千年积累而成的宝贵遗产世代传承并焕发新的光彩,是时代赋予中华儿女的神圣使命和历史担当。

二、激活鬼谷文化的再生能量,
延续优秀传统的学术正脉

梳理对比世界上最古老文明形态的诸种文化因子,可以知道在诸多文明古国中我们这个民族的文明生生不息,不仅具有独一无二的区别性地域特征,而且具有悠久生命力的文献传统。最早的文献传统均是政书性质,伏羲、神农和黄帝有"三坟"是"言大道也",少昊、颛顼、高辛、唐、虞有"五典"则是"言常道也"。

历代皆有传世经典文献,周公时就追溯"惟殷先人有册有典",清楚总结上古坟典的政治智慧对确立"先王政治"有直接价值,从而建立传统中国较为系统的国家治理模式,进而形成历久弥新的"道统"观点,引出千年的"王道""霸道"历史哲学之争,这是其他古老文明中很少有的价值规范。

华夏文明创始过程中,对文献阐释的传统使得中华民族文化中最优秀的因子得以保存,历史发展环环相扣,诸家文化绵绵不断。近年中国复兴中华传统文化中的孔子热、老子热、诵经热、书画热、茶道热、旧宅热、文物热、中医热、养生热等,都体现了原典文献被传统文化标识、诠释为时代象征的复兴,由此衍生出来

的餐饮文化、养生文化、休闲文化遍及欧亚。原典与诠释的融合成为民族和谐、文化认同的推动力，这也是其他文化所难以比拟的。

鬼谷子教人以言辞说服君主，晓以利害，诱之名位，分清主客，区分阴阳，借以在战国群雄并峙之中化干戈为玉帛，实现天下太平的政治理想。"开山纲领"虽是纵横学说，但是施展谋略兵不血刃，外交先机处理国务，有利于国家民族，刚柔兼济中蕴含民本、诚信、仁义、和合、大同等精神价值。正如《鬼谷子·内揵》篇所说："由夫道德仁义，礼乐忠信计谋，先取诗书，混说损益，议论去就。"《忤合》篇中说："古之善背向者，乃协四海，包诸侯忤合之地而化转之，然后求合。""世无常贵，事无常师；圣人无常与，无不与，无所听，无不听。……故忤合之道，己必自度材能知睿，量长短远近孰不如，乃可以进，乃可以退，乃可以纵，乃可以横。"[4]这些重视个人自身修养、注重交涉协调之道以及权变交互智慧等思想学说，都是鬼谷文化中处世论人的精粹。因此，深入挖掘学术正脉和阐发文化遗产中的传统精华，就是使文献能再生出正能量影响，使之成为涵养中华民族核心价值观的源头活水。

鬼谷子时代正是中华汉字贯通融合的时期，由新石器时期的刻符，到殷墟甲骨、商周金文和春秋战国篆书，汉字内部象形构造和未形成体系之前的汉字演变历史，也是中华文化认同的进程。在数千年的历史长河中，许多地域的文明中断、文字湮没，唯有中国，文化一以贯之，汉字演变有序，传承三千余年，是当今世界各文字体系中最完整、结构最严谨的音、形、义三位一体的文字。由于存在着从未断裂的、完整的文化系统，"汉字文化圈"也成为罕见的东亚地区共同的文化积淀。[5]

以汉字为载体的书法艺术，不仅是中华民族的文化瑰宝，而且在世界文化艺术宝库中独放异彩。上至帝王将相，下至黎民百姓，多浸润此道，并传入日本、朝鲜、越南等地。"国之交在于民相亲，民相亲在于心相通"，中日两国的跨地域文化交流，从古代的遣唐使到近代的留学生，成为文化的载体、交流的纽带。中国和日本的文字，也是中日近两千年文化交流会通的见证。目前世界上在中国之外仍然使用汉字的国家就只有日本与新加坡。日本现仍保留了 2 000 个左右的常用汉字，并每年举行三次日文称为"日本汉字能力检定"的汉字能力考试。最近为了弘扬汉字的历史与美学，还首次举办了"唯一的汉字，唯一的美——汉字的历史与美学"巡展，系统性展示汉字的源流，汉晋以来的名家名作、碑帖及汉字在社会生活中的体现，以及汉字对周边民族和国家文字的影响等。日本学者从来没有提出要从文字上"去中国化"，反而自豪自己千年前就受到中国汉字的影响，才由此发展出了高度的文明。新加坡甚至以中英文并举作为人才培养和国家强盛之路。

每一个中国人都会站在"古今中外"这个文化的十字路口，从来不会只有单线直传的所谓一脉文化。但是传统文化本身是一种血脉，即使传承有隐秘性，也从来不是僵死的东西，它在新的探索中延展活力、长出新枝。

三、揭示世道人心的传统内涵，
展现鬼谷文化的当代价值

历史只有获得揭示，才能被现实承载。

黄春枝教授在总结鬼谷文化古智今用时，将当今学者的研究提炼出数学、游学、兵学、出世学四大层面的内涵。其中"数学"广含天文地理学和易经风水学，这是中国自古以来天人合一的自然观，并被广泛运用到景观环境美化、建筑选址风水、优化人居住宅诸领域。"游学"则是阴阳捭阖、纵横学说、沟通交涉、游说四方诸方面，被积极地运用到国际外交事务和世界和平事业中。"兵学"即现今的军事外交学、企业管理学，既不诉诸武力又有谋略思维，是各国智库和智囊团体必须采用的方针策略，也是企业在世界商海沉浮中情境分析必用的策略。至于"出世学"，论述的是个人安身立命和修身齐家治国平天下之学。[6]应该说，这种凝练地对鬼谷文化的当代价值作梳理总结并推广光大，是文化遗产在当今社会真正的古智今用。

如果说中华传统文化中一些古典文献，一直是我们政治、社会、人生教育的基本教材，那么要把这份汲取的文化营养充分运用到当代社会中，还需要众多的学者专家诠释解读，古典文本自不能言，但是书本无声，历史有言，通过人的理解

阐释,实现了古今相融共通。近年来,学者纷纷撰文研讨鬼谷文化,通过语言诠释、历史诠释、心理诠释和政治诠释与当代学术体制对接并轨,对其在国际贸易谈判上的应用、在日常生活修身养性上的应用、在教育文化交流上的应用、在经营管理和行政管理上的应用、在公共政策和社会发展上的应用等诸多方面都提出了很有见地的主张,既保持了鬼谷文化基本理念与内涵,又适当地推陈出新,介入时代思想建构,延伸和拓展了鬼谷文化的古智今用。

可以说,对于中华传统文化的作用,不管愿不愿意承认,也不管是否喜欢,我们每天都生活在自己民族的文化土壤之中,并以自己的言谈行为显示着这个传统的特色。而鬼谷学作为固有文化传统深层的一部分,已经渗进民众的心灵,无论是演讲还是日常谈话,均会直接间接地受到其影响。

《鬼谷子》一书蕴含了《易经》《老子》等书的思想理念,它们虽然在语言概念的表述上各有不同,但在基本道理上却往往是相同、相通或者相近的,因此可以把它们称为中华民族和亚洲各国各地区人民所共有的价值。这些东方智慧具有鲜明的亚洲特色与风格,在在向世人展示出它们的强劲生命力和无穷魅力。它们是亚洲人民共同的思想财富,也是世界价值、人类智慧大花园中的绚丽奇葩,是完全可以同欧洲文明、西方文明和世界上其他地区文明的价值与智慧相互会通、相得益彰的。

鬼谷文化起源发祥于中国河南淇县云梦山,殷商都城朝歌就位于淇县,历史积淀深厚。传说鬼谷子隐居云梦山并在此教徒授艺,孙膑、庞涓、苏秦、张仪、毛遂、尉缭、茅蒙等皆出其门下。历代文人墨士纷至沓来,寻找兵学渊源,留下不少诗章、碑刻和摩崖石刻群,成为推测鬼谷子隐居于此的佐证。[7]2006年,云梦山摩崖石刻群被核定公布为全国重点文物保护单位,进一步提升了云梦山鬼谷文化的知名度和影响力。

中华大地上的文物资源历来为世界瞩目,中国作为文明古国有着跌宕起伏的历史、广袤无垠的疆域和多民族一体多元的文化,造就了中国文物资源既丰富又鲜明的特征。[8]云梦山鬼谷谋略文化与曲阜孔孟儒家文化、周至楼观道家文化等一样,都是由文物遗址向文化遗产转变提升的见证,是学术正脉的有力补充与佐证。

四、建立中华文化圈的正常交流，
推进文化国际传播的新渠道

鬼谷子的游说术不仅是古代传播术，而且开创了文化传播的先河。

现代社会目前进入了一个塑造社会共识非常困难的时期，舆论极端化成为一种几乎蔓延全世界的普遍现象。本来观点见解分歧、各执一词就是现代社会的常态，因为社会价值多元、多样、多向，但目前社会共识碎片化，社会认知标签化，社会失去了过去曾经存在的价值根基。

例如受到一些人非议的"孔子学院"现象。我认为抛弃政治性偏见，冷静客观地看，从十五世纪起很多发达国家就开始推广普及本国语言和文化，如 The British Council（英）、Alliance Française（法）、Goethe Institute（德）、Italian Institute of Culture（意大利）、Cervantes（西班牙）、日本国际交流基金和"圣德学院"等。随着中国的不断发展，推广汉语和中华文化也是很自然的事情。汉语在海外的传播虽然不能肯定像有些媒体所说的有一亿人，但是符合联合国教科文组织《文化多样性世界宣言》精神，"孔子学院"现象至少给世界各国提供了一个非零和（我的利益不是你的损失）、非排他（我可以做你也可以做）、非独占（我做了不影响你做）、非竞争（你做好了会是我的参考）、非暴力（我自愿做你也自愿做）、互惠双赢（我有利益你也有利益）的双边合作国际语言文化推广模式，也符合儒、道、佛诸家"和者，天地之正道也""德莫大于和""礼之用，和为贵，先王之道，斯为美"的理念。

世界上濒临绝灭危机的不光是生物，在全世界正在使用的 7 000 多种语言中，半数以上的语种有着将在数代之间消失的危险性。因此，联合国教科文组织强调，对人类来说，文化多样性是交流的核心和创新的源泉，就像生物多样性维持生态平衡一样必不可少。世界上很多地区的华人由于文化和语言障碍而自扫门前雪，不愿多出头，不敢大胆发出自己的声音。语言的问题成为中华文化国际交流的首要问题。

孔子学院作为一种中外合作建立的非营利性教育机构，[9]致力于适应世界各国（地区）人民对汉语学习的需要，增进世界民众对中华语言文化的了解，特别是在一些发达国家汉学研究普遍衰落停滞的情况下，加强国际上的教育文化交流合作，促进世界多元文化合理发展，对构建和谐世界并无坏处。孔子学院被一些人夸大为文化侵略和渲染为干涉学术自由，我觉得确实有些危言耸听。

我参加奥地利维也纳大学孔子学院举办的二十一世纪中华文化论坛时，旅奥华人博士从《黄帝内经》开始，向听众们讲解中国传统医学的理论及"阴阳""五行""四诊""穴位"等概念，深入浅出地说明了中医的医疗与保健原理，将中医传统和西方现代医学理论相比较，解答中医健康膳食等问题，同时介绍了中医在当今中国和世界范围的发展。在加拿大滑铁卢大学孔子学院我见到简繁体中文图书均占有一席之地时，深感中国大陆和台湾地区的中华文化传播不分彼此。在肯尼亚内罗毕大学孔子学院，我们赠送传统经典文化丛书时，黑人学者说这是第一次在他们的土地上看到汉语图书。我认为在全球化的时代，跨文化的交流越来越重要。而跨文化交流所产生的障碍很多都源自东西方哲学理念的差异性，以及复杂的政治性因素。因此如何求同存异地增进相互的理解和沟通成为我们要努力的方向。

30多年来的实践，我们深深感到两岸学界一定要把跨越时空、超越国度、富有永恒魅力、具有当代价值的文化精神弘扬起来，把立足本民族又面向世界的传统优秀文化成果传播出去，坚持不懈地挖掘历史智慧，将静态的古老文本诠释与动态的当代学术进行融合延伸，既保持历史赋予的特定亲和力，又融汇时代赐予的鲜活生命力，充分展现中国历史底蕴深厚、各民族多元一体、文化多样和谐的文明大国形象，传递激活华人心声，高品质地扩大中华文化的国际影响力。

五、促进世界和平，促进愈合与和解，重申中华民族一家人

西方有些人总是担心中国人缺少宗教信仰，从近代北美排华史到当今对华

人的一些歧视莫不由此。其实只要稍微熟悉一点世界历史的人就知道，人类历史上宗教冲突导致了无数的战争，光是基督教各个教派之间以及基督教与伊斯兰教之间的冲突就有上千年的历史，但是中华大地上从来没有因为宗教信仰不同而发生大规模的战争。汉晋以后佛教、道教盛行，隋唐时期外来的景教、祆教、摩尼教与中国本土宗教同时并立，宋元以后伊斯兰教传入也没有发生宗教的战争，明清之际的基督教第二次重新入华也只是观念的冲突而不是战争的导引。中国社会长期以来就是"儒家治世、佛教治心、道教治身"。即儒家管社会治理，佛教管精神修养，道教管身体修炼，三教融洽相处。所以追求和平不能不考量宗教的因素。虽然目前社会多元带来的利益分化自然争议不止，社会价值也不可避免地需要整合与重塑，但是中国宗教以人为本、育人化人、摒弃争斗的和平愿望始终不变。

如今不管从政治层面还是经济层面看，中华文化圈都是世界关注的焦点。因此，为了维护世界和平，弘扬以"仁义诚信、天下为公""天人合一、兼容并蓄"为核心的中华文化比以往任何时候都要重要，运用"和而不同、求同存异""亲仁善邻、和平相处"的中华智慧比以往任何时候都更有价值。

从世界文明史来观察，每一次文化潮流发展和价值体系转换，都与经典文献的重构与诠释的新建密不可分。面对社会浮躁、人心浮动的思潮，不能用短视的经济代替人文的精神，司马迁"究天人之际，通古今之变，成一家之言"，是人文最高的境界。体认源远流长的文化根本、血脉相连的认祖归宗，鬼谷文化无可否认是一个可资借鉴的文献依据，一个很好的古今融会的介入口，也是提炼中华文化特征"古智今用"的重要源泉，在中华民族给世界贡献的价值中，鬼谷文化面向未来的大发展必将是和平之道的精神财富。

注释：

［1］李学勤《〈鬼谷子符言篇〉研究》，《中国史研究》1994 年第 4 期。

［2］东汉班固《汉书》将先秦以来诸子百家归纳为十个学术派别，即儒、道、阴阳、法、墨、名、纵横、农、杂、小说十家。见《汉书·艺文志》"诸子序略"，中华书局，1962 年。

［3］萧登福《鬼谷子研究》，文津出版社，2016 年修订二版。

［4］房立中《新编鬼谷子全书》，光明日报出版社，2009 年。

［5］葛承雍《书法与文化十讲》，文物出版社，2005 年。

［6］黄春枝《鬼谷文化发展大未来》，唯心宗南天文化院印行，2016 年，第 20—21 页。

［7］《河南文物志》，第六批全国重点文物保护单位：淇县云梦山摩崖石刻（宋至民国），文物出版社，2009 年。

［8］据《中国文物年鉴（2015）》统计，中国大陆地区已经发现的不可移动文物点 76.7 万处，被联合国教科文组织列入世界文化与自然遗产名录的 50 处，被核定公布为国家历史文化名城的 129 座、中国历史文化名镇名村的 528 个、中国历史文化街区的 30 个。中国大陆地区以文物和各类遗址为依托建立起来的博物馆、纪念馆 4 692 家，其中国有博物馆 3 582 家，非国有博物馆 1 110 家。国有文物藏品近 5 000 万件（套）。另外，还有大量的文物被民间收藏，它们也是文物资源的重要组成部分。

［9］2016 年 12 月 10 日第十一届全球孔子学院大会举行，公布已在 140 个国家（地区）建立了 511 所学院和 1 073 个课堂，各类学员达 210 万人。

2016 年 12 月 30 日台中海峡两岸鬼谷文化高层论坛演讲

第六章

二十世纪的历史醒悟

现在我们每天被各种信息通过手机传入脑海，但是我们还能记得二十世纪八九十年代是一个打破膜拜的时代吗？不知我们还能体会到当年的心情吗？这组文章的重量和价值不知还能否唤起人们的记忆？但愿曾经蘸着泪水写下的文字不是杂乱无章的排列，而有些那个时代的觉醒骚动和充满兴奋的反思。

我的老师曾对我说：有一份证据说一分话，过度『概念化』用空洞理论取代科学，会让人看不起。

史书永远有局限,史学永远无定论

中国古代文献典籍是汗牛充栋、卷帙浩瀚,近代以来的史书更是皇皇鸿著,繁如烟海,然而剖析疑似、返璞归真,廓清笼罩在中国历史之上的层层疑云谜团,直到现在也无法完成,历史的探真求源似乎永无止境。这种原因的造成,除了时代的风云变幻、史家的认识局限、理论的创新水平等外,主要地就是史书永远有局限,史学永远无定论。

一、史料改窜屡变易

"秉笔直书""实录毋曲"是古人著史作典的起码原则和治学品德,其实说起来容易做起来难,因为"读史资治"要为帝王、朝廷服务,那么他们必然要通过政治权力与专制淫威来干预史书撰著,"唯闻以直笔见诛,不闻以曲词获罪",常常由皇帝本人和御前会议对历史事件、政治人物等作出判决性的"盖棺定论"。史学家们为了避免引火烧身,"追究罪责",在政治结论面前每每闪烁其词,把许多重大历史问题只作顺论解说和注释论证,甚至有意无意地阉割、歪曲历史事实,顺从或迎合现实政权,不敢直面历史,菁芜混杂,回避一些实质性、关键性的问题,或却步不前,或绕道而行,最终也使史学家本人堕入一种无法追求公允正直而只服从统治者政治意志的深渊之中,形成巨大的精神困惑与思想痛苦。

现代学者认为史书在古代社会生活中,是国家管理法的日用大全,是统治术的教科书,是皇帝"经筵"上的必修课,有着尊荣的学术地位。也许正是这种显赫受宠的传统地位,使得二十五史变成了历朝正统帝王的私人家谱,大小官僚宦吏政绩的记录簿,某一时代政治、经济、军事要事的汇编册,即或偶尔少量地写到社会的一般事情,也必定出于政治目的。囿于此对象和格于此范畴,编撰历代国史的史学家便绞尽脑汁,想出了众多的法子,要么明君贤相、忠臣孝子、名节隆重指不胜屈,要么佞幸奸臣、叛贼逆子、败国乱世十恶不赦。"正人君子"与"奸贼小人"形成鲜明的对照,红脸的神化,白脸的鬼化,各向其极端发展。如此功利的曲解伪误记载,都是为了顾忌至高无上的皇权。皇帝每每至圣至明,万众仰尊,误国害民则是奸臣负责,这类公式循此往复,构成了史书上一幕幕悲喜剧,凡是涉及皇帝朝廷的史料,要不断改审删节,只有丧失社稷的亡国昏君,才稍从贪恋女色、挥霍财物等道德方面作一批评,对用人不察、政局失误等体制方面则沉晦不彰。这样对后来的史家说来,史料屡变、窜乱散失所造成的不全面限制,使人们难以推翻先前的定谳。

至于历朝皇帝的《实录》一俟书成,草稿及其他资料全部付之一炬,这里面除了所谓不可泄露的国家机密外,恐怕更大部分是帝王公侯暴虐荒淫、奢侈腐化的污行秽史,这是万万传不得的。一册册漏洞百出的《实录》,还要被屡加改易。唐太宗即位不久,为篡改杀兄逼父取得政权,威逼监修史官房玄龄着手修改国史,将自己辩护为"周公诛管、蔡以安用,季友鸩叔牙以存鲁"。贞观史臣在撰写高祖实录与太宗实录时,大事铺陈太宗在武德时的功劳,竭力抹杀他人创建唐朝过程中的功绩,有意贬低李渊晋阳起兵的密谋,歪曲着眼点放在李世民的合法奠基上,晋阳起兵精心策划的真相扑朔迷离,愈不易知,以此篡改的实录编撰成国史,自然是谜团愈多,困惑益炽。从唐至清诸帝,登基之始便改审先帝《实录》的事例几乎每朝皆有,直到统治者本人定夺满意为止,名为实录,一点也不实,衍夺错论,简直是一莫大的讽刺。

私家所撰的碑传、族谱、野史等,臧否人物更是水分太多,比如假托始祖,牵强附会,对先人美化,言过其实;而于劣迹恶行,则多予掩避隐匿。除人物、资产、艺文、遗墨等方面不是无稽之谈外,冒认伪造、虚编重修比比皆是。我们虽不能说这些史料皆讹谬满纸,不可卒读,但改审史料,屡变史实,使本来反映历史真貌的珍贵资料变成低劣的工具或降为政治的婢女,不但于认识历史无补,难于破解疑结,更重要的是对一门学科丧失本旨的损害。

历史留给后人的文字太少而玄。历史的真相未必都能形诸文字,以现存的、篡改过的文字去探究真相,更是偏颇未可定论。

二、史笔润饰任由人

"不虚美,不隐恶"是传统史学公正求实的优良传统,然而在这个幌子下人为地制造不真实,在古今史坛上不绝如缕。问题在于,即使是在当时人看来似乎真实可靠的正史文献,本身也是当时人创作的一种思想产品,无不带上史学家以及他所属的那个阶层的烙印,而并不是历史事实和社会现实的本身。

从社会现实到史学家描摹书写的思想作品,从历史事实到文献记载,其间已不知经过了多少次从原始质朴到抽象提炼的传递过程,尤其是史学家经过自己对过去历史事实的观察、认识、选择和消化等一系列中介作用后,作为原始资料汇辑成册的史书,已经蕴含积淀了史家自己所表现出来的个性、风格、情感以及知识、经验和才能特征,一定的时代背景和生活环境无不带有史家本人眼光的描绘与透视。因此,正史实录、国典经传的记载,并不简单地或机械地等同于历史事实。

尤其是纪传体中的裁量人物,尤为复杂矛盾。作为社会历史存在前提的人物,有其思想、情感、际遇、行为、作用、影响等方面的记载,然而要真正做到画龙点睛式地将历史人物立体地再现出来,栩栩如生,呼之欲出,绝非轻松容易的事。传统史书中写帝王,往往是天生奇伟,仪表堂堂,南征北战,开土拓疆。写臣僚,则是天降奇才,必有大用,建功立业,善始善终。写名人,不是聪明早慧就是大器晚成,即或怀才不遇、壮志未酬,也是"木秀于林"和"鹤立鸡群"。成才立业、功过是非皆没有时代氛围和社会群体的形成过程,只有道德伦理标准,而没有社会价值标准,人物风云波谲的一生只幼稚地用"分成制"来评判。所以,史家在撰述中可以纵横驰骋地润饰,即使扭曲真貌也鲜为人所问津。

东汉末年,大文豪蔡邕为当时"党锢之祸"中蒙难的太学生领袖郭泰撰写碑铭,鉴于社会上风靡曲笔作伪,他曾深有感触地说:"吾为碑铭多矣,皆有惭德,唯郭有道(泰)无愧色耳!"蔡邕博雅公允,号称"磊落君子",仍不免笔端缘饰,溢美吹捧,更何况其他书写碑文者。被后人誉为"良史之才"的西晋著名史学家陈寿在撰著《三国志》的过程中,对"有盛名于魏"的丁仪、丁庭拒不作传,原因是他要其子"觅千斛见与,当为尊公作佳传",而其子不答应,故陈寿"不为立传"。又因陈寿之父曾为马谡参军,街亭失守诸葛亮斩马谡,陈寿之父"亦坐被髡",因而他在为诸葛亮作传时,"谓亮将略非长,无应敌之才"。高贵乡公曹髦本为司马昭党羽成济所杀,但《三国志·高贵乡公纪》只说"高贵乡公卒,年二十",且载司马昭的一份奏议,使司马昭这一弑君罪魁祸首俨然成了讨贼的功臣。清代学者赵翼曾就此愤然指出:"本纪如此,又无列传散见其事,此尤曲笔之甚者矣。"一部六十五卷的《三国志》为魏篡汉、晋篡魏之事竭力隐讳,曲尽袒护。诸如此类粉饰润色、徇情曲笔的事例确是史不绝书。被艳称为我国历史上最早的史学家的孔子在作《春秋》时,唯恐因为直书而遭祸,每每隐约其词、唯主是从,尤其对当代定公、哀公之际的客观实际,更是讳莫如深,不敢秉笔记载。他虽然称赞晋国史官董狐"书法不隐",但齐太史兄弟因为直书被诛的血腥事实又使他如履薄冰,不寒而栗,只好明哲保身、屈以虚伪,并提出了著名的"为尊者讳,为亲者讳"的治史格言,从而给后代史学留下了沉重的铅字,带来了巨大的消极影响,一直到现在仍有潜在的余波。

应该说,每个时代都创造了适合自己需要的史料,史料本身并不是纯粹客观的,它本身不仅受到产生它的时代和地点的制约,而且要经过史家的选择、润饰。

三、史家褒贬凭胸臆

在史家笔下的人与事,生时有桀纣之暴,死后备尧舜之贤,褒贬任由,全凭胸臆。这是因为作者也有高下之分、良莠之别,既有人采取一种回避而不负责任的做法,也有人产生乱涂乱改、妄加发挥的现象,更有人为沽名钓誉,为利禄奔波而不惜臆改讹误、伪造史实，从而贻累古人，延误后学。至于记述仇敌对头的史书，如《魏书》讥南朝为"岛夷"、《宋书》刺北魏为"索虏"，字里行间相互指斥与泼妇骂街无二，造成的副作用一直浸淫后世史学。

东汉班固"好傅会权宠，以文自通"。他热衷于功名利禄，为了入仕当官，在撰写《汉书》中，对刘汉政权尽情歌颂，不仅褒多于贬，而且隐讳真实，甚至矫揉造作，肆意溢美。例如汉成帝本是一个荒淫无度、贪恋酒色的昏君，西汉政权寿终正寝就是在他当政时，但班固却对他多方加以美化，在《成帝本纪》"赞"中说："成帝善修容仪，升车立正，不内顾，不疾言，不亲指，临朝渊嘿，尊严若神，可谓穆穆天子之容者矣。"无怪乎汉明帝看了他的书稿后大为赏识，立即召他到京师校书部任兰台令史。屈从于强权淫威而褒贬回护之丑行昭然若揭，最后竟因依附显赫朝廷的外戚窦宪，又牵连下狱而死。

南朝刘宋的范晔撰著《后汉书》时非常自负，认为自己所作序、论及赞，为"天下之奇作""吾文之杰思"。其实他为了尊崇君权，将东汉多次临朝称制的女后由"传"改入"纪"，攀龙附凤的女王参政变成了正统体制。范晔后因参与宫廷政变被以"谋反"罪处斩，抄其家时发现"乐器服玩，并皆华丽，鼓妾亦盛饰"，而其母、弟子、叔父皆穷困潦倒。范晔被杀时，其母、妻、子皆手掷口骂，可以想见范晔的为人品德了。

北魏史学家魏收在撰写《魏书》时，完全凭个人好恶来决定立传的人物取舍，他常扬言："何物小子，敢共魏收作色，举之则使上天，按之当使入地。"房延、辛元植等人帮助魏收修史，就给他们先人立传，并加以虚美夸饰。阳休之帮助过魏收，"无以谢德，当为卿作佳传"。阳休之父亲阳固为北平太守，因贪虐治罪被"起居注"记载，魏收却写成"有惠政"被人深相敬重。尔朱荣是北魏"逆贼"，魏收得其家贿赂，不仅对其减恶增善，还称其家大修"德义之风"。至于魏收为当朝权贵载入史册、褒美遮饰更是挥毫在胸。这样露骨地修史徇私，凭个人恩怨好恶褒扬贬抑，的确罕见，难怪《魏书》一成即被称为"秽史"，魏收死后不久也被掘抛尸，但他写的《魏书》至今还被列为"正统史书"。南朝沈约"自负高才，昧于荣利"，实际上为了跻身政坛、青云直上，在撰《宋书》时，大肆颂扬豪门士族，凡属达官显贵者,必作"佳传"以传美名。对刘裕、萧道成等王侯贵臣的夺位抢权,曲意回护;对被皇帝枉法冤屈随意诛戮的文武大臣,均别去真实死因,只书以"薨""卒"二字,本纪中许多重要历史事实的真相被掩盖歪曲,正直之士反对为非作歹的权臣,被冠以"反叛"之名;阿谀拍马之流起兵篡权,却反曰"起义"美称,一切褒贬任由逢迎胸臆,俱无是非标准。

直到近代由赵尔巽主持编修的《清史稿》,还是为一己私利而任情褒贬,他历仕同治、光绪、宣统三朝,宠信厚遇,很受赏识,因而怀着眷恋"故主""故国"的心情,把修清史作为"崇德极功""追思先朝"的事业看待,以图报效"大清",要求编修撰稿者每每"以先朝的欲想为取舍,虽蹈曲笔而不辞"。他们对清代诸帝倍加颂誉,"天锡挚勇,神武绝伦""恭俭宽仁,至勤至明"等陈词滥调随处可见,而清初圈地、逃人法、剃发令三大弊政削而不书,"嘉定三屠""扬州十日"以及几十次"文字狱"的血腥屠杀则语焉不详,一律从略。像这样任情褒贬、记载牴牾的事例在一部卷帙浩繁的《清史稿》中俯拾皆是。

四、史书虚伪无定论

史书的失真,带来一系列南辕北辙的荒谬,然而这种荒谬并不随着历史翻开新的一页而消失,它们常常作为改头换面的"正史""国传"又汇编于新的历史著述中,似乎有着不可逆转的确定性、权威性,是一种"定论"。

历史常常开人们的玩笑。尽管许多重大事件、人物行为、言词论断被那些造伪的史家置于正史之中,并由官方基于现实政治和经济需要而作出定论,但它仍然经不住历史与真理的检验,随着时过境迁、改朝易人、后学醒悟、考证辨伪以及新的历史条件重新组合,史书中那些虚伪的东西逐渐展现出它新的意义与真相,有些被贬抑挞伐的史实恰恰成了能站得住脚的高明决策。因为新时代的史家认识不受任何外来的干涉指责,抛弃了当时政治秉性与功能的结论,对传统价值标准的选择也不同。标准不一样和对社会环境、文化程度的估计不同,就会得出不同的认识,所以史书中的"定论"往往被争论,人们依据事件前因后果以及当事者所处地位的客观实际，执着地寻找失落的历史，钩稽群籍，抉幽阐微，正是不断促使后世人们关注史学的一个原因。也正是从这个意义上说，历史是现在和过去之间无终止的对话，史书永远无定论。

例如班固曲笔阿时、媚谀刘汉，为了吹捧"汉德"，把王莽作为一个反面人物渲染得颇有声色，不仅辱骂王莽是一个典型的伪君子和好大喜功的野心家，而且把新莽政权的一系列改革说成是一些罪恶的堆积，从而为两千年来评价王莽定下了结论。然而以西汉末年社会的实际情况来衡量新莽的改革措施，不能不承认大多数是有进步意义的，并且针对时弊，比刘汉重赋苛役、腐败逆行确实略高一筹，因此，英国学者李约瑟高度评价王莽和王安石一样是中国历史两大改革家之一。直到现在，史学界关于新莽的评价仍争论不休、耐人寻味。

又例如中唐二王八司马的"永贞革新"，罢进奉、宫市，贬谪残暴官僚李实，选用陆贽、杜佑等有才干之人，谋夺专横宦官兵柄，抑制方镇割据势力，关心民间疾苦，改除许多虐政，顺应了社会历史的发展，但在保守顽固派和宦官势力联合破坏下，终于失败了。然而欧阳修、宋祁撰著的《新唐书》以己意度之，草率地说他们是"浅中浮表"、出入诡秘、阴结士人，似乎是一群鼠凭社贵、狐假虎威的野心家，其他旧史更是把他们骂为"小人"，这种迂腐评价恐怕永远难成定论。

其他正史、经传、国典的时代局限、阶级局限与史家本人局限所造成的失误或搪塞定论，也是不胜枚举。如南朝齐萧子显编撰的《南齐书》充满了曲笔不实之词，他对其祖先极尽溢美之能事，对其祖父萧道成指使王敬则勾结杨玉夫杀宋苍悟王刘昱一事不予记载。为抬高其父豫章文献王萧嶷的地位，作正史列传置于文惠太子传之后，本无多少事例，却洋洋洒洒铺陈粉饰至九千余字。至于宋、齐革易之际干戈相交之战，在萧子显笔下竟润饰为唐尧、虞舜揖让光景，绝不见逼夺之迹。像这样极端功利主义不真实的史书"定论"，恐怕是没有人同意的。正如宋人王应麟所说："子显以齐宗室，仕于梁而作齐史，虚美隐恶，其能直笔乎？"宋、元改朝换代之际的著名史家马端临，曾亲历过蒙古人野蛮残杀汉人的亡国灭种之痛，但他怯于元朝统治者的暴力，在撰修《文献通考》时，故意删去元军屠杀无辜的残暴行为和南宋军民悲壮捐躯的反抗。清初王鸿绪修撰《明史稿》

时,同样噤若寒蝉,从编纂宗旨、人物揄扬到事件详略、行文斟酌,都以皇帝旨意为矩范,将清人入关前后有损荣誉的史事,全部隐讳不谈。宁为兰摧玉折,不为瓦砾长存,毕竟是少数史学家所为。

因此,史书中的"铁案"往往却是"悬案",真伪莫辨,面目全非,正直说成奸邪,丑事誉为美谈,忠良受谤不彰于世,奸佞获誉却消劣敛迹,笔墨之上的"定论"确是应该谨之又谨,慎之再慎。史学的任务应该不在"客观地再现"以往的历史,这也是不可能的,史家的认识积累和回顾评估永远有限,史学的进步就源于时代的变迁和人类认识能力的一次次演进之中。

五、史实审度毋短视

传统史学家往往拿着单一性理解且十分有限的剪刀,去裁剪、粘贴丰富灵动的史实,带着一种法官的威严,不是给人以深探求源的可能,而是倾听激越的宣判。这种宣判一般都是依据经典或正史的记录为主要证据或标准,基于史学家的思想水平和学术素质,并不能一蹴而就地站在最高层次上审视、考核、验证、复原和鉴定,自然也就不可能完全认识历史的本来真貌,因而史学家常常拜倒在"国史""官典"脚下,他们终生从典籍到典籍,从文献到文献,在现存的史书中转来兜去,以古人论断为圭臬,以正史为准绳,以经典、实录为尺度,对过去的记载笔录深信不疑,世代相因,惶惶然至于迷信妄从而不反省。

最早以实证精神审度历史文献的史学家,应是司马迁,他撰述《史记》"网罗天下放失旧闻,考之行事",反对"誉者或过其实,毁者或没其真"。虽然他的理性眼光还是相当短视,但整理考订原始文献与亲身调查访问史实,却具有追根穷源、振聋发聩的开拓意义,对于一时难以理清的问题,还采取了"疑则传疑"的审慎态度。此后刘向、刘歆父子校雠文献,去重复,查脱漏,订讹文,并对典籍的真伪价值进行了考辨。东汉思想家王充有感于当时"伪书俗文,多不实诚",乃著《论衡》,用理性的透镜扫描经籍文献,审验史事虚实,旁征博引考伪,堪称鉴定考据之总籍。这些筚路蓝缕之劳、大辂椎轮之功,都将永载典册。

魏晋之后秽史迭出,伪书时见,历史记载失真失实者也非常突出,谯周、孙盛、司马彪、裴松之、刘孝标、郦道元等审核验证,以校讹异。唐代刘知幾撰写《史通》,更以实证精神批判古今史书,审视文献,疑古惑经,揭示史籍记载失实原因,寻绎作伪者不敢直书的踪迹,显示出其思想的敏锐。崇尚义理的宋代学者敢于摆脱汉唐注疏的桎梏,以理性精神审度传统文化,大胆地把质疑辨伪触角延伸向儒家经典,总结出一些抉择标准和鉴定史料价值的方法。明朝中期以后,一些学者针对史学空疏虚妄、清谈庸俗,起而矫正,痛斥当代"实录"记载不实、野史传闻怪诞、家乘铭状褒谀。这种学术实证思潮,开导了清代考证之风。

清代考证之学由顾炎武倡导在先,戴震皖派和惠栋吴派效法于后,他们提倡"实事求是",标榜"无征不信",采用"钩稽爬梳",一时学者承流向风,云集响应。学者们以考据儒家经典为中心,迅速拓展到历史、天算、地理、音韵、文字、典制及其他典籍文献,至乾隆、嘉庆年间达到鼎盛,最终形成以考据为特征的乾嘉学派,补偏救弊,正本清源,成为有清一代三百年间不可逆转的主流,风靡了整个学术文化界。

历代学者的究委竟源、破疑析义显示出一定的科学性和有效性,在纠谬发覆、谨严审慎上取得了一些成绩,但不可能把所有书籍中的讹误全部厘正,还会产生新的误会臆改,更没有揭破历史事实的真面目,提纲挈领地抽出一条鲜明清晰的脉络。因为传统的史学家不可能把历史认识的透镜再往前推进,抽象出其内在的发展规律,他们为考证而考证,只能把考据作为孤证阙疑、诠解蒙滞的雕虫小技,即就从学术选题旨趣上看,也无非是"尊圣""宗经"的窠臼或一系列零碎的名物典章,这就使他们审度史实的眼光非常短视,沉醉枝节,既不会在榛芜纷繁的历史研究中取得重大突破,更不会驶向真理的彼岸。

历史学绝不仅仅只有考据一途,辨伪考订只是每个研究者必备的操作方法和基本技能;历史不是过去发生的各种事件的机械堆积,而是人类全部社会活动构成的巨画;历史也不是仅凭文献典籍记载的史料,还有大量考古文物与社会创造物可供人们使用。特别是历史理论的建构,既可使人们避免短视,又能构成对人类社会整体的认识。因此,不妄从古人,不囿于成说,不迷信史书,不依正史定论，不据孤证褒贬，不凭感情臆说，不墨守微言大义，看出史书记载皆有局限，史家评论皆有偏见，就一定不会被淹没在传统的迷信中，做出超越前代史家的贡献。

我强调史书永远有局限，史学永远无定论，并不是鼓吹"历史不可知论"，更不是赞成"认识主体淡薄论"，无非是要说明任何权威的正史典籍都有相对的局限，都是可以重新认识、重新评价的，众说纷纭、争论不休才能使历史认识更接近真理。真知灼见永远不会被穷尽，不会被几本史书所垄断。我只是提醒人们不要"唯书唯上"，不要为史书文献所束缚，不觉昭昭，反令昏昏。如孔子告诫人们文献有其"不足征"的一面，孟子谆谆劝说"尽信书，则不如无书"，迷信史书反会成累赘，因而提倡史学家既能钻进书堆里，又能出得来，达到高屋建瓴、独求真解的目的，以求扫除历史尘垢雾翳，使史学充分发挥其社会价值与学术功能，这也是我们共同期待更热切、更深挚的事业。

见《汉唐史籍与传统文化》论文集，三秦出版社，1992 年

双重纵论：史学的真实性与有用性

近来有一种意见认为：因为"历史科学的有用性就在于它的真实性"，所以真实性就等于有用性。我认为：强调史学研究的真实性是非常对的，但真实性与有用性之间既有联系又有区别，笼统地把两者混同一体，用简单形式逻辑的推理导出结论，其结果是用学术价值代替社会价值，将两个不同层次的功能变成一个偏颇、片面的命题了。

一

反对"急功近利"以歪曲史实真相去求新致用是正确的，但把史学研究的目的性也反掉则是错误的。反对史学采取实用主义即把史学直接地作为政治斗争和阶级斗争的工具是对的，但由此滑向了非政治化非现实化的倾向，则是错的。排除主观妄断、坚持实事求是的史学研究是其社会价值的前提，但把它加以实证主义的理解，以不屑于考虑社会价值为标榜，把治史之道仅仅束缚于冷僻琐细的真实考证中，那就不免变成葬送史学研究之道。史学研究不是离开政治与现实越远越好，相反，古今中外的史学杰作，都是热情拥抱现实的结果。以郭沫若、范文澜、翦伯赞、吕振羽等为代表的老一辈马克思主义史学家，他们几乎全部都处在时代运动中，充分适应时代的需要，用不同的方式与当时的重大社会问题或政治斗争相联系，他们的研究成果无一不直接或间接地与反帝反封建的政治斗争任务相关联。受当时条件限制，他们的一些成果不同程度地有不真实、不严谨的失误,但并不能掩盖他们的著作焕发出的各自时代的光彩,不能减弱它们具有的振聋发聩的现实意义。直到目前,许多有影响的、启迪人们思想的优秀史学成果,都密切联系着人们所热切关心的现实思想和政治生活。因此,史学贴近现实、关注政治,只要处理恰当,非但不会降低它的学术价值,而且它正是提高史学研究成果学术价值的重要条件。史学研究的目的绝不是引导人们向后看,发思古之幽情,研究昨天的历史,主要是为今天的现实和明天的未来。

对学术价值和社会价值的关系,确实不应作表面化的观察,对史学研究的社会效果确实不应作急功近利的追求。若是片面地、绝对化地要求社会价值,史学研究会被引向忽视求实求真的倾向。问题在于,我们要求用社会价值作为衡量史学研究的一个重要条件,却不是唯一条件。就史学整体来说,强调有用性,是指史学的学术价值必须要有相应的社会价值,并不要求在研究课题上作限制,并不妨碍研究多样性,史学的有用性可体现在现代社会需要的课题中,也可以渗透在其他间接的课题中,它的路子宽得很。然而,史学研究成果只有突破史学界本身的小圈子,在社会大范围里传播,其学术价值才能最终转化为社会价值。

史学界是比较讲究真实学问的,但"真实学问"难道仅仅是对已有的史料作某种积聚、梳理吗?我想是不能作这样简单理解的,史料并不等于史学。其实,更扎实的"学问"并不在于占有多少史料,而是在于如何运用这些史料转变为新的理论实在,一种与社会实践进程息息相关的创造性。对于一个史学工作者来说,假如他缺乏对急剧变化的社会实际的把握与理解,缺乏对新的现实生活的洞察与认识,那么他的"学问"只能被认为是残缺不全的、书斋式的、没有生命力的,也很难说在史学研究上有所发现与探索。当然,不妨沉溺于故纸堆中作出各式各样的考证,但由于与活跃的现实、与整个社会的历史进程处于一种相当隔膜的状态,这样也就决定了这种研究不可能获得整个史学界的反响和共鸣。那种玄思式的脱离了史学发展现实的研究,也许比较真实与深奥,但终究不易被人接受而成为历史积淀。

我觉得,当前的史学界一定要打破固守的那种对于"真实性"的偏颇理解,一定要扔掉那种学究式的从史料到史料之循环的陈腐做法。一个真正的史学家,如果不把对当前的社会现实的理解与把握当作一种学问,那将是一种巨大的学术失误,这并不是一件轻而易举的事,因为它的流动性、宽泛性与复杂性都说明它是一门活的学问,它给史学研究提供着综合与创造的可能性。事实上,人们都在自己所处的时代高度上自觉不自觉地去观察和研究历史,这是不以个人是否察觉而始终存在的。遗憾的是,不少史学工作者很少,甚至根本不在意当前史学研究的动向与成果,依然苦求所谓"真实性"的研究,甚至夸大其作用,这是极难拓展与深化史学领域的发展,并使之充满活力的。

二

研究历史要求真实,这是史学工作者起码应做到的,是低层次的要求,而使研究的成果能对社会有用,特别是直接有用,却不是所有的史学工作者都能做到的。像郭沫若《甲申三百年祭》对共产党的事业产生过很好作用的历史著作能有多少呢?因此,有用性是高层次问题。固然真实性是有用性的基础,但真实性绝不等于有用性,这样的区分丝毫不否认它们之间的联系,也没有割裂的意思,但作出两者的区分却是十分必要的。试想,以顾颉刚为代表的"古史辨"学派在"疑古"寻求可信性方面取得了许多成就,但有了它的真实性又能对社会有多大有用性呢?他们并没有识破中国古代社会历史的真貌,更不能在认识中国全部历史上豁然贯通,原因不在其不真实,而是没有重视社会价值的科学理论思想指导,即马克思主义。所以,顾颉刚等也只能限于"古书辨",而没有成为名副其实的"古史辨"。比较一下郭沫若等人与顾颉刚等人的贡献,可知学术价值的真实性与社会价值的有用性是不能完全等同的。

值得注意的是,时下某些远离时代、远离现实的史学研究成果确实不少,就其考证追求的真实性不可谓不深,他们认为史学就是"死学","只有史学自身才是史学研究的唯一目的",因而就史论史,闭门造车,史学离开现实与政治越远越好,或者认为史学是政治风浪的"避风港",或者认为史学就是给史学界看的,甚至是给自己同专题人看的,这才是渊博学识的真功夫,他们不屑什么"新方法"

"新领域""新思想"的变革,与现代社会呼唤的要求截然无关。结果呢?史学研究被封闭在个人及其周围的"同行""知音"等小圈子之中,用以自我服务,常常片面地用史学"特殊个性",来说明自己绝不赶社会变革的"风头"。这种脱离社会要求、疏远人民大众的孤芳自赏倾向,正是将史学引向"危机"的一种因素。尽管有人不承认有史学危机而认为是"转机",但没有危机何需转机?史学对当代社会的作用比较冷落,这固然有史学本身的特点,但更有人为的原因,需要深思的是,当代史学研究从整体上是否为国家和民族提供了像样的精神产品?特别是现在史学的学术价值与社会价值总有一些隔膜,不能适应社会的需要,因此当试图用真实性去涵盖有用性时,往往显得陈旧、狭隘。

在史学的园地里,应该允许有许多远离现实社会的研究成果,即使是沉溺于"乾嘉学派"的传统方式也应该允许存在,这是史学发展多样化的标志。但它们毕竟是史学研究的支流,而不能成为史学的主流。对这种只追求真实性而不求有用性低层次的支流捧得过高,是不利于当前史学发展的。我认为,一个时代有一个时代的史学,史学研究不是或不仅仅是个人追求真实性的产物,而是一个时代思想力量的结晶,它无法离开时代的制约。史学研究只有在现实社会充分发挥作用,显示出它的社会价值,史学的学术价值和科学地位才能真正得到社会承认。因而,每一个时代的史学,都是以其社会价值这个高层次为标志的。况且被一些人认为"值得我们继承和发扬的"乾嘉史家治史方法本身也有很大局限,并不是学术价值的唯一标准,目前古籍整理取得有学术价值成就的著作,如《大唐西域记校注》《华阳国志校注》等,不是沿用乾嘉本领、汉学家数取得的,而是具有语言学、民族学、地理学、人类学、社会学等广博知识的现代学者采用了更为完整的科学方法才达到这样的成就的。

史学的真实性虽然有助于增强人们认识和改造世界的能力,但它并不是决定史学发展的内在推动力,史学发展进程中,以下三个方面的因素是值得史学家引起注意的:一是对已有的真实史料的掌握精通;二是对史学理论现状的反思,特别是对新理论、新方法的接触;三是对现实社会的通彻了解,有着强烈的时代意识。这三个方面是史学赖以发展的内在推动力的总和,也是史学家创造思维的发生地。缺少任何一方面，研究就可能肤浅、陈旧，落伍于史学的发展。

诚然，史学研究的前进往往还要取决于史学家的整体素质，但都离不开这三个方面的积累与总结。如果说现实的需要是史学发展外在的强大动力，那么，只有基于社会价值的学术价值，才是史学发展内在的推动力。任何学术价值都必须以满足社会需求和承认为目的，否则所谓"价值"难以成立。因此，史学的真实性虽是有用性的基础，但不能取代有用性，试图在中庸模糊的概念下实现另一面，是绝不可能的。科学研究的基本要求之一就是要使用严格的、明确的科学定义，这样才能保证讨论或论证过程的严密与正确。

三

当前，许多史学论著既有学术价值又有社会价值，像《中国科学技术史稿》《中国古代建筑史》《中国古代度量衡图集》《中国水利史稿》等，往往是酝酿了十几年甚至几十年才出现的研究成果，是许多人共同努力的结晶，不可能只考虑到学术价值而不考虑社会价值。相反，目前史学研究中暴露出的缺陷也是比较严重的，不少研究者从研究对象中剔除社会性因素，对社会性的集中体现——政治更是不屑一顾。当然，不是要求人们都去研究政治事件、政治人物和政治活动，更不是要求人们去为政治功利目的而研究，而是应该正视政治在过去和现在对史学产生的巨大影响。面对中国古代的或现代的社会，史学要是离开政治孤立地抽象地谈学术，不能透彻地看清政治是实现经济文化需要的最重要手段，显然是一种可悲的糊涂概念。即使是考据性的史实研究，也常常会有意无意、或多或少与政治发生一定的联系。所以，史学研究从整体上说，是永远也不能摆脱政治影响的。

无论从何种意义上说，要把社会价值从学术价值中剔除、割裂开来，往往容易造成一种带普遍性的错觉，似乎史学研究社会价值愈高，则学术价值愈低，究其原因，突出于对真实性的狭隘理解，以为有用性就是社会、政治价值的代换语，以至于认为史学研究的社会性被剔除得愈干净则意味着史学愈"纯"，史学家对社会价值反映面自我限制得愈狭小,则愈被赞誉为是"求真致用"。造成这种偏颇的一个重要原因,还在于思维方式的偏执不可避免地影响着思维视野的开阔,不少人将"新"混同于"空""粗","真实"混同于"创新",这种误解迷惘了许多人,任何一种前所未有的崭露头角都可以被贬为表面上的、形式上的花样翻新。诚然,在一个学科革旧迎新的过程之中,确有频频转移追求新奇观点,任意抓几条材料来证明现实需要的"求新致用"的文章,但并不是所有的史学变革都是无根无底,似乎只有经过训诂、考订、辨伪这些"脚踏实地"的锻炼,才能创新。史学发挥它的社会功能不仅仅依靠它的学术价值(真实性),更依靠它的社会价值(有用性),古今中外史学上一个无法抹杀的事实是:真正伟大的论著都是既有较深的学术价值更有很高的社会价值的。

至于史学研究分为"基础史学"与"应用史学"这一被称为涉及"科学性与革命性"的重大问题,我认为也应该认真分析,它不仅是针对"历史无用论"和强调史学学术价值,忽视时代对史学的新需要而发,而且触及了我国史学多年来存在的某些弱点和缺陷。当史学处于封闭体制而没有汇入科学整体化潮流时,确实只能通过学术价值的借鉴来间接服务于现实社会,然而,史学一旦参与当代社会问题的研究,就获得直接应用于社会实践的功能,尤其是在目前重视社会科学成果的转化过程中,包括史学在内的社会科学每一次重大突破,对生产力发展的推动作用都是无疑的,其在社会生活中的普遍意义,在一定程度上甚至比自然科学更为巨大。

首先,史学经过精神力量的形式,给人们以高屋建瓴认识社会的历史观,潜移默化地影响着人们的思想观念,可以和共产党具有优良传统的思想政治工作有机地结合起来,并不断充实新时期思想政治工作的内容,科学的历史观将使人们进一步坚定建设社会主义现代化的信念。

其次,史学一些研究成果可以直接应用于国家决策和各种社会规划,使决策和规划有着坚实可靠的科学基础,从而引起整个社会历史面貌的根本改观,因而,许多深刻的具有现实意义的史学研究成果可以参与社会问题的解决,转化为超越物质的力量。虽然目前尚未出现史学应用于决策的重大成果,但史学研究在学术价值基础上更重视社会价值的态势,正为它的应用做了良好的准备。

就以上两点而言,史学研究不但要唯实、求真,更要创新、应用。初步粗略地分为"基础史学"与"应用史学",这个概念、内涵是可以商兑、诘难的,但它的探索用意显然是希望史学研究获得新的活力,有着强烈的时代使命感,如果专注于新见解的缺陷与不足,要求涉猎每一个新领域的观点都是百分之百正确,那就不可能在探索中推动学术的发展。

综如上述,如果把真实性看作是史学研究的目的,那无异于画地为牢,只能被框在一个狭小的圈子里打转转,而且很快就会自觉到源泉的日益枯竭,最终是自我封闭。当然,从低层次要求史学研究必须求真务实,这无疑是应该的,但如果把高层次的创新致用与其混为一谈,虽曰辩证法,实则是把既有联系又是两个不同层次的问题融会不清,给人们的变革意识带来局限。只有基于有用性深刻理解的真实性,才能寻找到史学发展的真正通道,这也是我愿斗胆而真诚地与其他同志商榷的原因。

《江汉论坛》1987 年第 9 期

打开世界之门：两个世纪后的历史反思

公元 1793 年，即清乾隆五十八年，这年发生了一件对整个人类文明来说都很重要的事情：东方第一大国的中国和西方最先进的英国，第一次正式进行国事接触。

这两个最富代表性又以完全不同方式生活的国家，尽管一个是睒瞪昏睡、狂妄自大的封建王朝，另一个是拍岸激浪、向外拓展的资本主义政体，但它们却以一个皇帝的寿辰为契机进行直接交往，并以西方人深感惊讶的方式开始和结束，从此掀起了中西方经济贸易、政治文化等种种波澜的机缘，其丰富的交往过程又恰恰证明这是编年史上最重要的一年。

这年 8 月 6 日，离天津城几十公里处的大沽口岸，发现了一支庞大的装备最先进的舰队，其中有装备 74 门大炮的大级别战舰"狮子号"。在舰首向岸而立的人堆中没有高领制服的戎装将军，而是佩星披带绣花天鹅绒官服的英王使臣。

为首的特使马戛尔尼爵士已经 56 岁。他是都柏林大学三一学院毕业的硕士，27 岁就任驻俄公使，后又是英王统治印度的马德拉斯总督。与他并立站着的公使斯当东，是牛津大学法学博士和医学硕士，也是英国皇家学会会员。在他俩身后近百名随员中，有园艺师、军事家及各种科技专家，还有手持毛瑟或连珠枪列成受阅队形的数十名轻骑兵。紧随"狮子号"的"印度斯坦号"战舰上，装有整整 600 箱准备献给乾隆皇帝的英国礼品。

这个从规模到行程堪称史无前例的外交使团，显然也满载着与当时大英帝国地位相称的使命，除庆贺乾隆的"万寿"外，还要"平等地"与中华帝国互派使节,谈判并签订两国贸易协议,要求在北京驻使与设立货栈,在舟山、宁波、天津等口岸通商,在广州等地划分一处地方供英商使用,准许英国商人按中国所定税率纳税等。他们要给中国提供一次了解西方强国的机会,携带了不少体现英国乃至欧洲科学技术水平的礼品,包括天象仪、地球仪、反射望远镜、太阳系仪、天文钟和铜炮、榴弹炮、连珠枪、大型战舰模型等。英国人希望通过这些礼品向中国充分显示其科学技术及军事实力,希望清廷皇帝能满足他们的要求。

今天看来,这些本属双方做生意的必然前提,也就是两个国家间进行贸易的起码条件。清朝则认为,这是外夷子民通商唯利是图的"阴谋",堂堂天朝根本不需西夷的钟表大呢羽毛之类。允许远道乞求通商设站的西夷们入关,本身已经是一种恩典。

马戛尔尼特使尽管途经澳门时就听到一些西方商人悲观的忠告,但他心中仍然充满希望。因为,这是对中英双方都有利的事件。他决心用当时最先进也是最珍贵的礼品,撞开中国这扇绿锈斑驳的大门。

如果说马戛尔尼使团的到来,构成了中国历史性的前所未有的挑战,那么这种一个日益强大的西方殖民帝国向一个东方文明古国的挑战,从历史命运的角度看,它实际上是新兴资本主义向古老的封建主义的挑战,是给清朝提供了一次应战的机会。

十八世纪末,尽管中国在许多方面已经落后于欧洲,但马戛尔尼使团来华时期,中国正经历着乾隆盛世,马背上的清朝骑兵不仅跳下接管了汉人的大片河山和亿万库藏,而且把明王朝复辟的幽灵埋在了云南边山和台湾海峡。华夏大地到处是小马褂、长辫子、红顶子,稳坐龙墩的乾隆皇帝自然是高枕无忧了。他不仅写诗作画六下江南,跑到扬州妓院戏弄红颜,而且在登基的第 21 个年头上(1756),下旨关闭他爷爷康熙皇帝曾于 1684 年开禁的沿海通商口岸,把红毛夷子一律赶往澳门、广州了事。乾隆皇帝当然更坚信大清有能力应付外来挑战,君临万国,恩及四海,何惧小小的洋人!

于是,他下圣旨恩准英国使团进入北京。

英国使团一入境,就与朝鲜、缅甸、安南(今越南),廓尔喀(今尼泊尔)等属国使臣一样,被朝廷看作是天朝歌舞升平、万邦威慑臣服的道具。"天朝盛德四海,西夷英咭利国万里来贡"这样的皇家告示贴在天津街头。"英咭利贡使"的旗帜,高悬在从海河换乘的中国船头上。英吉利写成"英咭利",是蔑视"夷人犬羊成性",加"口"字表示不可理喻与天朝的高贵。送往北京贺寿的英国礼物未经英方同意,就被清廷人员打开。英方译员上前说明特使未将礼物交付皇帝前仍由英方照料,前来迎接的三品钦差大臣徵瑞立刻反驳道:"这不是礼品,而是贡品!"

8月9日,马戛尔尼使团抵达天津时,一公里长的仪仗队和军乐队以及成千上万争睹"红毛人"的市民,使英国特使感到中国人的文明礼貌、热情认真。那么,这究竟是一种无意义的排场呢,还是朝廷抓住这个历史性的契机走向世界呢?都不是。乾隆皇帝和大臣们并未意识到马戛尔尼使团祝寿只是一个小小的插曲,通商驻使才是真正的目的。于是,一场坚持和反对马戛尔尼为藩属国贡使的较量由此开始。

哒哒哒,马蹄声急。英国使团的情况奏折8月10日就送到紫禁城,乾隆皇帝十分恼怒,挥笔把"钦差"改为"贡使",以符合天朝体制,并批复严格按藩属国使者对待。由长芦盐政临时调来充任钦差大臣的徵瑞接到圣旨后,匆匆带着随从与英国特使开始会晤。

"贵特使的衣服窄小短便,和我们广博大方的长袍相比,似乎是我们中国的舒服一些。"话题从中西方服饰异同拉开。徵瑞仔细打量着客人的衣服,又悠悠地接着说:"我们大臣叩见皇上时穿的衣服式样绝对是一致的。"他注视片刻客人迷惑不解的神情,突然指着护膝说:"这种东西缚在腿上行礼极不方便,贵特使觐见时请将它除掉。"

马戛尔尼心里赞叹中国官员说话拐弯抹角的手法高明,嘴上却干巴巴、硬邦邦:"这件小事不用钦差大人费心,我们在自己国家觐见君王时也穿这种衣服,不觉得有什么不方便,现在我们打算用觐见自己国家君主的礼节去见中国皇帝,想来贵国皇帝陛下不会强求我们用中国礼节吧?"

"……"徵瑞脸上的神情顿时严肃起来,觐见皇帝三跪九叩首的礼制必不可免。马戛尔尼的态度软中见硬,表示难以从命。

其实,马戛尔尼对扑倒下跪、额头触地的清朝见君之礼,并非闭目塞耳一无所知。几年前荷兰人为争得与中国通商的许可,跪倒在中国皇帝的脚前,曾遭到伦敦舆论的指责。然而,当今"西方海上霸王"的英国,绝不是没落衰败的荷兰,必须坚持外交会见原则,尽可能表示对中国皇帝的敬意,但不能去做任何把英国解释为中国藩属国的事情。

8月20日,英国使团将至北京,陪同的王、乔二人,又一次向英国特使直截了当提出:觐见皇帝礼节,是一件很重大的国事,绝不是区区小事,下跪磕头,这是中国"礼仪之邦"常见的法制。他俩说完便当场向着一个方向撩衣跪下,深深地叩头,示范给客人看,然后坚持要求特使学习演示。被马戛尔尼不由通融地制止后,脸色变得非常难看的王、乔二人气得拂袖而去。

8月21日,英国使团住进北京专门接待外交使节的鸿胪寺,徵瑞为了下跪礼节再次亲自出面交涉。马戛尔尼提出一个折中方案,即如果一定要迁就中国宫廷的下跪礼节也行,但中国方面需派一位官阶相当于特使的大臣,向英国乔治国王、王后的肖像行跪拜之礼。徵瑞闻此摇首良久。在他多次担任钦差使命的生涯中,第一次遇到如此执拗的"贡使"和这些难以解决的礼仪问题。

这年已经82岁的乾隆皇帝按惯例正在热河(今承德)行宫避暑。他得报后"深为不惬",但仍气度雍容地准许马戛尔尼使团在北京逗留后向避暑山庄进发,并在距热河3公里处殷切接待了他们。同时,英使也受到严密监视,以防其借机生事,兴风作浪。

行宫外,清朝重臣、文华殿大学士和珅坐在铺了绸缎的高太师椅上,钦差徵瑞和其他大员垂手站立在后,高鼻深目的斯当东公使庄重地呈上马戛尔尼特使所坚持觐见礼节必须平等的"说帖"。和珅神气冷漠,默然不语,整个会见不足十分钟。

第二天早晨,钦差徵瑞受命再次劝说马戛尔尼特使不要一意孤行,"勉强依照中国礼节",不必固执"野性",并明确指出:外国使臣向中国皇帝叩头行礼是几千年来延续下来的礼仪,你们怎能例外?中国官员又没有跑到你们英咭唎去,向英国肖像行礼显然是不合理的事。马戛尔尼则毫不让步,坚持大洋彼岸独立国家国王所派的正式外交使臣,和中国附属国所派的贡使完全不同,并请徵瑞把礼品单转乾隆皇帝,看看西方国家的先进科学技术的实力。

当夜,澹泊敬诚殿后的四知书屋,乾隆皇帝对英使的礼品单一览了之,觉得这些礼品全是无足轻重的"奇技淫巧"之物,根本不能和他写过的四万二千首诗歌相比。礼品单中提及制造技术与安装的艰难,乾隆皇帝斥之为"张大其词",令人嗤之以鼻。圣上的态度自然给中方官员定了基调,第二天徵瑞就上奏说:即使外边的夷都成了奇技淫巧的世界,与大清天朝又有什么关系?反正咱们也不会去那弹丸小国买它的。

据说,在随后的几日里,君臣们剪烛夜谈,还讨论英国是否真的富强问题,君臣讨论最后的结论是:英咭利不过是西洋诸国中"较为强悍者"。他们当然不知道英国的工业革命和正在形成的资本主义世界体系,丝毫也未意识到中国将不可避免地被卷入这个世界体系之中。

话说回来,对国际背景和格局变化茫然无知的清廷君臣继续误解着马戛尔尼特使的来意,更不知道英国在失去北美 13 个殖民地后,正转向东方采取一系列扩张步骤,关于跪与不跪的谈判,竟然争执了将近一个月。

9 月 10 日,乾隆老人的万寿节,就在这举国上下同贺即将来临之际,礼节争执突然有了转机。或许,乾隆觉得在自己的"万寿"庆典中,不能少了"夷人"这一标志驾驭世界、外夷诚服的独特仪仗。这天徵瑞为英国使节带来了福音:你们可以行单腿跪地的英国礼节,不过,拉着皇帝的手亲个嘴,不成体统,干脆免去,否则会贻笑大方。

黎明时分,着意打扮的英国使臣,在中国官员陪同带引下进入热河行宫,沿着乾隆亲笔所题三十六景中的松鹤斋、如意湖、青雀舫、知鱼矶、苹香泮……走了近一个小时才来到万树园皇帝驻跸的高大御幄前,只见满蒙王公与合朝大臣已早早盛装在此静候。过了一个小时光景,方听到鼓乐齐鸣,呼报皇上驾到,所有中国的王公大臣纷纷趴伏在地,磕头俯拜。唯有马戛尔尼一行站立在中间,显得十分突出。

待皇上坐定,马戛尔尼特使双手捧着一个盛着英王国书的木盒,行英国屈膝礼跪一腿呈于乾隆面前。乾隆皇帝对这个饰以钻石的木盒,连看也不看,顺手递给站立一旁的太监,取过一只白色玉如意递给马戛尔尼特使。这是中国皇帝赠给英国国王的最高礼物,也是中国史上第一次由皇帝本人亲自赠予外域国王的皇家王柄。然而,在重视科学技术的英国使臣看来,这是一根既不值钱又无艺术价值的长石头。接下来,山珍海味的宴席开始,英国特使被召到皇帝旁斟御酒赐饮,乾隆威仪无尽的脸上露出一个高寿老人的圣恩远泽和慈祥兴致:"你们国王年岁多大了?""有多少妃嫔和孩子呀?"当他听到英王没有"三宫六院七十二妃",子女也远未达到自己的 27 个数目时,不禁为夷人不重视后代继嗣叹了一口气。

觐见后,马戛尔尼特使被请到和珅座前,和珅关切地询问了贵宾身体和夷岛气候后,说道:"皇上担心你们洋人不适北京气候,霜降后非常冷,替你们设想,请尽快赶回去吧。"马戛尔尼一听,简直懵了,他以为皇帝接见只是此次访问的开头,怎么就结束回国呢?他委婉地提出英国要和中国永远共敦睦谊,自己作为英国久驻北京的代表,应直接共商两国间的"正事",并欢迎中国派遣政府使臣到英国,一切费用包括船只可由英国筹备代办,和珅听完只吐出两字:"送客。"

大失所望的马戛尔尼一回到北京就病倒了,头发也一下子灰白了许多。他不甘心一无所获,空手而归,抱着病体一一拜访朝廷中的达官贵人,将搜罗来的望远镜、怀表、显微透镜等西方"小玩意儿"作为礼物赠送给办事的大臣,但得到的仍是婉转催行的劝告。后来,马戛尔尼探知武英殿大学士福康安极受乾隆垂青,便找机会连连拜访,尽管他打心眼里看不起持矛张弓的中国军队,嘴上还是连捧福康安是中国精通兵法、驰名中外的杰出军事家。不过,福康安对他的吹捧毫不在意,当特使先生提出由英国卫队进行欧洲火器操练表演时,他说:量也没有什么了不起,看也可,不看也可。

10 月 1 日,马戛尔尼特使拖着忧病之身再次被召到和珅的中堂,送别的仪式俨然不再容许他多留一天。中堂内摆着铺着黄缎的高椅,中间放着乾隆皇帝致英王的"敕谕"黄封,让特使对黄椅、黄封行"接受礼"后,和珅让人指点着一旁桌上放的许多黄包,告诉哪个是给英王的、哪个是给特使的、哪个是给随员的,并将马戛尔尼特使赠送诸大臣的"小把戏"一一退回。

心头压上沉甸甸铅块的马戛尔尼特使回宾馆后，为使这次来华使命有所交代，硬着头皮又写出一个"说帖"，恳请中国政府批准英国派人驻京负责商务，准许英商在广州之外的沿海口岸交易，准许在北京设立一个商馆，或给小海岛一处作为收发买卖货物的"特区"，并请中国录赐一份税率表，以便英商遵行纳税……

10月6日，马戛尔尼看到了由清廷官员送来的"批件"。乾隆皇帝针对他"说帖"提出的"干求"，逐条驳斥，毫无通融余地。大概内容如下：

英国贡使乞求贸易，还要在天朝京城另设洋行，甚至还欲求小岛泊货停歇，这些都断不可行，与天朝抚惠四夷相背道。天朝统驭万国，一视同仁。若都像英咭利那样要求辟新地、设洋行、广贸易，那天朝疆域版籍岂不乱套了？况且语言不通，礼仪不懂，律令不熟，外夷洋商诸多不便，实不可行。念你国僻居荒远，对天朝体制不大清楚，所以命大臣向贡使详加开导，遣令回国。

马戛尔尼硕士和斯当东博士仔细阅读了这份他们在西方世界从来未领教过的外交文字——"敕书"，不禁悲从中来，潸然泪下，归国后无法也无颜向大英帝国乔治三世国王交代。他们忧心忡忡，满脸愁云，束手无策，只好互相安慰：

"中国向来盲目自大，闭关自守，不知国际趋势，并不是有意排斥，恶伤我国。现今文明各国通行的缔结条约、互通工商等办法，他们统统都不了解。"

"是的，我们不能说中国人永远固执不化，这次来华侥幸准予觐见皇帝，纵然时间太短，但已打开了铁幕上的缺口，只要耐心联络，将来瓜熟蒂落，一定会有成功的一天。"

正副使没有完全失望，等待着枯木逢春，有朝一日再回到这美丽宁静、夕阳黄昏的东方古都——北京。

公元1793年10月7日英国特使离开北京，经过近三个月的陆路到达广州。1794年1月8日，惆怅的马戛尔尼特使登上了早已停靠在黄埔港口的"狮子号"战舰，向东方这只朦胧未醒的睡狮告别。

这趟历时两年多，漂洋过海、耗资巨万的远访就此结束了。平静的黄埔港一片渔舟唱晚、帆影点点的祥和景象，几乎没有什么送行的人，就连那个从北京一路护送的王大人，也觉得没有什么必要到船边相送。所有周边国家的贡使离去时都是这样的情景。我们无法推测马戛尔尼的心情是否凄凉、孤寂，只知他后来又担任南非好望角总督，一直到 61 岁才卸职。

英国庞大的舰队满载着茶叶、生丝等中国商品离港而去。那是马戛尔尼特使初到北京时恳请清廷特许，派"印度斯坦号"前往舟山免税采购的。带走的还有乾隆皇帝正式致英王的"黄封"、一份答复马戛尔尼特使请求的"敕谕"，以及十数箱各种各样的天朝赐礼，特别是那个类似玛瑙的灵芝云叶头形的白色玉如意——堂堂天朝黄柄指划的象征。

这是否预示着乾隆老人把关系着国家、民族命运的抉择权交给了大洋彼岸的大不列颠王国？是否意味着东方文明古国不知不觉昏昏懵懵地失去了一个主动改革、适应世界潮流的历史性契机？不幸或有幸都需要时间的检验。

马戛尔尼使团离华 10 年后，又一个英国特使阿美士德勋爵抵达中国，因不行三拜九叩的"谢宴礼"，刚到北京就被乾隆皇帝的儿子嘉庆皇帝驱逐，理由是"大皇帝并不稀罕西人所谓宝物，以后再不要万里贡献了"。他回国后提出对中国"用武力强迫其据合理的条件管理贸易"。

40 年后，英王直接任命的商务监督律劳卑海军上校到达广州，因主客见面上下席座位不合乎中国礼节，被限期离开中国。律劳卑不肯依从，导致中英贸易中断，英国商馆内的中国员工全部撤走，英国两艘巡洋舰闯入珠江示威，中国朝廷下令包围商馆，迫其撤退澳门。

又过了 6 年，中英鸦片战争爆发。

我们如果把这一连串在西方先进强国和东方封闭大国之间展开的争执，从中国这头看，结果大概更让人伤心。

马戛尔尼特使离华 10 年后，中国禁止西洋人刻书传教，并把在北京散发洋书的夷人德天赐押往热河囚禁，撤毁一切天主教堂。以后又命各省查禁西洋人和传教活动，杜绝内地"汉奸"与外夷勾结或串通外商。

20 年后，英国东印度公司走私输入中国鸦片每年 3 698 箱，海关外流白银数百万两。清廷严禁私人带鸦片，同时禁绝一切外来"奇巧物品"，以杜漏卮。又 20 年后，鸦片走私增至每年 28 307 箱，外流银子仅 1832 年至 1834 年就达两千余万两,其他年份海关无法统计。

又6年后,虎门公开销毁鸦片20 283箱,共1 188 127公斤,中英贸易停止。双方走向矛盾不可调和的最高形式的对抗——战争。结果是封闭落后的天朝大国虽有四亿零一百多万人口,却在18艘英国军舰、汽船和不足一万名士兵队伍的进攻下一败涂地,签订了丧权辱国、割地赔款的《南京条约》,马戛尔尼特使近半个世纪前要求的"平等"被条约法律化,"大英"终于与"大清"平起平坐乃至骑在它的头上作威作福。这时扳起手指头算算,马戛尔尼使团离开中国48年4个月零8天,不到半个世纪。

作为历史年鉴,它无疑是一部走到尽头的失败总记录。

《炎黄春秋》1993年第11期

棱角峥然的《苏报》社论

　　《苏报》是近代中国社会影响很大的政论性报纸，因为它激发了"苏报案"的巨大风潮，是清王朝第一次以政府立场与人民打官司的报纸出版物，特别是它棱角峥然的社论造成很大的社会反响。

　　《苏报》1896 年（光绪二十二年）6 月 26 日在上海创刊，这正是 1894 年中日甲午之战以后波诡云谲的岁月，康有为的公车上书、孙中山的广州起义等大事都发生于此时。维新派为使改革思想深入人心，多方面开创宣传阵地，诉诸舆论，各地纷纷创办报纸杂志，如《中外公报》《强学报》《时务报》等脱颖而出在时代前列，报刊的活跃也在此时陡然转上高峰。但是《苏报》在创立之初并不是一份宣传革命思想的报刊，它原为胡璋主办，由其妻日本人生驹悦出面，向日本驻沪总领事馆注册，托名为日商报纸，以邹弢任主笔，内容多载市井琐事。戊戌政变之后，1900 年由湖南衡山人陈范接办，其兄陈鼎因参与"百日维新"被判永久监禁，陈范本人是清朝的免职官吏，标榜改良，倾向革新，他认为"民智不开，国强无望"，因此将营业性的小报变为政论性的报纸。

　　《苏报》成为政论性的报纸后，初有汪文溥主笔，后有章士钊主笔，最后由吴稚晖继任，其言论先后亦有变化。前一段（1900～1902 年）是跟随康梁步调：变法、保皇、立宪。后一段（1902～1903 年）有了自己的新面貌，尤其是专辟"学界风潮"一栏，报道、评论国内外学生运动，尽管有时小题大做，但报纸销路由此打开。不过细察其中心思想，有些新闻仍未脱保皇窠臼。1903 年起，《苏报》的言论完全以革命为宗旨，撰文者多硕学之士，不仅持之有故言之成理，而且热情奔放，掷地有声,足以在清末革命思潮中占有独树一帜的地位。

综观这一时期《苏报》的版面,有社团组织的报道、风俗改良的主张、抗法拒俄的呼吁、出国留学的指南,以及对教育界的建议等。其中最突出的乃是有关时事的"论说"。《苏报》社论虽然涉及百端,却始终以革命思想为依归,而且气势磅礴,不同凡响,这是其精华所在。主要有以下特点。

一、注视社会风云。评论时事当然是社论的中心,但《苏报》社论旗帜鲜明,直接参与政事,不像其他报刊半彰半暗。如《论俄国内政之改革》评述当时沙皇允许宗教自由及地方自治之事,结论认为沙皇此举不仅符合时代潮流,而且既能安定内部又可对外扩张,借题发挥要求清政府吸取他国之长,希望中国必须迎上时代的趋向。至于批评时政的社论则更多,如《论湖南官报之腐败》,激烈指责湖南地方官报为贪官污吏劣绅隐罪扬善,欺骗民众。又如抨击蔡钧(清廷驻日使臣)诽谤、打击留日爱国学生和上海地方官府结托行贿、钻营买官的腐败行径,"渐冉相仿,实为国耻",造成强烈的社会影响,使那些反动官僚与为非作歹之徒恼羞成怒又无可奈何。

二、社论风格激进。社论撰写者以忧思重重与危难扼喉者的呜咽风格出现,以"悲""愤"两个字作为自己社论的格调,愤怒之情随处可见,甚至出现许多谩骂清廷的词句,如在 2471 号的社论中,对湖南官报主笔热讽冷嘲,其辞曰:"妖魔小丑之徒,遂宽软其膝骨,倾注其凉血,呕吐其秽杂陈腐之心肝而昂然为主笔。"笔墨异常尖刻,既愤又悲,呜呼两字频频出现,在 2451 号社论中,开口就是"呜呼",2465 号《敬告国民当急其所急》社论中,仅"呜呼"二字就出现了六次之多,结语竟用了两个"哭"字:"吾不暇为我国哭,吾不禁更为吾国民哭矣!"社论风格确是沸沸扬扬,悲壮奋进心态溢于言表。

三、文笔流畅清新。《苏报》社论的文笔或许是受梁启超的影响,多为笔端常带感情的大江大河式的笔调,有时文句之长实为少见。例如 2500 号《倡学生军说》的社论中,首句云:"二十世纪中有新发现于中国有一怪物焉,其气大其力猛其魂坚其势雄,一若万马齐驱而莫之或抗,一若狂涛怒波而莫之或拒,且左右磅礴于汹涌激烈之舞台,以造出极光彩极荣华极奇异之历史而令人歌令人泣令人起舞令人纪念不已,然则是物维何,吾今大声疾呼曰学生军。"情绪的冲动和语言的亢奋,好像有着超载的精力和极强的使命感,震惊着读者。这里没有什么语法的精巧,完全是用流畅的语言来表达自己的思考,在新闻报纸中实属精彩的文笔。

《苏报》社论的几个特点,长处在于议论宏富而又有革命的中心思想,且伴以文笔的悲怆淋漓,既感动读者又鼓舞读者。当然,由于革命初期的不成熟性和传统清谈空言的影响,社论只是论述革命的重要、必然、目的等,至于革命的步骤、方法、行动等则少有涉及,即使单从理论的角度看,也是以民族、民权为主,民生很少提到,这就不能更有效鼓动各阶层人民,可见对近代中国面临的社会问题,还没有完全把握住。但小疵不掩大醇,《苏报》毕竟要算当时大胆泼辣、影响深远的报纸,也是国内外不属于革命党而积极赞成革命的有特色的报刊。

1903 年,自称"革命军马前卒"的邹容,从日本留学回到上海从事革命宣传工作,5 月发表著名的《革命军》一书。他用通俗易懂的文字,尖锐揭露清朝的封建专制统治是使中华民族陷入帝国主义瓜分危机的根源,指出革命是"天演之公例""世界之公理"。他还大声疾呼中国人民"作十年血战之期,磨吾剑,建吾旗,各出其九死一生之魄力",推翻清朝政府,永远根绝封建主义君主专制制度,建立一个独立、平等和民主、自由的"中华共和国"。他主张全国人民不分男女,都享有言论、思想、出版的自由以及选举、被选举的权利,如果政府侵犯人民的权利,人民不仅有权利而且有义务立即起来革命,重建新政府。

《苏报》先声夺人,捷足先登,立刻将《革命军》列入新书介绍栏中,向读者推荐,并由章士钊写了《读〈革命军〉》的社论,称赞其书为"今日国民之第一教科书"。这篇社论棱角峥然,振奋人心。《苏报》接着刊出章太炎所写《序〈革命军〉》一文,更是直抒胸臆,推波助澜。6 月 27 日《苏报》又发表章太炎《驳康有为论革命书》一文摘要,题为《康有为与觉罗君之关系》,痛骂康有为的中国只能改良不能革命的奴颜婢膝谬论,指斥光绪帝是"不辨菽麦"的小丑。这些极其犀利的社论与文章问世之后,引起石破天惊的效应,使清政府感到极大的恐慌和震怒,于是通过上海租界巡捕房,逮捕了章太炎等五人,查封了《苏报》馆。29 日晚邹容为解救章太炎，仗义投案，慷慨赴狱。清政府以原告身份在租界法庭上控告革命党人，最后串通外国反动势力判决章太炎三年徒刑、邹容二年徒刑，封闭《苏报》，禁止中国人在租界出版宣传革命的报刊。邹容未及期满就被折磨而死，年仅 21 岁，痛哉！这就是轰动一时的"苏报案"。

"苏报案"是封建反动派企图用高压政策将革命声音禁锢起来的重大事件，但事与愿违，此案发生后，《革命军》不胫而走，风行国内外，发行数量逾百万册，达到清末革命书刊发行的第一位，至有用蝇头小楷秘密传抄，有以二十两白银易换者。

其实，没有邹容写《革命军》一书作为导火线，"苏报案"迟早也是要发生的。原因在于《苏报》在《读〈革命军〉》社论之前，发表了一系列激烈地宣传革命的社论与文章。当年 5 月初英国《泰晤士报》已刊载清商约大臣吕海寰函告苏州巡抚恩寿，要求"设法密拿严办为首热心少年"，并照会上海各驻沪领事。在清廷具列的通缉逮捕名单里，蔡元培、陈范、吴敬恒、章太炎、黄敬仰等都是《苏报》人士，租界工部局还传讯过与《苏报》有关的人员。所以，纵然无《革命军》一书，也会爆发"苏报案"。

《苏报》社论与"苏报案"最重要的影响乃是所流露的爱国情操，激动了国人的血诚，振聋发聩，惊蛰春雷，对革命大业在思想上精神上作了开路先锋作用。那么，《苏报》社论为什么会写得勃勃生气、启人心扉呢？起码有两点。

首先，《苏报》的价值，是确切知道报纸的社会地位与社会责任。报纸不是为了人们茶余酒后的消遣，也不是吹捧权贵政客的工具，更不是主事者等升官发财的终南捷径。《苏报》编辑认为，报纸的责任与地位等于是"国会议院的一部分"，一方面反映人民的意愿，监督政府；另一方面提高人民议政、参政的素质，引导人民走向近代化的大道。当然，面对清政府大兴文字狱和钳制舆论，他们也针锋相对地在社论中提出："舆论者，与官场万不相容者也。"认为这是熠熠生辉之绝对真理，虽然未免有些偏激甚至极端，却颇符合当时的中国实际。

其次，《苏报》的重要，因与有名的"中国教育会"及"爱国学社"关系密切。该文化教育团体由蔡元培、章太炎、黄宗仰、吴敬恒等学者名流负责，他们同为爱国的资产阶级思想革命者，当时都是东南各省新思想重镇的代表人物，后来设爱国学社收容反对清政府镇压愤而退学的学生。为筹集经费，《苏报》约定由这些文思泉涌的教师轮流撰写社论，报社付以高酬。虽然《苏报》社论并非完全由他们撰稿，但其在知识界的影响日益增强，成为出类拔萃的知识分子纵论天下的论坛。

《新闻知识》1989 年第 10 期

理论的活力与中国唐史研究

　　二十世纪后半叶,是一个中国唐史研究竞相跃动而又百家争鸣的前所未有的时期,也是一个披荆斩棘而又步履艰难的走向转折的时期。这一时期的研究破除了十九世纪旧史学界回味古香、缠绵彷徨的沉闷局面,迎来了"百花齐放"的新气象。然而,它却是惊人地单调和贫乏。从史学突破的深度和拓展的广度去考察,如果没有理论作先导,就不可能放开视野开辟新路,获得生发鼓荡的发展。据此,我认定理论是中国唐史研究向前推进的根本动力,理论的生命冲动必然促进唐史研究的创新。

一

　　理论,是任何一门学科的灵魂。作为理论性十分强的历史学科,理论是指历史本体论、历史认识论与历史方法论所构成的史学理论,有着严肃的规范性。

　　历史本体论是史学理论的核心,也是关于历史总体运动的特点与客观发展规律的理论体系。它是指导人们客观地按照历史的本来面目来认识与研究历史的理论基础,主要探讨有关历史发展过程的一般性与专门性理论问题。前者如隋唐社会兴衰的规律性,隋唐阶级构成与社会矛盾,隋唐思想文化对历史发展的作用等;后者如初唐、盛唐、中唐、晚唐的历史分期,隋唐农民战争,历史人物评价以及文化艺术发展顶峰等问题。显然,历史本体论是史学理论的最高层次,不仅指导着史学研究的方向,也囊括社会生活形形色色的各个方向,主体认识间的差异成为导致历史认识真实与荒谬的主要原因。从这个意义上看,史学理论包括了历史哲学一般原理及其在特定的时代、民族和社会生活领域的发展过程中的具体认识概括,是贯穿散落珠玑的主线。

历史认识论是探索有关认识历史与研究历史的一系列理论问题,侧重于解决人们在从事史学研究时主体所应持的立场、原则和方法,是人们对史学研究的目的、功能、社会作用和具体内容的理论原则的总结。它受历史主体论的制约与影响,也受现实社会价值的束缚以及史学家学术素质与知识结构的局限。如认识主观性与历史客观性的有机吻合,就取决于人们对社会的洞察力和历史学本身发展的科学认识水平,在科学的历史哲学被接受前,一般来说,两者的吻合程度是比较低的,至少只是在某些具体历史问题上可以相吻合,或只是稍涉皮毛。因而,立足于宏观高度的历史认识比较难,在历史研究过程中的微观分析或考察则比较容易,没有历史认识论帮助人们科学地把握五花八门的问题,就难以揭示其底蕴,提高历史认识与研究历史的科学性也往往会夭折,带有阶级偏见和功利考虑,以及个人主观愿望和感情色彩的研究将充斥史坛。

历史方法论是人们在研究过程中采用的手段、方式、渠道和途径,也是指历史研究成果的表述方法与编纂方法中所采用的各种各样的理论体系。作为特有的认识工具,它不拘一格地包括考据分析、抽象训诂、具体校勘与其他综合运用的方法,其作用在于帮助人们在搜集、鉴别和详尽占有史料的基础上进行观点与资料相一致的理论概括,从而使人们的思维方式和研究方法趋于科学化、规范化、多样化,开拓和扩展研究领域的深度与广度,并能深中肯綮,以便发挥历史研究成果的最大社会效益。

从目前中国唐史研究现状可知,历史本体论的讨论还只是泛泛的一般性介绍,并没有转入专门性理论问题,甚至存在着忽视或轻视历史本体论的现象,在已发表的论著中很难找到日益深化与具体的标志。对于历史认识的实践运用,至今也处在刚刚起步的阶段,一般局限于"史学概论"的教材编写体中,学术价值与社会效益紧密结合的重点理论课题尚不多见。至于历史方法论虽然近来在一些研究中有所试探,也有人初步取得一定效果,但难免有稚嫩粗糙之处。问题的关键是,在今后研究的具体实践中如何有效地应用并检验这些新方法,而不能停留于一般化的硬套照搬和无的放矢的空谈议论上。

或许有人会说,在浩瀚的唐史研究论著中,立论谨严、令人叹服的鸿篇巨制并没有"理论"的面目,如陈寅恪的《隋唐制度渊源略论稿》《唐代政治史述论稿》等,以及王国维、陈垣等论著,他们思想之晶莹、文体之别致,照样不是朴素天然,又浑成精到吗? 实际这个问题绝非那么简单。他们有关唐史的出色思考(公认的)固然不像理论教科书中那样直感,但他们都是就某一方面精辟地概括了一些理论总结。如陈寅恪的"关中本位政策"就从"关陇物质本位政策"和"关陇文化本位政策"两个理论入手,从宏观上提示了把握西魏、北周、隋代、唐初"关陇集团"发展基本线索的关键,在好像不登理论大雅之堂的后面实有着理论素养珍品的滋补,经常通过"点评随笔式"的思想精髓反映着新观念的变革和一种普遍概括的理论支配,对隋唐史研究作出有整体性认识价值的贡献,从而使他们的真知灼见成为经典圭臬,富有哲理意味。否则,纷繁复杂的史学世界就会成为几句干巴巴的没味道的偈语。

在此,需要廓清两点: 第一,承认各种真知灼见是史学理论本质中某一角度的认识与总结;第二,对某一史学问题进行高度的、本质的丰富性揭示,也是史学理论中某一层次的观照与思索。我们要具有一种宏观的眼光去考察理论以及理论与史学研究的关系,在丰富新颖的史学见解面前不要羞羞答答地,而是要理直气壮地、达观地认可理论的覆盖面,认可史学家良好的理论造诣是史学研究飞跃发展的基石,理论实践的生命力树立着史学的真理权威。

二

理论未引起唐史学界的主动关注和重视,还在于理论过去常常打上时代和社会的双重烙印,使历史研究与宣传教育的范畴混同,没有作出本质的区别。

固然理论的命运同史学研究息息相关,但以往的失误在于用宣传舆论取代了理论价值,认为理论的命运就是国家、民族生死攸关的命运,因而使官学不分,理论与宣传合一不清,陷于囫囵吞枣、断章取义的盲目冲动,在客观上也助长了史学理论简单化、庸俗化倾向的滋生,把基本原理与科学精神人为地割裂和对立起来的现象日趋严重,造成了人们对理论的不信任,不是态度偏激就是漠然视之。

没有超越时间空间、超越社会历史条件限制的理论思维,然而,完全用宣传意识取代理论认识,如同用星星点点的纂辑考证来代替理论,其在实质上是一样的,都是否定理论的自主性、独立性,把指导灌输变成了附会套语,理论在唐史研究中运用的困境正表现了这一过程。尤其是过去反复地、着重地强调政治理论的制约,误导人们以为只要抓住了历史过程中的政治斗争,就是抓住了历史运动中的中心线索,以为那种机械抽象的"政治决定论"为历史学科奠定了"科学"的基础,甚至以偏概全地把它作为人类社会运动的终极动力。这样,隋唐五代的社会史、文化史、风俗史、宗教史等研究范畴长期被抹掉了,历史发展的多元线索被掐断了。理论的地位在一个时期内似乎很高、"走红",实际却根本没有得到起码的尊重。理论的自主权利被剥夺,理论应有的规律被漠视,理论的批判作用被扼杀,理论通往史学研究的正常道路被堵塞。在神圣庄严的虚假外衣中,包藏的则是理论为主观唯心主义和极端自我意志肆意玩弄和蹂躏的命运。就像说什么"永贞革新"的实质是分封制与郡县制的斗争,"玄武门事变"是常何所搞的迷魂阵,"马嵬驿事变"是高力士策划的政治阴谋,还硬要把杨贵妃歌颂为"贤妇贞女",等等。抛弃了充分占有资料的理论辩证准则,必然无实事求是之意,只有故弄玄虚的哗众取宠之心。

理论哲学的威力与锋芒如果不能成为史学创造意志的象征,它便自然置"名"于实之上,被人们削足适履式地滥用,产生难以想象的消极效应。不是意境高远,虚无缥缈,若隐若现,叫人很难捉摸,就是随意夸大,严重扭曲,过高估价而到处生搬硬套,从而在史学理论构架本身和唐史研究的理论原则方面留下许多问题,像曾经引起学术界争论的唐代庄园制度、唐代行会制度、唐代籍帐制度等等。显而易见,史学理论同唐史研究在客观上存在着一个"断裂层",却让旧史学的传统局限继续有空子可钻并影响学术研究,例如李密问题的讨论一直用世袭制理论的变种出身论代替阶级分析,魏徵的进谏以肯定对李世民忠诚与否为准则,唐初门阀士族的变化沿用门第等级的伦理道德规范去解释,在揭露作恶宦官干政的义愤下掩饰对封建皇权政体的批判等。这些封建教化糟粕的历史观不时地又在史学研究中折射和裹挟出来,令人难以执此绳彼、及时驳诘。

当然,唐史学界也正正经经地讨论过史学理论中的方法问题,即"以论带史""论从史出"和"史论结合"的纯粹方法问题,而这场争论从二十世纪六十年代一直持续到今天也没有解决。从形式上看,这场争论是关于史学方法论的内容。如北京大学历史系曾在隋唐史研究中的理论问题讨论时,主要针对陈寅恪的所谓"种族—文化论",认为他的"关陇胡化汉化"论述是否定劳动人民的唯心主义文化史观,是攻击阶级斗争学说的伪科学。又像有人探讨唐初统治阶级内部斗争关系时,认为尊儒反法是复辟之道,明君贤相的"让步"是宣扬英雄创造历史。还有人要通过柳宗元《天对》兼看哲学党性原理的具体表现。这种没有任何新东西的"史论结合",其实是利用一种模棱两可的说法以确立更多地采取假说形式提出的理论法则。这些"理论"自然成为过眼烟云而无人崇奉为不易之说,而且造成史学理论及其总体研究的科学性经常处于两难境地,还直接导致史学方法论的贫困,使之成为史学理论研究中最薄弱的环节。不要说积极吸取当代自然科学、交叉学科中有价值和进步意义的新成果,就连传统史学中包括乾嘉学派的考据方法,也未从现代科学的高度对之重新加以挖掘、整理和改造。这些缺陷,使本应生气勃勃的史学方法论,不但长期失去锐气,其内容也颇有点近乎花哨的空洞,难怪人们对"理论"的兴趣不大。这就在相当大的程度上,限制了包括唐史学者在内的史学学者研究能力的深化,影响了史学人才及素质的铸冶造就,沦入进退维谷不可自拔的沼泽中。

毋庸置疑,中华人民共和国成立四十年,还没有比较成熟的、人们感到满意的史学理论著作,虽然一再呼吁要重视理论,可惜只言片语的经典语录只能作应对或应急之用,往往以所谓的理论概念去套用历史,结果造成苍白无力的工具,理论本身先行不利,这不能不说也淡化了唐史研究中理论的建设,难收事半功倍之效。

严格地说，只有凭借明快的理性抉择以掌握理论命运的时候，史学理论才能真正指导历史研究。没有成熟的理论，就没有研究论断的结果。在某一领域运用理论产生了某种成果，这并不意味着人们已经充分理解了理论的效应，更不意味着人们已掌握了运用理论的方法，因为许多命题主要是作为"历史—现实"加以运用的，目光只是盯在推翻理论教条神话的影响上面，并未过多去深思它的多层内涵，特别是沿用因噎废食、徘徊他顾的态度去理解和处理理论与学术的关系，或依靠降低理论地位的方式中止虚假理论对学术研究的危害，都不能由此改变对待理论态度上的错误实质。如果说理论被视如敝屣不是哪一个个人负得起责任的产物，那么理论要避免陷入任人揉捏的问题应由全体史学工作者共同解决，必须认真总结以往跌宕坎坷的历史教训，废止所有不能切中肯綮的空论，根本扭转那种荒唐年代对待理论的随意态度，切实尊重理论的自主地位，打破仍在蜿蜒迂回的主观臆断潜流。

三

在唐史学界，十年来人们执着于对客观历史的再现，谋求合乎历史实际的描述，这于不讲历史基本事实的"影射史学"显然是进了一大步，但讳言理论的重要，忽视理论的指导，就会不自觉地扭曲历史的客观原貌，丧失认识的真谛。

人们总认为，通向真理之途是客观描述与资料的搜寻整理，不需要什么理论，这种存在或潜在的研究偏见，使人们忽视对史学主体认识能力的开掘。这不能不说是当今唐史学界漪水微澜、难起波涛的内在原因。尤其是近年来在摆脱旧辙流弊的大潮中，唐史学界缺乏独树一帜和一批真正能把盛唐气象做出"特色"的著述，缺乏在学术界前沿领域带头的史学家。在种种有关传统文化的争鸣、论战中，唐史学界固然也放开了视野，开辟了一些领域，但很少提供翔实有力、思想敏锐的考察总结，原因就在于我们理论建设上的贫弱，影响了新思路的开辟。这当然不是那种争一口气的更功利、更急迫的历史研究，而是从长远上提高理论价值和观念更新的科学基础，是增添唐史研究活力的重要因素。

平心而论,理论在唐史研究中长期的停滞,同传统史学特点和传统思维方式直接有关。传统史学的优势在目录学、考据学、史料学等方面,它所积累的是史家修养、史书编纂等"史学理论",而概括历史发展的阶段性、规律性、统一性、多样性等重大"历史理论"则十分薄弱,因为在中国封建社会,史学不过是经学的婢女,不需要有独立的理论来骇世惊俗,不需要在客观历史研究之外再搞一个"理论"来平分秋色,旧史家们长于和乐于进行古籍整理和字义疏证,短于和耻于进行史学理论的探讨。而且,理论要突破那些根深蒂固的旧伦理观念构筑的城池,必然要同封建文化专制发生激烈冲突,需要甘愿牺牲功名利禄的见识和勇气,甚至要以个人的悲剧结局去维护理论的进步和尊严,这对大多数史学家来说不可能没有顾虑。这种历史特点,致使长期以来在史学界形成了一种"史料即史学"的错误学术标准和偏见,以史料多寡作为评判史学成就的最高准则。而这种堆砌史实的标准和偏见延续至今,使得开展史学理论总体研究和理论具体运用阻力重重,唐史学界这种状况尤为普遍。

如果说封建专制社会是理论悲剧的制造者,那么当代的理论悲剧本应雪化冰消。这不仅需要力排众议向权威挑战而最终能够说服多数人的新的理论本身,而且也需要能给理论以建设性的谅解、宽容,况且我们习惯于单向式、经验式的思维,在理论建树能力上缺少陶冶和训练,对历史哲学的理解失之笼统,缺乏具体分析,往往不自觉地继承和弘扬的是传统伦理,认识科学则相当薄弱落后,从主体方面给史学理论深入唐史研究造成了困难,所以双方一直存在着隔膜与差距。

充分肯定理论的自主性、创造性和生命性,我们就可理解当今唐史学界业已潜在的青黄不接的两难境地。不注重理论实际上只能得到社会表面的认识,根本无法透视被研究客体的深层结构,这也是现有唐史研究无力超越前人而大步前进的重要原因。沿袭前人的旧套数固然也能产生数量"繁荣"的一时效应,但数量的堆积终究不能转化为智慧突破的力量,急功近利的平庸之作必然乘隙而生、浮嚣当代。回顾近年唐史研究成果,在有很多新意的论著中,也确有不少低劣之作,像研究唐太宗、武则天等历史人物的著述连篇累牍,然而搜索枯肠后崭露晨曦的新作又有多少呢？研究隋唐文化的文章也可谓遍地开花，然而在比比皆是之中又有多少别出机杼的佳作呢？更不要说从宏观上去芜存精的概括升华和推陈出新的领悟总结了。我们似乎只能在传统恒定的界说中轮回打转，停留在浮光掠影的泛泛介绍上，遵奉简单的爬梳拼齐的实践，而在客观再现里抽掉了理论的精髓。实际上，在断简残篇中追求一种纯真的复原真貌的企图，或渴望一蹴而就的叙述捷径，现在没有兑现明天也不可能兑现，历史是永远不可能回归到本来面目的，人们只能是逐渐接近或局部地认识历史实际。伴随着理论的发展，会不断促使人们重新反思，必将产生更多更明显的歧异。

现代历史哲学，都在论证这样一个命题："历史是诗，不是编年史。"它反映了现代人对历史的主体认识的自觉。历史在不同时代、不同人物、不同国度有着不同的表现，就在于人们记叙历史时有一种不可遏止的创造意志，它不是简单地复写、模拟和镜子般地照射历史，而是赋予历史以史学家自身的主观感受。纯客观"圣洁"的历史根本不存在，即使编撰一部文献性的编年史著作，往往也会包含着编纂者对历史素材的选择和剪裁。史学家的主体意识不可避免地渗透进自己所研究的对象中，被研究的对象也不可避免地被"诗化"，这是历史研究不可分割的两个方面，只有理论才能将零散的史实在一定原则基础上整理成严密、可靠的系统。否则，历史悬案会愈发本末倒置，无法换来一副信史的真貌摹本，有时还会出现以时髦标签点缀陈旧内容的弊端，不仅在历史面前无所作为，反受历史的嘲弄。

唐史研究的出路在于对史学理论的彻底觉醒与重视，在于唐史研究者对理论的熟谙和理解，在于抛弃依附现实变化的意识困扰。理论的新起点必将使唐史研究出现新的创造，无论是激昂的"花腔"、深沉的"咏叹"，还是亢奋的号角、惊雷的轰鸣，都将使这个传统学术领域的花圃里，魏紫姚黄，各展风采。让我们用理论之犁，为二十一世纪的唐史研究增添新葩翻垦好土壤！

《学术界》1991 年第 1 期

第七章

文物之美为经典艺术注入时代韵味

大国的匠心之作，从未缺席人类艺术的天空。盛世气象，更离不开艺术的凝眸与书写。为时代画像，为时代立传，为时代明德，不仅是一个或一群艺术家创作的主题，也是画家和艺术家们捕捉创新的灵感。几千年来祖先留下的文物古迹和考古遗物，展现了无数的斑斓图景，引发后人审美共鸣，也留出了思考的空间。

考古文物之美对现代社会的影响

一、古代遗存是美的渊源

中华民族悠久的历史和著名的古代文明,为我们留下了大量形式多样、内涵丰富的精美文物,不仅反映了古人对客观世界的认识,也表现了先民们审美意识的发展与流变。既有古代艺术的积淀结晶,又有古代科技的智慧凝聚,尤其是精美的文物体现着当时艺人设计的创造与能工巧匠的制作水平,让我们时隔千年或是几百年后仍然感叹不已,赞美不绝。

中国是世界上古代遗存最多的国家之一,也是文物保留最多的国家之一,当然也是近代以来文物流散流失最严重的国家之一。文物对国家文化命脉的影响已成为我们民族情结的重要因素,有些人借"追索流失海外中国文物"为名目,制造噱头编造故事,穿越历史频频炒作,拍卖拒付巨款,反而引起国际上对中国人的围观、围攻,丧失尊严等不良影响值得各方关注与警惕。

二、观念改变是美的发展

文物自古就受到人们的喜爱与玩赏,传世文物中许多精品被历代统治者和达官贵人以及文人雅士所收藏鉴赏。近一个世纪来,随着考古科学的进步与发展,发掘出土了大量精美的文物,每每引起海内外的关注与轰动,成为中国古代文化的杰出代表,人们对文物的概念也从过去一般的古董古玩演变到如今的文物保护和文化遗产。但是文物是有对象有规范的概念,文化遗产则是较为宽泛的理念,不能将文化遗产泛化、滥化、庸俗化,不是"民族的就是世界的",而是民族优秀的一定是世界的。

三、社会影响是美的延伸

考古出土的文物不只是物质历史的见证与延伸,更是贮存了民族文化精华的重要载体,已成为我们今天生活中不可或缺的浓缩符号,或是艺术生活中的典型代表。文物所具有的历史价值、艺术价值和科学价值,已经得到了世人的公认,文物对社会各界所起的教育作用、借鉴作用和创新作用也得到了社会普遍的认同。

目前文物以及文化遗产对现代社会的影响已经遍及各个行业、各个部门。例如成都金沙遗址出土的太阳神鸟金箔造型,成为中国文化遗产的标志;甘肃武威雷台汉晋墓出土的马踏飞燕,成为中国旅游的标志;辽宁锦西红山遗址出土的玉龙,成为华夏银行的标志;陕西西安临潼秦陵遗址出土的兵马俑,成为中国文物出国交流展的经典标志;甘肃敦煌壁画中的飞天艺术造型,成为中国艺术演出的标志;战国秦汉玉器作为经典的传世饰物,成为奥运会金镶玉奖牌造型……至于说瓷器、玉器、漆器、金银器以及社会上广泛流传的明清风格家具、传统古典风格家居装修等无所不在、无处不在。青花瓷甚至摇身一变成为旗袍服装的流行色。可以说,在今天中国的社会生活中,从考古文物之美中寻找民族审美文化已经成为很普遍的事,古代艺术已成为我们生活中不可缺少的基本元素。

四、转化市场是美的传播

追求考古文物之美不是为复古,不是制造束之高阁的死宝,而是将高品位的阳春白雪融入一般下里巴人的大众文化,展现艺术魅力,惠及全体民众,通过古典文化艺术再创造新时代的文化。犹如欧洲的文艺复兴,不是倒退回到希腊罗马时代,而是汲取传统文化精华结合新的审美观重新激发活力,突破旧的思维框架迈向新时代。

文物的开发创意不是对文物本身无限制的利用，而是通过文物审美观念创造出具有民族文化特性的产品，这就需要设计者荟萃文物精华元素，在古典与时尚、传统与现代之间水乳相融，有益于现代生活丰富多彩。

"中国创意"产品设计大赛是首届全国性的文化产品征集活动，主题是"传承文化、创新生活"，目的就是要将中华文物精华和优秀艺术通过新的创意转化为市场产品，促进文化软实力走出去参与竞争。与 2008 年曾在故宫举办的全国博物馆文化产品创意大展相比，这次大赛将原来博物馆文化产品的宫廷皇家贵族气转变成了日常生活平民气，将贵族化转为平民化，将高精尖瑰宝理念转化为普及化受众理念，中国创意不是原汁原味的复制，不能脱离产品市场化的需求，但是一定要注意作品细节。产品细节体现品质，所以将考古文物之美转化成市场产品，需要我们继承传统，敢于创新，集中智慧，激发活力，设计师应向美学大师发展，时时刻刻汲取历史文化内涵，这也是一次对我们文化素质的检验与创新能力的考验。

2012 年 9 月 8 日于西安交通大学学术报告厅
首届"中国创意"产品设计大赛颁奖典礼暨"传承文化创新生活"主题论坛

从学术研究到展览艺术

——"绵亘万里：世界遗产丝绸之路"展回顾

丝绸之路上的世界遗产是人类文明延续和进步的历史见证,也是人类文明不可磨灭的记忆。展示这些世界遗产的文明成果,不仅是对人类过去文明成果的留存与尊重,更是对未来世界实现可持续发展的新探索。

展 览 背 景

2014 年,中国、哈萨克斯坦、吉尔吉斯斯坦三国联合申报的"丝绸之路:长安—天山廊道的路网"历经八年列入世界遗产名录后,引起亚欧各国的巨大反响,"丝绸之路"成为近年的国际热词。鉴于丝绸之路的世界影响,在香港回归祖国 20 周年之际,举办丝绸之路展览表明我国开放包容的决心,彰显中国古代文明精华,增强港人回归祖国后的文化自信和"心归祖国"的归属感,极为必要。文化如水,润物无声;文明互鉴,在于民心。香港东方明珠的国际地位正是吸引参展方的条件之一。本展览确定选择象征文化交流、贸易共享、文明交融的方式来重新进行多方面展示,力求从学术成果上给予完整系统的支撑。

面 临 形 势

从世界范围来看,二十一世纪海上丝绸之路和丝绸之路沿线 80 多个国家,绝大多数还都是不发达的地区。通过丝绸之路经济带，可以将中国改革开放的经验与优势转化成合作伙伴发展的优势，促使几十亿人摆脱贫困，共享中国改革开放的红利。因此从某种程度上来说，"一带一路"给沿线各国带来共同的福祉。由于地缘政治与经济利益错综复杂，中国新丝绸之路面临不少坎坷。办签证时我们才知道，哈萨克斯坦一年只发5万个签证，一个月就发完了。我们策展组两位专家未入境哈萨克斯坦，实在遗憾。但我们通过微信，在哈、吉两国之间每天发十几张照片挑选文物，这也是罕见的选展品方式。

展 览 特 点

本次展览是国家文物局与香港康文署联合主办的。以前关于"世界遗产语境下的丝绸之路"展览从未办过，这次展览可谓具有四个第一：第一次配合"一带一路"倡议举办的展览，第一次在申遗成功后向联合国教科文组织作一次汇报，第一次在"世界遗产"语境下举办的展览，第一次由中、哈、吉三国联合举办的展览。

依据联合国教科文组织对世界遗产讲述文明史主题的要求，以"路"作为线性道路的关键，"路"相通则繁荣，"道"封闭则衰败，从而带动驿站保障、商贸聚落、中心城市、运输工具、贸易物品、宗教传播、文化艺术等一系列的展示。这也是展览的主题与脉络，符合联合国教科文组织提出的要求，哈萨克斯坦和吉尔吉斯斯坦政府文化官员特别重视这一点，这也是他们愿意继续与我们合作的因素。

展 览 目 标

到目前为止，海内外举办过带有"丝绸之路"名称的展览有几十次，出版各种关于丝绸之路的图录百余种。国家文物局要求在"世界遗产语境下"的丝绸之路展览，要有创新，要有新亮点和新看点。为此，筹展人员发扬"四如精神"：见文物如获至宝、学习如饥似渴、过眼如数家珍、专业如鱼得水。尤其是我们力求展览中的每件文物都有着沉默不语的巨大叙述力量,都有学术研究的支撑,有主题、有思路、有话语权。

我们注意时空的跳跃与穿梭,力图覆盖丝路网络上的藏品,并能延伸进行关联性的叙事。首先是线性的,按照联合国线性遗产要求重点是对"路"的证据和解释。其次是树状的,顺着文明的树干分岔四散,比如景教、祆教、摩尼教展品一起陈列,叙述着宗教信仰的共通性,更说明外来宗教在丝绸之路沿线的传播。第三种是网状的,一个点联结许多点构成一个网状路径,使人穿行其间领略到人文历史的博大。例如哈萨克斯坦出土金人见证了没有文献记录的一段历史,它是一个并未完全解开的谜,漂浮在历史与想象之间。

策 展 大 纲

在讨论大纲编制时,大家讨论如果按照申遗文本做出展览大纲,没办法涉及路、路网、驿站、城市、集市(巴扎)、贸易、运输、丝绸、宗教、乐舞等等,而是孤零零的 33 个点排列。我们牢牢抓住这是一个世界遗产语境下的展览,明确了以史连路的思路,同时明确不能办成丝路珍宝展、宗教展。

为了使香港观众对古代历史更了解、对丝绸之路路网更了解,专家组必须在政治、历史、艺术方面对展览把关。因而我们强调政治性口号弱化、学术性证据强化,让文明意识和国家意识浸润到艺术之中,让观众感受古人在丝绸之路上的奇迹,这是从挑选文物开始到最后展出的最大意义。策展过程中,专家组把平时的学术研究运用到展览展示中,例如库车龟兹石窟出土的唐代陶祖,是研究摩尼教禁欲的文物,需要将不同观点写入展品说明中。

入 展 标 准

为了不搞丝绸之路无限制的延伸,不搞穿越历史的硬拉胡扯,我们比较严格地掌握时间限制:公元前二世纪至十世纪,舍弃了远古青铜时代、铁器时代的一些文物，不选宋辽金特别是蒙元时代的展品，保证以汉唐时期为主，言之有理，证据确凿。

在展品选择上，以历史价值和艺术价值并重，无特色或艺术性不高的尽量剔除，使这次展览成为一次视觉上的盛宴。特别是哈、吉两国的文物级别较高，促使我们想办法提升展品等级。在陕历博领导支持下，补充了何家村六件一级文物。

虽然确定展出一级品不超过60％，但是我们尽量提高品位，有些展品虽不是一级，但已经达到一级水平。

民间收藏品一般不收入这次展览，比如拉玛纳（黑汗宣礼塔博物馆）的收集品、征集品考察后作为备案。又如武则天时期的汉字"左豹帏卫翊府右郎将员外置石沙陁"石龟符，传说出自碎叶，但因是私人收藏，我们没有再接洽寻找。

根据观众调查，这次展出中最受关注的亮点文物包括康居王使者简册，鎏金铜蚕，洛阳牵驼壁画，咸阳汉代玉羽人，西安何家村唐代窖藏出土文物，景教、袄教、摩尼教外来文物，胡人俑（40余件胡人俑，时间从汉代到隋唐），载物骆驼等。

特别值得一提的是，吉尔吉斯斯坦阿克贝西姆碎叶城是丝绸之路上的重要遗址，那里出土的杜怀宝造像碑、裴行俭的纪功碑很有价值。由于该遗址日本正在发掘，对方不愿给看，所以当我们到达吉尔吉斯斯坦比斯凯特斯拉夫大学契古博物馆，一看到杜怀宝"敬造一佛二菩萨"碑，就激动地抱着碑拍照。让"杜怀宝碑"从唐代大诗人李白出生地"衣锦还乡"，这是我们最大的心愿。

克 服 困 难

一是各种展览穿梭般举办，各省区展品常常时间上错不开，配合不上，如"大都会秦汉文明展""成都丝绸之路展""北京国家大剧院陕西乐舞展""杭州中国丝绸博物馆展"等。确实需要某些展品时，不得不请国家文物局协调，以我方为主。

二是一些博物馆管理展品不到位，不清楚自己的藏品，拿不出有档次的文物。

三是时间紧张，香港方面告知制作展览图录需要四个月，时间紧任务重，我方展览筹备组不顾高温天气步步抓紧落实，加快运作，按时完成任务。

四是哈、吉的参展不确定因素较多，一方面希望国家文物局与对方沟通，保证能顺利参展，另一方面香港的经费是否制约，会使挑选的展品受到影响，为此提出"少而精"即花大价钱保证好看的、珍贵的展品优先的策略。

丝绸之路是从古代到今天贯穿两千多年的艰深课题，本次展览在香港的舞台上亮相，有益于借助"丝绸之路"这一都能接受的理念，沟通内地和香港人民"人类命运共同体"的认识思路。

本次展览的成功举办，要感谢文化部和国家文物局领导给予的机遇与帮助，在四省和哈、吉二国展品局限性很大的情况下，克服困难成功办成精彩展览，没有国家机构出面很多展品无法到位，让大家体会到了国家的坚实后盾。

香港历史博物馆的敬业精神、布展思路、展陈手段给我们提供了学习机遇，他们的一些做法值得今后办展学习借鉴。

特别是展览专家组集思广益，贡献智慧，能把学术研究转化为展览实践，为公众服务是理论联系实际的极好机会。策展人只有从文物展品中寻找灵感，并具备宏观视野上的贯通，具备学术通观的思维，才能将平时积淀的知识融会贯通到展览中，方能发掘文物展品背后真正的故事。讲故事不是展览的全部，不能纯粹为讲故事而寻找或编造故事，讲故事必须有意义，让文物说话，而不是让博物馆说话。

我们深深地认识到，丝绸之路研究是让人们睁眼看世界，不仅知道文化自信，更知道天外有天，客观看待世界变化。丝绸之路研究的最佳效果是和平共处、互相学习，丝绸之路的展览也是接近历史和尝试理解历史，认识丝路是为了加强交流。

展览最后用"丝路今天"结尾就是为了容纳古今，面向未来。

在"丝绸之路"命名一百多年来，最初的历史概念已被真实的历史遗产所印证,丝路沿线各国出土的丰富多彩的文物,充分证明了东西方的"文化认同点"。文物精华复原的历史大时代和流动的丝绸之路,作为不同文明交流、互鉴、融合最为生动的符号化象征,给人们留下了抹不去的记忆,它最终形成了一种更为开阔的世界观与相对平等的交流方式,促成了中国与其他文明之间长久的互动。

《中国文物报》2018 年 5 月 13 日

绵亘万里：世界遗产丝绸之路展反思

2014 年中国、哈萨克斯坦、吉尔吉斯斯坦三国联合申报的"丝绸之路：长安—天山廊道路网"成功列入世界遗产名录,引起亚欧各国的强烈反响,"丝绸之路"成为国际上近年最热的名词之一。

丝绸之路上的世界遗产是人类文明延续和进步的历史见证,也是人类文明不可磨灭的记忆。保护、研究、利用这些世界遗产的文明成果,不仅是对人类过去文明成果的留存与尊重,更是对未来世界实现可持续发展的新探索。

数千年来,曾经生活在亚欧大陆上的人们,跨越戈壁、雪山、沙漠层层地理阻隔,在这块地球最大的陆地上演了波澜壮阔的历史活剧。沿着中西方古道连续拓展形成的交通网络上,不仅有商团、使团、僧侣、武士、牧民、工匠等,还有他们携带的贸易商品与运输的货物,以及思想的交流、文化的借鉴、宗教的传播,源源不断在这条东西方要道上被沟通、被交融。直到十九世纪末,这个延续了几千年的庞大交通网络,才被一个德国地质学家、东方学者费迪南·冯·李希霍芬第一次冠名为"丝绸之路"。因为"丝绸"两千年来始终是西方视野中最完美的东方符号。

直至目前,尽管人们还对"丝绸之路"能否全部概括东西方文明的交流存在着争议,也还有"香料之路""玉石之路""琉璃之路""皮毛之路""陶瓷之路""黄金之路""青铜之路"等称谓,但是"丝绸之路"仍作为古代东西方交流的最重要的代表符号逐渐传遍世界,成为亚欧大陆之间互相影响的最广为人知和不可替代的概念。

鉴于丝绸之路的世界影响,在香港回归祖国 20 周年之际,国家文物局与香港康文署联合哈萨克斯坦、吉尔吉斯斯坦共同举办丝绸之路展览,表明我国开放包容的决心,彰显中国古代文明精华,增强港人回归祖国后的文化自信和"心归祖国"的归属感。因为文化如水,润物无声,文明互鉴,在于民心。

多年来,学者们已经展开了对丝绸之路的多方面研究,力求从学术研究成果层面上给予完整系统的支撑,联合国教科文组织又协调各国学者共同考察,1988~1997 年做了十年交流之路综合项目研究并形成概念性文献,2001 年委托伦敦大学的 Williams Tim 教授将丝绸之路划分为 55 个廊道,按照不同廊道进行单一或者组合申遗,促使丝路申遗进入可以操作的层面。

根据联合国教科文组织的要求,我们展览以丝绸之路的"路"作为线性道路的起篇,"路"相通则繁荣,"道"封闭则衰败,这也是世界遗产讲述文明史的关键主题,按照遗产保护的逻辑规律从而带动关隘保障、交通驿站、中心城市、商贸聚落、运输工具、宗教传播、文化艺术等一系列的展示。

我们在策划与筹展时将文物挑选集中于公元前二世纪至公元十世纪,在这个千年多的历史进程中,不仅是中国汉唐丝绸之路最繁荣的时期,也是中国推开世界之门后与其他文明互动最活跃的时代。

里程衡量,年月度量

从路网驿站来看,进入遗产名单的河南新安汉函谷关遗址、崤函古道石壕段遗址、甘肃锁阳城遗址、悬泉置遗址、玉门关遗址、新疆克孜尔尕哈烽燧、哈萨克斯坦阿拉木图州卡拉摩尔根遗址等仅仅是万里丝路遗存的代表而已,从秦汉统一开始,中华帝国就对道路与关隘进行严格控制,交通管制与防御制度非常完善,古道上的车轮印辙仿佛延长了不尽的远行。公元前二世纪的敦煌悬泉置烽燧遗址考古出土的汉代简牍文书,不仅证明了当时的邮驿制度,而且记录了往来各国使团的通过状况。玉门关既是地理区域的东西分界标志,又是祁连山北麓河西廊道上最重要的关隘。沿着天山北麓和南道的驿站一直通往中亚腹地,从七河地区到达哈萨克斯坦中部和北部地区最便捷的贸易路线途经卡拉摩尔根城,使得它成为丝绸之路巴尔喀什部分的重要中转站,中西方古道自此向西穿越外高加索地区到达亚欧的"界点"。一站接着一站的驿站展现了长距离交通条件下古人对荒漠戈壁、绿洲盆地、高原雪山、川道河流等自然环境的依托、利用和改造。

明月照城,星烁边镇

从中心城市来看,从汉长安城未央宫遗址和汉魏洛阳城遗址为出发点,交河、高昌、北庭故城遗址历历在目,吉尔吉斯斯坦楚河州碎叶城(阿克贝希姆遗址)、巴拉沙衮城(布拉纳遗址)、新城(科拉斯纳亚瑞希卡遗址)和哈萨克斯坦阿拉木图州开阿利克遗址,都是进入申遗名单的节点城市,见证了公元前二世纪至公元十世纪丝绸之路繁荣时期所起的重要推动和保障作用,印证了古代西域、中亚城市文化、建筑技术、多种宗教和多民族文化的交流传播。特别是位于今吉尔吉斯斯坦的碎叶城,中国唐代大诗人李白就出生在这里,它是公元七至十世纪楚河谷的重要中心城镇,曾是唐"安西四镇"之一的边境城市,又是西突厥、突骑施汗国和葛逻禄汗国的首都,在中亚的政治经济历史中发挥过重要作用。

胡客东来,移民聚落

从人种民族来看,控制丝绸之路贸易的粟特人今天已经成为一个历史名词,但在公元前二世纪,在中国古籍中被称为"昭武九姓"的中亚胡人充满了商业的活力,到五至八世纪时他们几乎垄断了陆上丝绸之路的国际贸易,粟特胡人与波斯商人、阿拉伯商人被认为是欧亚之间最重要的中间商。生活在索格底亚那(乌兹别克斯坦)绿洲的粟特人先后受到强邻波斯、突厥等统治,作为不断移动的民族,铸就了流动移民的性格,建立了一个个聚落据点,直到长安、洛阳,汉唐古墓中出土了众多的胡人形象俑,有商人、武士、官吏、侍卫、艺人、运夫等诸种造型,他们与面貌不同的黑人俑、蕃人俑共同构成了丝绸之路上人群东移的主流。

驼鸣马嘶，古道载物

从商业运输来看，古代商路即使畅通无阻，徒步也非常漫长，驼鸣马嘶，古道载物，充满艰辛，因而运送货物的工具异常重要，西亚的单峰骆驼和中亚的双峰骆驼就成为东西方都认可的最佳运载动物。汉代随着北方草原和西域骆驼源源不断进入中原，其吃苦耐劳的性格受到运夫的喜爱，从汉至唐出现了以骆驼为题材的造型艺术品，唐代栩栩如生的骆驼运载形象成为丝绸之路忠实记录的标志。西域的良马更是秦汉以来讴歌的对象，丝绸之路上绢马贸易一直兴盛不衰，唐代来自西方的骏马被塑造成五彩缤纷的陶俑和三彩俑，即使被深埋进墓葬的暗角，至今仍是艺术的精品。

中西风物，泽被人类

从贸易物品来看，为了获得巨额利润，香料是商贸路网中极重要的交易内容，经过长达万里的货运驼队转运后，能卖出上百倍于原价的价格。中古时期香料成为东西方都认可的高价值货物，是交换丝绸、黄金和珠宝的硬通货。西方引以为荣的玻璃更是丝路上的传奇，埃及与西亚诞生的玻璃饰珠在公元一世纪经过古罗马吹制技术发展后，从汉代到魏晋南北朝，大秦（古罗马）向中国出口了许多玻璃珠饰和玻璃容器，隋唐随着波斯萨珊王朝"五色琉璃器"的大量出现，玻璃成为来自西方雕琢奢华的装饰品。中国史书记载来自西方的象牙、玳瑁、犀角、琥珀、珊瑚、金银器、波斯锦等物品琳琅满目，联珠纹波斯锦与大唐团花纹样互动相传，制造技术和图案风格成为东西方的共享，这次展览陈列的物品就是绝好例证。

包容相存，引领灵魂

从宗教共存来看，中、哈、吉三国的交界地区在地理上是亚欧交通的十字路口,也是多元文化板块的结合部,自古以来宗教文化交汇并存,被称为"世界宗教文化的大运河"。聚集在这一区域的粟特人、突厥人、波斯人、汉人和其他民族信仰着不同的宗教,祆教、景教、摩尼教、佛教和萨满教等互相渗透并存,教义的差异形成了信仰的独特,但求同存异、和平相处、融合荟萃,从而为后世留下了风格各异的文化宝库。虽然各种宗教有消长起伏,但这里展出的早期希腊化佛教石雕像、佛教舞伎供养壁画、长安大秦景教流行中国碑、洛阳景教经幢、景教叙利亚文十字墓石、祆教祭祀盘、龟兹摩尼教陶祖、摩尼教绘画文书等等,都是东西方宗教文明的标志,也是世界级的经典见证。

艺术传奇,亚欧传播

从艺术纷呈来看,艺术作为人类文明的起点,文明需要艺术,艺术传播文明,丝绸之路上的艺术丰富多彩,体现了文化精神产品的结晶,传播了民族文化艺术的成就。从金怪兽、金虎牌圆饰到玉羽人奔马,草原游牧民族喜闻乐见的壮熊、奔鹿、双驼、鹰鸷、盘羊、翼马、对龙诸种形象一一出现,从乐舞陶扁壶、胡人说唱俑、胡腾舞俑到吹奏胡人俑、胡人头埙、戏弄俑,农业定居民族喜欢的异域艺术风格造型俯拾皆是,既有贵族的高雅艺术,也有民间的习俗传统,不但是不同审美追求的精品力作,而且都是胡汉相融的真实再现。

胡风汉韵,文化交融

从文化交融来看,文化是东西方往来背景下的民族血脉,是不同民族的精神家园,也是国家强盛的重要支撑。这部分文物既有哈萨克斯坦考古出土的马具牌饰,又有吉尔吉斯斯坦的雪豹带扣;有中国新疆新出土的格里芬噬虎金饰、鹰形金饰,也有源自伊朗的汉代羽人造型;有源于西方怪兽的艺术作品,有西方传来的东罗马酒神银盘,有手持三叉戟的胡人银箔饰片,也有胡汉争打马球的壁画。多样化的文物反映了丝绸之路活跃的文化互鉴,不仅融会西方文化因素的遗产比比皆是,而且是外来文化与中华文化基因相协调的展示。

展览精心挑选的近200件/套文物中,既有以前少见的印章、戒指、项链、带宗教铭文的十字铜扣,也有大型的壁画、石刻、雕塑,有些物品的制作完全是为了审美,东西方的能工巧匠创造出当时能够想象出的艺术风物,它们在人类对美的永恒探索中达到了当时的顶峰。客观说,所有的展品都是精心挑选、仔细斟酌的,汉元帝渭陵出土玉翼人奔马、公元前39年的康居王使者册、乌孙的金饰生命树、哈拉和卓的魏晋木俑、公元706年的洛阳胡人牵驼壁画、唐代高昌(吐鲁番)去往京城的通行证"过所"、公元751年交河郡客使文书、西安何家村出土的唐代"狮纹白玉"带銙和玉臂环、法门寺唐代地宫出土的八瓣莲花描金蓝色玻璃盘,以及诸多唐三彩的骆驼和良马,真是琳琅满目,精彩绝伦,都是国家一级文物,尽管体量不是超大,但处处体现出历史的震撼与艺术的磅礴力量。

最突出的特色之一是我们选择了近40件形态逼真、栩栩如生的胡人俑,他们深目高鼻、满腮须髯,有的骑马狩猎,有的负囊贩卖,有的侍卫守护,有的弹奏演唱,传神写实,刻画入骨,仿佛还带着生命的体温,依稀让人感到当时的气息。真实的原物会让人们更加重视已经消失的历史演变。我们正是凭借浓缩艺术的胡俑讲述生命的历程,传递着对千年以前世界的观照,这些出土文物既是艺术的底本,又是历史的证据,使我们体悟到当时胡汉相融的盛世,惊叹外来文明的时尚。

结　语

一百多年来,丝路沿线出土文物充分证明了各方的"文化认同点",文物精华复原的历史大时代和流动的丝绸之路,在人类发展史中留下了一个大版图。在"丝绸之路"命名一百多年来,它最终形成了一种更为开阔的世界观与相对平等的交流方式,促成了中国与其他文明之间长久的互动。

在两千多年历史发展过程中,通过丝绸之路,中国不断发现着世界,世界也逐渐认识了中国。这是我们追忆文明、面向未来的目的,也是人类历史发展的共同坐标。

截至目前，海内外举办过各种带有"丝绸之路"名称的展览有几十次，出版各种关于丝绸之路的图录百余种，所以不能重复，以前作为"世界遗产语境下的丝绸之路"展览从未办过，我们推陈出新，涉及哈萨克斯坦、吉尔吉斯斯坦两国，希望三国共同办展，也是前所未有的。因此我们总结了四个第一：第一次配合"一带一路"倡议举行的展览，第一次在申遗成功后向联合国教科文组织作一次汇报，第一次在"世界遗产"语境下举办的展览，第一次由中、哈、吉三国联合举办的展览。

我们深深地认识到，我们的丝绸之路研究是让人们睁眼看世界，不是睁眼说瞎话；不仅增强文化自信，更知道天外有天，是客观看待世界变化；不是不负责任吹嘘自夸，或是靠气势如虹的空洞语言来渲染，或是高亢情绪煽风忽悠，那反而会适得其反。丝绸之路研究的最佳效果是和平共处、互相学习，丝绸之路的展览也是接近历史和尝试理解历史，认识丝路是为了加强交流。展览最后用"丝路今天"结尾就是为了容纳古今，面向未来。

《中国文物报》2018 年 8 月 10 日

左图右史：文物图像与艺术历史

一、图像的历史分量

文物作为图像史料在历史叙事中一直具有重要地位，虽然零散的文物不可能建立一个首尾贯穿的历史图景，文物图像只能证明历史的多样性，或当作历史脉络的证据，也具有极高的审美价值，但是，文物具有不同类型。例如汉代画像石中神兽与羽人讲述着当时政治形态的神化历史；又例如南北朝宗教中的地狱与魔鬼的图像，很容易使人联想到战乱动荡恐惧的历史，联想到社会动乱的背景；唐代昭陵六骏让人感受到的是李世民的勇敢与突厥视死如归的葬俗。[1]图像也担负着传递人们如何生活的物质文化和社会行为的证据，当时的画家就扮演着史家的职责，用绘画艺术记录下令人回味的景观。

文物图像作为古代遗存的艺术精品，能流传至今的图像在当年一定是创新的，才能吸引后人在艺术珍品中获得精神享受，并带给人们创作思考和历史体悟。这就启迪我们认识到目前的读图时代、影像时代的发展趋势，无论是文物图像还是艺术影像，都会映衬出黑白文字的相对苍白与容量局限，几万文字可能比不上一件文物或一幅图像的生动再现。一本历史著作除了要通过各种文字资料还原古人的精神世界，推理后再将感情渗透在字里行间，如果书中加入文物图片，就会使全书有了立体的形象，不仅浓缩生动，而且有独特的视角与鲜明的细节。特别是一些首次公布的文物图像，不仅显现出要挖掘历史秘史的重量，而且透露出历史大潮带来的心灵激荡。正如人们所说"唐人走马打球，宋人钓鱼赏花",表现的艺术主题随着时代发展也有变化。

文物图录作为一种艺术载体是一个时代文化的记载,我国古代向有"左图右史"的传统,但受书写载体和印制技术所限,二十四史却未能收图入史。通过图录,以图明史、以图正史、以图补史,不仅可以为印证史实提供直观证据,也可以形象地展示当时社会的风貌,补充文字史料的僵化与不足,发挥文字叙述所不能替代的特殊作用。

一张张文物图片虽然只是史海粒尘,从中却可以窥见起于青蘋之末的微风,从信赖文字的记言叙事走进图像的传情达意,图文互动的阐释进一步加强了历史的追踪与解读。图像叙事更为直接真实,即使选材受到限制也会因直观性而妙趣横生。

学术界过去受保存环境、档案封闭、影像技术、经济条件等种种制约,一直未将图像史料列入重要地位,除了历史文献外,人们注意的是对口述史料的搜集,图像史料的利用基本停留在插图阶段,很长时间内没有走入文史学者的视线,直至今天许多学术刊物仍然不能刊登彩色图片。虽然我们不能说图像史料的重要性超越了其他文献史料,但许多图像史料常常带来文字史料无法比拟的强烈震撼力,图像所包含的各种信息比史书文字更为直观,比文献辑录更为纪实准确,既具有记录承载历史信息的共性,又具有印证历史事实直观形象的特点,是历史最为直接、最具说服力的证据。

面对许多历史的未解之谜,一件文物图像或许可以使学者辨识解读,或使读者一目了然、顿开茅塞,用形象化的记录展现出文字难以描述的事物和人物,补正文献史料的缺憾,图像史料的重量与力量由此可见。虽然文物图像一件一见和瞬间性的特点决定了它的局限性,不可能连续记录历史的活动,不如文献细致,而且离不开文献史料的支撑与充分论述,但是文物图像在当代学术研究中占有越来越重要的地位,整个人文学科都随着考古文物新发现而面临重要的史料转型。因此图像与文献两者结合才会相得益彰,打开一个新的视野。

图像不仅弥补了历史文献的疏漏,也使研究者在文献文本中找到了突破口。图像使人"眼见为实",从艺术品实物的图像意义而非考古学价值出发研究历史。

特别是有些清晰的壁画和实物图像,有相当一部分对历史研究具有拾遗补阙的作用,一些生动的细节是书斋文献研究难以获得的,堪称新的"活态史料"。

著名历史学家彼得·伯克(Peter Bueke)的《图像证史》一书专门论述了如何将图像当作历史证据来使用,[2]特别是尝试复原历史过程中某些切片,从微观视角入手进而拓展到历史的宏观视野。图像学源自十九世纪在欧洲美术史研究领域里发展起来的图像志,关注艺术品的主题内容以及题材背后延伸的深层内涵。简言之,艺术史关心的是"怎么画",图像学关心的是"画什么"。

图像展现了古代的绘画、壁画、雕塑、彩陶、三彩等及建筑艺术品,它们最初都是置放于庙宇、石窟、墓葬等重要公共活动场所的,即使在皇家宫廷大殿和贵族官僚宅室保存的传世画轴,也都有益于重构古代人的生活空间,丰富了我们研究的史料和途径,提高了我们审视的眼界以及借鉴的参照和思维。更重要的是,图像虽然不能证明历史发展的前因后果,也不像枯燥的文字去作结论性阐述,但是图像的搜集汇聚足以令人们在强烈的感性印象之后,再去理性思考历史真相的分量。

许多学者爱将西安、洛阳、太原、南京、杭州、北京等古都旧迹比作"图像的城市",就是因为这些历史文化名城遗存着众多有分量的文物,有着历史阐释的重量,能产生现代意识的美术或艺术概念,这也是考古学、美术史、艺术学研究相交集、相融汇后一个具有战略性的启发趋向。

二、图像的社会见证

文物可以成为重建过去生活的证据,例如建筑构件结合遗址恢复了城市民居的面貌,保留的家具恢复了家庭内部的陈设,搜集的玩具恢复了儿童的童年生活,化妆粉盒重构了妇女的美容美貌追求,金钗步摇展现了女性头饰的婀娜多姿……因而文物图像可以补充史书忽略的细节,提供更丰满的人物形象,激活已逝去的社会的想象,让历史重新活起来。

文物改变了我们观察历史的方式,也改变了我们观察世界的方式,文物图像包括艺术品提供了文字文本所忽视的社会真实面向的有力证据，担负着传递过去人们如何生活的物质文化和社会行为的见证，可以充当一种社会史料或者历史珍档。图像的历史书写，犹如历史缝隙里的细微声音，图像的风姿绰约承载着历史叙述的能力。文物图像可以直观地道破文献无法单独负荷的历史重量，足以勾勒出无数文献无法描述的人间世态，也可能带来一种崭新的研究视角，让历史长河从文物图像中汩汩流淌，直至永远。

在历史学文字训练的长久影响下，我们已经习惯于听文字说故事，沉湎于读史书想故事，就像习惯了双眸紧闭，现在睁开眼睛，临摹主题构图，会感觉到文字与图像毕竟是南辕北辙的两种叙事语言，古典史籍的"情景再现"与文物图像的"真实再现"有着不同的视角。[3]

许多文物图录展现的历史图景，引起了国内外学术界的关注，借助更广阔的视野、更具穿透力的视线，来展现他们对文物的理解、对历史的理解，因为这不是工艺品靓丽的浮光掠影，或仅仅是古典艺术的质感呈现，而是人们往往能从这些摆在我们眼前的文物图像中，从一些无关紧要的艺术细节中找出另类的历史。

例如秦汉历史图像从先秦青铜器居多转向多元的人物陶俑、画像石、建筑石刻、服饰、玉器、金银器到边疆民族文物，以及域外传播的文物图像，都显示了图像印证文献的旺盛生命力，不仅拓宽了研究者的视域，而且通过公之于众的文物图像印证了当时的生活，有益于人们恢复历史本真的面貌。[4]

例如南朝墓中"七贤"拼镶砖画图像、北齐娄睿墓中贵族生活图等南北朝时期墓室壁画的发现，不仅为今人提供了六朝绘画真迹，也为我们提供了一个窥知那个时代风貌的窗口，具有无可比拟的史料价值。[5]

例如唐代的历史图像包括陶俑、三彩、壁画、丝帛画等，特别是诸多石刻线画尤为突出，它们形成一个一个久远的图像，将残余片段还原成鲜活的历史图景。唐代以后，石刻线画渐渐列入绘画，原来绘画雕刻技艺集中于良匠一人，后来画师、石匠有了分工，绘与刻逐渐分离，以后又有了捶拓技艺，从而使绘画、线刻、拓本三种技艺合为一体，流传欣赏。

近年从美国追索回归的唐开元二十五年(737)武惠妃石椁上镌刻着的古希

腊—拜占庭文化模式的艺术图像,既有英雄与神兽、勇士与走狮,又有丧葬仪礼上的挽歌手塞壬;既有反弹琵琶的"胡人"男伎,又有欧罗巴面貌的手捧祭盘的神人,从而印证了古代美术史虽有记载但却一直无法直观的"拂菻"画派,这也是"以图述史""以画记史"的印证。[6]

又例如佛教艺术早期阶段向中亚、东南亚和中国的传播,随着大量寺院遗址、石窟浮雕、供奉雕塑、遗存壁画等文物图像的展示,成为我们认识古代宗教文化的重要依据。各类佛教文物图像,不仅是宗教历史的记录,也是对文化艺术的独特理解。一件文物一个领域,整体的汇聚就是文物凸显的大千世界了。[7]

目前,图像与文本互构的历史世界渐渐成为一种潮流,从本质上说,图文并茂的历史著作或是文学绘本,都是由图像构成的视觉媒介,经过发掘者、整理者有意识的排列组合(序列性),长篇文字和图像艺术相互并置,不管是论著插图还是绘本小说,都是用来传达古典信息以及促使人们欣赏接受这类美学。但需要注意的是,在学术研究中,历史图像一般是用来说明文本的附属物,在考古文物图录中历史图像则与文字文本拥有相同的地位,皆是用来建构已逝去的古代世界的记忆,传递过去人类的生活意义。

如果说视觉文化就是图像文化,图像艺术的标准依然有很多困惑,图像能否触及文明的本源和真相、有无局限和偏见,这是需要我们分析和思辨的。

特别是有时历史图像不是用来说明叙事文本的,而是构成了一个独立的按年代顺序排列的叙事线条,它跨越了一般的话语描述,形成了语言叙述和视觉叙事相结合的模式,创造出一个图文相得益彰的对应整体,同时还保持着各自的特征。在西方艺术史上,文字与图像被视作"姐妹艺术""兄弟艺术",两者之间平分秋色又存在着区别性的关系,例如诗歌被认为是时间的艺术,而图像被认为是空间的艺术,这些思考都对我们迎接图文时代以及学术研究中图文互配有着启迪作用,传统的文字与图像分割模式将走向衰颓已成定局。可以说,没有图像参与的历史描述是极不完整的,没有文物图像的影映,逝去社会的见证也是没有说服力的。

三、图像的论据分寸

历史学家将图像视作符号语言,分析图像内所呈现的文化模式,已是目前一种研究路径,甚至被人们称为"人世镜像,社会百态""行文写春秋,图像感天地"。视觉图像史料进入历史学家、考古学家、艺术史家等专业研究的笔底,尝试着复原历史进程中的某些片段,尽管是一些零散碎片,但可以从微观角度入手进而拓展到历史的宏观视野,因而被一些学者高度评价为开启图文互动的新纪元。

面对沉默千年由文物实体转化为历史图像的史料,谁能独具慧眼,一声声唤醒它的灵魂,富有想象力地揭示它的真相,谁自然就是学林高手。在数以万计的图像中搜寻蛛丝马迹,还要在史书中进行检索分析,支离破碎的图像经过"推理"后还原了古人的生活,带着我们回到图像结合文献产生的历史现场,解读细节既不容易又耗费心血,而且还可能判断失误。

一般来说,视觉图像的解读十分复杂,要把图像史料解读成为历史证据非常困难。然而,文物图像与历史文献携手,能够共同道出诸多纯用文字无法道尽的事件,展现出细腻又有趣味的历史活剧,诉说出原来在幽微晦涩的纸上剧场中上演的故事。所以我始终认为文物图像就像一页秘籍、一篇史诗,每当我们探讨历史隐秘的话语时,就会渴望珍贵的图像从沉匿的地下被发掘出来。

但是我们要分别文物图像与历史影像的不同,前者是绘画艺术类符号的表意,后者是摄影技术工具的定格,双方时代、手段、角度都有所不同,虽然在追寻散落的历史记忆方面都有价值,然而真实性有待具体实物具体分析,特别是来源于真实却高于真实的艺术创作,有着渲染、夸张、抽象等因素,不能完全等同于现实,这就需要在阐释图像时把握住分寸。

如果对图像作为历史证据运用不当或是偏差太大,不但起不到补充文本文献证据的特殊作用,反而会削弱历史的判断力,产生新的历史信息困惑。尤其是丰富的图像宝藏后面隐藏着许多不为现代人所知的陷阱,潜伏着令人误入歧途的模糊性与多义性。

　　历史文物类的绘画艺术创作者，有时受到当时社会条件的限制，有时又受到官方政治的制约，不得不带着文化偏见或预设的眼睛进行创作，只描绘统治者的盛大场面，表现了官府的意志，展示了官僚的排场，在今人眼中犹如拼接时间记忆的伤痕，可是却是当时等级社会的突出表现。不过，要注意文物图像由于诸多原因造成的若明若暗与虚实真假现象，即使初露端倪，也有不确定的幻象空白需要鉴别考释。

　　过去书中许多历史人物的图像是后人凭想象绘制的，按道理，后人应该有丰富的资料借鉴来描绘那个时代的人物，但是绘制者低劣的知识水平和对艺术的无知，画出了不三不四、不中不外的怪胎人物。例如中国古代人物画像往往很像同一个人，倭瓜脸、肿泡眼、络腮胡，不同时代的古人长相几乎一样，历史课本中秦始皇、汉光武帝、诸葛亮、唐玄宗、颜真卿等仿佛是一个模子里铸造出来的。历史人物的插图从明代《三才图会》上沿袭而来，缺乏想象力不说，而且连胡子都画成一样的模式。[8]这种人物绘画水平不如唐代阎立本，阎立本《历代帝王图》中汉至隋的十三位帝王，虽有程式化倾向，但刻画个性上还不落俗套。

　　当然，文物图像毕竟不是照相机翻拍的影像，也不是电视片中的"情景幻现"，它只是艺术主题的传达者，或者只是个别代表而不是整个群体的再现，社会现实与文化艺术或多或少存在着距离。许多图像并不是社会真实的反映，但也不是无关社会生活的虚假符号，它是介于两者之间的模糊概念。所以必须考虑创作者的意图，如同订史书、删诗词，句要斟、字须酌，应区分"象征符号"与"真实事件"的不同，[9]以免被曲解误导，不能走向另一个极端偏锋。

　　用历史的图像叙事，用文物图像印证编年史，但不是看重其直观性与愉悦性，而是追求更为真实的历史面貌。但是，靠图像说话绝非易事，因为图文互动的阐释、图像来龙去脉的追踪以及图像细节的解读，都有赖于作者依据历史文献的功底合理地鉴别诠释。目前一些研究者不认真研读历史文献，随意想象，有的甚至编造不靠谱的离奇故事，所以图像常常会成为一柄两刃剑，有着可能刺伤自己也可能伤害原创作品的风险，既可以戳破也可能吹破。

　　观察图像、还原历史以及追索社会万象时出现一些歧异也属正常，因为研究者学识功力不同,但是,绝不能急功近利浮躁追风,要仔细鉴别慎重梳理,也必须留意赝品,防止颠倒混淆。有的汉画像砖石动辄几百块,造假作伪非常拙劣,我们一些"大家""专家"信口开河说是稀世珍品,留下了笑柄。有些外来艺术的程式图像被人们随意解释为外来宗教的展示,其实祆教、摩尼教、景教等外来"三夷教"有着自己独特的规定与约束,根本不是后人望图生义的随意想象。文物图像更需要现场考察、慢慢揣摩,特别是借助散落的历史图像碎片时,愈发需要注意"拼图"的陷阱与弱处。[10]

用图像还是用文字来呈现与梳理历史,或许是两门不同传承的手艺,但综合起来需要良好经典文化的滋养,那些散落四海的历史碎片,能够借助编著者的慧眼妙手,构成一幅体现作者史才、史学、史识的关键图像。

要想呈现给世人一部更为真实、新颖、鲜活的历史艺术著作,不仅要摆脱那种炒剩饭式的应景之作,不落俗套地将一些鲜为人知的细节介绍给人们,使其对一些历史问题产生共鸣和思考,同时也要让读者换一种眼光看世界,通过微观细节寻求历史真相,重新审视不易认识的令人眼花缭乱的历史。

不过,我们不能把审视的眼光局限在历史的细枝末节,不能只从图像中找答案,我们还要从宏观上更广阔地了解历史动态的进程,否则我们就很难享受历史进步所带来的辽阔和豪迈,很难理解汉代为何是中国古代的青春时期,或唐代为什么走向了中古社会盛世的顶峰,以及明清为何转向中国历史的衰老时期。

总之,文物图像以直观的和不可替代的方式,传达和灌输着古人的核心观念,因而我们不仅能感受到图像所补充与印证的历史分量,也能体会到图像见证社会变迁的重量,文物图像与历史文化、古典艺术的相得益彰,永久地刻画与固化下许多后人不知的历史场景,我们期待着更多的文物图像随着考古发掘公布面世,为中国历史和艺术发展史提供更多的养料。

注释:

[1]拙作《唐昭陵六骏与突厥葬俗》,《唐韵胡音与外来文明》第 158 页,中华书局,2005 年。

[2][英] 彼得·伯克(Peter Bueke)《图像证史》(*Eyewitnessing: The Uses of Images as*

Historical Evidence，London，Reaktion Books，2001），北京大学出版社，2008 年。

［3］陈建守《图像的历史重量——引介彼得·柏克〈目击：当作历史证据的图像用途〉》，台湾《新史学》第十八卷第一期，2007 年 3 月。

［4］孙机《汉代物质文化资料图说》（增订本），上海古籍出版社，2011 年。

［5］杨泓《中国古代墓葬壁画综述》，《中国古兵器与美术考古论集》，文物出版社，2007 年。

［6］拙作《唐贞顺皇后（武惠妃）石椁浮雕线刻画中的西方艺术》，《唐研究》第十六卷，北京大学出版社，2010 年；《再论唐武惠妃石椁线刻画中的希腊化艺术》，《中国国家博物馆馆刊》2011 年第 4 期；《唐宫廷女性画像与外来艺术手法——以新见唐武惠妃石椁女性线刻画为典型》，《故宫博物院院刊》2012 年第 4 期。

［7］［法］阿·福歇（A. Foucher）《佛教艺术的早期阶段——印度和中亚考古学论文集》（*The Beginnings of Buddhist Art*），甘肃人民出版社，2008 年。

［8］《课本中众多古代名人画像雷同惹争议》，《语文教学与研究》2011 年第 2 期。

［9］齐东方《现实与理想之间——安伽、史君墓石刻图像的思考》，《古代墓葬美术研究》第一辑，文物出版社，2011 年。

［10］缪哲《以图证史的陷阱》，《读书》2005 年第 2 期。

《美术研究》2013 年第 3 期

艺术考古是跨学科创新性的基础

一个世纪来,随着考古文物不断出土,无论是墓葬壁画、石刻雕塑,还是青铜金银器皿、丝绸帛画,都获得了非常惊人的绘画作品,相当多的古代艺术作品都成为表现历史、宗教、民族诸方面的画作标本。与层出不穷、丰富多彩的古代艺术作品相比,我们历史题材画的研究与教学都远远落后,很多创作疑难问题长期得不到解决,值得我们总结反思。

一、中国自古以来就有历史题材画的优秀艺术传统

中国自古以来就有创作历史题材的绘画传统,张彦远《历代名画记》和郭若虚《图画见闻志》中都记述了六朝至唐宋的画家绘制了历史题材的画作。其实更值得注意的是,秦汉时期出土的壁画、画像石、画像砖,虽然史书上没有详细记载,但是考古发现完全填补了这方面的空白。如秦兵马俑陶塑的大规模产生,不仅有艺术创造的探讨,还有秦国典章制度的补充,这绝不是文献史料所能厘清的。又例如山东嘉祥武梁祠画像中就有附榜题的历史人物画,刻有伏羲、女娲、祝融、神农、黄帝、尧、舜等远古人物,警诫后世施善去恶。西安、洛阳两汉墓葬都有壁画表现当时辟邪迎祥的社会生活和孔子诸侯的历史题材。

两晋以后门阀士族的兴盛,使得上层文人开始参与绘画创作,顾恺之《女史箴图》《古贤图》《夏禹治水图》等画作被藏入御府,南京六朝墓葬中"竹林七贤"绘画砖被考古发现,当时既有历史人物画,也有故事情节画。

隋唐开阔了绘画的视野,从阎立本《古帝王图》《步辇图》到韩幹的《牧马图》、张萱《虢国夫人游春图》、周昉《簪花仕女图》等都是画家反映当时重要现实的历史题材画。最重要的是地下墓葬壁画描绘了许多真实情景,如章怀太子《客使图》《打马球图》和懿德太子《狩猎出行图》等,唐昭陵、乾陵陪葬墓中出土的许多壁画都是人物众多,规模宏大,是真实场景的记录。随着近年出土的韩休墓《胡汉乐舞图》《山水屏风图》等,山西太原、忻州出土的北朝壁画,河南洛阳出土的唐墓壁画等,加上敦煌佛教壁画和形形色色的社会生活壁画,历史题材的绘画真是琳琅满目,丰富多彩。

五代到宋元是又一个历史题材绘画的高潮,流传的绢本设色精品广为人知,五代顾闳中《韩熙载夜宴图》、周文矩《重屏会棋图》、卫贤《高士图》、传李公麟《免胄图》描绘郭子仪结好回纥故实,以及传张择端《清明上河图》反映北宋街市景象、佚名《金明池争标图》等,都属于历史记录的绘画。而墓葬考古出土的宋元壁画、砖石画等也都是反映古代风俗的历史画。

可以说,传世画作与出土壁画共同构成了中国历史题材绘画的大观,这是中国绘画史的特色,也是考古艺术在新时代推进创新的资源。

二、西方历史画的杰出成就

在西方世界特别是地中海古代文明的历史遗迹中,以希腊、罗马为代表的艺术创作中,吸纳了古埃及建筑、神庙、墓葬壁画的优秀精华,从而给人们留下了诸多难以忘怀的历史题材画。埃及马车上国王射箭参战的画像、公元前333年亚历山大大帝击败波斯的伊苏斯战役、意大利庞贝城遗址出土的巨幅镶嵌画,可以说,这些都是西方炫耀艺术文明成熟的软实力。

西方博物馆收藏的绘画一是宗教题材多,二是人物肖像多,三是历史题材多,在历史题材画里又分为历史人物画、历史事件画、历史故事画,他们对待历史题材画的创作态度严肃认真,不会随意提笔涂画。比如法国画家大卫(1748—1853)创作拿破仑登基加冕场面的画作时,仅考证当时皇家服饰就花费了很长时间,皇后的王冠、皇帝的腰带等都一一在目。尤其是西方的战争画,画家很注意相应的细节,从战斗背景、城堡建筑、军人武器、防护装具、马匹鞍鞯的真实形态出发,以便如实反映战场的实际情况。又例如意大利画家保罗·委罗内塞于1536 年创作的《迦南的婚礼》,是卢浮宫里面积最大的绘画,有 70 多平方米,130 多个人物,占据整整一面墙,表现基督和圣母参加加纳的一场婚礼,基督让宴会中的酒坛灌满水,倒出来就变成了酒。画家并不是表现基督的神迹,而是渲染世俗宴会上人物的形态各异和衣服穿戴,添加欢乐的喧闹,色彩热烈又不显杂乱。

从十八世纪到十九世纪,法国皇家学院的绘画等级秩序中,历史绘画排名最高,然后依次是肖像画、风俗画、风景画、动物画,静物画列最末一等。当时只有考证了历史和想象了神话的画家才被认为是真正的艺术家,一个艺术家最被尊重的特质是发明和想象的能力,能把《圣经》、罗马神话或是历史事件变成图像,这是多么了不起的成就。而靠近真实生活的静物画,被认为是简单低级的复制技艺。所以接受历史画的训练,如何描绘出战争、瘟疫、自然灾害的宏大场景才是真正的艺术。

西方许多画家在创作历史题材画时,讲究能艺术地复原历史,因而对历史知识的积累非常看重,除做一般的常识准备外,还利用考古文物印证画作的具象,不随便使用浪漫主义想象的手段或是用写意代替写实,有着忠于历史事实的艺术传统。而且为了忠实于历史,一些经典画家反复修改其画稿,直到留下满意的定稿。

历史题材画中人物众多的群体画气势宏大,个体的君主或杰出人物也是西方画家着力下功夫的对象,许多画作历经数年而成,纤毫毕现,栩栩如生。与西方古代文明不同的是,中国在隋唐以前不为当时的帝王塑绘肖像,从商周到秦汉均无君王真貌。隋唐开始出现绘制皇帝的真容,景教传教士从西域来到长安,就在教堂里悬挂唐玄宗前后五个帝王的画像。宋代不仅有摹绘帝王形貌的画像,而且也绘画帝后的正面玉容。但这与西方专门画帝王与帝后差距还是很大。

至于西方宗教神话故事的绘画创作中,也充满了历史的元素,继承了希腊、罗马古典艺术的传统,如果剥离开宗教的背景与因素,完全是一幅幅历史画,尤其是文艺复兴时期追求复古的风格,进行新的创新,其中不乏"集成画"纳入新的物品,有悖真实的原则,但是视觉的盛宴更为浓郁,值得人们好好回味。

清代康熙五十四年(1715)意大利天主教耶稣会郎世宁进入如意馆成为宫廷画家,他讲究透视明暗的立体效果,重视写实和结构准确,擅长画肖像、禽兽、花果等,尤其是画马、画犬都非常精到,但是,留下的值得人们瞩目的还是历史画,例如《平定西域战图》《平定准部回部得胜图》《高宗大阅兵图》《弘历哨鹿图》《弘历观画图》等等,绘画于乾隆二十九年(1764)的"鄂垒扎拉图之战""拔达山汉纳之战""阿尔楚尔之战""和落霍澌之捷""黑水围解""平定伊犁受降""午门献俘"等十六幅图,历时13年之久才从法国雕刻图版送回至宫廷。我们现在讲边疆问题看这些历史画都让人记忆犹新,也成为博物馆展览中最有历史记忆的艺术画作。

三、艺术考古学科亟需发展

中国古代的历史画作从元代以后直至明清日益衰落,虽然明清皇家宣扬文治武功的巡行图、行乐图以及纪功图喧嚣一时,但是民间话本印行和小说绣像配图,脱离历史真实的拙劣画作流行,与所处历史时代相差甚远,画师素养降为画工水平,明代王圻《三才图会》所谓"遵循古制"变成了千人一面,因而贻害无穷,被人们弃为"丹青之病""绘画毒瘤"。

从晚清、民国到近年,中国历史画一直处于低水平重复阶段,虽有徐悲鸿等欧洲归来画家创作过《愚公移山》《田横五百士》等,不仅将明式服装当作古衣冠,而且将后世农具当作先秦劳动工具。各地博物馆突出农民起义画了一些宣传画,总体上没有将中华民族艺术提高到新水平,更没有吸收新发现的考古文物所体现的古代艺术精华。

文史素养不足、考古艺术不懂、历史题材不重视等,一系列门外汉的创作不是创新,严重影响了古老文明国家的形象,降低了中国艺术家的水平。中国文物展览屡屡在国际上引起轰动,主办国首脑领袖常常出席,但很少听到中国画展获得极大反响,吸引外国首脑闻声参观的。

我曾在中央美院讲座上提倡重视考古新出土文物中绘画作品对艺术创作的重要性,见 2013 年第 3 期《美术研究》上发表的《文物图像与艺术历史》一文,强调了考古出土艺术品对美术研究的重要性、迫切性和创新性,不仅在绘画专业领域而且在数字化艺术市场中广泛应用。

在"中华文明历史题材美术创作工程"和国学馆重大历史题材创作评审中,有的先生指出"工程"式的完成任务应是艺术创作大忌,有的先生对现代画家创作的古代历史画提出了严肃批评,比如蔡伦、祖冲之、李世民、成吉思汗等人物,不仅不知道时代、民族、建筑等历史背景,更不知道服装、家具、兵器等具体事物,张冠李戴、东拉西扯的笑话百出,穿越历史和无知无畏的拼凑,反映出我们历史画的缺失,反映出我们艺术考古新成果不为人知,也反映出专业院校艺术教育在吸取古典菁华方面的落后。

历史画的创作不同于现代绘画争奇斗艳,首先是真实性,经得起时间的检验,符合当时历史实际,不能虚构混淆界限。其次,艺术复原必须合情合理、有根有据,即使当代革命历史画也不能丧失真实的基础(例如董希文《开国大典》)。再次,创作准备不仅查阅与历史文化有关的考古文物资料(如孙机《汉代物质文化资料图说》),更要付出学术代价走苦行之道,才能创作出流传后世的画作。

近年"形象史学"的提出,试图用绘画雕塑等艺术形象表述中国历史,向不同文化层次、不同语言的人展示中国历史,但或许是由于研究语境已经消失,也或许是基本历史常识不足,所以"演绎"成分多,"实证"成分少,不能不令人失望与遗憾。

目前中国的大学尤其是美术学院还没有一家专门开设教育历史画的专业,甚至成系统的历史画课程,因为它涉及绘画史、艺术考古、文物常识、名物考证、中西对比等等,包括诗词歌赋、音乐曲调、设色敷彩等,一个教师可能耗尽一生精力,也未必能达到全面的知识。

我想到法国卢浮宫学院艺术史专业很注重通识教育之间的立体关系,诗歌、文字、图像一起演示,从古埃及、古希腊古罗马、拜占庭艺术等到印度、伊斯兰艺术等,文物修复技法、考古制图、宗教图像学等,特别是在艺术考古中对历史画的重视,涉及服装、建筑、徽章、武器等,虽然内容很多,但不会使人觉得焦虑,完全根据自己所需补充知识,为的是将来能在学术研究和艺术创作上走得更远、更好。

　　过去老先生们也常常教导我们从"通识"到"专识",从"通史"到"专史",但是说起来容易做起来难,我愿与大家一起共同学习,补充常识,扩大视野,充分利用中国文物丰富的资源,观察判断各个历史时期的艺术特征,用训练过的眼睛透过心灵的窗户,争取使中国艺术考古的创新性能独树一帜,与世界艺术界接轨,真正达到国际认可的"双一流"水平。

2017 年度国家艺术基金人才培养项目演讲稿

见西安美术学院《艺术考古论集·2019 卷》

千年后回望历史

传承与传播有很大的区别，传承是小众的，传播是普及的。专业性极强的史学如何运用到社会实践中，每个人都有不同的运作方法。不跟风的研究恐怕多是零敲碎打的文章。

这组文章均选取全景历史中的一个微小侧面，通过不同角度对千年前的历史进行回顾，而在某处聚以强光，让人们的心智得以重新对焦。

当时撰写的文章总想独立开宗，出格尝试，摆脱二十世纪六十年代以来的束缚，所以泥沙俱下，幼稚喧哗；但生气淋漓，境界立见，宁要可爱的误判，不要平庸的正确。

"二圣"轮回：唐乾陵文化价值的升华与发展前景

　　乾陵作为中国陵墓类博物馆的领头羊，作为中国古代最鼎盛时代的文化代表之一，具有现存面积大、建筑体量大、雕刻尺度大、文化意义大、等级品位高、中外知名度大等优势。它的历史性、真实性、完整性等独特魅力，涵盖了古代陵墓承载的历史特色，典型地体现了那一时代中国的最高水平，与现在已进入世界文化遗产的明清皇家陵墓相比毫不逊色，一点也不比高句丽王陵和贵族墓地差，文化价值和艺术特色甚至还远远高出这些已进入"世遗"的陵墓。因为恢宏鼎盛的唐代毕竟高出处于封建末世的明清时代，融合中外文明的唐代毕竟不是处于闭关自守中的明清王朝。

　　尽管在联合国教科文组织和国际古迹遗址理事会官员的多次提议下，国家文物局早已将以乾陵为龙头的唐代帝王陵墓列入中国世界文化遗产预备名单，但现阶段申报世界文化遗产还有许多障碍和困难。我们不必把精力过多地放在"申遗"这一座独木桥上，应切实规划自己的定位和发展目标，着眼于可持续发展的宽畅大路。

　　乾陵的定位是唐代十八陵历史文化旅游景区的"领头羊"。有了这样的定位，就要发挥引领作用。在凝聚统一大中国认同感和归属感方面、在唤醒大众历史记忆方面、在促进丝绸之路传承过程中，都要起到领头羊作用。尤其是古代帝王"事死如事生"的永恒主题，融会突厥风俗开创了"以山为陵"的新格局。我们期望有一天乾陵将成为开启六至九世纪地下陵墓内涵的金钥匙。仅陪葬墓中发现的《客使图》《马球图》《狩猎图》《宫阙图》等壁画内容，在全亚洲都是独一无二的珍品,且反映出唐人宽阔的眼界和优秀的艺术创造。

如果说文化价值升华与遗产保护有着密切关系,那么乾陵作为中国历史上唯一的女皇武则天合葬陵墓,有着其他文化遗产地所无法比拟的知名度。我们应该怎样利用这个知名度提高文化遗产的宣传作用? 可否与世界上其他国家女皇陵墓作参照对比? 甚至做一个有特色的三维幻象成影展览(目前的数字电影还需提高身临其境的活态性),或创作一个大型山陵型印象景观,使文化价值得到飞跃提升?

乾陵是我国唐代陵墓这一串"珍珠"中最大的一颗"王冠珍珠"。不能将乾陵作为一个孤零零的单体陵墓看待,它是整个唐十八陵在关中北部(渭北)一条弧线中最关键的部分。我们以乾陵为依托,推动联合行动,上下串联汉阳陵、茂陵等汉代陵墓,左右串联昭陵、桥陵、泰陵、顺陵等唐代陵墓,乾陵和昭陵亦可构成东西"双璧"的唐陵历史中心区,延伸形成一个中国陵寝文化特色廊道,串联贯通构成别具一格的线性遗产纽带。

乾陵的方向就是建立真正符合标准的"世界文化遗产",前景就是完成向国际历史旅游景区和生态环境友好区域的升华。

首先要有"世界"眼光。与国外陵墓类或者皇家类博物馆积极合作举办大展,特别是中亚地区和西亚地区更容易从文化上联系,学习北京故宫、首博、中华世纪坛引进国外皇家博物馆办展经验,扩大自己的知名度,在竞争中创出自己的品牌,积累旅游资本,依靠大展传播效应吸引更多的游客,使观众能有进行中外交流对比的启发,能有跨文化的收获。

其次要有"文化"品位。提高有特色的展览水平,在主题、内容上挖掘新意,在展陈手段上突出创新。如近年开放的"丝路胡人外来风——唐代胡人俑展"就很有特色,是全国第一次,展览集中了陕西地区唐代陵墓出土的胡人俑,展示了当时中西方文化交流的盛况,反映了古代丝绸之路"胡风胡韵"的面貌。乾陵的文化品位就是"皇家"的而不是"民俗"的,坚决关闭拆除"假地宫"之类粗糙蹩脚的景点,剔除不真实造成的实质性损害,只有唐代的气魄和皇家的气势才能赢得海内外游客,才能"复活"文化精华,增加人们的文化自信。

最后还需要具备"遗产"氛围。结合乾陵保护区发展规划布局,结合原来有外城内城的双重格局,结合陵寝天造地设的山川形势(选址的风水地貌),在祭祀下宫旧址或者其他合适地方,适度建筑新的展览场地,按照唐代建筑风格恢复部分陵园祖庙建筑群,扩大地上展馆与地下展厅面积,增加更多的常设专题内容,增加陵上祭祀、陵下守卫的定时表演,让人看到一个具有相当"历史原整性"的遗产风貌。

我曾经说过,乾陵早就具备作为世界文化遗产的一些基本要素。它历史久远,开创先例,与其他国家陵墓类的世界遗产相比有着自己不同的文化特质。例如六十一蕃王像、波斯类型卷翼天马等石雕,最能物质地生动说明中国古代社会高峰时代对欧亚大陆的跃进性影响。

世界文化遗产的影响是广泛而深刻的,其遗产所在地的金字名片价值,也是难以准确量化与评估的。乾陵作为传统老景点遇到人气不旺的困扰,遇到周边环境不理想的困扰(永泰公主墓比邻 312 国道),但我们不能急功近利径直以申报"世遗"为目标,否则自筹经费成本太高,文化价值认知上也会产生差距。我们不在"夸富盛宴"里抢座位。即使未来"申遗"成功了也不是最终目的,还是要提高全体国民对文化遗产保护价值的高层面认识。

乾陵目前在遗产保护方面有了良性发展的进步,近年来整治了周边的一些景观风貌,发掘修复了阙楼遗址,对大型石刻裂纹进行了保护,改造平整了四门遗址保存环境,扩大了陵寝松柏栽种的绿化空间。尽管对不同性质文物的保护效果还有各种看法意见,但几年中扎扎实实的工作给人留下了深刻印象,使原有的人文景观与自然景观有了初步的协调融洽。这不是乾陵管理者一家的事业,而是陕西和全国文化遗产的事业,国家理应加大文物保护资金投入,使其成为全人类共同的财富和永恒的遗产。

一个遗产地往往依托一座大城市,乾陵与西安的互动关系非常重要,自古以来乾陵就是长安的一块独特"飞地",是李唐王朝的"奉天"特区。所以我们应该利用好西安文化遗产与旅游资源,平衡互动。同时,我们也应合理利用好外国资源,这方面运作潜力还很大。

中国现阶段处于向小康社会转型与迈进中，我们在各种利益博弈中，决不能迷失方向，只有进行持久不懈、精益求精的努力，甚至用几代人的时间致力于对祖国、民族的文化贡献，才能多渠道地使广大人民（不仅仅是当地居民）受惠。展现乾陵使所有旅游者倾倒的宏大气魄，坚持定位与发展明确，乾陵前景最终会得到世界的认可与回报。

《中国文物报》2013 年 2 月 22 日

颠覆认知：一个儒生皇帝的悲剧

王莽以孤贫的儒生意想不到地当上了风云一时的皇帝，而作为"新"朝皇帝，他又是中国历史上第一个亲自主持改革的人物。但他要实现儒家治理理想的宏图，却走得太快太远，反遭遇许多困难，终于在命运的狂风恶浪中惨败而死，不仅没有推出一个新时代，而且还成为千夫所指的悲剧角色。如果能回到王莽当时所处的社会环境与文化氛围，就能摆脱正统意识形态的囿限，客观地看待王莽的历史功过。

王莽在中国历史上被斥骂为"一个可耻的政治丑角""好大喜功的野心家""典型的伪君子"，连后世的儒生们也把王莽作为一个反面"奸贼"渲染得有声有色，颇富戏剧性，变成了一桩难移的铁案。个中原因并不是因为王莽要实现儒家的理想和儒生的梦幻，而是因为他"篡汉"，建立了新朝。在一些人看来，功过是非以姓氏来划定，只要维护刘氏江山，就冠以正确忠诚之辞，否则就是乱臣贼子之罪，根本没有把王莽代汉和当时整个社会生活联系起来，更没有把王莽改制和儒生活动联系起来，仅以班固丑化王莽的观点为最高标准，得出的结论自然不能令人置信折服，而且往往失之偏颇。况且班固奉反对王莽的东汉皇命去写《汉书》本传，为了迎合刘氏统治者的意志，吹捧"汉德"，自然把王莽的存在说成是一些罪恶的堆积，加之班固又追名逐禄，"好傅会权宠"，把辱骂王莽作为自己升官受宠的砝码。近两千年来，王莽作为野心家、伪君子几乎成为定论，其来源就是班固的曲笔。当然，班固在史学上的地位不容否定，但仅从王莽玩弄权术、豺目狼声的个人品质上去探索其功过是非，自然无法找到历史的真谛，更不能认清王莽是当时儒生群体中独具卓见的代表。

一位标准的儒生

王莽熟读经典，经学深传。早年他以沛郡人陈参为师，主攻《仪礼》和《周礼》，后来又学习《左传》，因而他能兼纳经今古文两派之说，并且着重于古文经学，礼制观念比较牢固。以后一直"以为制定则天下自平，故锐思于地理，制礼作乐，讲合六经之说"（《汉书·王莽传》）。

其次，他被服儒生，严以律己。王莽不仅穿着像普通儒生一样俭朴，而且他侍奉母亲和寡嫂，抚养侄子，行为都很严谨检点。在社会上他结交英才朋友，在家族中对待伯父叔父都委婉周到，注意礼节。直到他担任了大司马，仍然简朴节约，妻子"衣不曳地，布蔽膝，见者以为僮使，问知其夫人，皆惊"（《汉书·王莽传》）。

再次，他礼敬师友，尊崇贤良。王莽不但自己读书守礼，还把抚养的侄子送到博士门下学习，这正是"累世儒宗经学"的特点。王莽封侯仕官后，每逢朝廷休假，就驾车携酒去看望自己的老师，慰问他的同学，引得"诸生纵观，长老叹息"。而且他"散舆马衣裘，振施宾客，家无所余，收赡名士"。辅政后"聘诸贤良以为掾史，赏赐邑钱悉以享士"。所以，当时的名士大儒戴崇、金涉、阳井、陈汤等纷纷赞扬他，贤能的名声传遍朝野各界。

最后，他恪守忠孝，施展仁义。王莽虽然出生在王氏五侯的外戚家族中，但其父王曼早死，因而他孤独贫寒、屈己下人。当他的群辈兄弟争着"以舆马声色佚游相高"时，他却没有堕落成纨绔子弟，而是"乱首垢面，不解衣带连月"，而且"爵位益尊，节操愈谦"。他对奸佞腐败极为反感，揭发表兄淳于长的丑行，获得忠直评价，这在显赫的王氏家族中确实难能可贵。

因此，王莽出身外戚家族，却生活、成长在儒生群体之中。其实，他的父辈诸人"皆修经书、任政事"，"皆通敏人事，好士养贤，倾财施予，以相高尚"（《汉书·元后传》），可见儒家色彩非常明显。尤其是"专擅朝政"的王凤有着强烈的尊儒倾向,他在成帝时亲自主持罢黜百家活动,谁敢抨击儒家就有罪过。尽管王氏兄弟因奢汰擅权而受到一些儒生的攻击,但名儒杜钦、谷永登都与他们深深相交,说明王氏家族能出王莽这种儒生人物,绝非偶然。"铁腕太后"王政君在当时想要保住自己的地位和王家的利益,也只有依靠王莽这样受到社会赞誉的儒生。

哀帝上台后,王莽被贬回封国,他继续结交名士,尽礼相答。其儿子王获杀死奴婢,王莽认为"天地之性人为贵"(《孝经·圣治》),切责其子违背儒家经义,逼迫王获自杀偿命。这在当时可是破天荒的事,因而"吏民上书冤讼莽者以百数",儒生、贤良周护、宋崇等还在元寿元年日食的对策中,深深地歌颂王莽的功德,哀帝这才迫不得已召回王莽。

王莽在哀帝死后再次辅政,迅速组成了以孔光、甄邯、平晏、刘歆、陈崇、刘棻等儒生为主流的智囊班子,并由这帮儒生出谋划策,制订了一系列良策,纠正了以往统治集团倒行逆施的恶政。短短的几年里,王莽屡次捐钱献田分配给贫民,又在长安城内建立赈救灾疫的常满仓,还建宅二百区以居贫民;废除皇帝游玩地,多次拒绝朝廷对自己论功行赏,带头素食俭衣,甚至把女儿的聘礼分给贫苦人家;还安置流民,医治疾疫,赠送丧葬钱,派使者捕蝗治水,免收受灾贫民租税,将布帛送给天下鳏寡孤贫的老人;矫正竞相侈靡的社会风气,派遣官吏巡视各地推行礼仪道德,依法惩处暴吏,宣布全国大赦。这些做法的确与一般趁火打劫、横征暴敛的贵族官僚不同,因而社会各阶层对他寄托了希望,他也得到了不少儒生、儒臣的喝彩褒美,连刘氏皇族也强颜欢笑,对他频施青睐。特别是儒生们认为王莽解除了西汉晚期以来的社会危机,实现了儒生几百年来的理想,一种带有儒家"礼治天下"的生活模式从此降临了。

人们渴望太平盛世,自然对王莽感恩戴德,不断为他争封争赏,动辄百人、千人甚至万人地上书,最多时竟达四十八万七千五百七十二人。不少人鉴于元、成、哀帝以来政局不停转换的教训,担心王莽会再次失势,所以上书要求把他的女儿嫁给平帝,以巩固他的地位,不使大家失望。每天守候在官署门前上书的儒生、平民、郎官都有一千多人,连朝堂的公卿大夫也下跪争取,认为这是全国人民寄托自己命运的大事。王莽在重情难违的情况下,违心地把自己唯一的女儿嫁给了患有严重癫痫病的平帝,这才平息了请愿活动。

随着王莽赢得极好的声誉,越来越多的儒生成为他的支持者。虽然汉儒进谏刚直无畏,但对王莽却表现了近乎狂热的拥护。他们并不认为王莽矫情造作、僭越无道,反而把他看成是儒生的代言人,特别是元、成两帝之后儒生掀起的复古化与神学化巨大浪潮,一节节地把王莽推上了代汉禅位、圣贤执政的顶峰。而王莽的外戚身份,只是不可缺少的一级阶梯,儒生们不会让一个仅凭裙带关系的人卓立于自己的群体之中,王莽正是因为做了些兴利除弊的好事,和挽救迫在眉睫的危机抱负,才创造了"篡汉"称帝的有利条件。

儒 生 皇 帝

王莽代汉,获得禅位的方法和步骤,可谓集千古"圣人"之大成。首先,大臣们借"白雉之瑞"使王莽轻而易举地取得了堪同周公媲美的封号——安汉公。接着又因八千余名平民上书要求仿照"伊尹不阿衡,周公为太宰"的官号,加王莽为"宰衡",从而使这些活动都符合儒家道统,取法于儒家尊奉的圣人"周公"。当汉平帝一病不起时,王莽又按照周公在武王病重时设坛祈祭的成例,"藏策金縢,愿以身代"。平帝死后,即如周公故事起居摄践祚,按天子制度正式做了"摄皇帝"。三年后又利用符命以虞舜禅尧的方法,"即真天子位,定有天下之号曰新",完成了代汉的最后一幕。王莽的这一系列过程,符合舜摄政八年而取天下的时间过程,在中国历史上第一次披露了帝王禅让的真相,而且符合儒家赞颂"圣王禅位"的理想。

导演这场"改姓易命"的"传国"典礼,无疑不是王莽个人的凭空假想,而是儒生们"通经致用"的杰作。其中最著名的就是王莽代汉的理论导师刘歆,即王莽尊称的"国师公"。

王莽重新掌握朝政之后,刘歆东山再起,这不仅是因为他们共同爱好《左传》古文经,而且两人"托古改制"的政治倾向相同,还有过荣辱与共的官场经历。因此,刘歆"典儒林史卜之官,考订律历,著《王统历谱》"(《汉书·刘歆传》),替王莽代汉提供理论依据。尤其是《世经》(即《历谱》)肯定尧和汉都得火德,而王莽便自认为舜的后裔,应受汉禅而得土德。这样,刘歆终于创制、构成了一个"易姓改命"的理论体系,并得到桓谭、扬雄等当时第一流儒家学者的肯定。

王莽处处以周公再世自居,动辄以《周礼》作为行动根据,也是刘歆等儒生给他提供的理论武器。刘歆认为《周礼》是周公所作,"周公致太平之迹,迹具在斯"。而"周公摄政""周公践天子之位"以及很多典章制度,都可以成为建新改制的工具,这对王莽影响至深。其他如《左传》《古文尚书》《仪礼》等也提供不少佐证,像加封安汉公、宰衡等名号,都起到了为王莽"倡导在位,褒扬功德"的作用。王莽称赞刘歆等儒生"厥功茂焉",将刘歆奉为国师,封嘉兴公,拜为四辅,双方还结为儿女姻亲。至于桓谭因为颁行所作《大诰》于天下,以示仿效周公返位孺子之意,因功晋封"明告里附城",又继任掌乐大夫、请乐祭酒,位至上卿,成为新朝重臣。扬雄上《剧秦美新》一书,讴歌王莽"帝典阙者已补,王纲弛者已张",被征召为大夫,校书天禄阁,也成为新朝佐命大臣之一。需要指出的是,刘歆、扬雄、桓谭这三个当时才华卓越、学识渊博的学者,都积极支持王莽代汉建新,并不是出于功名利禄的谋求。他们与王莽互相提携,不仅是有共同的仕官经历和学术取向,而且是当时有志之士为挽救社会危机与时代艰辛所作的努力,是企图实现儒生们的理想王国。这是研究这段历史不容忽视的思想基础因素。

有人认为王莽代汉是"西汉外戚政治的产物",其实这是传统的翻版看法罢了。因为王莽的志向根本不在区区王氏一族之发展,他不但没有着意去扩大外戚势力,反而对王氏家族某些成员还加以压抑,甚至其数名亲子亦被治罪而死。王莽个人的目的在于要使自己成为儒生复古变法的领袖,名垂青史的圣人。他辅政第二年即普设学官,郡国称为学,县称为校,各设经师一人;乡称为庠,聚称为序,各设《孝经》师一人。这样,从京城到郡县乡聚都立有校舍,儒生的教育地位得到了空前的提高。接着他又建设明堂、辟雍,废除武帝时由方士提供的不合儒家礼典的那些文化设施,由刘歆、陈崇等名儒亲自考订设计明堂、辟雍的图式,恢复了"千载莫能兴"的儒家理想中的文化体制。王莽还给学者修建宿舍一万间,在太学兴办市场、常满仓,保证儒生的物质生活条件,使他们安心于献身儒家教育。当时"网罗天下异能之士,至者前后千数",订正流传的错误,统一各种分歧,召开了中国历史上第一次科学专家会议。王莽对儒生及士群体的重视真可谓是空前罕见的,辟雍、明堂落成典礼时,有十多万儒生和平民聚会齐集,欢腾跳跃,载歌载舞,认为儒家的梦想终于变成了现实,孔学创立至此终得彻底落实的机会。从秦代压抑儒生、重用法吏到这时由儒生执政、文吏陪衬,历史仿佛经历了一个奇妙的两极转向。如果仅就思想文化而言,可以不夸张地说,是儒生群体拥戴着王莽走上了成功代汉的顶峰。而且它不像后代曹丕禅位、魏禅司马炎、周禅杨坚、隋禅李渊等那样只是宫廷闹剧,王莽是在儒生们狂热的拥护下轰轰烈烈地登上了帝位。从这个意义上看,王莽是当之无愧的儒生皇帝。

居摄三年(公元8年),王莽由摄皇帝摇身而为真皇帝后,致力于三件大事:一是继续罗致大批儒生,二是利用今文经编造符命图谶,三是着手大规模改制复古。他认为这样才能获得"新圣"的资格、"受命"的合法和普遍性承认的巨大权威,使包括少数儒生在内的疑惧者不能抗衡反对。据桓谭以共事者身份亲身观察,王莽有三点"过绝世人"之处:"其智足以饰非夺是,辩能穷诘说士,威则震慑群下。"(《新论·言体》)这固然是桓谭在新莽覆亡以后作的评论,但从中也说明了王莽确是饱读经书的一代鸿儒,智多善辩。特别是王莽成为一名集大成者,他把经《公羊》学而大大空想化、神学化了的儒术迅速发展,并把儒家复古、空想的传统推向极端;不仅儒术与现实政治结合,更重要的倾向是使政治完全适应儒术。他完全接受、实践了西汉儒生们复古改制的思想方法,首先是相信上古三代才是大同至境、政治楷模,以下皆无足取;其次是相信经典中包含了对现实的一切答案,故以六经为政治教科书;其三是郊祀、服色、正朔、庙制、明堂、辟雍、礼仪、官名、地名等变化建立,是王道流化、天下太平的主要途径与内容,也是从贾谊、董仲舒到王吉、刘向等儒生汲汲以求的礼治目标;其四是相信天人感应、灾异神变的超现实神圣预言,王朝政令常常授谶说符,使怪诞的光晕笼罩着政治。王莽与儒生们都沉浸在"奉天法古"社会图式的理想中,蔑视经几百年发展而形成的文法律令,置"霸王道杂之"的经验积累于不顾,而准备以一种先王遗制、经典训诫、符箓图谶等杂糅的新东西,去直接取代秦汉以来巨大官僚体制中的合理事务，以建设那种虚幻的周官周礼的乌托邦式社会。

如果说王莽以"新圣"姿态轻移汉鼎、据土受禅完全符合儒生群体的愿望，那么王莽的变法改制也大多是为了实现汉儒的一贯要求。像乐制庙祀、封古帝后裔、封孔孟后代、官制赐爵、井田、货币、迁都等，都是汉儒针对"礼崩乐坏"而痛心疾首时提出的"素王改制"之说。所以王莽的改制变法并非凭空设想或一时心血来潮，而是呵护汉儒"奉天法古""复古改制"运动发展的必然结果。

托 古 改 制

第一，仿居摄事。周公居摄政事在古文经典中未见其事，《尚书·大诰》中只有"周公相成王"之辞，今文经典中《礼记》记载了周公居摄的原因、在明堂的位置和自称曰"予"等。刘歆与博士诸儒七十多人正是以此为据上书策划的。

第二，立五等爵。居摄三年和始建国四年，王莽两次依据《礼记·王制》建立五等封爵制，即公、侯、伯、子、男。这种爵制比《礼记》之制稍有增减，户口土地一并封，而且将关内侯赐爵者更名曰"附城"，以便体现新朝在传统基础上的创造。

第三，改制郡县。王莽以六为数分城置州郡县，主要是依照《周礼》"六乡之众庶""帅六队之役"而改制的，"内郡"则是取义于《尚书·禹贡》，可见都是按古文经书为典范的。

第四，改颁吏禄。天凤三年改革吏禄制度，王莽颁下诏书说："《周礼》膳羞百有二十品，今诸侯各食其同、国、则，辟、任、附城食其邑，公、卿、大夫、元士食其采。多少之差，咸有条品。岁丰穰则充其礼，有灾害则有所损，与百姓同忧喜也。"（《汉书·王莽传》）其中公、卿、大夫、元士等官名引用于《礼记》。由此观之，改革吏禄制是兼用今文经，并有新造。

第五，复井田制。今文经《春秋穀梁传》记载井田制是八家一井，古文经《周礼》记载则是"九夫为井"。王莽在始建国元年下令恢复井田制是依据今文经，他说："古者，设序井八家，一夫一妇田百亩，什一而税，则国给民复而颂声作。此唐、虞之道，三代之所遵行也。……今更名天下田曰'王田'，奴婢曰'私属'，皆不得买卖。其男口不盈八,而田过一井者,分余田予九族邻里乡党。故无田,今当受田者,如制度。"这些内容集中反映了几百年来儒家"古之圣王莫不设井田,然后治乃可平"的政治理想,符合孟子设想的"方里而井,井九百亩,其中为公田。八家皆私百亩,同养公田。公事毕,然后敢治私事,所以别野人也"(《孟子·滕文公下》)。甚至连处罚"非井田圣制,无法惑众者"的方法,也效法虞舜故事,"投诸四裔",以御魑魅。

第六,五均赊贷。根据《周礼》有赊贷,《乐经》有五均,王莽在听取刘歆等儒生意见后,依照《易经·系辞》中"理财正辞,禁民为非",下令"开赊贷,张五均,设诸斡者,所以齐众庶,抑并兼也"。遂于长安、洛阳、邯郸、临淄、宛、成都等地设立五均官。其中"司市""贾师""肆长"执掌皆与《周礼》相同,一年四季以中月物价规定上中下价格,保证市平,抑贵防贱。

第七,改革币制。王莽"以周钱有子母相权"为蓝本,更改币制,不仅造"大钱五十",又造"契刀""错刀"。以后又实行金、银、龟、贝、钱、布之品,名曰"宝货",共五物六名二十八品,以符合周朝泉府之官的记载,并设立市司钱府向全国推行。王莽币制改革进行了四五次,直到最后一次发行货币,货泉两种才告成功。虽然"每一易钱,民用破产,而大陷刑","农商失业,食货俱废,民人至涕泣于道",但它实现了"明君追随古法"的理想,既符合汉儒长期以来"以龟贝为货,今以钱易之,民以故贫,宜可改币"的要求,又更造钱重农轻商,合乎传统儒家观念。

第八,释放奴婢。汉代"置奴婢之市,与牛马同栏。制于民臣,颛断其命。奸虐之人因缘为利,至略卖人妻子,逆天心,悖人伦,缪于'天地之性人为贵'之义。《书》曰'予则奴戮女',唯不用命者,然后被此辜矣"。这里既引征《孝经·圣治》之语,又加以《尚书·甘誓》之信条,反映了儒家呼吁改善奴婢处境的人道主义思想。

第九,行巡狩礼。天凤元年王莽说他将以二月建寅之节行巡狩之行。命令太官备干肉,内者张坐卧,并按东南西北四个方向依次巡劝各地,躬亲载耨,获粟藏量。关于古巡狩礼,古文经《尚书》和今文经《礼记》中都有记载,王莽正是糅合两者经典而新创其实。虽然时间、方向、次序都一样,但将定制修礼的内容改为督民农作,更趋于务实。

第十,改定祭礼。在居摄期间王莽就建郊宫、定桃庙、立社稷,这都是依《礼记》而采取的措施,因为在《周礼》中无效法的具体内容。后又按照《礼记·祭法》记载的制度,改革建始元年以前的祭礼,强调重在天地,附之祭日月,最后配之高帝高后,并在长安南北郊亲自试行,以使定制。

由上可见,王莽变法改制皆有经文出处,正如史书所云:"每有所兴造,必欲依古得经文。"(《汉书·食货志》)而且依经据典是多样的,既有古文经《周礼》《尚书》《左传》,又有今文经《礼记》《穀梁传》《公羊传》。这种托古依经不是简单抄袭旧典,而是有因有革,另有增减。这当然不会出于王莽一人之手,而是一大批热衷于变法改制的儒生为他操简执笔,借题发挥,而且每每援引经文,充分反映了儒生们"拟古改制"热情的高涨和付诸实践的行动。

短 命 的 王 朝

然而,儒生们毕竟是"能言不能行"的书生,有着食古不化、迂腐琐碎的毛病,存在着只考虑复古动机而不顾现实效果的弊端,以为有了基本理论根据,就能使天下大治、人民小康。

特别是变法改制首先触犯了大权贵豪强的利益,损害了刘汉贵族的各项特权。王莽"伪保宗室",施展权宜之计,鼓励"吏告其将,奴婢告其主",还准备没收他们家财五分之四。几次大封诸侯达千人,可是"图簿未定,未授国邑",让受封新贵暂住在京城,月钱数千,以致许多刘汉后裔沦为阶下之囚、市中之丐。"刘氏为侯者皆降称子,食孤卿禄,后皆夺爵","诸刘为郡守,皆徙为谏大夫",王侯被废贬者有几百人。这个曾备受宠遇的家族,此时"生于帷墙之中,不为士民所尊,势与富室无异"(《汉书·诸侯王表》)。他们当然不甘心凄凉地退出历史舞台,反抗的潜流便沛然而生,运用精心经营的武装实力,以王莽"篡汉"为号召,移檄宣告"宗室兴兵,除乱诛莽""刘氏当生,汉室复兴"(《后汉书·伏隆传》),掀起了恶浪相逐的全国动乱。

仔细观察史书记载,至少可以看出一点,即当时真正为反对王莽新政改革而起兵者,主要是一些贵族豪强。因为由饥荒而起的乌合之众或啸聚山林的灾民,对王莽政权并无恶意,只是"饥寒群盗,犬羊相聚"(严尤语),他们"终不敢杀长吏牧守"(《资治通鉴》卷三十八),也无攻城略地之计和夺取政权的远大目标,常思岁熟丰收重返故里。新莽政府认为这群既无文号旌旗,也无军事编制的农民不会做出大事,把主要精力集中在对付抗拒改制变革的豪右权家上。更堪玩味的是,复井田、释奴婢等改革措施在正式实行以前,贵族大家中还有不少人拥戴王莽新朝,而新政付诸实施后,天下豪强大姓纷纷起兵反叛,王莽的侵削压抑和用法操之峻急,更是处处遇梗,附属于不同阶层的儒生们也发生分化裂变,使王莽陷于孤立。尽管他与智囊班子"旦暮不息""运筹演谋",甚至在某种程度上作出让步,但并不能真正消弭由豪强大姓所引发的社会大动乱的来临。

地皇三年,王莽"知天下大溃畔,事穷计迫",乃"除井田、奴婢、山泽、六筦之禁"(《汉书·王莽传》)。然而,激变的局势已无法挽回,豪族大姓武装力量造成的叛乱挑战,使王莽为首的儒生群体仓促应战。而平时急于求成的儒生们在这时张皇失措,忧惧交加,连刘歆这样的大儒,也因与王莽政见分歧而策划反叛失败后被迫自杀,新莽覆亡无疑已成定局。

昆阳决战后,豪族主力迫使新莽军全线溃退,各地豪强大姓纷纷"并置将帅,侵略郡县","是时海内豪杰,翕然响应,皆杀其牧守,自称将军"。除刘缤、刘秀等"定国安邦"的风云人物外,其余起兵反抗新莽者不胜枚举。像这样统治阶级内部的大幅度动乱,使新莽政权顷刻殿毁楼塌,长安周围的豪族大姓各拥众保营,假号汉将,争欲入城贪夺掳掠,留在城内的刘氏贵族和宗室世家也借势暴动,王莽终成了刀下鬼,不仅在同地方豪族的战斗中失败,而且使儒生们要做的一番改制事业成为泡影,儒生们所憧憬的社会蓝图化为乌有。正是在这个意义上,我始终认为王莽及儒生们演出了一场大悲剧,也是儒家复古主义思想的大悲剧。

一个时代随着社会大动乱已沉入历史的地层,沧桑横变,当年各种事件早成为脉纹淡薄的陈迹了。

历史的定位

当近代的西化浪潮拍岸而来,中国人在变法图强,尤其是在"五四"新思潮的涤荡下,自由主义知识分子胡适,在中国史上第一个呐喊要为王莽"平反昭雪"。他在1922年9月3日写的《王莽——一千九百年前的一个社会主义者》和1928年4月19日作的《再论王莽》中认为:"王莽受了一千九百年的冤枉,至今还没有公平的论定。他的贵本家王安石虽受一时唾骂,却早已有人替他伸冤了。然而王莽确是一个大政治家,他的魄力和手腕远在王安石之上,而二千年来,竟没有人替他说一句公平的话!"

不管胡适的评论是否正确,也不管他是否塑造了一个历史上不曾有过的假王莽形象,他的开创之功是为王莽评价奠定了另一条路基。从此,对王莽的评论有了两种截然不同的意见。英国学者李约瑟显然也接受了胡适的观点,他在1954年出版的《中国科学技术史》第一卷中,认为王莽和王安石一样,是中国历史上两大改革家之一。

近几年来,对王莽的研究逐步深入,但见仁见智,迄无定论,肯定和否定王莽的,以及部分肯定部分否定的,难以数计。

看来,对王莽的不同评论还将继续下去。如果王莽地下有知,定会高兴,因为无论是捧是骂,是褒是贬,都说明他具有无穷的研究价值,具有使人无法舍弃的吸引力和生命力。正因如此,历史才是现实和过去永无止境的对话。

台湾《历史》月刊2000年第3期

(美国《世界日报》2000年5月3日～11日转载)

国宝《富春山居图》的文物价值

文物是重要的历史文化遗产物质载体,不仅承载着古人的智慧灵感、悲喜情感、辛劳荣耀,而且承载着时代的烙印、历史的沧桑、社会的生活,既是穿越时空的感悟,又是历史的见证。而在异常丰富的"传世文物"或"流散文物"中,古代绘画无疑是最具文化特色的一种,因为画作所呈现的生动构图、斑驳色彩、自然神韵与坎坷经历,给人以心灵的震撼,不是一般意义上泛泛的艺术品视觉享受。这也是古代绘画作为文物赢得世人尊敬的主要原因之一。

中国古代绘画传世品具有很大的脆弱性,纸质的可枯竭性和绢帛的不可再生性,都使得传世古画需要精心呵护、善待保存和敬畏珍惜。能够穿越时空收藏至今的古画确实很少,明代以前保留的遗宝极为珍贵。从文物见证角度上说,传世的隋唐时期名画都是设色绢本,辗转流传的纸质画本极为罕见。目前,宋代纸质古画真迹能见到的也就是赵佶《柳鸦芦雁图》卷、赵黻《江山万里图》卷、米友仁《潇湘奇观图》卷以及夏珪《溪山清远图》卷、扬无咎《四梅图》卷等,可谓是凤毛麟角,异常珍贵。

元代是纸本画作收藏保存的一个重大转折时期,许多墨笔纸质画本被完整地保存下来,不但成为中国绘画流传史的一个鲜明特点,也成为后世观察元代美术史与艺术成就的一个先决条件。故宫博物院收藏元代画家张逊《双钩竹图》、盛燃《秋江待渡图》、方从义《武夷放棹图》、王绎《画杨竹西小像》等,上海博物馆收藏元代画家王蒙《青卞隐居图》、倪瓒《鱼庄秋霁图》、王冕《墨梅图》、王渊《竹石集禽图》等,无论是轴纸本还是卷纸本,都是纸质绘画作品中的精品。

众所周知,元代是中国文人画发展相当成熟的时期,元代山水绘画的主流是文人画,诗、书、画融为一体。江南的文人们不仕元廷,隐遁山林,从中获得题材和灵感,借以抒发个人志向,使山水画象征性地位有了很大提高与发展。艺术史未必都是真实的历史,但对历史的追求会变成真实的艺术史。

元末社会起伏跌宕,南方文人隐士在山水画创作上显示了离世绝尘的态度,画家"内向性转变"成为追求的基调。黄公望应友人郑无用之请创作了著名的《富春山居图》,这幅中国元代山水画的经典之作,描绘了浙江富阳空阔的山水风光,明清以来就有众多名家评价,或说"逸迈不群""自成一家",或说"轶群绝伦""特妙风格",或说"神明变化""变化悬殊",这都说明黄公望的山水画自有创造,在艺术上另辟蹊径,别有风度。目前,美术史界和艺术界对《富春山居图》亦有许多不同阐释和叙事模式,这种开放的观察视角和多元的研究方法无疑是应该鼓励的,但是以文物而论还较少。按照文物的历史价值、艺术价值和科学价值三者的标准要求,我们对《富春山居图》这卷古代绘画进行分析。

(一) 历史价值

作为文物门类的古代绘画往往被称为经过浓缩的"第二历史",具有补充历史、印证历史的作用,也被认为是填补古代历史空白的极好史料。黄公望一生经历过元代的兴衰发展,他二十三、二十四岁时(元世祖至元二十八、二十九年,即1291、1292年),为江南浙西肃政廉访使徐琰的书史。四十三岁至四十六岁之间(元至大四年至延祐元年,1311~1314年),又在元大都(今北京)监察御史院当书史。延祐二年(1315),即黄公望四十七岁时,因张闾案之牵连而入狱,出狱后理想破灭,看透红尘,便归隐山林,寄情诗画。后隐逸于苏南与富春山,为道教全真教派教徒,并往来于杭州、松江等地问道卖卜,此后四十年中放浪于江湖间,"泛扁舟""醉瓦盆"。他在元朝整整生活了七十六年,不仅经历了宋元之际的兴亡嬗变和尖锐矛盾,而且见证了元朝由盛转衰的变化。

元朝统一南北方后,江南古籍文物大量流入北方,北方官员游宦南方者往往搜罗图籍,捆载北归,元廷秘书监庋藏了宋室大量书画书籍等重要文物,甚至元军蒙古总管征服江南,所至唯取图书。元朝宫廷更任用了许多精于翰墨图绘的画家,参与品鉴宫中艺术作品,甚至在宫廷收藏书画的"奎章阁学士院"之外又设立"画局""裱褙局"等装裱绘画机构,京城大都遂一跃而成为全国艺术中心。"国破山河在"的元代汉族知识分子,他们正面对抗入侵的蒙古贵族无能为力,眼前的文物古籍更会引起他们对故国的眷恋。黄公望在元廷官场,根据《西湖竹枝词》的记载,他"博书史,尤通音律、图纬之学",《录鬼簿》则说:"公之学问,不在人下,天下之事,无所不知,薄技小艺亦不弃。善丹青、长词,落笔即成,人皆师事之。"这样一位修养全面、博学多能而又际遇坎坷的文人,不会看不到这一切变化,不能不倾注感情、忆念南方故乡山水意象之美。

作为蒙古人眼中的异族士人,汉族知识分子尤其是南方精英受害最大,虽然当时流传的"九儒十丐"的说法并不是实情,但是南方文人备受猜忌歧视,士人出仕不易,受挫伤打击也是常见之事。除少数文人谋求官宦仕途或对元廷进行激烈抵抗外,大多数文人画家均对元廷抱消极抵制态度,故纷纷追求自命清高的隐逸生活,寄情于山林之中,写愁于素绢之上。他们把绘画作为聊以"写胸中逸气"的工具。虽然这是一种消极反抗的色彩,但在族群等级与地域的双重歧视下,不失为保持尊严和守节精神的一种追求,其影响普及后世。

退隐的南方文人通过唱酬游宴、雅集品题、观赏书画等文化活动,形成凝聚友谊的士人圈子,黄公望经常和倪云林、王叔明、吴仲圭、曹知白等大文人相聚,品赏古画,切磋绘图,相互题赠,并和他们合作山水画,同时与当时名士杨维桢、张伯雨等也皆是题跋赠序的好朋友,互相在画上题诗写字。直到七老八十时两眼昏花,手不应心,还互相题跋赋诗,这说明他们情谊敦睦,具有共同的信仰、价值观、行为准则和艺术创作意识。从这个意义上说,《富春山居图》的创作是元代社会士人文化群体爱好艺术的时代精神、名士缙绅个人风格等历史背景的综合反映,也即我们说的历史价值。

(二) 艺术价值

黄公望被誉为"元四家"(黄公望、王蒙、吴镇、倪瓒)之首,《富春山居图》是他晚年的创作,更为简快、凝练、精到,一向被看作是最能代表他个性特征的作品。据黄公望自己在画的题跋中说:此画始于至正七年(1347),经过三四年的时间尚未完成。王原祁在《麓台题画稿》中说"经营七年而成",可见创作中惨淡经营之苦心了。这幅画是描绘富春江一带的秋天景色,他为画好这幅画居住于富春江观察多年,运用长卷来表现连绵不断的山川和烟云变幻,"领略江山钓滩之胜",同时"袖携纸笔,凡遇景物辄印模记",故对富春江两岸的景色能表现得淋漓尽致。黄公望的山水画也是来自生活,他的创作素材,得自山林,摄自水涯。如果说画家常常通过重构思维,描绘出特定自然山水的视觉环境,那么就会使孤立的艺术品成为社会生活的有机部分。

对于《富春山居图》的艺术价值,论者颇多,有人说他"多披麻皴"而又"峰峦多矾石",可谓"以潇洒之笔,发苍浑之气,得自然之真趣"。也有人说他是"皴点多而墨不费""点缀曲折而神不碎",赞美他画技特妙和功力道地。更多人评论《富春山居图》是黄公望艺术之"变"的一种具体见证。富春江既没有长江三峡悬崖绝壁的雄险气魄,也没有桂林漓江百里沿岸画廊式的葱郁翠山,但是此图开卷平坡山峦,顶多岩石,近树森秀,村舍渔舟,苍松掩映,山坡曲径,时起时伏,画家精心的布局使富春江畔大自然优美的风光引人入胜。这幅画的构思平淡天真,不尚奇峭,画面简洁明快,有意不画满,露有空白处,给人遐想无穷,耐人寻味。

黄公望有丰富的人生阅历,又有丰富的文化知识。据《画史会要》记载,他对"九流之学,无不通晓",并通音律,对于长词短曲,竟能落笔即成。正因为他有着高超的学养,对于绘画不是泛泛的理解,而是有着不拘泥于形似的美学思想,直接表露了他的主观情感,胸有丘壑以少胜多,心手相应,以虚代实,特别是浅绛山水,构图境界"三远"——深远、高远、平远俱备,层次繁而用笔简,笔势雄伟,取其生疏,山头叠加,画面松秀,在山水画中独辟蹊径,面貌焕然一新,具有草木华滋、峰峦浑厚的气势。这不仅反映了画家的学养深博,也反映了他"领略山川之情韵"及长期探阅真山真水的体悟。

就艺术价值而说,我倒是通过黄公望《富春山居图》及其他艺术作品,可以看到元代外来文化尽管接触广泛,但对中原文化尤其是南方文化影响不大,官方无法推行蒙古的"强制同化",民间并不仿效北方蒙古、色目文化,南方士人仍然继承着宋代传统本位文化,诗、文、书、画作为文人创作,继续沉湎于原来宋人的情趣中。元代九十余年历史中就有两百多名画家姓名流传至今,可见文人兴趣的倾向,他们心中的故国已经淡忘,原先夷夏之间的仇视界线也褪去锋芒与激情,异化为对书画的人文认同。特别是山水画创作高度繁盛,化景物为情思,委婉地表达了元代文人画家自甘隐逸退却的寓兴与平和心情,这是他们的艺术价值的真正所在。

(三) 科学价值

《富春山居图》成画流传约六百多年,多次辗转易手,几度鉴定辨伪,仅《无用师卷》上就有沈周、董其昌等十七人题跋,聚散流离直到近代学者翻案,方才考据确定。由于各家摹本、仿本甚多,当时又没有可能引进西方图画材料学检测分析,其科学价值也一直未定。我们认为,文物的科技内涵往往深藏于本身载体之中,因为文物离开了物质材料其本身就不复保存,例如竹纸就是宋代以后才出现的书画材料,通过科技手段确定纸质,辨别传本、珍本、底本就比较可靠。黄公望前后用了七年时间创作了《富春山居图》,选材上使用墨笔纸本,而没有采用绢本设色,前半卷《剩山图》尺幅纵 31.8 厘米,横 51.4 厘米,藏于浙江博物馆,后半卷《无用师卷》尺幅纵 33 厘米,横 636.9 厘米,藏于台北故宫博物院。过去前人只是笼统地称为长二丈余,包括火烧毁坏的五尺。画卷原为八张纸连接的纸本,此类形制不是常见的短幅画面。长卷反映了当时纸质制造工艺已经有很好的抗皱韧性,这种材质、装潢、保护都有着传统技艺的特点。在用墨、纸质的鉴定中体现出其传统的科学价值,特别是具有浙江地域特点,所以应该依据新时代科技进行检测分析,例如运用 X 射线衍射、红外光谱分析等方法测定绘画作品的用墨化学成分,检测笔触痕迹和线条细节,不仅可以了解层层渲染的色调明暗,亦可通过色调渐变了解画家自如挥毫的功力,确定新技法创作离不开纸质、墨色等物质材料,从而确定其古代科技价值。

文物最重真实性,也追求完整性,但文物不会说话,过去发生在文物身上极富情趣又颇具传奇的活动内容,仅凭文字描述确实不易看得明白。《富春山居图》现在分存海峡两岸,自然拉开了我们对它作为文物认识上的距离,经过好事者夸大渲染,变得深奥莫测,甚至要以"重绘""补残"的方式"合璧",我们期望这卷"名画神品"能作为历史实物呈现在文物研究者和美术爱好者面前,真正从文物角度扩大我们的文化视野,成为中华民族引以为自豪的珍贵文化遗产。

2010 年 10 月"黄公望与《富春山居图》"国际学术研讨会论文

见《黄公望与富春山居图》,文物出版社,2011 年

举杯分享：南宋酒文化的几个特点

南宋地处江南富裕繁华之地，与北宋政治中心和经济中心不尽相同，在酒文化上与北方隋唐五代以来也不相同，有些还相差甚大，既有曲种选料、酿造工艺的不同，也有地理水质、饮用风俗等方面的不同，特别是水是酒的灵魂，江南水甘甜酒味才纯正，更重要的是北方豪饮习俗与南方慢斟酒俗有文化的差别。

一、南宋与隋唐相比，没有葡萄酒

隋唐时西域或北方出产的葡萄酒，是利用自然发酵酿成的果酒，因为南方一直不种植葡萄，所以不流行葡萄酒。从史书记载来看，南宋既没有"葡萄美酒夜光杯"，也没有"胡人岁献葡萄酒"，一些官宦人家甚至都未见过葡萄。南宋主要依靠粮食酿造米酒而无果酒，加之南北政治军事的对立，隋唐至蒙元时期北方流行的葡萄酒很难到达南方。《马可·波罗游记》记载他旅行中国途经杭州时，观察这座天堂城市未见有葡萄酒买卖，最后调查说杭州人不知有葡萄酒。

二、南宋与北方相比，没有蒸馏酒类的白酒烧酒

蒸馏酒从元代才从西方传来，勿思慧《饮膳正要》（1330）说"用好酒蒸熬成露成阿剌吉"。许有仁《至正集》（1364）说"世以水火鼎炼酒取露，气烈而清，……其法出西域，由尚方达贵家，今汗漫天下矣，译曰阿剌吉"。阿剌吉是阿拉伯语 araq

的对音。因为蒸馏酒属于酒精度高的烈酒,所以当时人们认为它是毒液,一般人不敢喝。南宋没有像北方蒙元流行喝这种烈酒的习俗。

三、南宋与前代相比,瓷器酒具普遍代替了金银器皿

从商周开始的青铜酒具到战国秦汉的漆器酒具,有一个漫长的替代过程,而从魏晋南北朝到隋唐时江浙地区逐渐形成的青瓷酒具受到人们喜爱。隋唐外来文明的传播,使得金银玛瑙酒具更成为人们追逐高贵典雅的身份标志,不过邢窑白瓷"如银似雪"和越窑青瓷"类玉类冰",成为各个阶层都喜爱的酒具。南宋银酒具虽然还陆续出现,但金酒具非常罕见,考古出土的酒具绝大多数都是瓷器制品,反映了南宋民间世俗化酒器制作的风气。

四、南宋与隋唐相比,酒器普遍变为小杯小盏

容器的量度反映着饮酒的酒量,酒量大小与大杯小盏有关,也与酒的浓烈度数高低有关。从考古出土的南宋酒具器形来看,总体上呈现出小口溜肩、修长俊秀、简约尚意的特点,没有隋唐时代那种外部浑厚、造型巨大、立体纹饰的酒器。像唐代那种外来文化的兽首玛瑙"来通"、胡俗金银叵罗、八棱外国人物金杯、六曲或多曲长杯等在宋代都不见了。1987年浙江杭州出土的南宋至元代的蓝釉金彩爵杯,才高4.8厘米。由于我国古代长期都是饮喝凉酒,从南北朝时开始有"温酒"记载,中唐以后将酒加温后再饮成为一种习俗,南宋开始成套地制作酒注、酒碗、酒盏、酒台、酒盘等等。1983年江苏镇江出土的南宋烫酒器皿,证明南宋人温酒烫酒已是普遍风俗,也说明南宋人小酌与北方人豪饮可能有很大区别。

五、南宋与前代相比,搬运流行酒桶酒坛

酒的储存环境应有理想温度,因为与酒的腐酸或溢香有关。南宋没有北方

草原民族用皮革制作运送酒醪的酒囊、酒袋,而是大量使用竹木制作的酒桶和陶质的酒坛,遗憾的是竹木酒桶往往不能保存过久,只有陶质酒坛才能流传下来。唐代大明宫出土的酒坛就有浙江道进贡的,但是陶质粗糙、笨重易碎,尤其是保存酒的色香味较差,造成色泽浑浊、变色褪色。南宋时期酒坛向酒瓶转化,不仅美观细致还有花纹文字,进一步发展了酒器的实用与艺术的结合。

当时南宋人饮酒讲究温酒加热,酒味偏好柔滑绵厚,劝酒喜用吴侬软语,酒会讲究温文尔雅,酒具喜用小杯小盏,酒俗讲究心平气和,酒令也是精细用词,从而使南宋酒文化的精神滋养有别于其他朝代、其他地区和其他习俗,在艺术创作中既不狂放无拘,又不激扬亢奋,而是婉转淡泊、温馨润泽,就连酒器审美也从狮子、鹦鹉、葡萄等装饰形象转入钓鱼赏花、水波烟云等描绘图案,唐代的浪漫与宋人的理性有隔膜之感,内含的体会需要慢慢品味。

《中国文物报·收藏鉴赏》2012 年 12 月 19 日

泗县隋唐运河古迹思故

在"中国大运河申遗"的序列中，目前已从"京杭大运河"拓展到"中国大运河"的更高层次提升，从宋元明清京杭大运河上溯到隋唐时代"之"字形的大运河，一个是地域性的扩展，一个是时代性的延伸，一个是线条性的变化。因而直接涉及地跨江苏、安徽、河南、陕西等省的隋唐大运河，虽然其中能保留下运河历史原貌较完整的河段不多了，但作为古迹确实值得研究。

我在十年前就提出先研究相对简单些的京杭大运河，然后再研究比较复杂的隋唐大运河，既然现在一起打包捆绑式申遗，我们就不得不面临学术研究的不足，提出来供大家思考。

一、应该厘清隋唐大运河线路

中国古运河不仅是中国漕运的丰碑式工程，也是中国东西南北衔接的大命脉。最初的运河系统是东西走向为主干的线路。隋炀帝大业元年起花费六年（605～611）修建运河，就是要将长江流域的粮食物资调向西北都城，这不仅是为宫廷服务，更重要的是为与北方游牧民族打仗对抗的军队救急。所以隋唐大运河的最初目的地不是南北向的涿郡（北京），而是经洛阳转运和三门峡天险到达长安广运潭，首先满足的是北方军事前线需要，其次才是皇家供应。我们不要误以为隋唐大运河是以洛阳或涿郡为终点的。

二十世纪五十年代末考古工作者针对三门峡水库修建，专门做过三门峡漕运考古发掘,特别是开元二十九年(741)挖掘人工新河,避开了神门、鬼门急流险滩,当时冒行砥柱之险,山谷陡峻,漕运非常艰辛。现在天险"砥柱"虽已被彻底炸掉了,但对隋唐大运河运输有了较为深刻的认识。然而,现在申遗根本就没有研究隋唐大运河在关中漕渠(广通渠)的最终走向与递级转运,以及长安太仓、常平仓等仓储问题。因而,对大运河的申遗线路理解我们有质疑,现在各地都要保护大运河,积极性非常高,如果连基本的运河线路都没有厘清,基本常识都不知道,延伸出所谓浙东大运河,这无疑是不应该的。

二、应该厘清泗县原址与运河要冲的关系

泗州之名始于北周,治所在宿豫(今江苏宿迁东南),唐开元年间迁移到临淮(今泗洪东南),辖境包括今天江苏泗洪、泗阳、宿迁等地以及安徽泗县,清代康熙年间泗州城陷于洪泽湖,乾隆时治所移至今天泗县。所以隋唐时期的古泗州城曾是西出汴河通往洛阳长安、东沿淮河直达淮阴的咽喉之地,也是隋唐运河汴河段穿越泗州古城的重要节点。泗县原址与隋唐大运河的地理关系应该厘清,是否运河港口城镇,是否属于运河枢纽,都必须依据文献与考古结合后给予说明。

作为京城长安通往东南地区的必经之道,泗州水路为江淮要冲。按照《泗州志》记载,唐代泗州城中的运河上有虹桥连接,北临陡湖,南滨淮水,是漕运盐运的重要孔道,许多前往淮阴的南船北舟都在此转运,是客商货船停泊的商运之城。唐代许多文豪诗人都经过泗州城来往京师,高适、李白、杜牧、李商隐、白居易、韩愈、陆龟蒙、李峤以及宋代苏东坡、范仲淹、王安石等都留下过吟咏诗篇。

但是,隋唐时期泗州如何解决位于泗水与淮水两水系交叉处这一问题,整个通济渠的节制水量、平衡水位,利用湖泊、水工设施等问题直接关系到大运河的勘察测量和规划设计,当时泗州的能工巧匠怎样解决施工中的复杂技术问题,史书志书缺乏记载。我们仅知道唐代四次大规模地对通济渠疏浚,曾在泗县开新漕渠解除汴河入淮河水危,怎么通过考古发现解决这些难题仍需要我们关注。

通济渠东段是引黄河水循汴水故道入泗水和淮河,据史书记载其中泗水有

的河段巨石林立,危险极大,泗水与后开辟的泗州古城关系如何,值得进一步研究。至于明代泗州城扩大为九里方圆的砖石城墙,对流经于此的运河线路还有不同看法,尤其是现在泗县是迁移而来,需要我们进一步探讨其与运河的关系。

三、应该注重活化的运河遗址保护

据介绍,2012 年 6 月 18 日,中国文化遗产研究院专家会议明确提出将隋唐大运河泗县城东段(约 8 公里)古汴河道纳入 2014 年大运河申遗项目。这恐怕是不连贯式的碎片化、截断化,与所谓线性文化遗产是相违背的。隋唐大运河汴河至淮水的通济渠全长 650 公里,泗县境内保留的古河道(亦称古汴河)全程约 47 公里,其中故道 28 公里还留存有过去运河的风貌。

如果确实经历了一千多年的历史变迁,还能残存隋唐运河旧有风貌,那么古河道作为通济渠遗址证据是非常难得的。我们知道二十世纪八十年代以来在安徽泗县、灵璧、宿州等地陆续出土了唐宋时期的木船、船板、陶瓷等遗物,特别是泗城以东河段"十里长庄"的民间传说、乡村地名、出土文物均带有运河文化印迹,泗县"虹乡八景"中的"隋堤烟柳""汴水晴波"均源于当年通济渠千里长堤。实际上,人们将隋唐运河汴河段故道都称为"隋堤",考古调查可以看到当时这段漕渠最宽 35～40 米,堤坡较缓,深约 7 米,所以行船一般也就是 10 米长,载物也是有限制的,这是有证据的文化遗产。至于 1951 年治淮时在汴河故道挖出稷子数石,传说"纳稷拌油行舟"与"稷米拖船过闸口"的工程技术是一样的。这类民间聚集的"水"文化遗产值得我们认真总结。

泗州作为运河上的明珠是在唐代,也就是说泗州的黄金时代是唐代,保护甚至恢复隋唐大运河通济渠中被淤废的重要航段,作为文化符号、标志是可以理解的。运河是泗县这座城市的中心,但是要防止过分美化古运河,或将古代运河遗址改造成一座游乐公园,将穿越城市的空间中心变成了衬托的绿色背景,不要将泗县变成了千人一面的水泥城市,从而失去原真性、完整性、典型性。我们不需要在真实性原则上再搞什么"历史空间叠合",实际上就是不要人为去增加扩大不该出现的景观,如果创意大于历史,那就移花接木,有伪造之嫌疑了。

我们欣赏隋唐大运河古迹,感受古人祖先一千多年前水运工程的丰功伟绩,要将其列入世界遗产申报名单,就一定要亲水近水,怀有敬畏之心,认真研究文物古迹,不要随意夸大到极限。

2013 年 7 月 27 日隋唐大运河文化遗产保护论坛演讲稿

寻根传承：炎帝神农的文化精神

在华夏民族文化起源圈里，炎帝神农是《周易·系辞下》《韩非子·五蠹》《白虎通·号》等古典文献记载的古史系统人物，这正是旧石器向新石器过渡的时代，我们的祖先通过口口相传，记载了一个华夏民族对自身生存发展的认识和当时所能达到的理解程度，虽然现在考古学不可能完全破解这类"人之初"的传说，但是它关乎我们民族文化的成熟、传承与民族精神的弘扬、创新。

一、从地域上看，汉代以前，对炎帝神农的祭祀，主要在黄河流域，司马迁《史记·封禅书》记秦灵公三年（前422）在吴阳"作下畤，祭炎帝"。但是汉代以后炎帝神农不再局限在黄河中下游地区，还扩展到长江中下游地区，传闻炎帝神农死后被埋葬在地属荆楚的长沙，北宋乾德五年（967）在茶陵县修建炎帝陵寝祭祀。关于炎帝神农的传说神话到处皆有出现，这不仅说明华夏文化圈的起源核心区囊括了南北方，更重要的是北方族群由北向南的移民迁徙，带来了新的"润泽生民"。

二、从族群上看，炎帝是一个人，神农也可能是另一个人，但他们"合称""连称"不仅表明农业领袖的重要，更重要的是分散部族的融合与联盟，既是一个从事农业的群体符号，也是古老族群的文化符号。后世对农业越重视，对神农的认同就越强烈。炎帝神农作为有感召力的大神人，意味着社稷福祉的所在，意味着从群体部落到族群聚居过渡的牵系。

三、从祭祀上看，炎帝神农作为农业文明的奠基者，《周易》赞颂"神农氏作，斫木为耜，揉木为耒，耒耨之利，以教天下"，他号召民众重视农业，祈求风调雨顺、五谷丰登。中国传统文明主要构建在农业基础之上，以农为业、以粮为纲，社会才会安定与繁荣,统治者才能掌控社会。在古代农业圈里,这无疑是对的,但是带来的"重农轻商"负面作用沿袭数千年,也要反思。

四、从医学上看,早期农业自然灾害和部落族群缺医少药,使得先民们对医学非常重视。《世本·作篇》记载"神农和药剂人",《帝王世纪》记载炎帝"尝味草木,宣药疗疾,救夭伤之命",人们把医药发明归功于炎帝神农,治病求医成为炎帝神农的莫大功绩。从远古起,中医与西方医学就走上截然不同的医学道路,产生的医学影响直到今天仍令世界瞩目。

五、从寻根上看,炎帝神农与轩辕黄帝都有不同的传说,如果拘泥于一种或几种传说,猜想推测无法扣合史迹,无论是仰韶文化(距今约5 000年)还是龙山文化(距今约4 000年),考古学的寻根也都有局限。夏商周断代工程引起的争论至今余波未消。我们要从文字起源、人种迁徙、宗教信仰等方面,一步步地做好寻根找脉的研究工作,真正为彰显华夏民族文明作出贡献。

据观察,从历代祭祀炎帝神农来看,朝廷派出的祭奠官员往往等级不高、官阶不大,远不如祭祀黄帝的规格高、规模大,是因为传说中炎帝被黄帝打败流落南方,还是神农辅佐黄帝得天下的功用不够,似乎文化意义超越不了政治意义。如果说黄帝继炎帝而起,或是炎帝从神农氏发展而来,都是华夏文化圈里逐步相对应的特征,如何将幻化的口传变为信史,还需要我们继续探索。

我认为,从文化精神和创新观念上考虑,我们更应密切关注或亟需研究炎黄时代以来中国科技的起源与成就,通过考古学(尤其是科技考古)解决铜器冶铸(冶炼技术)、兵器制造(手工业)、纺织质地(编织方法)、土木建筑(承重构造)、中医原理(经脉针灸)、天文历法(天象观察)、数学物理(运算测量)、化学知识(烧陶技术)等长期未决的问题,包括指南针、地动仪、火药、印刷术等。这些都是国际上文明起源与人类贡献的大问题,是中国由早期蛮荒进入文明辉煌的世界性大问题,我们必须给予足够的重视,"厚今而不薄古,重中而不轻外",拿出像样的成果说服大家,对炎黄时代的奠基作用作出客观的评价。

见《炎帝神农文化研究论文集萃》,武汉出版社,2021年

卷尾话

近年来史学似乎满眼零篇断目,涉入具体层面的研究被抨击为"碎片化"的研究。但史学本身就是一门以历史的断裂和片段特性为基础的碎片学问,因为史学不能无中生有,要收拾一地离散的碎片,立枝串叶,以碎串通,这绝不简单,绝大多数人也做不到。对有些人来说阐发各种宏大论述很容易,但重视其大,也不避其细。治史以具有通识为上,而任何通识都靠细节支撑,并以细节约束。先贤们治学讲究"从大处立脚,从小处着力",则是我们不少学人应该坚持的方向。

当一场疾风暴雨或不可预见的风波袭来时,选择站在理性的一边,站在人性的一边,相信普适的正义和天道,不要被眼前的一点利益出卖了自己的理想,不要为了稻粱谋昧着良心说假话骗人,更不要为了精致的利己主义出卖自己的灵魂。

今年4月是我参加工作五十周年,我已经退出主流生活六七年了,属于正在逐渐消逝的一代人,过去的思维限定了自己的世界观、价值观,再不会为社会不公愤愤不平,也不会转化为一个温柔的颂圣乐手。到了应该是"颐养天年""最美夕阳红"的日子,就应该用不露声色的沉默与世界平视;到了拿着退休金去唠唠叨叨昨天的时间,就应该在学术界说真话,留给下一代求知的人作为借鉴。

我是垂垂老了,但没有倚老卖老的资本,经历过半个世纪以来的各种冷风苦雨的创伤,思想的贫瘠和局限使我们这一代人无法摆脱悲剧的阴影,但血的温度还是热的,我没有冷血的基因,能容得下别人的批评,也知道以一己之力不可能凝聚一种凛凛正气,但是拷问灵魂的心还在跳动,守住自己良心和常识的底气还是有的。

阅历决定视野,思想决定高度。有很多同仁、学生期盼我写出自己的成长史,其实我没有鲜为人知的秘密,我思考了很久,人这辈子最怕的是满脑子标准答案,而没有自己的思想。风雨兼程的学术史和烛照人生的心灵史,常常伴随着我们这一代人,觉得还是先把过去几十年的史论文章汇集成册,既不是自传也不是自创,而是反映我们这一代人对学术的热爱,对民族发展命运的关注,更多是思想史、精神史的回顾。

我从事历史文物研究快四十年了,心无旁骛从来没有厌倦过,始终对有创见的问题保持浓厚兴趣。其实,我学习历史考古开始是一种无奈的选择,因为高考时五门课中历史分最高,当别人对风花雪月才子佳人痴迷时,当同学对金庸梁羽生武打小说津津乐道时,我却拿着秦汉史、近代史书籍拼命去读,后来转入隋唐史、社会史、中西关系史,也许有伤痕文学的影响,也许有影射史学的恐惧,可是一直对史论兴味盎然,这不仅扩大了我站在第三方立场的视野,也确定了我前行的学术道路。

二十世纪从"文革"中苏醒时,正是人文精神大讨论的时代,与以前枯燥沉闷压抑的氛围相比,迎来百花齐放的二十世纪八十年代,堪比先秦诸子百家的争鸣,虽然短暂如昙花一现,但留给人们值得怀念的记忆。八十年代这个词,意味一个烟火与诗情迸发的年代,寓意一个开放包容、充满情怀的年代,一个思想自由、百花争艳的年代。我们年轻单纯,但真诚,有理想、梦想、幻想。

当时我们从混沌迷茫中回归人性,正开始学着用理性的精神去反思中国的现实。我记得参加青年社科理论研讨会,在大学讲坛上登场辩论,北上哈尔滨参加全国首届研究生大会,南下武汉大学参加首届全国青年史学大会,与那个时代的文化名人频频接触,交往对话,急切地想把握学术的动态,开阔自己的学术眼界,所以写了一些感性与理性交织的文章,虽有不知天高地厚的偏颇,但在当时引起了很大的反响。特别是《光明日报》《中国日报》《新华文摘》等各种报刊全文转载与介绍了我的一些论文,种种契机和不断的约稿坚定了我一辈子从事学术的信心。

进入新世纪后,史学从"险学"到"显学"又到"限学"的几个大轮回,我已经由史论领域大踏步转移到中外关系史和社会史的专业学术圈了,去补上原先欠缺的西方经典文化知识,密切关注丝绸之路研究动态,不想再去触碰审稿越来越严的壁垒。任何一种史论都会有争议,如果揪住某些瑕不掩瑜的纰漏之处不放,无限放大,当然可以洋洋得意自以为是,但是如果了解过去中国知识分子的真正处境,看到他们在单一扭曲的信息灌输下的封闭无知,奢望他们在桎梏环境下做出一流水平的成果绝无可能。

时代在变化,此时代非彼时代,作为一门悠久传统学科的史学也要推陈出新。我们这一代同龄人,经历过社会文化大变动的时代,一部分人还参与过激烈的政治运动,不由得从家国情怀介入关怀公共事务,针砭僵化保守,具有强烈的学术使命感与道德正义感;但实际上很多人做不到,同时也无法克服已经形成的历史局限,体制内的螺丝钉工具思维无法应对中西文明的冲突,只是期望勤奋自律的年轻学人吸取我的教训,更好地用学术回报我们的祖国。

我经历过工人、学人、老人的三个阶段,记得我 24 岁考上大学时,那个时代人们一直爱思考历史、人民、民族等宏大的问题,思索着如何将"小我"充分融入"大我"之中,国家也号召人们远离"舒适区",搏击"深水区",就是那个时候的诗歌散文也不愿再写风花雪月,学子们以凤凰涅槃呼唤祖国新生,"水能载舟亦能覆舟"的忧患传统成为年轻学者的史学追求,"天下观"的政治价值更是我们那代人理解的世界意义,真可谓如同万钧雷霆,振聋发聩。

历史研究的目的,不是写本专著存入图书馆,而是使研究成果转化为受众喜闻乐见的形式,接受学界批评、时间检验、惠及大众。大历史固然重要,可如果不能转化成为个人的思想力量,不与时代贴近或转化为社会进步的动力,这样的研究连废纸都不如。有人说过,有经时补世作用的学问是活学问,于世无补的学问是死学问,我们当然都希望做活学问,不管是精神传承还是国计民生,第一就是于现实社会有用的学问。

拜二十世纪新旧变迁改革开放所赐,我踏入学术界成为一名研究者,感恩已化作泥土的无数爱国前辈所飘荡的忠魂,感恩我们屡受磨难的亲人牺牲自己所铺就的道路,终于使这些含泪有笑声的文字一偿心愿得以出版。

鲜花的背后是泪花,灾难是民族历史的重要组成部分,要把遭难历史真实地记录下来,必须要有真实的历史依据。写作最大的成果是偶然成了必然。年龄已老,记性超差,但文字在此,后人终有评说。先辈们开创的历史性变革以巨大的惯性继续向前,起源于二十世纪八十年代的潮流留给我们无尽的回忆。

历史无论过去多久,重大的转折关头,总会给人留下深刻的记忆。本书收录的文章产生时间跨度较长,其中一些观念和许多用语已不能代表我目前的思考,因为语境不同、针对问题不同,但是我还是希望保留下去,毕竟它是那个时代的思考,无论是重负还是"神恩",都不需要加以掩饰和遮蔽,而是期望带来进一步的思考深化。

激情绽放的岁月也已过去,过去的理想如今可能被认为是空想,过去喜欢的著书立说早已隐形于互联网,从学场到官场,风骨低于媚骨,功名早已成浮云,平庸世故、务实利己使得年轻人更趋于随波逐流,但为了鼓励我的学生和朋友,把过去几十年的史论文章精选出来,供大家参考,不知算不算"旧花留痕""光阴印记",但我永远无法摆脱前世今生的理想,就是证史启今、研古泽今、说古惠今。承蒙出版社的青睐美意,让我把自己过往的文章重新梳理读了一遍,回忆起新思想再次启蒙主潮时,自己曾经的增砖添瓦、呐喊助力。那是一个许下诺言就会铭记一生的年代,那是我们永远都回不去的岁月深处。

史论作为史学研究的一种遗产,从刘知幾《史通》到如今也有千年的历史了,黑格尔说过:"历史是一堆灰烬,灰烬的深处有余温。"让我们在余温中慢慢回顾历史,吸取历史的教训,以便更好地面向未来。如果这本书能够与读者心灵碰撞产生一些回音,我会倍感欣慰。

2021 年 12 月 28 日于北京家中

图书在版编目(CIP)数据

证史启今三千年：四十年史论文选／葛承雍著. —
上海：中西书局，2024
ISBN 978-7-5475-2188-5

Ⅰ.①证…　Ⅱ.①葛…　Ⅲ.①史学-中国-文集
Ⅳ.①K207-53

中国国家版本馆 CIP 数据核字(2023)第 210502 号

证史启今三千年——四十年史论文选

葛承雍　著

责任编辑	邓益明
装帧设计	梁业礼
责任印制	朱人杰
出版发行	上海世纪出版集团 中西书局(www.zxpress.com.cn)
地　　址	上海市闵行区号景路 159 弄 B 座(邮政编码：201101)
印　　刷	上海盛通时代印刷有限公司
开　　本	787 毫米×1092 毫米　1/16
印　　张	28.25
字　　数	415 000
版　　次	2024 年 1 月第 1 版　2024 年 1 月第 1 次印刷
书　　号	ISBN 978-7-5475-2188-5/K·450
定　　价	178.00 元

本书如有质量问题,请与承印厂联系。电话：021-37910000